中央专项彩票公益金支持青少年校外研学实践
教育项目的实践与思考研究成果系列丛书

教学计划与策略：科学技术教育

中国教育会计学会　组织编写
田书源　杨　昕　主　　审
张　悦　朱立军　张伟　刘耀栋　编　　著

中国财经出版传媒集团
中国财政经济出版社
·北京·

图书在版编目（CIP）数据

教学计划与策略. 科学技术教育 / 中国教育会计学会组织编写；张悦等编著. -- 北京：中国财政经济出版社，2024.7

（中央专项彩票公益金支持青少年校外研学实践教育项目的实践与思考研究成果系列丛书）

ISBN 978-7-5223-3186-7

Ⅰ. ①教…　Ⅱ. ①中…　②张…　Ⅲ. ①中小学生—科学教育学—教学研究　Ⅳ. ①G631

中国国家版本馆CIP数据核字（2024）第103012号

责任编辑：王佳欣　　通　　读：卓文娟
封面设计：卜建辰　　责任校对：胡永立
责任印制：张　健

教学计划与策略：科学技术教育
JIAOXUE JIHUA YU CELÜE: KEXUE JISHU JIAOYU

中国财政经济出版社 出版

URL：http：//www. cfeph. cn
E-mail：cfeph@ cfeph. cn

社址：北京市海淀区阜成路甲28号　邮政编码：100142
营销中心电话：010-88191522
天猫网店：中国财政经济出版社旗舰店
网址：https：//zgczjjcbs. tmall. com
北京鑫海金澳胶印有限公司印刷　　各地新华书店经销
成品尺寸：185mm×260mm　16开　20.75印张　416 000字
2024年7月第1版　2024年7月北京第1次印刷
定价：60.00元
ISBN 978-7-5223-3186-7
（图书出现印装问题，本社负责调换，电话：010-88190548）
本社图书质量投诉电话：010-88190744
打击盗版举报热线：010-88191661　QQ：2242791300

序

科学技术是人类进化的必然产物，也是人类发展与进步的重要推力，而教育是科学知识再生产的最有效形式，也是创造和发展新的科学技术的重要基地。党的二十大报告把教育、科技、人才在全面建设社会主义现代化国家中的战略意义概括为“基础性、战略性支撑”，境界高远、意蕴深厚，充分体现出以习近平同志为核心的党中央对教育、科技、人才工作重要战略意义的深刻认识。

让学生走进科技企业、研究机构、科技场馆、科学实验基地等场所，了解科技产业发展现状、科技创新成果，学习先进科技的生产、研发和应用情况，是青少年校内教育的重要补充，也是培养青少年创新精神和社会责任感，提升青少年实践能力、创造能力的重要途径。

围绕青少年校外研学实践中科学技术教育这一主题，国家级研学实践示范营地的教育工作者们做了大量的有益探索，系统研究了校外研学实践中科学技术主题教育与校内教育衔接、资源优化、课程开发、线路设计、方案策划、策略实施、效果评价，以及保障机制等。《教学计划与策略：科学技术教育》一书编写团队在深入调研、广泛征集的基础上，经过反复实践验证、修改完善，形成了22个丰富多彩、生动活泼、品质高、实效强的教学计划与策略案例，为学校、营地、基地、科普教育机构等开展科学技术教育提供了借鉴与指导。

本书倡导家庭、学校、营地、社会四方协同，创造性地提出了

“一、二、三、四、多”的校外研学实践科学技术教育原则，反映了作者与国家级研学实践示范营地的校长、老师们的深入思考。课题研究团队与本书编写团队在深入沟通中也同样认识到，科学技术教育随着学生年龄的增长，经历着“科学思想的启蒙，科学知识的学习，科学精神的感悟，科技创新的实践”的螺旋式上升过程，在本书的编写和案例设计中，将这一上升过程融入教学计划、融入课程、融入课堂，循序渐进地为青少年插上科技的翅膀，立科技强国之志。

本书的价值，远不止于借鉴与复制，更是一种探索与创新，是我们开展校外研学实践科学技术教育的一部参考书、指导书、工具书。

田书源　杨　昕

2024年3月30日

编写说明

在科技飞速发展的今天，围绕加快推动世界科技强国建设的目标，我们更需要培养具备创新精神和实践能力的新时代青少年。科学技术研学实践教育融合了学习与探索、理论与实践，便于学生在实际操作中深化对科学知识的理解，培养科学思维和解决问题的能力。

本书所汇编的案例，是从全国各营地汇集而来，最终从45个列表中遴选出22个以实践为基础、以科学技术为核心、以育人为目标的典型列表，旨在激发青少年的科技兴趣，培养科学思维，提升科技素养。由于篇幅有限，对其他各具特色但未入选列表的营地表示歉意。入选营地列表展示不分先后，以营地编号从小到大的顺序排序。

本书围绕科学技术这一教育目的指向性，选取各级具有典型特色的研学实践基地，构建了以营地为枢纽、基地为站点的研学实践教育网络。根据小学高年级段、初中段和高中段三个横向维度，纵向设计为一到五天不同的课程内容和研学线路，设置必修和选修课程，挖掘教学重点、难点，从教学理念，教法、学法和资源配置方面提供了具体的教学策略，并设计了入营教育、导入教学、授课教学、进级教学、巩固教学、总结教学和评价教学七大实施环节。

本书可以看作校外研学实践活动的指导书、参考书、工具书。站在一线研学实践教育者的角度，从理论、问题、实践等方面梳理了具有代表性的研学指导方案。全书自成体系且全面系统，具有深远的借鉴意义。因此，阅读本书，可以深入了解科学技术类研学实践教育活动的目的、意义和实施方法，更好地规划和设计研学活动，从而提升研学实践教育活动的组织能力和教育质量，最大限度发挥校外研学实践教育在提升学生科学素养方面的育人价值。

踏石留印，抓铁有痕。相信本书的出版，将对研学实践教育的普及和推广起到积极的推动作用。愿各营地、基地在科学技术类研学实践教育活动中充分发挥自身的特色和优势，为培养未来科技人才注入更多的活力和动力。

编者

2024年3月

目录
CONTENTS

1 科学技术教育教学指向的意义

科学技术教育作为素质教育的重要内容和实施“科教兴国”战略的途径，旨在促进科技发展，培养青少年的创新精神和实践能力。通过教育活动，学生可掌握科学概念和方法，培养科学态度，解决现实中的科学与社会问题，为适应现代科技快速发展和了解科学技术实践应用提供基础支撑。

科学技术教育是提高学生创新实践能力，培养科学精神与意识，提升综合素质与能力的有效途径。同传统学校科学技术教育一样，校外科学技术教育也是我国社会主义教育事业的重要组成部分，二者目标既一致又各具优势。在建设新时代教育强国背景下，只有不断整合挖掘校内外各类科学技术教育资源，强化优势互补和有效衔接，才能真正使科学技术教育发挥应有的育人功效，培养出适应新时代发展需要的现代化科技人才。在校内外衔接中应做到以下几点：

坚持求同存异，把握校内外教育目标一致性。坚持目标导向，在确保一致性的前提下，结合地方特色和实际，充分发挥各自优势，合理地选择和利用校内外的不同教育途径和方法，对学生进行全面而有效的科学技术教育。

坚持政府主导，落实衔接管理机制的制度保障。地方教育主管部门及相关行业主管部门应承担责任，提供制度和政策环境，协调、指导和评价衔接全过程。学校需遵循“三全育人”原则，以学校教学计划、课程方案实施、教师考评等为基础和前提，构建校内外科学技术教育联动机制。校外资源单位及教育机构应建立针对性的评价标准体系，采用多元化评价方式进行综合评价。

坚持协同育人，促进科技教育资源整合联动。地方政府和教育行政部门应统筹谋划调动各类校外资源，制定相应的激励措施和办法，鼓励社会力量参与学生科学技术教育工作，促进教育资源的集成增效，实现校内外资源在科学技术教育上的同频共振、整合联动。

坚持内外结合，开发适应学生需求的活动项目。实现科学技术校内外衔接，要把学校课程和校外活动相结合，充分体现教育形式的灵活多样、优势互补，才能使最终的教育效果达到最佳。

教育资源是教育活动的基石，直接关联教育目标和功能的实现。科技教育资源是多层面的、多元化的综合资源，广泛存在于学校、家庭、社区、社会之中，可分为校内资源和校外资源。校内资源主要有相关课程、活动及校园科技环境（如实验室、图书馆、科技实践基地）等。校外资源主要指公共图书馆、博物馆、展览馆、科技馆、少年宫、社区科技教育中心与科学家、工程师，以及电视、广播、报纸、网络等社会资源。

“科教兴国”战略是国家发展的重大战略和基本国策。培养学生科技创新精神，加强中小学科学教育是实现高水平科技自立自强的奠基工程，构建“一核引领、两向延伸、三链植入、四方共育、多维评价”育人体系，做到五个坚持，把研学实践和科学教育相融合，真正实现科学技术教育的目标。

坚持“一核引领”，突出育人导向。把“立德树人”作为根本任务，并贯穿实践教育工作始终。开发相关研学实践课程，要以“立德树人”为核心引领，以培养德智体美劳全面发展的社会主义建设者和接班人为目标。

坚持“两向延伸”，突出学科融合。一是学科延伸。课程开发中强化知识融合与应用，结合多学科知识，探索“跟着课本去研学”新模式。参照《义务教育课程方案和课程标准（2022年版）》，编写《指导手册》，以融合学科知识提升研学实践实效。二是学段延伸。针对不同年龄段学生特点，制订符合实际的研学实践课程方案并制定目标。

坚持“三链植入”，强化综合素养。一是知识植入。构建课程知识框架，注重知识点嵌入与引导，制定“研学任务单”，实现课程知识清单化。二是能力植入。实践教育核心导向是提升综合素质与能力。学生需通过多种方式亲历体验，通过发现问题、提出问题、分析问题、解决问题来培养综合能力。三是品质植入。实践课程要注重“五育”融合与全面发展的育人宗旨。

坚持“四方共育”，协同育人机制。建立营地、基地、学校、家庭“四方共育”协同育人机制，明确各方责任，多方联动，齐抓共管。教育资源由营地、基地统一配置，学校、家庭协同配合，全过程培养学生意志品质和学习习惯，引导学生树立正确观念和高尚道德情操。

坚持“多维评价”，收获育人效果。围绕科学技术类研学实践教育活动评价的主体、对象、内容和方式构建多元多维评价体系。评价主体由学校、学生、教师、家长、基地等共同组成。运用多方参与的评价体系，保证评价结果的客观性和公正性。

科学技术研学实践教育是一种结合科学研究、技术创新与实践活动的教育模式。实施这种教育模式需要综合考虑制定科学技术教育活动的评估方式，培养师资专业素养，强化师资实践能力，整合校内外科学技术教育资源等多个方面。因此，应积极探索科技教育实施路径与方略，为学生的全面发展提供支持。

制定科学技术教育活动的评估方式。为确保研学活动的质量与效果，我们制定了科学技术教育研学实践活动的评估机制，包括学生表现评估和实践成果评估。通过科学、有效地监控与评价，及时掌握学生学习进展和效果，引导学生全面发展，促进教师专业成长，增强营地自我发展动力。

提高师资专业素养。科技教育为学生提供全面的科学知识和技能，通过实践活动培养其创新思维和解决问题能力。针对师资，需设计相关的培训课程，如教学方法、课程设计、实验指导等，以提高他们的专业素养。

强化师资实践能力。科学技术研学师资培育需兼顾科研与教育学习，重点培养教师将科技资源应用于教学实践的能力，提升师资在实践中的能力和经验，为学生提供更好的教学指导。可以安排师资参与科学技术教育相关的实践活动，强调与科学家、教育研究者、一线教师和教研员的深入交流，以及面向真实课堂的教学实践，以便提高参训教师的科学视野、探究能力和教育水平。

整合校内外科学技术教育资源。将营地科技教育类主题场馆与市内外资源有效整合，可以根据课程计划和学生年龄，选择科技相关主题，制定学习目标，并确定相关实践活动。

教育部等十八个部门联合印发《关于加强新时代中小学科学教育工作的意见》（以下简称《意见》）。作为全面部署新时代中小学科学教育的专门文件，《意见》是贯彻习近平总书记关于“在教育‘双减’中做好科学教育加法”[①]重要论述的具体行动，是深化“双减”改革、加强科学技术普及工作、提升全民科学素质的战略举措，对推进新时代中小学生科学教育高质量发展具有重大开创性、全局性意义。为有效推动目标的实现，经过精心筛选与汇编，《教学计划与策略：科学技术教育》一书应运而生，旨在探索展现“双减”背景下校外研学实践教育新样态，共同促进学生的健康成长和全面发展。

① 在教育“双减”中做好科学教育加法（人民时评）. 人民网，2023 年 6 月 19 日 .

2 不同学段的教学目的设计

2.1 小学高年级段

价值体认：通过亲历、参与3D打印、感受生态农业、VR体验等主题教育，了解国家在国防建设、能源利用、生态保护等重点领域的历史和文化；感悟伟大奋斗精神，初步树立集体观念；引导学生建立正确的个人与集体价值观，培养爱党、爱国的朴素感情。

责任担当：围绕科技主题开展童心探科学、筑梦创未来、领悟科技与生活等活动，能培养利用科学技术知识更好解决日常生活中的基本事务的能力，发展自理能力、自立精神，养成热爱并主动参与团体生活的习惯。

问题解决：能在教师的引导下，结合知识和生活经验，发现并提出具有科学研究意义的问题，提出较为完整解决问题的方案和假设，并最终形成对问题的初步解释，提升科学探索和研究的能力。

创意物化：通过水火箭、动力车科技创意小制作等活动，初步掌握手工设计与制作技能，能利用所学科技相关知识解决生活中的实际问题。

2.2 初中段

价值体认：通过积极参与科技巨人之约、航海知多少、水的净化等科技主题教育活动，感悟峥嵘岁月，感受英雄风采，传承革命精神。感受科技的力量，激励学生树立远大理想和目标，培养学生实现人生价值和报效国家的爱国情怀。

责任担当：围绕科技主题，开展科技点燃梦想、探索科技世界、开启智慧未来等活动，掌握利用现代科技为现实生活提供便利的方法，养成主动探究解决困扰社区服务、日常生活中技术壁垒问题的意识，形成科学服务意识。

问题解决：能了解现代科技的应用与发展并提出有价值的问题，将问题转化为有价值的研究课题，学会运用科学方法开展研究。掌握科学研究方法和科学原理，能够形成基本符合规范的研究报告和成果。

创意物化：通过无土栽培、智能化种植等，运用科学技术解决生活中的现实问题，学会将创意想法通过设计、制作、运用等付诸实践。

2.3 高中段

价值体认：通过自觉参与走进高科技企业、工业与未来、探秘科研中心等主题教育，形成对国家的认同和文化的自信，帮助学生运用科学的眼光了解和认识客观世界，拓宽国际视野，建立中国特色社会主义共同理想。

责任担当：围绕科技主题开展探寻国之重器、创新成就未来、探索科技强国路等活动，能从科学技术发展的背后分析出人类社会存在的问题，并利用所学知识解决实际问题，养成主动服务他人、服务社会的意识，提升社会服务能力。

问题解决：能在探索中提出具有科学依据和现实需要的问题，运用知识和经验开展科学研究。掌握利用科学技术进行创意设计的方法，增强技术应用和转化能力，增强综合解决问题的能力，并形成比较规范的研究报告或其他形式的研究成果。

创意物化：积极参与物联网搭建、AI农业、工程搭建等动手操作实践，培养学生的创新思维和解决问题的能力，提高他们在科技领域的实际操作能力。鼓励学生开展各种创新实验，强化创意设计、实践操作、技能应用和创意物化能力。

3 不同学段的学情分析

3.1 小学高年级段学情分析

3.1.1 年龄阶段特点分析

（1）认知能力的提升：学生的认知能力和思维能力逐渐提高，能够理解更为复杂的概念和抽象的思维模式。

（2）学习兴趣的多样化：学生的兴趣逐渐多样化，对不同领域的知识和活动有一定的好奇心，渴望通过探索和体验获得新的经验和知识。

（3）自我意识的增强：学生逐渐形成自我认知，对自己的兴趣、能力和价值观有一定的了解，同时开始探索自己的身份和角色。

（4）团队合作意识的培养：学生逐渐建立起团队合作意识，能够在小组中合作完成任务，并且能够理解团队合作的重要性。

该年龄段的学生通常表现出强烈的好奇心，对于周围世界的各种现象和科学技术知识充满了兴趣，希望通过实践和探索来了解事物的原理和运作方式；学生渴望获取新的知识和技能，愿意积极参与科学技术教育的学习活动，并通过实践来深化自己的理解；学生逐渐开始发展逻辑思维能力和问题解决能力，能够通过分析和推理来解决复杂的科学问题，愿意思考问题的原因和解决方法；学生开始意识到团队合作的重要性，能够在小组中与同伴合作完成任务和项目。通过团队合作，能够学会与他人合作、分享资源，并共同解决问题。

3.1.2 现有知识与能力

（1）基础科学知识：学生通过科学课程，已经掌握了一些生物、物理、化学等方面的基础概念，如物质的性质、能量的转换、地球的运动等，对使用电子设备、移动互联网和简单的应用程序等生活中的数字技术有了一定的了解，具备了一定的科学思维和探究精神。

（2）实验操作技能：通过学校的科学课程，学生通常已经接触过一些简单的实验和操作，掌握了一些基本的实验技能，如使用实验仪器、进行实验记录等。

（3）信息获取和利用能力：学生能够利用图书馆、互联网等资源获取相关科学技术知识，并运用于实际的研究和实践中。

3.1.3 学习兴趣与动机

（1）探索科学奥秘的兴趣：学生渴望通过实践活动和实地研学探索科学世界中的未知领域，了解科学知识背后的原理和规律。

（2）实践动手的热情：学生愿意进行动手操作、实验和观察，通过亲身体验来加深对科学技术的理解和掌握。

（3）解决实际问题的愿望：学生希望通过科学技术教育来解决现实生活中的问题，综合运用所学的科学知识和技能应对实际生活中的挑战。

（4）创新思维的培养：学生愿意尝试数字化工具，对运用建模、编程等创新技术解决现实问题有着浓厚的兴趣，希望通过参加研学实践活动，提升想象力和创新能力。

3.1.4 学习障碍与策略

（1）学生难以理解抽象的科学概念和原理。因此，教师应通过生动的实例、模型或者故事等方式进行讲解。通过项目化的教学方式，创设任务情境，引导学生将科学知识与实际问题联系起来，帮助学生将抽象的概念转化为具体的场景。

（2）学生缺乏实验操作的经验和技能，导致其难以顺利完成实验任务。因此，教师应提前进行实验操作技能的培训，引导学生掌握实验基本操作技巧。通过设计差异化教学策略，根据学生的不同水平和兴趣点，提供个性化的学习支持。

（3）学生由于对科学技术知识缺乏兴趣或者认识不足而导致学习动机不强。因此，教师应设计具有趣味性和实用性的课程内容和活动，如设置有趣的导入形式、科技创新项目等，激发学生的学习兴趣和热情。

3.2 初中段学情分析

3.2.1 年龄阶段特点分析

初中阶段的学生正处于青春期这一重要阶段，是身体发育和智力发展的黄金时期，具备以下三个方面的特点：

（1）认识能力迅速发展。感知能力提高，视听觉感受性增强，灵敏性超过成人；想象力迅速发展，创造性成分增加；注意力和思维发展，形象思维向抽象思维过渡，抽象思维逐渐占主导，但仍需以具体形象思维为基础，全面性和分析性不足。

（2）情感丰富但不稳定。敬佩和向往英雄模范人物，开始追求远大的目标和理想，在集体生活中表现出强烈的集体荣誉感。积极情感在学习与交往中获得发展，但也易受外界影响显得不够冷静，有待于教师的细心引导、培养。

（3）自我意识和独立意识增强。中学生的自我意识迅速发展，由评价他人转向自我评价，注重内心体验，渴望被成人承认和尊重，重视在家庭与班级中的地位。同时，独立意识也在增强，开始用批判性的眼光看待周围事物，独立思考并发表意见。

3.2.2 现有知识与能力

初中生处于知识积累和能力提升的重要阶段。他们学习能力强，能快速吸收新知识，思维能力逐渐成熟，能独立思考和解决问题。他们已掌握一定的科学基础知识，如物理、化学、生物等，这些为学习科学技术提供了支撑。此外，他们在日常生活中积累了与科学技术相关的经验，有助于他们理解科学技术知识。

在教学中，我们应培养学生的自主学习能力、创新能力和实践能力，引导他们将所学知识与生活实际相结合，提高综合应用能力。通过设计多样化的教学活动，激发学生的学习兴趣和动力，提高学习效果。

例如，“3D打印”活动，鼓励学生运用所学的设计软件进行建模，认识现代科学技术带来的便利，以及古代匠师们的工匠精神。这样的活动不仅能让学生将理论知识应用于实践，还能培养他们的动手能力和创新思维。同时，通过小组合作的形式，学生可以相互学习、交流和分享，进一步提高他们的团队协作能力。

3.2.3 学习兴趣与动机

初中生好奇心强，对未知世界充满探索欲望。科学技术研学活动为他们提供了实践探索的平台，能激发学习兴趣。学生们通过操作、观察实验、解决问题等方式，感受到科学技术的魅力，产生浓厚兴趣。这种兴趣推动他们主动参与研学活动，探索科学奥秘。科学技术研学活动作为拓展学习方式，提供更多学习机会和挑战。

在培养自主学习能力的过程中，教师应注重激发学生的学习兴趣和动力。设计挑战性和趣味性的学习任务，引导学生主动探索、发现和解决问题。学生们通过实践探索，提高动手能力和解决问题的能力，增强自信心和成就感。这种成就感会激发学习动机，促使他们更努力学习。然而，学生兴趣和动机存在差异，教师应采取多样化的教学方法和手段，确保每个学生都能在活动中取得成长和进步。

3.2.4 学习障碍与策略

在科学技术相关研学课程的学习中，学生对科学技术的整体认知处于基础阶段。他们具备一定的实验操作能力和基本科学素养，并开始发展独立性和批判性思维。能够运用多种视角看待问题，但对于科学技术整体认知的深度和广度有限，对于科技背后的原理和科学研究过程了解甚少。学生的学习能力与方法也呈现出一定的差异，一些学生在理解和掌握新知识方面表现出较强的能力，能够迅速把握课程要点，而另一些学生则可能需要更多的时间和辅导才能掌握相关知识。主要的挑战包括知识理解、实验操作、问题解决等方面。

为了帮助学生克服这些挑战，教师可以采取以下对策：一是加强基础知识的教学，确保学生掌握必要的科学原理；二是提供更多的实验机会，让学生在实践中加深对知识的理解；三是注重培养学生的问题解决能力，引导学生独立思考、积极探索。因此，教师在教学过程中需要因材施教，根据学生的实际情况采取不同的教学策略。

科学技术的探究与学习，正是他们满足这种强烈求知欲和好奇心的理想途径。在这个科学技术发展日新月异的时代，具备科技意识和科学素养已经成为一个人必备的素质。对于初中阶段的学生来说，学习科学技术不仅能够满足他们的好奇心和求知欲，更能够帮助学生拓宽视野，增强对世界的认知，从而帮助他们更好地适应未来的社会和生活。

3.3 高中段学情分析

3.3.1 年龄阶段特点分析

（1）生理特征。高中生的年龄在15~18岁，处于青年初期。高中生的生理发展与初中生同属一个阶段，有一定的延续性和关联性。

高中生的身体生长速度逐渐减慢，但已基本接近成人的标准，趋于成熟。在体态上逐渐趋于匀称，体型也已稳定，骨骼骨化过程基本完成，肌肉力量还在发展，所以外表看来高中生已是一个成人。

高中生大脑的结构和机能已和成人相等，神经细胞已发育完全，神经过程的兴奋和抑制达到平衡，第二信号系统的调节机能更加完善。

（2）心理特征。

①心理发展更成熟。高中生的心理明显比初中生更为成熟，已达到一个更高的发展

水平。心理上正处于脱离父母的断乳期。首先，认识能力进一步发展。感知觉的目的性和系统性增强，观察力有很大提高，并且趋向精确和细致；注意力更加稳定；记忆力由机械记忆为主过渡到以理解记忆为主；思维表现出更高的抽象概括水平，逻辑思维已占主导地位，思维的深刻性、独立性和批判性都有明显发展；想象力也日益丰富。高中生认识能力的提高为其学习复杂的科学知识，完成较重的学习任务提供了条件。

②情感过程发展较快。高中生的情绪和情感体验相对于初中生较为稳定和深刻，趋于内向和分化。他们的感情变得内隐，即内心世界活跃，情感在外部的表现却并不明显。

他们的爱国主义与集体主义情感更为浓厚，与个人社会责任感联系起来。他们的友谊感也增加了理智性与深刻程度，多从道德观念的一致，理想、志向的共同点上去寻求友谊。男女同学的友好表达逐渐增多，在正确教育引导下，一般能克制自己的行为与感情，表现出道德上的成熟与情感的深刻性。

③意志的自觉性提高。高中生的意志自觉性比初中生有明显的提高，但水平仍不是很高。高中生随着身体的迅速发育，自我意识的明显增强，独立思考和处理事务能力的发展，在心理和行为上表现出强烈的自主性，迫切希望从父母的束缚中解放出来。受暗示性减弱，克服困难的毅力也有所增强，自我调节能力逐步提高，但有时喜欢意气用事，需要老师的正确引导和帮助。

3.3.2 现有知识与能力

高中生在科学技术基础知识的掌握上表现良好，能够掌握物理、化学、生物等学科的基本概念和原理。在学科知识的积累上，已经具备了一定的深度和广度。他们通过系统的课堂学习，逐渐掌握了数学、物理、化学、生物、历史、地理等方面的基本知识。同时，他们也开始接触一些更加深入和专业的领域，如文学、哲学、艺术等。

3.3.3 学习兴趣与动机

高中生在实验操作与实践能力方面表现积极，能够独立完成实验任务，具备一定的科学探究能力。对技术应用的掌握和创新意识也十分关注。能够熟练运用各种信息技术工具，如编程、数据分析等。

3.3.4 学习障碍与策略

（1）抽象思维能力不足。科学技术的学习往往需要建立在一定的数学、物理、化学等基础知识之上，相对于其他学科科学技术知识更为枯燥和复杂。科学技术的基础知识往往涉及较多的抽象概念和原理，这需要学生基础知识扎实、具备较强的抽象思维能力。部分基础知识薄弱、概念模糊的高中生，由于年龄和认知发展水平的限制，难以完全理解和把握这些抽象概念，导致学习困难，造成兴趣缺乏和动力缺乏。因此，需要加强基础知识的巩固和拓展，注重实践操作和实验教学，让学生在实践中学习和掌握扎实的基础科学知识。

（2）学科交叉与整合能力不足。高中生往往习惯于按照单一学科的思维模式去理解和解决问题。不同学科之间的知识体系和思维方式往往存在显著的差异。例如，理科注重逻辑思维和实证精神，而文科则更强调人文关怀和批判性思维。这种差异使高中生在尝试将不同学科知识进行交叉和整合解决复杂问题时，会感到无所适从。因此，应加强不同学科的融合教学，共同设计跨学科的教学活动。鼓励学生培养多元化的思维方式，为学生提供系统的跨学科学习和实践的机会，通过开展案例分析、综合实践等活动，让学生有机会将不同学科的知识和方法结合起来，提高他们的学科交叉和整合能力。

（3）在课外自主拓展学习方面。高中生在科学技术方面的知识储备相对较少，尤其是涉及前沿科技或者专业性较强的领域。科学技术领域知识更新迅速，再加上缺乏专业指导，高中生往往难以从海量的信息中筛选出真正有价值的学习资源，无法深入理解科技知识的内涵和应用。

学习科学技术，不仅需要掌握理论知识，也需要掌握实践操作和实验验证的方法。然而高中生由于时间、资源或条件限制，很难获得足够的实践机会，这限制了他们对科技知识的深入理解和应用。

因此，应该加强高中生基础知识的学习，关注科技动态，参与科技活动，如参观科技展览，参加科技竞赛，加入科技社团，为其寻求专业指导。多争取实践机会，参加科学实验，制作科技作品或参与科研项目等，提升课外科学技术自主拓展能力。

4 不同研学主题的教学计划与策略列表

4.1 教学计划与策略列表：探索未知领域　科技引领未来

<table>
<tr><td colspan="3">营地名称</td><td>北京市自动化工程学校（简称“北京营地”）</td><td>命名机构</td><td>教育部</td><td>识别码</td><td>Y145110001</td></tr>
<tr><td colspan="3">从业资质（摘要）</td><td>中专教育，大专教育，研学等综合实践教育，培训教育</td><td>单位属性</td><td>公益二类</td><td>法定代表人</td><td>胡定军</td></tr>
<tr><td colspan="3">研学主题</td><td>探索未知领域　科技引领未来</td><td colspan="2">主要目的指向</td><td colspan="2">科学技术教育</td></tr>
<tr><td rowspan="7">营地（枢纽）及周边主要优质研学资源</td><td colspan="2">基地层级</td><td colspan="5">研学站点（基地）名称</td></tr>
<tr><td rowspan="2">教育部命名基地</td><td>已列入教学计划</td><td colspan="5">一、与本主题相关列入教学计划的基地3个
1.北京市园林绿化科学研究院（简称“北京园林研究院”）；2.中国医学科学院药用植物研究所（简称“北京药用植物园”）；3.中国科学院植物研究所（简称“植物研究所”）
二、与本主题关联不大但列入本营地教学计划的基地13个
1.北京汽车博物馆（简称“汽车博物馆”）；2.北京天文馆；3.中国科学院动物研究所；4.中国核工业科技馆；5.故宫博物院；6.中家院（北京）检测认证有限公司（简称“中家院检测”）；7.中国检验检疫科学研究院（简称“检疫科学研究院”）；8.中关村智造大街；9.中国工程院；10.国家地震紧急救援训练基地（简称“地震训练基地”）；11.北京国家地球观象台；12.南水北调中线干线北京市房山区大石窝镇惠南庄泵站（简称“南水北调房山泵站”）；13.北京昌平砺志国防教育培训学校（简称“北京昌平培训学校”）</td></tr>
<tr><td>待列入教学计划</td><td colspan="5">1.中国航空博物馆；2.天安门国旗护卫队；3.北京航空航天大学；4.中国消防博物馆；5.中国地质博物馆；6.北京学生活动管理中心（简称“活动管理中心”）；7.水利部节水灌溉示范基地（简称“水利部基地”）；8.全国农业展览馆；9.中华航天博物馆；10.中国海洋石油工业展览馆（简称“海洋工业展览馆”）</td></tr>
<tr><td colspan="2">其他部委命名基地</td><td colspan="5">1.中国铁道科学研究院集团有限公司院史馆（简称“铁道院史馆”）；2.中国科学院国家天文台（简称“国家天文台”）；3.中国科学院生物物理研究所（简称“生物物理研究所”）；4.中国农科院作物科学研究所（简称“农科院作物研究所”）；5.中国科技馆</td></tr>
<tr><td colspan="2">地方命名基地</td><td colspan="5">无</td></tr>
<tr><td colspan="2">本营地资源</td><td colspan="5">1.智能制造中心；2.信息技术中心；3.人工智能技术中心；4.虚拟现实技术中心；5.轨道交通运营中心；6.数字影像技术中心；7.无人机技术中心</td></tr>
<tr><td colspan="2">其他资源</td><td colspan="5">无</td></tr>
</table>

维度或要素	小学高年级段	初中段	高中段
校内教育基础（与校内教育的衔接）	本阶段研学课程设计紧密衔接小学教育，将课堂知识与实际应用相结合，培养学生的实践能力和综合素质。在植物多样性和作物新品种选育方面，与小学《科学》课程相衔接，通过实地考察和实践操作，让学生了解植物的多样性，学习如何选育作物新品种，培养他们的观察能力和实践能力。此外，通过实地考察、实践操作等方式，让学生了解太空科技的基本原理和应用，培养他们的科技素养和创新精神。本研学主题必修课程与校内教育的衔接内容如下：以教育科学出版社为例，1.科学五年级上册“观察绿豆芽生长”；2.科学五年级上册“食物链和食物网”；3.科学五年级上册“维护生态平衡”；4.科学五年级上册“做一个生态瓶”；5.科学六年级上册“多种多样的植物”；6.科学六年级上册“校园生物分布图”；7.科学六年级上册“生物多样性的意义”；8.科学五年级上册“种子发芽实验（一、二）”；9.科学六年级下册“探索宇宙”；10.科学五年级下册“造一艘小船”	本阶段初中研学课程设计致力于深化学生的学科理解，将以培养学生的批判性思维和解决问题的能力为目标。课程设计强调学生的自主性和团队合作能力；在园林设计方面，与中学《美术》课程相衔接，通过实地考察和实践操作，让学生了解园林设计的概念、原则和技巧，培养他们的实践能力。与中学《生物》课程相衔接，通过实地考察、实践操作、小组探究等方式，让学生了解环境保护与可持续发展，培养他们的环保意识和实践能力。本研学主题必修课程与校内教育的衔接内容如下：以人民教育出版社为例，1.美术八年级下册“插画”；2.美术八年级下册“漂亮的手工灯饰”；3.美术七年级下册“色彩的魅力”；4.美术八年级下册“关注社区环境”；5.生物七年级上册“植株的生长”；6.生物七年级上册“绿色植物通过光合作用制造有机物”；7.生物八年级下册“传染病及其预防”；8.生物八年级下册“李时珍与本草纲目”；9.生物八年级上册“生物技术与‘蓝色革命’”；10.生物七年级下册“保护生态环境的计划”	本阶段高中研学课程设计鼓励学生自主研究和科研实践，从而使他们能够综合运用所学知识，分析和解决复杂的社会问题；在生态旅游方面，与高中《地理》课程相衔接，通过实地考察和实践操作，让学生理解生态旅游的基本原理，如生态旅游规划、生态旅游管理等方面，培养他们的实践能力。与高中《物理》课程相衔接，让学生了解未来能源技术的基本原理和应用，如太阳能、风能、核能等方面，培养他们的能源意识和探索精神。本研学主题必修课程与校内教育的衔接内容如下：以人民教育出版社为例，1.地理必修三“沙漠化的防治”；2.地理必修三“森林的开发与保护”；3.地理必修三“能源资源的开发”；4.地理必修三“河流的综合治理”；5.地理必修三“区域农业发展”；6.地理必修三“资源跨区域调配”；地理必修二“农业的区位选择”；7.地理必修二“家乡的农业区会是什么样子的”；8.物理必修二“能量守恒定律与能源”；9.物理选修2-2“喷气发动机”

维度或要素			小学高年级段	初中段	高中段
研学课程	必修课程一	名称	植物多样性保护	园林设计与艺术	生态旅游与环境保护
		活动目的	通过了解植物多样性保护的方法，强化对植物多样性保护的认知	通过掌握园林设计的基本原理和艺术技巧，开展小组园林设计活动，从而提高学生的园林设计技巧	通过开展生态旅游与环境保护的实践活动，提升学生对生态旅游的进一步认识
		活动形式	教师讲授、实地探访、实践体验相结合	教师讲授、实地探访、实践体验相结合	教师讲授、实地探访、实践体验相结合
	必修课程二	名称	生态农业科学探究	景观规划与设计	可持续发展与环境保护
		活动目的	通过了解生态农业实践技能，强化对生态农业科学的认知	通过开展景观规划与设计活动，提高学生的景观规划与设计能力	通过知识问答，加深学生对可持续发展理念、环境保护重要性的认识
		活动形式	教师讲授、实地探访、实践体验相结合	教师讲授、实地探访、实践体验相结合	教师讲授、实地探访、实践体验相结合
	必修课程三	名称	植物生态学与保护	花卉与园艺设计	自然保护区管理
		活动目的	通过了解植物种群生态学、群落生态学和生态系统生态学的基本理论和应用，从而增强植物生态保护意识	通过掌握花卉与园艺设计的基本知识和艺术技巧，开展小组园艺设计活动，从而提高学生的园艺设计水准	通过熟练掌握生态旅游与环境保护的基本原理，从而了解自然保护区的保护策略，增强对生态旅游和自然环境保护的进一步认识
		活动形式	教师讲授、实地探访、实践体验相结合	教师讲授、实地探访、实践体验相结合	教师讲授、实地探访、实践体验相结合
	必修课程四	名称	植物生态学与生物多样性保护	植物景观与园艺设计	野生动物保护与自然保护区管理
		活动目的	通过了解植物种群生态学、群落生态学和生态系统生态学的基本知识，培养学生生态保护意识	通过掌握植物景观与园艺设计的基本知识和艺术技巧，开展小组园艺设计活动，从而提高学生对园林景观的鉴赏能力	通过开展野生动物保护实践活动，从而掌握制订和执行野生动物保护计划，增强对生态和环境保护的责任感
		活动形式	教师讲授、实地探访、实践体验相结合	教师讲授、实地探访、实践体验相结合	教师讲授、实地探访、实践体验相结合

维度或要素			小学高年级段	初中段	高中段
研学课程	必修课程五	名称	作物新品种选育	农业生物技术	农业生产与管理
		活动目的	通过了解作物新品种选育的知识，强化作物新品种选育的认知	通过掌握农业生物技术的基本原理和应用领域，开展小组农业生物技术的实践活动，提高学生的生物原理知识掌握程度	通过开展小组农业生产与管理的实践活动，培养学生对农业可持续发展和环境保护的进一步认识
		活动形式	教师讲授、实地探访、实践体验相结合	教师讲授、实地探访、实践体验相结合	教师讲授、实地探访、实践体验相结合
	必修课程六	名称	作物遗传育种科学探究	农业生物技术与改良	农业生产技术与经营管理
		活动目的	通过了解作物遗传育种的基本原理，简单掌握作物遗传育种的实践技能	通过掌握农业生物技术的实践技能，开展农业生物技术实践活动，从而提高学生的农业知识掌握程度	通过开展农业生产与经营管理的实践活动，从而培养学生对农业可持续发展的进一步认识，并学会在经营管理中融入环保理念
		活动形式	教师讲授、实地探访、实践体验相结合	教师讲授、实地探访、实践体验相结合	教师讲授、实地探访、实践体验相结合
	必修课程七	名称	中药材种植技术	中药药理学	药用植物生态学
		活动目的	通过了解中药材种植的基本知识，简单掌握中药材种植的相关知识	通过掌握中药药理学的基本原理和研究方法，开展中药药理学的实践活动，从而提高学生对中药知识的掌握程度	通过开展药用植物生态学的实践活动，掌握药用植物生态学的基本原理，从而了解其在环境保护中的应用
		活动形式	教师讲授、实地探访、实践体验相结合	教师讲授、实地探访、实践体验相结合	教师讲授、实地探访、实践体验相结合
	必修课程八	名称	中药材栽培技术	中药药效学研究	药用植物生态学与资源保护
		活动目的	通过了解中药材栽培的基本知识，从而简单掌握中药材的种类	通过开展中药药效学的实践课程，提升学生的中药药效学研究意识	通过深入探究药用植物的生态适应性、群落结构，进一步认识到生态旅游与环境保护在药用资源保护中的重要性和应用价值
		活动形式	教师讲授、实地探访、实践体验相结合	教师讲授、实地探访、实践体验相结合	教师讲授、实地探访、实践体验相结合

维度或要素			小学高年级段	初中段	高中段
研学课程	必修课程九	名称	太空科技探索	环境保护与可持续发展	未来能源技术
		活动目的	通过了解太空科技的基本原理和应用，培养学生对太空科技的兴趣	通过掌握环境保护与可持续发展的基本理念和技术，开展环境保护的实践活动，从而提高学生生态环境保护的意识	通过小组实践，从而让学生掌握未来能源技术的实践技能，深入了解和探讨这些技术在生态旅游与环境保护中所发挥的重要作用
		活动形式	教师讲授、实地探访、实践体验相结合	教师讲授、实地探访、实践体验相结合	教师讲授、实地探访、实践体验相结合
	必修课程十	名称	深海科技探索	生态工程与环境修复	未来交通技术
		活动目的	通过了解深海科技的基本原理，简单掌握深海环境的特点、深海生物的多样性	通过生态工程与环境修复的实践技能，开展生态工程与环境修复实践活动，从而提高学生对生态工程技术知识的扩充	通过开展小组学习，从而掌握未来交通工具的设计与制造以及智能交通系统的应用与实践
		活动形式	教师讲授、实地探访、实践体验相结合	教师讲授、实地探访、实践体验相结合	教师讲授、实地探访、实践体验相结合
	选修课程		1.植物多样性和作物新品种选育 2.中药材种植基本知识和技术 3.太空科技基本原理和应用 4.科技相关领域的发展和创新	1.园林设计概念、原则和技巧 2.农业生物技术实践技能 3.中药药理学基本原理和研究方法 4.环境保护与可持续发展的基本理念和技术	1.环境保护和可持续发展的基本原理和方法 2.未来能源技术的基本原理和应用 3.药用植物的生长规律和生态环境 4.生态旅游、农业生产与管理等方面的实践技能

维度或要素		小学高年级段	初中段	高中段
研学线路	代表性线路（时长五日）	第一天：北京营地—北京园林研究院—北京营地 第二天：北京营地—植物研究所—北京营地 第三天：北京营地—农科院作物研究所—北京营地 第四天：北京营地—北京药用植物园—北京营地 第五天：北京营地—中国科技馆—北京营地	第一天：北京营地—北京园林研究院—北京营地 第二天：北京营地—植物研究所—北京营地 第三天：北京营地—农科院作物研究所—北京营地 第四天：北京营地—北京药用植物园—北京营地 第五天：北京营地—中国科技馆—北京营地	第一天：北京营地—北京园林研究院—北京营地 第二天：北京营地—植物研究所—北京营地 第三天：北京营地—农科院作物研究所—北京营地 第四天：北京营地—北京营地 第五天：北京营地—中国科技馆—北京营地
	可选择线路（按天设计，菜单式选择）	1.北京营地—中国航空博物馆—北京营地；2.北京营地—天安门国旗护卫队—北京营地；3.北京营地—北京航空航天大学—北京营地；4.北京营地—中国消防博物馆—北京营地；5.北京营地—中国地质博物馆—北京营地；6.北京营地—北京药用植物园—北京营地；7.北京营地—水利部基地—北京营地；8.北京营地—全国农业展览馆—北京营地	1.北京营地—中华航天博物馆—北京营地；2.北京营地—海洋工业展览馆—北京营地；3.北京营地—中国核工业科技馆—北京营地；4.北京营地—故宫博物院—北京营地；5.北京营地—中家院检测—北京营地；6.北京营地—检疫科学研究院—北京营地；7.北京营地—中关村智造大街—北京营地；8.北京营地—中国工程院—北京营地	1.北京营地—地震训练基地—北京营地；2.北京营地—北京国家地球观象台—北京营地；3.北京营地—南水北调房山泵站—北京营地；4.北京营地—故宫博物院—北京营地；5.北京营地—中家院检测—北京营地；6.北京营地—检疫科学研究院—北京营地；7.北京营地—中关村智造大街—北京营地；8.北京营地—北京昌平培训学校—北京营地
	规划线路（按天设计）	1.北京营地—检疫科学研究院—北京营地；2北京营地—中关村智造大街—北京营地；3.北京营地—南水北调房山泵站—北京营地	1.北京营地—北京药用植物园—北京营地；2.北京营地—水利部基地—北京营地；3.北京营地—全国农业展览馆—北京营地	1.北京营地—中华航天博物馆—北京营地；2.北京营地—海洋工业展览馆—北京营地；3.北京营地—故宫博物院—北京营地

维度或要素		小学高年级段	初中段	高中段
教学重点难点（以代表性线路教学设计为例，以下同）	教学重点	1. 简单了解园林绿化实践技能、植物多样性的概念、价值和意义 2. 简单了解植物多样性保护的方法和技能 3. 简单了解作物新品种选育的基本原理和方法 4. 学习了解中药材种植的基本知识和技术 5. 了解太空科技的基本原理和应用，学生可以更好地了解太空科技的发展	1. 通过观察、实践、探究等方式，掌握园林设计的概念 2. 学习园林设计技巧，掌握园林设计的实践技能 3. 通过学习农业生物技术的基本原理，掌握农业生物技术的实践技能 4. 学习中药药理学的基本知识，让学生更好地掌握中药材种植相关知识 5. 通过学习环保理念和技术，提高学生可持续发展相关意识	1. 掌握生态旅游的概念 2. 探究生态旅游与环境保护的实施方案 3. 熟练掌握农业生产与管理的基本知识，以小组形式探究模拟农业生产流程 4. 通过掌握药用植物的生态学特征，以小组形式探究模拟植物生长环境，从而更好地使学生掌握药用植物生态学的实践技能 5. 学生学习掌握未来能源技术的相关知识，制作相应能源模型，增强学生对科技工作的严谨性，增强创新意识和创新能力
	教学难点	1. 学生需要初步学习园林绿化的实践技能，包括植物种植、土壤调理、施肥、浇水和修剪等；2. 学生需要了解植物多样性保护的重要性；3. 学生需要了解遗传学知识、杂交育种、选择育种和基因编辑等方面的内容；4. 学生需要了解中药材的知识；5. 学习将太空科技的理论知识与实践技能相结合的意义，在操作过程中发现并提出问题，最终运用太空科技的知识解决现实中的实际问题	1. 学生需要理解景观规划、植物配置、空间布局等方面的内容，通过观察、实践和探究等方式，理解园林设计的核心概念；2. 学生需要学习色彩搭配、材料选择、景观构图等方面的技能，逐渐掌握园林设计的实践技能；3. 学生需要通过实践掌握基因组织培养、转基因技术等方面的知识；4. 学生需要学习中药药物的成分、作用机制、临床应用等方面的内容，并能够运用这些知识进行中药相关知识的掌握；5. 理解将环境保护与可持续发展的理论知识与实践技能相结合的意义，以小组形式解决相关技术中遇到的实际问题	1. 学生需要深入理解生态保护、可持续发展和社区参与等方面的内容，对生态旅游的核心理念和原则进行全面的掌握和理解；2. 学生需要探究生态旅游景区规划、环境影响评估等方面的内容，具备系统思维和综合分析的能力，能够制订可行的生态旅游与环境保护方案；3. 学生需要熟练掌握农田土壤管理、作物种植、病虫害防治等方面的内容，通过小组形式模拟农业生产流程，深入了解农业生产的实际操作技能和管理技能；4. 学生通过以小组形式模拟植物生长环境，掌握药用植物生态学的实践技能；5. 熟练掌握将未来能源技术的理论知识与实践技能相结合的意义，能够运用未来能源技术解决实际问题，根据实际问题策划相应的探究方案

维度或要素	小学高年级段	初中段	高中段
教学策略	针对小学高年级段学生的身心发展特点和学习需求，基于探究式学习与合作学习理论，我们精心选取了科技知识作为核心教学内容。依托研学基地的丰富资源，我们采取多学科情境式教学法，将科技知识与实际生活场景相结合，让学生在情境中学习，在实践中成长。在教学过程中，我们注重培养学生的实践能力和创新精神。通过开展实地考察、实验操作等多样化的实践活动，让学生亲身感受科技的魅力，激发他们的学习兴趣和探究欲望。同时，我们鼓励学生之间的合作学习，让他们在交流中碰撞思想，共同成长。通过这样的教学策略，我们旨在帮助学生更好地理解和掌握科技知识，提升他们的实践能力和创新思维，达到让学生在快乐的学习中不断成长，为未来的科技探索和创新发展奠定坚实的基础	针对初中段学生实践能力提升与环境保护意识培养的学情需求，我们基于体验式学习和跨学科项目式学习理论，选取环境保护与可持续发展知识作为核心内容。依托研学基地的丰富实践资源，我们采用多学科情境式教学法，融合环境科学、社会科学等多学科知识，让学生在真实的情境中感受环境问题的重要性。在教学过程中，我们注重学生的亲身体验和实践操作。通过开展实地考察、环境检测、环保项目设计等多样化的活动，让学生在亲身参与中掌握实践技能，深化对环境保护与可持续发展的理解。同时，我们鼓励小组合作，促进学生之间的交流与合作，共同探索解决问题的策略。通过这样的教学策略，我们旨在培养学生的实践能力、环保意识和社会责任感，使他们成为具备可持续发展理念的新时代青少年	针对高中段学生综合素养提升和未来能源技术观念培养的学情需求，我们基于体验式学习和跨学科项目式学习理论，选取未来能源技术作为核心教学内容。依托研学基地的先进设施与资源，我们采用多学科情境式教学法，将理论知识与实践操作相结合，让学生在真实环境中学习、体验。在教学过程中，我们注重学生的主体性和实践性。通过开展实地考察、实践操作和小组探究活动，让学生亲身感受未来能源技术的魅力，掌握相关技术技能。同时，我们鼓励学生以小组为单位，根据课程内容进行知识探究和课程物品制作，将所学知识与未来能源技术观念相融合。通过这样的教学策略，我们旨在提升学生的综合素养，培养他们的创新精神和实践能力，同时深化对未来能源技术的理解和认识，让学生在探究中成长，在实践中发展，为未来的能源技术创新和发展奠定坚实的基础

维度或要素				小学高年级段	初中段	高中段
实施方案	入营教育	安全	引导	通过实地体验，了解安全通道的重要性；学习识别各类安全标识，培养安全意识	组织专家进行安全讲座，向学生介绍安全风险和应对措施	通过图表展示和视频演示等形式，向学生传达安全知识和技能
			实训	发放《安全手册》，教授预防措施和应急处理方法	组织学生进行安全演练和模拟演练活动，学习预防措施和应急处理方法	通过角色扮演和团队合作，学生将学习如何识别风险并采取相应的预防措施
		应急	引导	通过观看应急处理视频，学习应急事件的处理方法和技巧，培养学生冷静思考和随机应变的能力	通过实地考察和观摩，学生将更好地理解和学习应急处理的实际操作	组织专门的技能培训工作坊，针对不同的应急事件或风险进行专题培训
			实训	观看并分析典型应急处理案例视频，学生分享自己的体会和学习到的方法	组织学生进行实地考察和观摩，让他们参观实际的应急处理中心、紧急救援机构或专业培训机构	学生将通过参与技能培训工作坊的培训，提升应急处理的技能水平和冷静思考的能力
		救助	引导	通过模拟情境，让学生了解求助的时间、地点、方法	通过演练锻炼学生的团队合作能力和资源利用能力	通过竞赛活动，学生将锻炼独立思考、团队合作和创造性解决问题的能力
			实训	进行角色扮演、案例分析等活动，让学生在实践中掌握求助的方法和技巧，强调团队合作的重要性，共同解决问题	组织学生参与救援演练和合作项目，让他们在团队合作的环境中模拟困难情境下的救援措施	组织学生参与案例分析设计的竞赛活动，提供一系列应急情境案例，要求他们进行分析和设计相应的解决方案
		自我管理	引导	在导师的指导下，学习如何有效地管理自己的情绪和压力，掌握应对困难和挑战的方法	通过训练，让学生学会如何识别和理解自己的情绪，有效地管理和调节情绪	通过学生分享自己的成长案例，让学生更好地了解如何应对困难和挑战，培养自我管理能力
			实训	通过案例分析等活动，应用自我管理的方法和技巧，在持续实践中自我反思	组织学生进行情绪管理训练，包括学习认识和理解不同情绪的起因和表现形式	组织学生进行分享和反思活动，分享在面对困难和挑战时的经验和克服困难的成功故事
		团队协作	引导	学生分组进行协作任务，体验团队合作的重要性和优势，学习如何制订计划	通过跨学科项目合作研讨，学生将深刻体验到团队合作的重要性和优势	通过解谜游戏、户外拓展课程挑战活动，学生将锻炼团队合作、沟通和决策能力
			实训	学生自主设计并组织小组活动，实践团队协作的方法和技巧，鼓励学生自主规划活动内容、时间安排和资源调配	将学生分组，组成跨学科研讨团队，共同参与一个涵盖多个学科领域的综合性项目	组织一系列团队建设、解谜游戏、户外拓展课程挑战活动，旨在让学生在合作中学习如何制订计划、分配任务

维度或要素		小学高年级段	初中段	高中段
实施方案	导入教学环节	第一天，视频导入：播放北京园林研究院的宣传片或介绍视频，让学生了解园林绿化的重要性和科学研究院的工作内容；第二天，情境导入：介绍植物研究所的重要性和植物科学的应用价值，如药用植物、食用植物等；第三天，问答游戏：开展与作物科学相关的问答游戏，调动学生的研学积极性，了解现代农业和作物科学的重要性；第四天，任务导入：带领学生参观北京药用植物园，让他们观察和了解各种药用植物的特点和用途，引导学生思考药用植物与医学的关系；第五天，任务导入：设置科技探索任务，让学生感受科技的魅力和应用	第一天，视频导入：播放关于北京园林研究院的重大工程或创新技术的宣传片，激发学生对园林绿化科学的兴趣；第二天，情境引入：通过展示一些植物的奇特形态或特殊生长环境，引发学生对植物研究所和植物多样性的好奇心；第三天，视频导入：播放与作物科学相关的创新农业技术或粮食安全问题的视频，引起学生对作物科学研究的兴趣；第四天，视觉体验：安排学生观察一些常见药用植物的真实植株或种子，并引导他们描述植物的特征和可能的药用价值；第五天，科技互动：在科技馆内设置一些互动展品或实验项目，让学生通过亲身操作和体验，感受科技的魅力和应用	第一天，文献引用：引用城市园林绿化相关的名人名言或有关研究的经典文献，激发学生对园林绿化科学的思考和兴趣；第二天，实验导入：安排学生观察植物的光合作用、测量植物的生长速度等，让学生亲身体验植物研究的科学方法和过程；第三天，提问导入：提出粮食安全、土壤污染等问题，引发学生对作物科学研究的兴趣和思考；第四天，知识扩展：介绍中药研究、草药治疗等，让学生了解药用植物与医学的关系；第五天，任务导入：引导学生思考科学的本质和科学思维的重要性，以及科学与技术的相互关系，让学生明白科学是推动社会发展和进步的重要力量
	授课教学环节	第一天：入营教育、必修课程一“植物多样性保护”、必修课程二“生态农业科学探究”；第二天：必修课程三“植物生态学与保护”、必修课程四“植物生态学与生物多样性保护”、选修课程1“植物多样性和作物新品种选育”；第三天：必修课程五“作物新品种选育”、必修课程六“作物遗传育种科学探究”、选修课程2“中药材种植基本知识和技术”；第四天：必修课程七“中药材种植技术”、必修课程八“中药材栽培技术”、选修课程3“太空科技基本原理和应用”；第五天：必修课程九“太空科技探索”、必修课程十“深海科技探索”、选修课程4“科技相关领域的发展和创新”	第一天：入营教育、必修课程一“园林设计与艺术”、必修课程二“景观规划与设计”；第二天：必修课程三“花卉与园艺设计”、必修课程四“植物景观与园艺设计”、选修课程1“园林设计概念、原则和技巧”；第三天：必修课程五“农业生物技术”、必修课程六“农业生物技术与改良”、选修课程2“农业生物技术实践技能”；第四天：必修课程七“中药药理学”、必修课程八“中药药效学研究”、选修课程3“中药药理学基本原理和研究方法”；第五天：必修课程九“环境保护与可持续发展”、必修课程十“生态工程与环境修复”、选修课程4“环境保护与可持续发展的基本理念和技术”	第一天：入营教育、必修课程一“生态旅游与环境保护”、必修课程二“可持续发展与环境保护”；第二天：必修课程三“自然保护区管理”、必修课程四“野生动物保护与自然保护区管理”、选修课程1“环境保护和可持续发展的基本原理和方法”；第三天：必修课程五“农业生产与管理”、必修课程六“农业生产技术与经营管理”、选修课程2“未来能源技术的基本原理和应用”；第四天：必修课程七“药用植物生态学”、必修课程八“药用植物生态学与资源保护”、选修课程3“药用植物的生长规律和生态环境”；第五天：必修课程九“未来能源技术”、必修课程十“未来交通技术”、选修课程4“生态旅游、农业生产与管理等方面的实践技能”

维度或要素		小学高年级段	初中段	高中段
实施方案	进级教学环节	1. 根据特定场地或社区需求，邀请专业园林绿化师给学生讲解更高级的园林绿化实践技能；2. 组织学生进行生态考察活动，选择一个具有丰富植物多样性的自然生态区域进行实地考察，并记录植物种类和数量；3. 安排学生进行遗传学实验，探究自交和杂交的效果等，以加深对遗传学原理的理解；4. 中药制剂制作：学生学习中药制剂的制作方法和工艺流程，如煎剂、膏丸、散剂等，进行实践操作，并了解中药的配伍禁忌和用药安全问题；5. 学生以小组形式选择一个实际问题，运用太空科技的理论和实践技能，提出简易解决方案。例如，利用遥感技术监测环境污染等	1. 组织学生进行园林设计实践比赛，进行现场展示和评选；2. 邀请专业园林设计师分享他们的实践经验，并与学生进行互动交流和指导；3. 学生选择一个具体作物或农业领域，研究该领域中农业生物技术的应用案例，并进行小组讨论和报告；4. 学生进行中药药理实验，选择常用中药材进行药效测试和评估，学习中药药理学的基本原理和实验方法，并分析实验结果；5. 学生以小组形式策划和实施一个环保项目，如垃圾分类、资源回收利用等，通过实践来推广环保理念	1. 学生进行生态旅游资源的实地调研和评估，学习如何评估和保护生态旅游资源的可持续性；2. 学生学习如何进行生态旅游的可持续性评估，通过实地考察和数据分析，评估某个生态旅游目的地的可持续性；3. 学生在农业实验室进行农业生产相关实验，学习种植技术、土壤肥力测试等，探究影响农业生产效益的因素；4. 学生进行药用植物生态调查，选择不同的植物类型和生境进行野外考察，记录植物的生态学特征、分布规律和与环境的相互关系；5. 学生进行可再生能源实验，如太阳能电池板的制作与测试、风力发电机的组装与效能测试等，学习未来能源技术的基本原理和实践技能
	巩固教学环节	1. 学生运用所学实践技能，进行园林设计比拼，通过实际操作巩固园林绿化知识；2. 学生分享生态考察成果，交流植物种类与数量记录，深化对生态多样性的认识；3. 学生展示自交与杂交实验结果，讨论遗传规律，加深对遗传学原理的理解；4. 学生制作并展示中药制剂，品尝交流，同时讨论中药配伍与用药安全，巩固中药知识；5. 学生展示太空科技解决方案，探讨技术应用前景，提升科技创新能力	1. 学生展示园林设计作品，通过评委点评与观众互动，巩固园林设计实践技能；2. 学生分享作物研究心得，讨论农业生物技术应用，加深对现代农业的理解；3. 学生汇报中药药理实验结果，分析药效评估，巩固中药药理学知识；4. 学生展示环保项目策划，交流实施经验，强化环保理念和实践能力；5. 通过知识问答形式，检验学生对研学课程内容的掌握情况，巩固所学知识	1. 学生分享调研成果，讨论保护策略，加深对生态旅游可持续性的理解；2. 学生展示评估报告，交流评估方法，提升对生态旅游目的地可持续性的认识；3. 学生展示种植成果，交流土壤肥力测试经验，巩固农业生产知识；4. 学生汇报调查情况，分析植物与环境关系，加深对药用植物生态学的理解；5. 学生展示可再生能源实验作品，交流制作与测试经验，巩固未来能源技术知识

维度或要素			小学高年级段	初中段	高中段
实施方案	总结教学环节	教学创新	教师在研学活动中运用多维度教学方法与策略，培育学生的创新思维与实践技能。通过专家引领，融合现场教学，结合学校或周边社区的特定场地需求，组织学生开展生态考察活动。这种实验探究的方式能够帮助学生直观地理解遗传学知识，同时培养他们的实验操作技能和科学探究精神。培养他们的文化自信心、民族自豪感、创新思维和团队协作能力	教师在研学活动中主动尝试新的教学方法和策略，通过创新实践，为学生提供一个丰富多彩、充满挑战的研学环境，将所学的园林知识融入设计实践。培养了学生解决实际问题的能力。分享学生的设计心得和实战经验。通过生动的案例和深入的讲解，帮助学生了解行业的最新动态和前沿技术，拓宽他们的视野与思路	教师前往生态旅游目的地进行实地考察，学习如何评估生态资源的可持续性，并提出保护措施，从而培养学生的调研能力和环保意识。指导学生进行生态旅游目的地的可持续性评估实践，学生需要收集相关数据，运用所学知识进行分析和评估，培养学生的综合分析问题和解决问题的能力。帮助学生了解农业生产的全过程，培养他们的实践能力和创新精神
		教学总结	创新性融合多维度策略，生态考察可助学生直观理解遗传学，提升实验与探究能力。通过专家引领、现场教学的方法，培养学生文化自信和民族自豪。活动结束后，及时收集反馈，进行整理资料并建档，反思优点与不足，促进学生全面发展	丰富教学创新实践，将研学活动融合园林设计，培养学生实践与创新能力。专家分享拓宽视野，案例讲解引领前沿。活动结束后，及时收集反馈，进行资料整理并建档，助力学生全面发展	从事生态考察，传授评估与保护方法，培养学生调研与环保意识。指导学生实践评估生态旅游的可持续性，锻炼其综合分析与解决问题的能力。结合农业生产实践，提升实践与创新精神。活动结束后，及时收集反馈，进行资料整理并建档，总结优缺点
		教学反思	教学创新成效显著，生态考察助学生直观理解遗传学，提升实验能力。通过专家引领、现场教学的方法培养学生文化自信。活动结束后，及时收集反馈，整理资料，反思不足。根据反馈优化教学环节，提炼经验，为下次研学提供参考，从而继续探索新方法，促进学生全面发展	丰富教学创新实践，培养学生实践与创新能力。专家分享拓宽视野，案例引领前沿。活动结束后，及时收集反馈，整理资料，明确优劣。根据反馈调整优化教学环节，提炼经验，为下次研学提供参考，从而继续探索创新方法，促进学生全面发展	教学创新成效显著，生态考察与农业实践结合，培养学生调研、环保意识与实践能力。指导学生评估生态旅游可持续性，提升综合分析与解决问题能力。教学结束后，及时收集反馈，整理资料，总结优缺点。根据反馈优化教学环节，提炼经验，为下次研学提供参考，从而继续探索创新方法，促进学生全面发展

维度或要素				小学高年级段	初中段	高中段
实施方案	评价教学环节	教学水平评价	自我评价	教师要认识到教学反思与评价的重要性。在教学过程中，要注重培养学生的综合素质，努力创新教学形式，提高教学质量。同时，定期组织教师反思自己的教学方法和策略，不断调整和完善，力求更好地完成教学目标。通过自我评价，不断总结经验，提升教育教学水平	在研学活动结束后，教师要定期回顾自己的教学过程，从组织、教学方法选择、教学工具运用、研学资源开发利用等多个方面进行深入分析，对照预设目标进行差异评价。通过不断反思与总结，提升自身教育教学水平，为学生提供更优质的教学体验	研学活动结束后积极收集学生的意见和反馈，认真倾听意见，以便更好地了解学生的学习需求。通过学生的反馈，及时调整教学策略，提升教学质量，同时也能够精进教育教学涵养，实现教学相长，不断推动教育教学的创新与发展
			学生评价	学生针对教师和学生之间的互动是否充分、研学课程师生对话参与度、能否积极参与课堂教学、课堂气氛活跃度方面进行评价	询问学生对教师的教学方法、课堂组织、知识传授和辅导等方面的看法，评估教师在学生心目中的形象和影响力	评估学生在教师的引领下，是否培养了自主学习、团队合作和领导能力，从而对教师在学习和成长中的指导和影响进行评估
			同行评价	由学校教师和相关教学管理人员对教师的教学进行评价，教师能否激发学生的学习兴趣和团队合作精神，能否达到预期的教学目标	由营地教师和教学管理人员对教师的教学进行评价，教师能否在营地环境中有效利用营地资源和有效教育方式，教师能否激发学生的学习兴趣和团队合作精神	由学校教师和相关教学管理人员对教师的教学进行评价，教师是否能够结合营地活动与高中课程内容，教师能否培养学生的领导力、团队协作和适应能力
			培训和考核	定期对营地教师进行教学培训和考核，通过考核结果来评价教师的教学水平，开展相应培训，并定期对教师学习成果进行水平测试考核	教师的教学培训应该着重于营地管理技巧和户外安全意识，以确保学生在营地活动中的安全性，对教师培训成果定期考核并总结	教师的教学培训应该包括营地领导力培养和户外技能训练，以提升教师在营地环境中的团队合作能力
			教学成果展示	通过研学过程教学展示教师的教学成果，通过学生的学业成绩、学生的创新作品等，来评价教师的教学水平	教师的教学成果展示应该结合营地活动中学生的实际表现和成绩，以评价教师在培养学生团队合作、领导能力等方面的教学水平	教师的教学成果展示应该突出学生在营地活动中的创新作品和解决问题的能力，以评价教师在培养学生创新精神和实践能力方面的教学水平

维度或要素				小学高年级段	初中段	高中段
实施方案	评价教学环节	学业评价	形成性评价	通过观察、记录和反馈学生研学过程中的学习情况，以及他们在活动中的表现给予评价	通过观察和记录学生在营地活动中的团队合作、领导能力等方面的表现，以形成性评价指导教学实践	通过观察和反馈学生在营地活动中的创新思维、解决问题能力等方面的表现，以形成性评价促进学生综合素养的提升
			总结性评价	在研学活动结束后通过学生的研究报告、展示或测试等形式，全面了解学生在研学活动中的学习成果和进步	通过学生的研究报告、展示，以及对研学活动的测试等形式，全面评价学生在营地活动中的学科知识、团队合作和实践能力等方面的表现	通过学生的研究报告、展示，以及对营地活动的综合评价等形式，全面了解学生在研学活动中的创新思维、领导能力和解决问题能力等方面的发展情况
			教师评价	由教师根据学生在研学活动中的表现和成果，根据学生的参与度、作业质量、测试成绩等，对学生的学业进行评价	教师应该根据学生在营地研学活动中的积极参与度、团队合作能力和实践技能等方面的表现，综合评价学生的学业水平和成长情况	教师应该根据学生在营地活动中的创新思维、解决问题能力和领导能力等方面的表现，结合作业质量、测试成绩等多方面因素，全面评价学生的学业发展和综合素养
		项目评价		鼓励校内教育工作者、学生家长、社会各界积极参与评价过程，通过教研活动及针对评价结果的反思，及时发现问题并加以改进	教师、家长和社会各界应该积极参与营地项目评价过程，通过教研活动和反思，及时发现营地活动中存在的问题并采取改进措施，以提升教学质量	教师、家长和社会各界应该积极参与营地项目评价过程，通过教研活动和反思，及时发现营地活动中存在的问题并采取改进措施，以促进学生综合素养和创新能力的全面发展

4.2 教学计划与策略列表：科技赋能新时代　智慧创新赢未来

<table>
<tr><td colspan="3">营地名称</td><td>石家庄市青少年社会综合实践学校（简称“石家庄营地”）</td><td>命名机构</td><td>教育部</td><td>识别码</td><td>Y145130001</td></tr>
<tr><td colspan="3">从业资质（摘要）</td><td>综合实践教育；研学实践教育；劳动教育</td><td>单位属性</td><td>公益一类</td><td>法定代表人</td><td>吕宗海</td></tr>
<tr><td colspan="3">研学主题</td><td>科技赋能新时代　智慧创新赢未来</td><td colspan="2">主要目的指向</td><td colspan="2">科学技术教育</td></tr>
<tr><td rowspan="7">营地（枢纽）及周边主要优质研学资源</td><td colspan="2">基地层级</td><td colspan="5">研学站点（基地）名称</td></tr>
<tr><td rowspan="2">教育部命名基地</td><td>已列入教学计划</td><td colspan="5">、与本主题相关列入教学计划的基地11个
1. 河北塔元庄同福农业科技有限责任公司（简称“塔元庄同福研学基地”）；2. 中航通飞华北飞机工业有限公司（简称“中航通飞研学基地”）；3. 石家庄市规划馆；4. 启行营地（北京）教育科技有限公司（简称“启行营地”）；5. 河北楷彤影视传媒有限公司（简称“楷彤影视”）；6. 中国农业科学院（万庄）国际农业高新技术产业园（简称“万庄产业园”）；7. 河北省涿州市气象局；8. 中国地质调查局国土资源实物地质资料中心（简称“地质资料中心”）；9. 漕河渡槽工程（南水北调中线干线工程建设管理局）（简称“漕河渡槽工程”）；10. 河北张家口市青少年冰雪运动综合实践基地（简称“张家口冰雪基地”）；11. 中国科学技术馆
二、与本主题关联不大但列入教学计划的基地3个
1. 涉县青少年活动中心；2. 蔚县青少年校外活动中心；3. 全国青少年北戴河活动营地</td></tr>
<tr><td>待列入教学计划</td><td colspan="5">1. 河北柳江盆地地质遗迹国家级自然保护区（管理处）；2. 丰宁满族自治县青少年活动中心；3. 吴桥杂技大世界旅游有限公司；4. 开滦国家矿山公园［开滦（集团）有限责任公司］（简称“开滦矿山公园”）；5. 迁西县喜峰口旅游开发有限公司</td></tr>
<tr><td colspan="2">其他部委命名基地</td><td colspan="5">1. 中国科学院力学研究所；2. 河北省科技馆；3. 崇礼冬奥村</td></tr>
<tr><td colspan="2">地方命名基地</td><td colspan="5">1. 河北工院3D打印体验馆（简称“3D打印体验馆”）；2. 君乐宝中小学生研学实践教育基地（简称“君乐宝研学基地”）；3. 航天科技馆研学实践教育基地（简称“航天科技馆”）；4. 萱草文化研学实践教育基地（简称“萱草基地”）；5. 石家庄市植物园；6. 河北省青少年冰上运动中心（简称“冰上运动中心”）；7. 东方巨龟苑研学实践教育基地（简称“东方巨龟苑基地”）；8. 正定网络信息安全研学基地（简称“正定网络基地”）</td></tr>
<tr><td colspan="2">本营地资源</td><td colspan="5">1. 科学艺术体验馆；2. 机器人工作室；3. 纳米体验馆</td></tr>
<tr><td colspan="2">其他资源</td><td colspan="5">雄安新区市民服务中心（简称“雄安服务中心”）</td></tr>
</table>

维度或要素	小学高年级段	初中段	高中段
校内教育基础（与校内教育的衔接）	对照课标，小学高年级段在科学技术方面的主要目标是让学生初步了解现代科学技术在生活各领域中的应用，学习一些简单的科技知识和技能，理解科技发展与社会生活的关系，感受科技改变生活、科技推动发展，激发学习科学的兴趣，从小树立热爱科学的意识，逐步提升科学素养。能够在提出具有科学研究意义问题的基础上，充分表达自己的观点，提升科学探索和研究的能力。本研学主题必修课程与校内教育的衔接内容如下：1.人教版六年级下册美术第八课“我设计的服装”；2.人教版五年级上册美术第九课“诗情画意”；3.冀教版六年级上册科学第一单元“光”；4.冀教版六年级上册科学第一单元第一课“种豆得豆”；5.冀教版六年级上册科学第六单元创意车模第一至三课“创意车模大比拼”；6.冀教版六年级下册科学第三单元宇宙第四课“探索宇宙”	对照课标，初中段在科学技术教育方面提出初中学生应初步形成物质与能量、运动与相互作用的观念，知道现代技术与工程具有系统性和复杂性，知道科学对技术与工程具有指导意义等目标要求，本研学主题必修课程与校内教育的衔接内容如下：以人教版为例，1.物理八年级第二章第三节“声的利用”；2.生物七年级第五单元第二节“无土栽培”；3.生物八年级第五单元第四章第五节“人类对细菌和真菌的利用”；4.化学九年级第九单元课题3“溶液的浓度”；5.化学九年级第十单元课题1“常见的酸和碱”；6.信息技术七年级上册第一单元“图文处理与编排”；7.物理九年级第十五章第二节“电流和电路”	对照课标，高中段在科学技术方面提出能够使用科学的研究方法进行设计制作，探究实验，将科学知识理论应用实践解决实际问题，体会科学探索的乐趣，深刻理解科技发展与国家富强、民族进步的关系，感受科技的历史厚重感与未来使命感，培育具备科学家的潜质，愿意献身科学研究事业，树立“科技创新、强国有我”的志向的目标要求。本研学主题必修课程与校内教育的衔接内容如下：以人教版为例，1.信息技术高三选择性必修4第3章第5节“智能机器人”；2.信息技术高三选择性必修5第1章第2节“三维打印技术”；3.生物高三选择性必修3第1章第2节“微生物的培养技术及应用”；4.生物高三选择性必修3第2章第1节“植物细胞工程”；5.化学高二选修1第3章第1节“合金”；6.物理高一必修1第4章第5节“牛顿运动定律的应用”

维度或要素			小学高年级段	初中段	高中段
研学课程	必修课程一	名称	3D打印——我的班服我做主	创意环保声控汽车	机器人走迷宫
		活动目的	通过学会使用3D绘画笔创意制作班服，锻炼学生的创意创新能力，增强科技意识	通过了解汽车尾气对空气造成的污染，利用提供的材料制作一辆环保声控汽车	通过参观3D打印体验馆，掌握机器人设计制作流程，完成指定动作的设计要求
		活动形式	讲解示范、创意设计、动手实操	自主探究、小组合作、实践制作	教师讲授、研究性学习、实践体验相结合
	必修课程二	名称	数字艺术之诗词如画	机器人走迷宫	探究材料中的魔术师——变形材料
		活动目的	通过运用信息技术和设备，将古诗词用绘画的方式表达出来，提高学生的实践能力	通过了解自动控制机器人组装工作原理，理解遍历算法，从而能够编程控制机器人	通过近距离动手操作变形材料，认识其在生物医药、生产生活中的应用
		活动形式	讲解示范、创意设计、动手实践	自主探究、小组合作、实践制作	教师讲授、研究性学习、实践体验相结合
	必修课程三	名称	走进科技馆	陆空对话	3D打印赵州桥
		活动目的	通过了解人工智能机器人在生活与科技领域中的应用，近距离感受科技的神奇魅力	了解飞机飞行中的各种挑战，体验飞机飞行，加深对飞行员职业的认识	通过使用设计软件建模，认识现代科学技术带来的便利，感悟古代匠师的工匠精神
		活动形式	参观、讲解、探究、体验	参观、教授、体验、实践	实地探访、教师讲授、实践体验相结合
	必修课程四	名称	创意浮雕灯	精美旗袍设计	酷炫无人机
		活动目的	通过3D打印浮雕透光原理，初步掌握基本技能制作，形成创意浮雕灯作品	通过科技运用，了解中华优秀传统文化，提高立体空间思维，培养创新意识	通过3D打印技术对无人机进行个性化设计、创造，掌握打印无人机模型的方式
		活动形式	讲解示范、小组合作、动手实践	讲授、调研、体验、制作	教师讲授、实地探访、研究性学习

维度或要素			小学高年级段	初中段	高中段
研学课程	必修课程五	名称	“趣”太空	《西游记》皮影	神奇的组织培养
		活动目的	通过利用VR设备探索太空奥秘，掌握航模的手工搭建制作技巧，激发探索太空奥秘的兴趣	通过文学作品与科技的融合，学会运用三维创意软件制作《西游记》皮影，并通过3D打印技术打印出来	通过了解各种作物的生长过程，掌握植物组织培养的基本技术
		活动形式	科普讲解、参观感受、互动、实践体验	讲授、调研、体验、制作	教师讲授、研究性学习、实践体验相结合
	必修课程六	名称	参观飞机装配生产线	酿酒创新体验	培养皿上的“蒙娜丽莎”
		活动目的	通过探秘多种飞机的发动机、仪表、无线电、管路等内部系统结构，激发兴趣	通过操作蒸馏等简单的酿酒技能，了解甲鱼酒与粮食酒的不同之处，培养学生科学严谨的劳动态度和精神	通过了解微生物及微生物在艺术创作中的应用，掌握培养皿作画的技巧
		活动形式	参观、讲解、动手、实践	讲授、参观、调研、体验	教师讲授、实地探访、实践体验相结合
	必修课程七	名称	组装橡筋动力直升机模型	现代温室无土栽培	揭开“雪如意”的面纱
		活动目的	通过掌握组装橡筋动力直升机模型的方法并进行放飞，培养合作意识和科学探究精神	学生合作，通过经历探究学习、观察记录、实践体验等过程，提升科学素养，感受劳动的乐趣，体会劳动创造美好生活的快乐	通过感受“雪如意”场馆的魅力，掌握建筑设计的相关知识
		活动形式	示范讲解、问题讨论、动手实践	讲授、参观、调研、体验、制作	教师讲授、实地探访、实践体验相结合
	必修课程八	名称	探秘智慧农业	探秘飞机装配生产线	服装中的化学奥秘
		活动目的	通过了解无土栽培的基本方式和工作原理，感悟现代科技在农业发展中的作用	探秘多种飞机的发动机、仪表、管路等内部系统结构，激发学生航空报国热情	通过了解常见运动服装衣料材质特点，认识高科技衣物与日常衣物的不同
		活动形式	参观、探究、交流讨论、动手实践	参观、教授、体验、实践	教师讲授、实地探访、实践体验相结合

维度或要素			小学高年级段	初中段	高中段
研学课程	必修课程九	名称	奶粉品鉴师	梦幻城堡	走进科学技术馆
		活动目的	通过了解酸奶和奶粉的整个生产环节，进行品尝、对比实验，学习奶粉的鉴定方法	通过利用3D打印技术打印城堡，发展实践创新意识和审美意识，提高数字化产品的设计与制作能力	通过参观五大主题展厅，认识中国古人取得的技术成就和未来科技发展的前景
		活动形式	参观、讲解、讨论、实验	讲授、参观、调研、体验	实地探访、教师讲授、研究性学习
	必修课程十	名称	病毒的考验	探秘未来之城——雄安	探究力学的魅力
		活动目的	通过掌握关闭无限弹窗和查杀病毒的基本技能，承担起为家庭电脑进行查杀的任务	通过了解雄安新区城市建设应用的新型科技，体验最前端科技对城市发展带来的优势与便利，认识到当代社会科技发展对城市建设的重要性	通过走进中国科学院力学研究所，体验科技小创造，激发科学学习热情
		活动形式	探究、实操	参观考察、实地调研、设计制作	实地探访、教师讲授、研究性学习
	选修课程		1.3D打印制作中国地图 2.飞机静态乘坐 3.减速伞体验 4.探究鱼菜共生系统	1.驱蚊“薄”士（注：薄荷驱蚊的研究） 2.水果里的调味佳酿 3.战斗机模型拼装	1.制作3D花瓶 2.参观君乐宝车间机械化、智能化操作 3.参观张家口营地场馆 4.聆听科普《力学应用》讲座

维度或要素		小学高年级段	初中段	高中段
研学线路	代表性线路（时长五日）	第一天：石家庄营地—科学艺术体验馆—石家庄营地；第二天：石家庄营地—河北省科技馆—3D打印体验馆—石家庄营地；第三天：石家庄营地—航天科技馆—中航通飞研学基地—石家庄营地；第四天：石家庄营地—塔元庄同福研学基地—君乐宝研学基地—石家庄营地；第五天：石家庄营地—正定网络基地—石家庄市规划馆—石家庄营地	第一天：石家庄营地—科学艺术体验馆—石家庄营地；第二天：石家庄营地—3D打印体验馆—石家庄营地；第三天：石家庄营地—东方巨龟苑基地—塔元庄同福研学基地—石家庄营地；第四天：石家庄营地—中航通飞研学基地—航天科技馆—石家庄营地；第五天：石家庄营地—雄安服务中心—石家庄营地	第一天：石家庄营地—科学艺术体验馆—石家庄营地；第二天：石家庄营地—3D打印体验馆—石家庄营地；第三天：石家庄营地—塔元庄同福研学基地—君乐宝研学基地—石家庄营地；第四天：石家庄营地—崇礼冬奥村—张家口营地；第五天：张家口营地—中国科学技术馆—中国科学院力学研究所—石家庄营地
	可选择线路（按天设计，菜单式选择）	1.石家庄营地—中航通飞研学基地—石家庄营地；2.石家庄营地—涉县青少年活动中心—石家庄营地；3.石家庄营地—塔元庄同福研学基地—石家庄营地；4.石家庄营地—启行营地—石家庄营地；5.石家庄营地—楷彤影视—石家庄营地；6.石家庄营地—蔚县青少年校外活动中心—石家庄营地；7.石家庄营地—万庄产业园—石家庄营地；8.石家庄营地—河北省涿州市气象局—石家庄营地	1.石家庄营地—万庄产业园—塔元庄同福研学基地—石家庄营地；2.石家庄营地—地质资料中心—石家庄营地；3.石家庄营地—漕河渡槽工程—石家庄营地；4.石家庄营地—河北省涿州市气象局—石家庄营地；5.石家庄营地—石家庄市规划馆—石家庄营地；6.石家庄营地—楷彤影视—石家庄营地；7.石家庄营地—启行营地—石家庄营地；8.石家庄营地—张家口冰雪基地—张家口营地	1.石家庄营地—中航通飞研学基地—石家庄营地；2.石家庄营地—张家口冰雪基地—石家庄营地；3.石家庄营地—全国青少年北戴河活动营地—石家庄营地；4.石家庄营地—楷彤影视—石家庄营地；5.石家庄营地—漕河渡槽工程—石家庄营地；6.石家庄营地—万庄产业园—石家庄营地；7.石家庄营地—涉县青少年活动中心—石家庄营地；8.石家庄营地—蔚县青少年校外活动中心—石家庄营地
	规划线路（按天设计）	1.石家庄营地—张家口冰雪基地—石家庄营地；2.石家庄营地—丰宁满族自治县青少年活动中心—石家庄营地；3.石家庄营地—全国青少年北戴河活动营地—石家庄营地	1.石家庄营地—河北柳江盆地地质遗迹国家级自然保护区（管理处）—石家庄营地；2.石家庄营地—吴桥杂技大世界旅游有限公司—石家庄营地；3.石家庄营地—开滦国家矿山公园—石家庄营地	1.石家庄营地—河北省涿州市气象局—启行营地—石家庄营地；2.石家庄营地—丰宁满族自治县青少年活动中心—石家庄营地；3.石家庄营地—迁西县喜峰口旅游开发有限公司—开滦国家矿山公园—石家庄营地

维度或要素		小学高年级段	初中段	高中段
教学重点难点（以代表性线路教学设计为例，以下同）	教学重点	1. 了解和学习数位板、压感笔、3D打印笔和3D打印机的使用 2. 进行科学知识科普，了解声、光、电等在生活中的实际应用，以及在生活中的作用 3. 了解航天的历史和现状，学会航模的手工搭建技巧，实际制作一款航模 4. 牛奶的基本知识科普，体验无土栽培技术 5. 学会使用相关软件查杀计算机病毒	1. 掌握3D打印模型的建立及使用技巧 2. 了解并掌握萃取、提纯等技术 3. 了解现代农业科技在生活中的应用 4. 掌握在飞行、航空技术中物理知识的应用 5. 了解未来之城雄安新区的智慧化、生态化建设	1. 了解自动控制机器人组装及工作原理，学习运用变形材料制作科学实验模型 2. 学会使用设计软件建模，学习借助3D打印技术对无人机进行个性化设计 3. 了解植物组织培养技术，了解微生物及微生物在艺术创作中的应用 4. 理解绿色奥运、科技奥运的深刻内涵，了解常见运动服装衣料材质特点 5. 了解中国自古以来在基础科学领域的探索与发现，体验科技小创造，探究力学魅力
	教学难点	1. 初步学会使用3D软件和3D打印机，提升学生的设计创新能力 2. 了解生活中常见现象的科学原理，能够在体验中加深理解，在操作过程中发现并提出问题，形成对问题的初步解释 3. 初步了解航模飞行的原理，掌握航模飞行方法 4. 掌握产品质检实验方法，了解现代农业科技在生活中的应用 5. 能够使用软件程序使机器人服从命令，增强计算机安全防护意识	1. 能够使用软件程序操作机器人 2. 能够将传统技艺与科技融合进行创新 3. 具有通过所学科学知识解决实际问题的意识 4. 具有能够将设计作品通过实物展示出来的能力 5. 了解利用科技建设人性化、智慧化、生态化的居住空间	1. 设计制作机器人完成指定动作要求，体会变形材料在生物医药、生产生活中的应用 2. 学习古代匠师的造桥技术和工匠精神，掌握数字化产品设计与制作能力 3. 运用植物组织培养的基本技术培养出植株，体验微生物讲解员的工作 4. 探究建筑设计的相关工作内容，探秘高科技衣物与日常衣物的区别 5. 认识未来科技发展的问题，感受力学带来的巨大影响，激发科学学习热情

维度或要素	小学高年级段	初中段	高中段
教学策略	针对小学高年级段学生具备的劳动、实践经历，求知的欲望和能力，以及对新鲜事物开始思考、探索，学习的兴趣更为广泛；学生已学会进行观察及实践，具备了初步的探究能力。基于项目式学习教学理论和跨学科学习的教学理念，选取劳动教育、科学教育、美术教育等内容，依托相关研学基地与科学技术教育相关的教师资源、课程资源等，让学生具备基本的生活技能及小组合作交流的能力；采取讲授法、演示法、参观法、归纳法、实践法等教法和自主学习，以及利用信息技术手段，如人工智能、3D打印等，为学生提供更加生动、形象的学习体验，来提高学生的学习兴趣和技术素养，培养学生科学探索精神和创新创造能力，从而更有助于他们理解和应用科学技术，来提高他们的综合素质，为未来的发展打下坚实的基础	针对初中段学生思维活跃，求知欲强，敢于质疑，创造力强，自我学习、合作能力强，好奇心重，有一定的科学知识基础和储备，养成了一些良好的科学探索的习惯；但是具有偶尔思想懒惰，对科学学科的兴趣不高，缺乏主动研究的动力等问题。基于五育融合及项目式学习理论，全面发展学生各项能力，选取3D打印技术、微生物、机器人技术、无土栽培等内容，依托科学技术相关研学基地及教师团队等优质资源，采取问题驱动、情境教学、讲授法、演示法等教学方法，通过学生实地考察、合作探究、体验、实践等方式，开展突出学生的主体性，以培养学生的综合素质为导向，注重学生主动实践的研学活动，达到引导学生对科学技术的学习兴趣，养成良好的科学研究习惯，培养学生科学探索精神和创新创造能力的目的	针对高中段已经具备了较强的观察力、抽象概括能力、对感性事物的认知和接受能力，思维的逻辑性已经初步建立，接受新知识、学习新技能的能力也较强，合作探究能力也处于快速发展和需要强化阶段。已经具备了发现问题和解决问题的能力，但是还不够完善，并且高中阶段学生在创造力方面依然有很大进步空间，对科学技术并未形成全面整体的认知。基于全面培养学生科学素质的理论，运用跨学科的理念，选取变形材料、微生物、绿色科技奥运等内容，依托优质的师资团队、丰富和独特的研学资源，以培养学生科学素养为主要目的，采用项目式的教学方式、自主学习法、实验法、小组合作学习，引导学生通过探究考察、实践体验、调查研究、研究性学习等方法，在自主学习的基础上实现深度学习、在开放生成中合作探究、取长补短，最终解决实际问题，形成良好的科学思维习惯，培养学生的科学素养

维度或要素				小学高年级段	初中段	高中段
实施方案	入营教育	安全	引导	召开安全教育会，强调安全注意事项，强调各方安全管理责任	通过学习《安全手册》进行入营安全教育，与学校签订研学安全管理责任协议	召开研学安全主题班会，学习安全知识，与学校签订研学安全管理责任协议
			实训	通过互动式教学设备，在安全教育场馆开展实景式、体验式安全专题教育	播放安全教育视频，在安全教育场馆开展实景式、体验式安全演练	根据研学实际，学生以团队为单位制定《安全手册》，增强安全意识
		应急	引导	讲解应急知识，演示逃生技巧，以及应急处理方法	讲解应急知识，观看逃生视频，学习应急处理方法	通过视频播放、讲解示范等形式，掌握应急知识和处理技巧，提升应对能力
			实训	实操应急救护，进行疏散演练	模拟逃生现场，进行疏散演练	开展消防、地震、疏散逃生等应急演练活动、提升应急处置能力
		救助	引导	进行救助主题，如触电、晕倒、溺水等培训，提高求助及应对能力	观看救助视频，学习相关救助知识，如触电、晕倒、溺水等	通过创设情境、案例分享等形式引导学生了解救助知识，学习救助技能
			实训	模拟真实情境，在教师指导下，学习实操心肺复苏、包扎等技能	模拟真实情境，练习心肺复苏、包扎、人工呼吸等技能	模拟演练，掌握心肺复苏、包扎、人工呼吸等技能，以及AED工具的使用
		自我管理	引导	加强生活教育，引导学生学会自我管理，提高学生自理能力	开展专题培训，讲解自我管理相关知识，如内务整理、餐具清洗、组织纪律等	从生活、时间、情绪、学习等方面引导学生做好自我管理
			实训	结合自我管理评价标准，在教师指导下，开展整理内务等训练，力争达到标准	结合自我管理评价标准，开展相应实操活动	学生自主设计自我管理计划并参与一系列心理团建活动，提升自我管理能力
		团队协作	引导	通过团队拓展活动，增强学生互相帮助、团结协作的意识	通过团队拓展活动，培养学生交流表达、团结协作能力，有效提升团队凝聚力	在有趣的团建游戏、素质拓展活动中，引导学生树立团队合作意识
			实训	采取小组合作的方式，开展团建活动，在活动中学会合作、公平竞争	采取小组合作的方式，开展团建活动，激发学生参与热情，在活动中学会合作、公平竞争	学生发挥团队协作能力，自主制订计划、分工合作完成具体任务

维度或要素		小学高年级段	初中段	高中段
实施方案	导入教学环节	第一天，问题导入：你知道校服是在何时出现的吗？不同时期的校服有什么相同点和不同点？第二天，问题导入：你们了解3D打印技术吗？你们用过3D打印笔吗？用这种笔可以做出服装吗？第三天，视频导入：观看我国航天航空发展等视频，让学生感受航天的魅力，激发主动求知的热情。第四天，视频导入：观看《智慧农业》宣传片，让学生感受现代科技带给农业的便利。第五天，问题导入：你会使用U盘吗？你如何辨别U盘是否安全？你能为U盘进行病毒查杀吗	第一天，情境导入：播放音乐喷泉视频，组装音乐喷泉原理声控电路，观察声音高低与喷泉亮灯数量的关系，激发学生的好奇心和探究兴趣；第二天，视频导入：播放皮影戏《西游记》，激发学生对制作皮影的兴趣；第三天，视频导入：播放现代科技农业发展的视频，激发学生对现代科技农业的探究兴趣；第四天，视频导入：播放我国先进机型及生产视频，激发学生对飞机生产的探究兴趣；第五天，播放雄安城市宣传片，感受新型科技城市的魅力	第一天，视频导入：播放机器人为人类各方面服务视频，激发兴趣并引出研学内容；第二天，任务导入：展示多种3D打印模型，激发学生对3D打印技术的探究欲望；第三天，图片导入：展示常见组织培养植株图片并设置问题，激发探究兴趣；第四天，视频导入：播放平昌冬奥会“北京八分钟”片段，引出“2022相约北京”的约定，进而引导学生了解我国承办冬奥会的相关背景，从而引出研学内容；第五天，任务导入：学生组建学习小组，选择某一个展厅，针对感兴趣的主题进行研究性学习，最终形成研究报告
	授课教学环节	第一天：入营教育、必修课程一“3D打印——我的班服我做主”、必修课程二“数字艺术之诗词如画”；第二天：必修课程三“走进科技馆”、必修课程四“创意浮雕灯”；第三天：必修课程五“‘趣’太空”、必修课程六“参观飞机装配生产线”、必修课程七“组装橡筋动力直升机模型”；第四天：必修课程八“探秘智慧农业”、必修课程九“奶粉品鉴师”、选修课程4“探究鱼菜共生系统”；第五天：必修课程十“病毒的考验”	第一天：入营教育、必修课程一“创意环保声控汽车”、必修课程二“机器人走迷宫”；第二天：必修课程四“精美旗袍设计”、必修课程五“《西游记》皮影”；第三天：必修课程六“酿酒创新体验”、必修课程七“现代温室无土栽培”、选修课程1“驱蚊‘薄’士”；第四天：必修课程三“陆空对话”、必修课程八“探秘飞机装配生产线”、选修课程3“战斗机模型拼装”；第五天：必修课程九“梦幻城堡”、必修课程十“探秘未来之城——雄安”	第一天：入营教育、必修课程一“机器人走迷宫”、必修课程二“探究材料中的魔术师——变形材料”；第二天：必修课程三“3D打印赵州桥”、必修课程四“酷炫无人机”、选修课程1“制作3D花瓶”；第三天：必修课程五“神奇的组织培养”、必修课程六“培养皿上的‘蒙娜丽莎’”、选修课程2“参观君乐宝车间机械化、智能化操作”；第四天：必修课程七“揭开‘雪如意’的面纱”、必修课程八“服装中的化学奥秘”、选修课程3“参观张家口营地场馆”；第五天：必修课程九“走进科学技术馆”、必修课程十“探究力学的魅力”、选修课程4“聆听科普《力学应用》讲座”

维度或要素		小学高年级段	初中段	高中段
实施方案	进级教学环节	1.通过体验3D打印笔，制作班服，尝试利用软件建模，制作创意浮雕灯；2.认识现代绘图工具，学习现代绘图方法，在使用数位板、压感笔绘画时，感受现代科技与艺术的融合；3.通过到科技馆参观、体验，感受科学的神奇与魅力，提高学生科学素养；4.理解模型的概念、作用、功能和分类，了解飞机构造，学会组装橡筋动力直升机模型并放飞；5.学会关闭无限弹窗，体验恶意代码带来的不便，引导学生思考该现象并想出解决方法	1.学生分组讨论并构思本组将要制作的环保汽车的外观、颜色、尺寸等；2.小组合作实操3D打印技术；3.学习和探究现代农业的种植技术；初步感受现代工业中学科知识的应用；4.实地探访航空产业园区，了解航空知识；5.实地探访雄安新区，进行人工智能初体验，感受人工智能在城市建设中的作用	1.讨论：机器人的智力水平有多高呢？如何熟练使用三维建模软件？体认：新型科技材料在我们生活中的重要性；2.讨论：如何使用3D打印技术制作赵州桥模型？探究：通过3D打印制作无人机模型感受现代科技带来的便利；3.实践：组织培养的基本要素及器材使用；探究：培养皿上"作画"实现艺术和微生物相结合；4.探究：设计既符合天气，又能助力运动员更好发挥成绩的参赛服；体认：走进"雪如意"跳台滑雪场馆，感受建筑师的独特创意，积淀科技和人文素养；5.体认：探究科技馆五大展厅，感受我国现代科技的庞大图画，增强民族自豪感
	巩固教学环节	1.通过小组合作，对所学知识进行讨论并完成总结性思维导图，对实践内容进行巩固加深；2.创意制作其他航模，增进对火箭升空及航天知识的了解；3.整理学到的奶粉知识，实验学习和初步了解奶粉的鉴定方法，并做好实验记录；4.交流分享计算机查杀U盘病毒的方法；5.反思提升：学生对此次研学收获进行总结、反思和交流，分享活动感悟	1.各组完成创意环保车的制作、安装后进行交流展示；2.各小组展示介绍本组的3D打印作品的创意；3.展示无土栽培植物，交流心得和感悟，感受物理、化学等学科知识在现代工业的广泛应用；4.交流实地探访航空产业园区的感受及所学知识；5.拓展巩固：撰写"智慧雄安"主题作文，感受未来之城雄安新区的智慧化、生态化建设	1.交流：无人机、机器人及它们涉及的行业领域给我们日常生活带来的便利和意义；2.反思：针对"科技强国"主题撰写自己的感悟、随笔、论文等；3.分享：对培养皿作"画"进行科普演讲，培养学生对科学的热爱之情；4.拓展：通过参观冬奥场馆、鸟巢、水立方等标志性建筑，更全面地了解奥运精神和科技魅力；5.思考：未来人类面临的重大问题与挑战，科技创新对国家可持续发展的贡献

维度或要素			小学高年级段	初中段	高中段
实施方案	总结教学环节	教学创新	课程设计注重跨学科知识的运用，根据小学高年级学段学生特点，将研学与劳动教育相结合，对照相关学科的课标、衔接课本相关知识，创新了学习的新方式，开辟了学习的新途径，在真实情境中，引导学生知行合一、增强了学生知识运用能力，树立正确的价值观、职业观，养成良好的劳动习惯和劳动品质	根据初中段学生特点，将研学与劳动教育、自然教育、生活教育相结合，对照相关学科的课标、衔接课本相关知识，将教学内容进行深入挖掘和重新组织，以适应学生的学习需求和教育目标，并采用新的教学方法，如研究式或探究式的方法，以提高教学效果和学生的学习兴趣	以培养学生科学素养为主要目的，采用项目式的教学方式，运用跨学科的理念，引导学生探究考察、实践体验、调查研究等，实现深度学习、开放生成、解决实际问题、迁移应用，增强学生科学意识、提高科学素养
		教学总结	根据教学目标、学生学情，通过学生分享、成果展示等方式，对课程设计、线路设计、教学策略、教学理念、实施方式等进行总结，通过召开总结班会等方式交流讨论，全面了解学生的收获和心得感悟，对优秀学生研学成果及作品进行展示，巩固学生研学所得，增强学生的研学实践兴趣	根据教学目标和教学过程，结合研学课程实际情况，收集学生、家长及其他相关人员的反馈，复盘研学中的优点和不足，通过调查问卷的形式收集各方反馈意见，整理研学活动的教学资料，建立研学档案	运用线上线下方式搜集、整理研学过程中的所有资料，并收集学生、家长及其他相关人员的反馈，组织开展研学成果展和主题班会，复盘研学中的收获和问题，最终建立研学档案
		教学反思	收集学生、家长及其他相关人员的反馈，复盘研学组织实施过程中的优点和不足，结合组织教学目标、实施过程和评价结果，进行教学反思，对过程中的不足进一步优化，调整研学环节，不断提高课程质量及效果	根据教学总结得出的反馈，结合教学目标、实施过程和评价结果，进行教学反思，对过程中的不足进一步优化，调整研学环节，不断提高课程质量及效果	依据本阶段学情，以教学总结得出的反馈为基础，深入分析整体研学过程，梳理资源与课程的匹配度、教学环节的设计、实施和效果，学生的主体性、参与度等，整合优化本研学环节，总结经验，为下次研学活动做好准备

维度或要素				小学高年级段	初中段	高中段
实施方案	评价教学环节	教学水平评价	自我评价	教师对研学内容设计、教学方法及策略、课程实施流畅度、目标达成情况、学生参与度、研学效果等进行评价，总结反思研学过程中存在的问题，明确改进方向	教师对研学内容设计、课程实施流畅度、目标达成情况、学生参与度、研学效果等进行评价与反思	教师针对线路设计、课程设计、课程实施、研学效果等方面进行交流讨论、迭代反思，优化研学线路和课程
			学生评价	学生对教师是否能够及时发现问题并给予指导、内容安排是否科学合理、引导启发学生深度思考、鼓励学生表达交流等方面进行评价	学生对教师是否擅长调动学生的主动性、内容安排是否科学合理、引导学生深度思考、鼓励学生表达交流、指导学生动手实践、正确价值观融入等方面进行评价	学生针对线路设计、教师授课、自我参与、自我收获等方面进行交流讨论、迭代反思，从而为优化研学线路和课程提供借鉴
			同行评价	营地教师、学校带队教师对基地研学指导教师的教学设计、内容安排、教学理念、实施策略、实施效果等方面进行评价	营地教师、学校带队教师对基地研学课程内容设计、教学理念、实施策略、组织实施、实施效果等方面进行评价，对存在的不足提出建设性意见建议，进一步提高研学效果	营地教师、带队教师、专家教师针对基地研学指导教师的教学理念、线路设计、教学设计、实施策略、研学效果等方面进行交流讨论，为优化研学线路和课程提供改进建议
			培训和考核	定期对营地（基地）教师进行专业理论、线路开发、课程研发设计与组织实施等方面进行专业培训并采取多种形式进行相应的考核	定期对营地（基地）教师进行专业理论、线路开发、课程研发设计与组织实施等方面进行专业培训并采取说课、答辩等形式进行相应的考核	定期针对营地教师从理论研究、应急救护、线路设计开发、课程研发设计、组织实施等方面进行专业培训和系统考核
			教学成果展示	用图文、影像等资料记录学生的研学表现及成果；用主题班会、成果展览等方式展示研学成果	用图文、影像等资料记录学生的研学表现及成果；用班会交流、创意作品推介会、主题展览等方式展示研学成果；总结撰写研学实践课程案例	用研学报告、图文影像等形式记录学生的研学表现及成果；通过开展演讲比赛、创意作品推介会、主题班会、主题展览等方式呈现研学成果

维度或要素				小学高年级段	初中段	高中段
实施方案	评价教学环节	学业评价	形成性评价	在活动过程中，教师及时关注学生的参与度、活动表现和完成任务效果，并进行实时记录，适时小结，运用引导、指导、点评激励等方式进行评价。评价过程遵循科学性、导向性、可行性等原则，实现学生探究能力、创新及实践能力的提升	研学实践中，教师对学生的参与程度、知识探究、交流表达、动手实践、互助合作等具体表现进行记录并及时评价	针对学生在研学过程中形成的方案设计、过程记录、阶段成果及学生的参与程度、交流表达、动手实践、具体表现等进行翔实记录并评价，以图文影像、文字报告等形式建立学生研学档案袋
			总结性评价	研学实践后，依据预设的活动目标，结合学生在活动中的表现以及形成的考察报告、心得感悟、物化成果等，通过交流展示的形式，对学生达成目标的程度以及研学效果作出综合性评价	研学实践后，依据预设的活动目标，结合学生形成的考察报告、心得感悟、物化成果等，通过交流展示的形式，对学生达成目标的程度以及研学效果作出评价	依据建立的学生研学档案袋以及学生形成的研学报告、物化成果等进行整体性评价，并对学生达成目标的程度以及研学效果作出评价
			教师评价	教师对学生的知识探究、方案设计、动手实践、问题解决、知识生成、能力提升、情感认同、创新创造等方面进行综合评价，引导学生发现不足、改进提升	教师对学生的问题解决、知识生成、能力提升、情感认同、创新创造等方面进行综合评价	教师从价值体认、责任担当、问题解决、创意物化四个维度对学生研学过程进行综合评价
		项目评价		教育行政主管部门、参与学校、学生家长、社会各界采取问卷调查、访谈等方式，对研学项目设计及组织实施进行整体评价，并给出项目实施建议，助力项目目标更好完成	教育行政主管部门、参与学校、学生家长、社会各界对研学项目设计及组织实施进行整体评价	教育行政主管部门、参与学校、学生、家长、社会各界采用线上线下相结合的方式，对线路设计、课程设计、课程实施、研学效果等方面进行调研，作出整体评价

4.3 教学计划与策略列表：追逐科技之光 勇担时代重任

<table>
<tr><td colspan="3">营地名称</td><td>晋中市中小学生综合实践学校（简称“晋中营地”）</td><td>命名机构</td><td>教育部</td><td>识别码</td><td>Y145140001</td></tr>
<tr><td colspan="3">从业资质（摘要）</td><td>综合实践教育（劳动技术教育、国防教育、安全教育、信息技术教育）；研学实践教育；研究性学习；社区服务；职业培训</td><td>单位属性</td><td>公益一类</td><td>法定代表人</td><td>武浩</td></tr>
<tr><td colspan="3">研学主题</td><td>追逐科技之光 勇担时代重任</td><td colspan="2">主要目的指向</td><td colspan="2">科学技术</td></tr>
<tr><td rowspan="7">营地（枢纽）及周边主要优质研学资源</td><td colspan="2">基地层级</td><td colspan="5">研学站点（基地）名称</td></tr>
<tr><td rowspan="2">教育部命名基地</td><td>已列入教学计划</td><td colspan="5">一、与本主题相关列入教学计划的基地11个
1. 中国煤炭博物馆（简称“煤博”）；2. 平遥古城幻真科技艺术馆（简称“平遥科技馆”）；3. 太原市中小学生综合实践学校（简称“太原营地”）；4. 山西博物院；5. 山西晋韵砖雕艺术博物馆（简称“晋韵砖雕”）；6. 汾阳市贾家腾飞文化传播有限公司（简称“贾家庄”）；7. 山西祁县乔家大院民俗博物馆（简称“乔家大院”）；8. 山西省长治市气象局（简称“长治气象”）；9. 淮海工业集团有限公司（简称“淮海工业”）；10. 云冈研究院（简称“云冈石窟”）；11. 临汾市黄河壶口瀑布风景名胜区（简称“壶口瀑布”）
二、与本主题关联不大但列入本营地教学计划的基地10个
1. 洪洞大槐树寻根祭祖园有限公司（简称“大槐树”）；2. 山西皇城相府文化旅游有限公司相府景区（管理处）（简称“皇城相府”）；3. 黎城太行山黄崖洞旅游发展有限公司（简称“黄崖洞”）；4. 山西凤凰山生态植物园有限公司（简称“凤凰山”）；5. 平遥唐都推光漆艺博物馆（简称“唐都漆器”）；6. 吕梁市晋绥边区革命纪念馆；7. 八路军文化园；8. 昔阳大寨；9. 八路军太行纪念馆；10. 平型关大捷纪念馆</td></tr>
<tr><td>待列入教学计划</td><td colspan="5">无</td></tr>
<tr><td colspan="2">其他部委命名基地</td><td colspan="5">山西杏花村汾酒集团有限责任公司（简称“汾酒集团”）</td></tr>
<tr><td colspan="2">地方命名基地</td><td colspan="5">1. 山西省科学技术馆（简称“省科技馆”）；2. 晋中市科技馆；3. 山西农谷穗华物流园（简称“穗华物流园”）；4. 巨鑫现代农业科技示范园（简称“巨鑫农业”）；5. 红海玻璃文化艺术园（简称“红海玻璃”）；6. 介休张壁古堡（简称“张壁古堡”）；7. 晋中国家农高区科创基地（简称“农高区”）；8. 晋中市航空航天科普体验馆（简称“航空航天科普馆”）；9. 山西农业大学果树研究所（简称“果树研究所”）；10. 山西东辉现代农业发展集团有限公司（简称“东辉产业园”）</td></tr>
<tr><td colspan="2">本营地资源</td><td colspan="5">机器人场馆、益智游戏场馆、物联网场馆、创客空间场馆、智慧农业基地</td></tr>
<tr><td colspan="2">其他资源</td><td colspan="5">1. 太原尧城机场（简称“尧城机场”）；2. 山西瑞阳智能供热技术研究中心有限公司（简称“山西瑞阳”）；3. 山西吉利汽车部件有限公司（简称“吉利”）；4. 太原车辆段动车组应用所（简称“动车所”）；5. 晋中市职业中专学校（简称“一职中”）</td></tr>
</table>

维度或要素	小学高年级段	初中段	高中段
校内教育基础（与校内教育的衔接）	对照课标，小学高年级段在科学技术教育方面应掌握基本的科学知识，形成初步的科学观念，能够用基本的科学思维方式认识科学的本质，形成基本的科学观念，解决简单的实际问题，树立正确的科学态度。本研学主题必修课程与校内教育的衔接内容如下：1.人教版道德与法治四年级下册第三单元“美好生活哪里来”，我们的衣食之源、生活离不开他们；2.人教版道德与法治四年级下册第四单元“感受家乡文化 关心家乡发展”，我们当地的风俗、多姿多彩的民间艺术；3.人教版美术四年级下册第15课“设计文化衫”，第19课“光的魅力”；4.人教版科学五年级上册第四单元“光”，光的传播、光的反射；5.人教版科学五年级下册第二单元“能量的转换”；6.人教版科学六年级上册第四单元“自然资源”，各种各样的自然资源、煤、石油和天然气、自然资源的开发和保护；7.人教版科学六年级上册第五单元“建造‘植物工厂’”；8.人教版美术六年级上册第1课“基本形体切挖”，第4课“线与造型”，第13课“古建筑的保护”，第14课“电脑美术——版画效果的图画”；9.人教版科学六年级下册第一单元“生物与环境”，生物的栖息地、动物对环境的适应、保护生物与环境	对照课标，初中段在科学技术教育方面应初步理解科学、技术、社会、环境之间的关系，理性地看待科学技术对人类生活造成的正反两面的影响，具有生态文明意识，关注与科学技术密切相关的社会问题，初步形成热爱自然、珍爱生命、节约资源和保护环境的责任感。本研学主题必修课程与校内教育的衔接内容如下：1.人教版生物七年级上册第二章“被子植物的一生”，第二节“植株的生长”，科学·技术·社会 无土栽培，第四章“绿色植物是生物圈中有机物的制造者”，科学·技术·社会 现代化温室；2.人教版地理七年级上册第三章“天气与气候”，气温的变化与分布，降水的变化与分布，第五章“发展与合作”；3.人教版生物七年级下册第七章“人类活动对生物圈的影响”，第二节“探究环境污染对生物的影响”，科学·技术·社会 温室效应增强和全球气候变暖，第三节“拟定保护生态环境的计划”，科学·技术·社会 退耕还林还草；4.人教版地理八年级上册第三章“中国的自然资源”，第四章“中国的经济发展”，农业；5.人教版生物八年级下册第二章“生物的遗传与变异”整章；6.人教版地理八年级下册第六章“北方地区”，自然特征与农业；7.人教版物理八年级上册第一章“机械运动”；8.人教版物理八年级下册第七章第1课“力”；9.人教版化学九年级下册第十一单元“盐 化肥”，课题2化学肥料	对照课标，高中段在科学技术教育方面应知晓现代技术与工程具有系统性和复杂性，知道科学技术对工程具有指导意义，知道工程需要经历明确问题、设计方案、实施计划、检验作品、改进完善、发布成果等过程。通过体现时代特征和社会发展需要的技术基础知识、基本技能、基本思想、基本态度的学习和基本经验的积累，形成对技术的亲近感、敏感性、理性精神、责任意识，以及对技术的文化感悟等目标要求。本研学主题必修课程与校内教育的衔接内容如下：1.人教版政治必修一第四课“只有坚持和发展中国特色社会主义才能实现中华民族伟大复兴”；2.人教版历史必修二第四单元“中国特色社会主义建设的道路”，第十九课“工业文明的崛起和对中国的冲击”；3.人教版高中历史必修二第七课“第一次工业革命”；4.人教版历史必修三第四课“蒸汽机的早期历史”，第七单元“现代中国的科技、教育与文学艺术”；5.人教版地理必修二第四章第2节“工业地域的形成”、第3节“传统工业区与新工业区”；6.人教版地理必修三第四章第2节“区域工业化与城市化”；7.人教版高中化学必修一第三课“金属材料”；8.人教版高中化学必修二第五章“化工生产中的重要非金属元素”，第八章“化学与可持续发展”；9.人教版高中信息技术必修一与必修二整体章节；10.人教版高中心理健康课标要求学生能运用所学，根据自身职业兴趣来制定生涯规划，树立正确的人生理想和职业价值观

维度或要素			小学高年级段	初中段	高中段
研学课程	必修课程一	名称	好玩的榫卯	智慧农业	可视化逻辑编程语言
		活动目的	通过实践，掌握榫卯的搭建方法，了解传统文化中科学的独有魅力	通过实地参观学习，了解智慧农业相比于传统农业的优势	通过学习入门编程和计算机科学，掌握编程原理和算法思维
		活动形式	教师讲授、动手实践、查阅资料、分享交流	教师讲授、参观体验、自主探究、小组交流、总结方法	教师讲授、活动体验、自主探究
	必修课程二	名称	3D设计师	水肥一体	自动控制传动
		活动目的	通过3D One建模软件的学习，掌握不同结构的设计要点	通过学习水肥一体机中蕴含的科学原理，掌握水肥一体技术的实际应用	通过学习自动控制传动的基本原理，掌握数字孪生模型的基本应用
		活动形式	教师讲授、实践体验、小组分享	教师讲授、自主探究、实践体验	教师讲授、自主探究、实地探访、实践体验
	必修课程三	名称	绘制立体大院沙盘	高科技种植技术	传感器的智慧决策
		活动目的	通过制作立体大院沙盘，掌握3D设计方法，增强立体空间感	通过学习高科技种植技术，掌握播种的实践技能	通过对智慧决策原理的学习，了解不同类型的传感器的工作原理
		活动形式	教师讲授、动手实践、查阅资料、分享交流	教师讲授、实地探访、自主探究、实践体验、分享交流	教师讲授、自主探究、实践体验、分享交流
	必修课程四	名称	AR服饰设计	航天工程育种	传动装置的奥秘
		活动目的	通过数字化AR设计的体验，了解文化传承和创新培育的重要性	通过学习航天育种的步骤和科学原理，能够对此项技术作出基于证据的全面分析	通过学习传动中涉及的力学、运动学和能学等概念，掌握传动装置的工作原理
		活动形式	教师讲授、小组合作、实践表演	教师讲授、自主探究、参观体验、小组交流、总结交流	教师讲授、自主探究、实践体验、小组分享

维度或要素			小学高年级段	初中段	高中段
研学课程	必修课程五	名称	合理膳食，科学成长	植物工厂	智能分拣
		活动目的	通过“营养膳食宝塔”搭建活动，掌握科学营养知识，树立科学生活理念	通过学习生物技术、工程技术等科学技术，掌握微型“植物工厂”的搭建技能	通过实地参观与讲解，了解智能分拣的关键技术和重要性
		活动形式	实地探访、查阅资料、聆听讲解、分享交流	实地探访、自主探究、查阅资料、聆听讲解、分享交流	实地探访、自主探究、查阅资料、聆听讲解、分享交流
	必修课程六	名称	物种平衡	鱼菜共生	航空模型制作
		活动目的	通过学习“3个系统1个多样性”的特征，了解物种平衡的重要性	通过学习鱼菜共生系统中蕴含的科学原理，掌握鱼菜共生系统的设计与搭建技能	通过学习航空知识，掌握飞行器的设计技能
		活动形式	查阅资料、聆听讲解、分享交流	实地探访、自主探究、查阅资料、聆听讲解、实践操作、分享交流	实地探访、设计制作、查阅资料、聆听讲解、实践操作、社会服务
	必修课程七	名称	无线电的奥秘	植物医生	汽车运用与维修
		活动目的	通过学习无线电知识，了解无线电技术在生活中、军事国防领域发挥的作用	通过展示实际案例，认识到病虫害对植物生长的危害及相应的防治措施	通过汽修项目实践，掌握新能源汽车的原理、技术和系统
		活动形式	查阅资料、聆听讲解、实践操作、分享交流	实地探访、查阅资料、自主探究、聆听讲解、实践操作、分享交流	实地探访、查阅资料、自主探究、聆听讲解、社会服务、分享交流
	必修课程八	名称	煤的能量世界	农业卫星遥感监测	数控技术应用
		活动目的	通过参观博物馆，了解煤的形成过程、衍生用品及煤炭分布情况	通过学习卫星遥感技术在农业方面的应用，了解卫星遥感技术的工作原理	通过学习数控技术和工业机器人原理，培养学生的创新思维和问题解决能力
		活动形式	实地探访、查阅资料、聆听讲解、实践操作、分享交流	实地探访、自主探究、探讨交流、实践操作	实地探访、查阅资料、自主探究、聆听讲解

维度或要素			小学高年级段	初中段	高中段
研学课程	必修课程九	名称	电子宠物机器人	人工智能精准农业决策系统	计算机应用
		活动目的	通过模块化的编程任务挑战，掌握编程的技巧	通过学习与现场实践，了解人工智能精准农业决策系统对农业生产的价值与意义	通过参与大数据实习项目，了解数据科学、机器学习和人工智能等技能的重要性
		活动形式	实地探访、聆听讲解、实践操作、分享交流	实地探访、社会服务、自主探究、聆听讲解、实践操作、分享辩论	实地探访、查阅资料、自主探究、聆听讲解、实践操作、分享交流
	必修课程十	名称	沉浸式体验二十四节气	智能温室中恒湿设备模型的制作	统计学与统计分析
		活动目的	通过VR视频播放，学习节气中蕴含的自然科学，掌握二十四节气的特点	通过对恒湿设备科学技术的研究，掌握智能温室中恒湿设备模型的制作方法	通过对统计学与统计分析的学习，掌握数据的特征和趋势分析方法
		活动形式	查阅资料、聆听讲解、分享交流	实地探访、自主探究、聆听讲解、分享交流	实地探访、查阅资料、自主探究、聆听讲解、实践操作、分享交流
	选修课程		1. 神奇的“光”家族 2. 建筑中的秘密 3. VR影院体验课程 4. 导电机器人	1. 有机旱作物与谷子 2. 基因与食品安全 3. 无土栽培 4.5G与智慧农机	1. 天体物理学 2. 星知博学 3. 工业4.0与智能制造 4. 工业科技的未来

维度或要素		小学高年级段	初中段	高中段
研学线路	代表性线路（时长五日）	第一天：晋中营地 益智游戏场馆—平遥科技馆—晋中营地；第二天：晋中营地 创客空间场馆—张壁古堡—晋中营地；第三天：晋中营地—太原营地—煤博—晋中营地；第四天：晋中营地—晋中市科技馆—省科技馆—晋中营地；第五天：晋中营地—晋韵砖雕—乔家大院—晋中营地	第一天：晋中营地 物联网场馆—晋中营地 智慧农业基地—巨鑫农业—晋中营地；第二天：晋中营地 智慧农业基地—农高区—晋中营地；第三天：晋中营地—果树研究所—东辉产业园—晋中营地；第四天：晋中营地—果树研究所—晋中营地 智慧农业基地；第五天：晋中营地—太原营地—晋中营地 物联网场馆—晋中营地 智慧农业基地	第一天：晋中营地—汾酒集团—红海玻璃—穗华物流园—晋中营地；第二天：晋中营地—山西瑞阳—贾家庄—晋中营地；第三天：晋中营地—尧城机场—一职中—晋中营地；第四天：晋中营地—一职中—吉利—晋中营地；第五天：晋中营地—航空航天科普馆—太原营地—动车所—晋中营地
	可选择线路（按天设计，菜单式选择）	1. 晋中营地—一职中—红海玻璃—穗华物流园—晋中营地；2. 晋中营地 智慧农业基地—农高区—晋中营地；3. 晋中营地—果树研究所—东辉产业园—晋中营地；4. 晋中营地—果树研究所—晋中营地 智慧农业基地；5. 晋中营地—壶口瀑布—晋中营地；6. 晋中营地—航空航天科普馆—晋中营地；7. 晋中营地—晋中市科技馆—汾酒集团—晋中营地 物联网场馆；8. 晋中营地—山西博物院—大槐树—晋中营地；9. 晋中营地—乔家大院—皇城相府—晋中营地；10. 晋中营地—晋韵砖雕—晋中营地 创客空间场馆	1. 晋中营地 益智游戏场馆—平遥科技馆—晋中营地；2. 晋中营地—山西瑞阳—贾家庄—晋中营地；3. 晋中营地—尧城机场—一职中—晋中营地；4. 晋中营地—一职中—吉利—晋中营地；5. 晋中营地—晋韵砖雕—乔家大院—晋中营地；6. 晋中营地—云冈石窟—晋中营地；7. 晋中营地—山西博物院—晋中营地 创客空间场馆；8. 晋中营地—贾家庄—汾酒集团—晋中营地 创客空间场馆；9. 晋中营地—尧城机场—动车所—晋中营地 物联网场馆；10. 晋中营地—一职中—晋中营地 物联网场馆	1. 晋中营地 物联网场馆—晋中营地 智慧农业基地—巨鑫农业—晋中营地；2. 晋中营地 创客空间场馆—淮海工业—晋中营地；3. 晋中营地 创客空间场馆—煤博—晋中营地；4. 晋中营地—晋中市科技馆—省科技馆—晋中营地；5. 晋中营地 机器人场馆—晋中营地 物联网场馆—晋中营地 智慧农业基地；6. 晋中营地—贾家庄—晋中营地 创客空间场馆；7. 晋中营地—汾酒集团—贾家庄—晋中营地；8. 晋中营地—巨鑫农业—山西博物院—晋中营地；9. 晋中营地—长治气象—晋中营地 机器人场馆；10. 晋中营地—山西博物院—晋中营地 创客空间场馆
	规划线路（按天设计）	1. 晋中营地—皇城相府—晋中营地 益智游戏场馆；2. 晋中营地—凤凰山—晋中营地 智慧农业基地；3. 晋中营地—黄崖洞—壶口瀑布—晋中营地 创客空间场馆	1. 晋中营地—长治气象—晋中营地 智慧农业基地；2. 晋中营地—大槐树—晋中营地 创客空间场馆；3. 晋中营地—云冈石窟—晋中营地 创客空间场馆	1. 晋中营地—淮海工业—晋中营地 机器人场馆；2. 晋中营地—云冈石窟—晋中营地 创客空间场馆；3. 晋中营地—黄崖洞—晋中营地 物联网场馆

维度或要素		小学高年级段	初中段	高中段
教学重点难点（以代表性线路教学设计为例，以下同）	教学重点	1.按照难易程度和规则要求挑战不同的榫卯结构；2.了解无线电在世界历史上重大事件中发挥过的无可替代的作用；3.了解煤炭的分类，直观地感受我国人民采煤、用煤的悠久历史；4.掌握“营养膳食宝塔”搭建，掌握相关科学知识，树立科学理念；5.使用建模工具，完成传统大院模型的建设	1.明确水肥一体的工作原理；2.在知晓种子的生命周期等知识的基础上，明确现代种植技术中的科学原理；3.掌握鱼菜共生系统中的原理，明确鱼菜共生系统的价值；4.掌握卫星遥感技术在农业方面的应用；5.在掌握现代农业设施整体工作原理的基础上，对恒湿设备的科学技术进行深入探究与分析	1.学习传动装置的基础原理；2.掌握可视化逻辑编程语言的基本概念，处理复杂的逻辑和控制结构的能力；3.掌握工业4.0的核心概念，理解自动化技术在制造过程中的角色；4.了解各种传感器类型、原理和应用场景；5.对数据进行描述、总结和可视化的分析，对数据的特征和趋势作出基于证据的解释
	教学难点	1.找到古建筑中榫卯结构的实际应用，学会分析榫卯结构的作用；2.学会使用无线电发送指定信息，同时能够破解接收到的信息密码；3.熟记地质年代表，掌握煤的形成过程以及衍生用品；4.通过“营养膳食宝塔”搭建活动，掌握科学营养技能；5.融入创意，设计传统古建的文创产品	1.应用水肥一体技术，改进传统农业的生产量；2.能够用科学知识，基于证据分析航天育种的安全性与价值性；3.独立完成鱼菜共生系统的设计与搭建；4.查阅资料，分析人工智能精准农业决策系统的价值与意义；5.基于对恒湿设备工作原理的了解，小组完成智能温室中恒湿设备模型的制作	1.了解传动装置的类型，以及传动装置的动力学性能；2.可视化编程抽象概念的理解、复杂程序设计的编写；3.空气动力学的复杂性，设计模型的稳定性，材料强度的选择，创造独特和创新的设计；4.设计和配置传感器网络学习，理解人机协同的原理、智能工厂的设计理念；5.对工业科技的未来发展，形成自我认知

维度或要素	小学高年级段	初中段	高中段
教学策略	针对小学高年级段学生乐于尝试运用多种科学思路和科学方法完成探究和实践，能以事实为依据作出独立的判断，初步形成创新意识，但缺乏对科学研究的兴趣和动力，学生的实验观察和实践能力也有待提高的学情。基于建构主义、多元智能等理论思想，选取传统文化中的科技元素为重点讲授内容，依托市域范围内研学资源及营地实践场馆，采用情景讲授、教师讲授、游戏拓展、互动教学等教学方法，在探究学习、合作学习、实践体验的过程中，开展同生活紧密结合的研学实践活动。活动的设计，更加注重培养学生学习科学的能力、逻辑思维能力与创新能力，提升学生的核心素养。在践行科学生活理念的同时，引导学生积极参与科学探究活动，注重学生的科学态度、科学精神的培养，鼓励学生积极参与科技创新，增强学生的社会责任感和使命感，以传统文化为核心推动科技创新，以科技为辅助力量促进传统文化创作，并运用科技手段使传统文化焕发新的活力，实现传统文化与现代科技的有机融合，以培养出更多具有人文素养和科学精神的公民，以为提高社会文明水平作出贡献为主要目的，不断完善课程，保证活动质量	针对初中段学生在身心发展上处于一个重要的转折期，无论从知识的积淀还是能力的积累均有一定的成果，对于问题已经能有初步的判断和解决能力的学情。基于建构主义、多元智能等理论思想，选取农业中的科学技术为主要研究实践内容，初中学生对农业种植方式已有一定程度的了解，但深度探究、思考与总结能力需要加强。在课程的设计时，要注重学生自主探究、思考求证与总结提升能力的培养，增强对祖国农业科技发展的责任担当意识。依托市域及周边研学资源、营地实践场馆，充分考虑每个人不同的优势和劣势，采用情境教学法、现场教学法、合作学习等方法开展理论教育，利用自主学习法、迁移学习法、探究合作法、项目教学法等进行技能学习，贯穿以学生为中心的教学设计宗旨，在自主学习、合作学习、探究式学习的过程中，借助现代网络的便利，鼓励学生从已有的生活经验出发，进行自我学习和探究，通过项目式学习，形成完整的科学知识架构，经过理论知识和实践任务的磨炼，具备自主整合能力，收集和整理相关的实证数据，以提升数据的准确性和可靠性，依据实证数据，能够撰写全面科学的分析报告，挖掘数据背后的信息和规律，以提升学生的科技创新创造能力	针对高中学生智力发展趋于成熟，表现出强烈的求知欲和浓厚的学习兴趣。基于建构主义、多元智能等理论思想，选取工业科技类知识为重点研学实践内容，依托市域及周边研学资源、营地实践场馆，采用实践性学习法、小组合作探究法、情境教学法等教学方法，在探究学习、合作学习、实践体验的过程中，提高学生的学习兴趣和动力，借助问题引导，掌握工业科技相关技能，并通过实践加深对工业科技的理解，激发创新思维，提升跨学科整合能力以培养高效思维和协作能力，加深工业知识储备，提升技术应用创新能力，明确职业规划发展。在开展工业研学实践活动的过程中，充分利用多媒体和网络资源为学生提供丰富的学习材料，引导学生进行自主学习和探索研究，在利用人工智能技术为学生提供个性化的学习路径和学习资源、利用游戏化学习理念让学生在轻松愉快的研学实践氛围中学习知识的过程中，使学生能够辩证地分析人工智能给人类社会带来的挑战，明确科技活动中应遵循价值观念、道德责任和行为准则，能够养成一定的法律意识，积极维护信息社会秩序，养成在信息社会中学习、生活的良好习惯，能安全、自信、积极主动地融入信息社会

维度或要素				小学高年级段	初中段	高中段
实施方案	入营教育	安全	引导	树立安全意识，懂得生命的可贵，知晓常见的报警电话	借助营地安全实践教室，学习农作物低温保存、防止交叉污染等技能	从设备安全和人身安全两个方面，对工业安全实践中的基本知识进行讲解
			实训	讲解119、120、110、122等电话的功能以及需要说明的信息	分组、分场景，进行农作物产品低温或高温保存，并进行正确的位置摆放	在任务实践的过程中，学会爱护和正确使用机器设备，正确佩戴防护用品
		应急	引导	熟知安全风险点与应急措施，重点关注应急处理中的情绪问题	借助安全场馆教具，学会消毒设备的使用	学习常见的工业安全标识，学会灭火器等设备的使用
			实训	分析身边场景中的安全风险并对应急措施进行学习，学会深呼吸等管理焦虑情绪技巧	熟记“一清二洗三消毒”的口诀，使用正确的消杀工具对农作物污染区域进行清理	开展实际案例大讲堂活动，设置需要灭火的场景并进行实操
		救助	引导	借助常见安全案例，创设情境，引导学生采用正确的处理措施	重点掌握预防措施及救助措施，教育学生在面临险境时能及时降低损害	经过模拟实践，教育学生在面临险境时要首先确保个人安全并成功脱离困境
			实训	通过对视频的讲解，掌握电击、外伤止血、食物中毒等基础救助技巧，并开展小组实践演示	模拟常见情境，小组实操学习农业生产中常见的中暑、崴脚、划伤等问题的应急处置方法	区分蓝色、红色、黄色的工业安全标识含义，学习触电急救、意外伤害急救等
		自我管理	引导	树立并养成自我规范、自我约束、自我提高的意识	成立学生自管委员会，促进学生自主管理模式的构建与发展	设置任务卡，自主完成一天的活动安排与时间分配
			实训	进行自我管理实践，相互分享有效的管理方法	分配组长、安全员等角色，根据实施效果，对学生自主管理模式进行点评	落地实施任务卡的填写内容，最后由学生进行反思改进
		团队协作	引导	应用行动观察法，注重观察日常的小组合作实践活动	明确任务要求，增强活动目的导向，分层次设置团队合作奖项	细化团队分工，设置团队合作奖项，同时对分工角色进行奖项设置
			实训	组队进行实践活动，并及时对学生在合作中的表现进行点评	细化任务实施流程，对表现优异的小组进行表彰，并分享合作心得	对表现优异的小组、个人进行表彰，分享小组与个人在实践中的重要性

维度或要素		小学高年级段	初中段	高中段
实施方案	导入教学环节	第一天，任务导入：向学生介绍活动的目的、流程、安全注意事项等，并告知学生所需物品和注意事项；第二天，视频导入：让科学知识活灵活现地呈现在学生面前，加深印象；第三天，问题导入：激发学生自我探究和学习的动力，游戏导入为辅，增加实践活动的趣味性；第四天，视频导入：让学生直观感受科技给生活带来的变化，激发学习动力；第五天，问题导入：引导学生借助网络等现代化手段，自主开展研学实践探究	第一天，任务导入：向学生介绍活动的目的、流程、安全注意事项等，并告知学生所需物品和注意事项；第二天，视频导入：利用多媒体等教学设施，以视频的方式对所学内容进行简要集中展示；第三天，任务导入：列出实践任务明细与要求，开展实践探究；第四天，问题导入：提出研究热点问题，同时创设研究情境，沉浸式开展实践探究；第五天，视频导入：播放农业未来发展的影片，创设研究情境，提出农业科技的研究热点问题	第一天，故事导入：引用有趣的事实、名言或者故事，与将要学习的内容相关；第二天，视频导入：利用图片、视频、音频等多媒体资源，生动形象地展示与学习内容相关的信息，提供直观的感觉和印象；第三天，游戏导入：引入一些游戏化元素，使学习过程更加有趣和具有挑战性；第四天，问题导入：基于现实状况，提出研究热点问题，同时创设研究情境，沉浸式开展实践探究；第五天，趣味导入：应用游戏操作，在学习知识的同时，激发科学技术的探究热情
	授课教学环节	第一天：入营教育、必修课程一“好玩的榫卯”、必修课程四“AR服饰设计”、必修课程十“沉浸式体验二十四节气”；第二天：必修课程七“无线电的奥秘”、必修课程九“电子宠物机器人”、选修课程4“导电机器人”；第三天；必修课程六“物种平衡”、必修课程八“煤的能量世界”；第四天：必修课程五“合理膳食，科学成长”、选修课程1“神奇的‘光’家族”、选修课程3“VR影院体验课程”；第五天：必修课程二“3D设计师”、必修课程三“绘制立体大院沙盘”、选修课程2“建筑中的秘密”	第一天：入营教育、必修课程一“智慧农业”、必修课程二“水肥一体”、必修课程三“高科技种植技术”；第二天：必修课程四“航天工程育种”、必修课程五“植物工厂”、选修课程1“有机旱作物与谷子”；第三天；必修课程六“鱼菜共生”、必修课程七“植物医生”、选修课程2“基因与食品安全”；第四天：必修课程八“农业卫星遥感监测”、必修课程九“人工智能精准农业决策系统”、选修课程3“无土栽培”；第五天：必修课程十“智能温室中恒湿设备模型的制作”、选修课程4“5G与智慧农机”	第一天：入营教育、必修课程四“传动装置的奥秘”、必修课程五“智能分拣”、必修课程九“计算机应用”；第二天：必修课程一“可视化逻辑编程语言学习”、必修课程二“自动控制传动”；第三天：必修课程六“航空模型制作”、选修课程3“工业4.0与智能制造”；第四天：必修课程三“传感器的智慧决策”、必修课程七“汽车运用与维修”、必修课程八“数控技术应用”；第五天：必修课程十“统计学与统计分析”、选修课程1“天体物理学”、选修课程2“星知博学”、选修课程4“工业科技的未来”

维度或要素		小学高年级段	初中段	高中段
实施方案	进级教学环节	1.合作探究，研究光的反射、折射等现象中的科学原理。2.探索光的传播路径，并完成任务卡的填写。3.小组探究，结合学科知识，分析古建筑的搭建原理。4.实景体验，感受造物神奇，感受古城千年盛况，尽享科技与文化的融合。5.科学实验，了解自由电荷的定向移动是导电的原因	1.对北方地区发展旱作物农业的条件进行分析。2.认识华北平原春旱的成因及其影响。3.结合生命科学知识，分析、评价自身的饮食结构和饮食习惯。4.掌握营养液的组成元素、变化原理及调控方法，学会配比营养液。5.掌握数字农业系统中监控系统、数据检测等技术的科学原理	1.结合物理知识，分析评价汽车驱动演化过程。2.学习讨论可视化编程与各类编程语言的优势与不足。3.任务驱动，掌握工业科技中的机器人，物联网系统。4.结合物理与物联网知识了解无人驾驶技术的可行性。5.通过大讲堂形式深刻理解工业科技未来
	巩固教学环节	1.通过趣味体验，沉浸式对职业进行情境体验；2.运用丰富的科学技术，发展传统文化，并对其进行传承与保护，增强学生的文化自信；3.开展趣味性练习，把学习成效转化为解决问题的实际能力，并且加强交流学习，推动中华优秀传统文化创造性的转化、创新性的发展；4.引导学生创意制作，追求精益求精，使学生在跨学科知识运用中促进设计创造力的深入发展，运用现代技术，保有、演变和发展传统文化，培养学生的创新思维和爱国情怀；5.引入真实案例，分组合作，掌握科学知识，培养学生的观察、协作能力，激发学生探索和创新的激情	1.借助思维导图，应用迁移学习法，搭建知识与实践的联系；2.设置实践项目，加深校内学科和研学课程的有机关联融合；3.利用情境体验法，结合周围现实的科学环境，让学生沉浸式感受科学技术带来的变革，在实践动手中深化对科学原理的理解；4.通过合作学习法，共同完成科学实践任务。通过数据的佐证，学会对科学技术对农业的影响进行辩证的分析，有自己独到的见解，并以报告、演讲或展示的形式分享他们的观点和成果；5.通过发散联想法、探究学习法等对实践任务进行延展，引导学生将自己的发展同社会、祖国的发展结合到一起，激发学生的爱国热情	1.利用情境体验法，结合周围现实的科学环境，进行原理的学习；2.沉浸式感受科学技术带来的变革，在动手实践中深化对科学原理的理解；3.通过迁移学习法，加深实践课程和研学课程的有机关联融合，通过航空航天馆研学实践强化光学科普知识的认知拓展和宇宙科学知识的素养培育；4.通过使用概念映射工具，帮助学生将所学知识概念之间的关系可视化，这有助于他们建立起知识的框架，更好地理解和记忆知识点；5.借助思维导图，应用迁移学习法，加深校内学科和研学课程的有机融合

维度或要素			小学高年级段	初中段	高中段
实施方案	总结教学环节	教学创新	深入观察每个学生的独特性，结合学生的生活经验，制定教学方案与实践项目，力争全面覆盖校内学科的各个知识与技能领域，从基础知识的掌握到高级技能的培养，难度层层递增，目标层次分明，逐步推进，使学生在探究过程中能够不断深入，持续提升自我能力	在研学实践探索中，强调科学技术的重要价值，同时渗透当代创新发展的趋势，以激发学生的好奇心和探索精神。通过这些实践活动，引导学生树立崇高的理想信念和正确的人生目标，培养他们成为富有志向和追求的人，全面提升综合素养，为国家和社会培育更多优秀人才	秉持因材施教的原则，竭力打造连贯性的科学教学体系，课程规划丰富多元，形式各异，层次清晰，以满足学子们多样化的学习需求，全方位、多角度地解读科学技术，加深学生的科学实践认知，推动科学理论知识的生活化应用，延伸研学实践活动的影响
		教学总结	探索多样化教育模式，针对各学段特点，运用讲授、体验等多种方法，引导学生树立正确的世界观、价值观、人生观。通过实施科学技术教育，助力学生能够基于证据对科学原理进行阐述，激发其学习目标与内在动力。引导学生在自我认知、社会现状与职业需求之间建立积极联系	在实践活动中，学生能够通过独立操作及小组合作的形式，充分挖掘自身潜能，养成独立思考和合作探究的习惯，激发科学探索欲望、创新创造意识，增强服务意识，愿意将所学应用到实际生活之中，解决实际生活中的难点，确立致力于国家建设的宏伟目标	针对当代青少年的学习习惯，创新教育方法，强化教育环境建设，连通校内校外知识教育体系，培养学生对党和国家忠诚热爱、勇于探索和坚忍不拔的品质，使他们深刻领悟科技对生活的改变，感受祖国的强大，更加珍惜当下的幸福生活，自觉将自己的人生规划同祖国的发展联系在一起
		教学反思	教学设计是否立足于学生实际学情；是否制定适合学生认知规律的教学目标与实施方法；是否根据学生的现实反馈进行灵活调整，加强研学内容呈现方式的多样性；是否促进课程与教学的深度融合等方面进行反思，根据反思结果，对活动环节进行调整和优化	是否依据教学反馈与评估结果，对教学环节及策略进行相应调整与优化；是否围绕教学目标，灵活改进教学环节，调整教学策略；是否充分发挥现有资源作用；是否注重增进团队协作，以提升教学成效；是否运用科技手段，满足学生需求等方面进行反思，根据反思结果，对活动环节进行调整和优化	是否抓住教育关键节点，对学生进行正确引导；是否正确使用教学方法，使学生关注点和体验焦点切实集中在研学内容和主题上；实践效果是否使学生在价值观和人生观方面得到熏陶等方面进行反思，根据反思结果，对活动环节进行调整和优化，加深对学生今后学习乃至职业生涯的影响和推进作用

维度或要素				小学高年级段	初中段	高中段
实施方案	评价教学环节	教学水平评价	自我评价	通过学生活动过程，系统分析学生的实践成果，反思线路及课程预设目标的合理性	从知识和技能两大板块设置维度，引导学生进行自我评价，让学生不断正视自身不足，培养学生自我反思和自我管理的能力	针对教学目标、学生成果、教学策略等进行反思，积极对同类课程进行听课学习，吸收长处，改进不足，完善课程环节的设置
			学生评价	围绕学生对研学内容的关注程度、对实践环节的参与度、对知识的收获度和技能的提升度等进行评价	针对教授方法是否符合学生的学习风格和需求、教学氛围是否对学生学习效果产生积极影响、知识获取途径是否多元以及作品难度等因素进行全面评估	立足教师与学生之间以及研学实践中的互动环节，关注课程中学生的参与程度，考查学生是否能积极投身于课堂教学，以及课堂氛围的活跃程度等
			同行评价	邀请研学基地教师、营地教师、学校学科教师、其他营地教师等对线路及课程进行多维度评价	由营地教师和教学管理人员对教师的教学设计、教学实施、教学评价、教学管理、信息技术与教学融合等方面进行评价	充分利用信息技术，邀请全国知名专家、知名教师对教学设计、教学实施、教学评价、教学管理、信息技术与教学融合等方面进行评价
			培训和考核	基于教师师德师风、专业能力、教学能力、组织管理能力等线上线下结合的专项培训，定制化地对教师进行培训，定期组织团队对教师素养进行考核，并根据考核结果对教师进行分类管理，实行个性化的培训方案	基于教师师德师风、专业能力、教学能力、组织管理能力等线上线下结合的专项培训，实行个性化的培训方案，全方位保障教学效果，并通过知识技能考核结果来评价教师的教学水平	基于教师师德师风、专业能力、教学能力、组织管理能力等线上线下结合的专项培训，定期对教师进行教学培训和考核，通过考核结果来评价教师的教学水平
			教学成果展示	收集实践中的过程性评价资料、活动作品等，建立学生档案袋，经过分析，反馈教师的授课效果，反思项目目标设立的合理性，并进行修正	通过学生活动的积极性、实践表现、项目作品的完整程度等维度，组织研学实践教育专家进行点评，督促教师提升	将学生的研究成果、实践成果，以及教师的论文、观点和教学方法总结等，作为评估教育教学成效的综合性依据

维度或要素				小学高年级段	初中段	高中段
实施方案	评价教学环节	学业评价	形成性评价	学生自评、小组互评和教师评价等多元方式综合应用，形成过程性跟踪评价资料，以检测和反思学习效果，帮助学生更好地了解自己的学习状况，及时调整学习策略，修正实践途径，更好地提升实践效果，加强实践体悟	采取测验法、调查法等注重过程性调研的方法，了解学生对于科学技术与科学应用等方面的知识理解情况，并通过竞赛、抢答、作品展示、调研报告等灵活多样的方式了解学生的价值体认、责任担当、问题解决、创意物化等关键能力的发展情况	通过多元化评价方式，围绕教学目标，制定相应维度的评价标准，帮助学生建立清晰的知识学习和实践探索的规划，同时做到评价过程具体、细致，帮助学生形成自我意识的发展认知
			总结性评价	通过学生的研究报告、汇报交流、团队契约呈现等形式，直观了解学生在研学实践活动中的学习效果，形成科学的总结性评价结果	研学实践活动结束后，根据预期的学习目标，通过考试、撰写报告、举办展览等形式，对学生的研学活动成果进行客观地评价	在一项研学实践任务完成后，根据教学目标、教学重难点对学生的作品、报告作出评价，不断完善实施方案，发现并发掘学生潜能
			教师评价	根据教学目标，对于研学实践任务的完成度、作品展示的效果、学生的收获与提升等方面进行评价，更关注学生在情感态度价值观上的收获	在指向实践成果进行总结性评价的同时，根据学生在研学活动中的表现、参与度、问题思考和解决能力等，进行过程性评价	重点根据学生表现出的关键能力、学科知识的应用、学生行为习惯的发展变化等方面进行客观的综合性评价
		项目评价		由教育行政主管部门、参与学校、学生、家长及社会各界共同，重点从效益、反馈、风险、资源、能力等维度进行评价，根据评价结果，提升项目的整体设计，为培养学生未来社会发展需要的必备品格和关键能力提供更优的方案	以教育行政主管部门、参与学校、学生、家长及社会各界为主，鼓励校内外教育工作者、学生家长、社会各界积极参与评价过程，对项目涉及的线路、课程、安全等环节进行协同评价，综合分析之后，对项目中的不足进行修正、提升	充分利用信息技术，由教育行政主管部门、参与学校、学生、家长及社会各界共同，对研学项目的设计实施、方案设计、教学策略、教学环节、活动目标实现程度等角度进行线上评价，在及时发现问题并改进的同时，形成典型示范

4.4 教学计划与策略列表：科技改变世界 教育塑造未来

<table>
<tr><td colspan="3">营地名称</td><td>大同市示范性综合实践基地（简称“大同营地”）</td><td>命名机构</td><td>教育部</td><td>识别码</td><td>Y145140002</td></tr>
<tr><td colspan="3">从业资质（摘要）</td><td>组织开展综合实践教育、研学实践教育、国防教育、劳动教育及夏、冬令营活动</td><td>单位属性</td><td>公益一类</td><td>法定代表人</td><td>于海军</td></tr>
<tr><td colspan="3">研学主题</td><td>科技改变世界 教育塑造未来</td><td colspan="2">主要目的指向</td><td colspan="2">科学技术教育</td></tr>
<tr><td rowspan="7">营地（枢纽）及周边主要优质研学资源</td><td colspan="2">基地层级</td><td colspan="5">研学站点（基地）名称</td></tr>
<tr><td rowspan="2">教育部命名基地</td><td>已列入教学计划</td><td colspan="5">一、与本主题相关列入教学计划的基地24个
1. 中国科学技术馆；2. 平遥唐都推光漆艺博物馆（简称“唐都漆器”）；3.. 国家军事博物馆；4. 国家海洋博物馆；5. 北京陶瓷艺术馆；6. 山西博物院；7. 山西省煤炭博物馆；8. 中国国家博物馆；9. 山西省科技馆；10. 中科院电科所；11. 天津大学；12. 天津科技馆；13. 大同梦太空嘉年华；14. 晋华宫国家矿山地质公园；15. 山西凤凰山生态植物园；16. 大同云冈研究院；17. 大同大学；18. 山西晋韵砖雕艺术博物馆；19. 中国煤炭博物馆；20. 山西省长治市气象局；21. 淮海工业集团有限公司；22. 太原方特东方神话主题乐园；23. 河北张家口市青少年冰雪运动综合实践基地；24. 北京黄花城长城旅游开发有限责任公司（简称“黄花城长城”）
二、与本主题关联不大但列入本营地教学计划的基地8个
1. 汾阳市贾家庄；2. 八路军文化园；3. 万家寨水利枢纽；4. 中北大学；5. 太原理工大学；6. 中国一拖东方红农耕博物馆；7. 洛阳博物馆；8. 小浪底水利枢纽</td></tr>
<tr><td>待列入教学计划</td><td colspan="5">1. 临汾市黄河壶口瀑布风景名胜区（简称“壶口瀑布”）；2. 平型关大捷纪念馆；3. 平遥古城；4. 八路军太行纪念馆；5. 周恩来邓颖超纪念馆</td></tr>
<tr><td colspan="2">其他部委命名基地</td><td colspan="5">大同市能源馆</td></tr>
<tr><td colspan="2">地方命名基地</td><td colspan="5">1. 山西通用航空职业技术学院；2. 大同熊猫光伏发电厂（简称“熊猫发电厂”）；3. 大同高速飞车科普基地；4. 大同同煤大唐塔山煤矿有限公司（简称“塔山煤矿”）；5. 大同市四方高科有限公司（简称“四方高科”）；6. 大同市牧同乳业有限公司（简称“牧同乳业”）</td></tr>
<tr><td colspan="2">本营地资源</td><td colspan="5">1. 结构搭建实验室；2. VR 体验馆；3. 三模一电体验馆；4. 机器人实验室；5. 无人机实操室；6. 人工智能馆；7. 金工木工坊；8. 科学实验室</td></tr>
<tr><td colspan="2">其他资源</td><td colspan="5">1. 大同方特欢乐世界旅游发展有限公司（简称“大同方特”）；2. 山西通用航空产业园北岳机场（简称“北岳机场”）</td></tr>
</table>

维度或要素	小学高年级段	初中段	高中段
校内教育基础（与校内教育的衔接）	对照小学科学课程课标，小学高年级段科学技术教育目标是点燃孩子们的科技梦，学生们能够掌握更深入的科学知识，培养科学方法和实验技能，在科技世界中自由探索，同时能够将科学技术与现实生活中的问题和情境联系起来，了解科学技术对社会的影响，本课程衔接科学相关课程，具体内容如下：1. 苏教版科学四年级上册一单元第2课“鱼类”、三单元第8课“力与运动”；2. 苏教版科学六年级下册二单元第5课“多样的栖息地”；3. 苏教版科学四年级下册四单元第14课“动物的繁殖”、五单元第17课“环境变化以后”；4. 苏教版科学五年级下册二单元第5课“生物的启示”；5. 苏教版科学六年级上册四单元第13课“冲出地球”、第14课“探索宇宙”；6. 苏教版科学六年级上册五单元第16课“人造肥料与现代农业”；7. 苏教版科学六年级下册一单元第2课“各种各样的能量”、第3课“能量的转换”；8. 苏教版科学六年级下册三单元第10课“煤、石油和天然气”、第11课“开发新能源”、第12课“善用自然资源”	对照初中数学、物理、生物、化学课程课标，初中段在科学技术教育方面提出初中学生需要更强的自主学习能力和学习方法，选择有关自然科学为主题进行学习，加强学生的实际操作能力，让学生身心体验与课本内容产生直接联系，引导学生将所见所闻记录下来并与课本中的理论相对比，为什么人会在地球上？飞机飞行采用了什么原理？讨论并思考生活中常见的现象，促进跨学科学习，提高学生的综合素养，了解科技与生活的联系，本研学主题必修课程与校内教育的衔接内容如下：1. 人教版数学九年级上册第二十二章第一小节“二次函数”；2. 人教版物理九年级全一册第二十章电和磁第四节“电动机”；3. 浙教版七年级科学下册第三章第三节“重力”；4. 人教版物理八年级下册第八章运动和力第三节“摩擦力”；5. 人教版物理八年级下册第九章第三节“大气压强”；6. 人教版物理八年级下册第九章第四节“流体压强与流速的关系”；7. 人教版化学九年级上册第一章第四节“氧化反应”；8. 人教版生物第五单元第一章第七节“哺乳动物”；9. 人教版物理八年级上册第四章“光现象”；10. 人教版九年级全一册第二十二章第一节“能源”	对照高中信息技术、通用技术、生物课程课标，对感兴趣的领域进行实践探索，深入提出问题，运用所学知识进行分析，并采用科学方法进行研究。鼓励学生参与动手操作实践，熟练掌握多样操作技能，综合运用技能解决生活中的复杂问题。旨在提升创新设计、动手操作、技术应用及物化能力，培养学生实践操作中的学习意识，提高综合解决问题的能力。本研学主题必修课程与校内教育的衔接内容如下：1. 信息技术4人工智能初步第一章第三课“人工智能研究内容与应用”；2. 信息技术5 三维设计与创意第一章第二课“三维建模技术”；3. 通用技术技术与设计1第六章“模型或原型的制作”；4. 通用技术科技人文融合创新专题第三章“太阳能小车的创新设计与实践”；5. 通用技术9创造力开发与技术发明第一章“技术与创造力开发”；6. 通用技术8 技术与职业探索第二章“专业技能与关键能力”；7. 生物学3生物技术与工程“微生物的基本培养技术”；8. 生物学2生物与环境第四章“人类活动对生态环境的影响”；9. 通用技术1 电子控制技术第五章“电子控制系统及其应用”；10. 通用技术10 科技人文融合创新专题第一单元“科技人文融合创新的理论基础”

维度或要素			小学高年级段	初中段	高中段
研学课程	必修课程一	名称	图形化编程	数学编程	人工智能编程
		活动目的	通过图形化的拼图程序，激发学生创造力，提高学生问题解决的能力	通过编程解决数学问题，激发逻辑创新思维能力	通过人工智能编程学习，认识编程对于控制物体的重要性，培养团队合作能力
		活动形式	教师讲授、实践体验	教师讲授、学生操练	教师讲授、学生分组实践
	必修课程二	名称	VR体验海底世界	VR教学火灾逃生	VR场景设计
		活动目的	通过任务驱动查阅资料、VR体验了解海底世界，提高对海洋生物和环境的认识	通过模拟火灾逃生教学，掌握正确逃生要领，作出正确的反应和行为	通过VR场景软件学习，掌握3D设计和建模技能，激发学生创造力
		活动形式	教师讲授、自主探究、实践体验相结合	教师讲授、实践体验	分组体验、实践操作
	必修课程三	名称	红船模型	电动船模	无线电遥控船模
		活动目的	通过观看视频，了解“红船精神”，激发学生制作船模的兴趣	通过了解电动轮船的基本原理和构造，完成电动船模的制作	通过船模实践，掌握无线电遥控船模的基本原理，培养学生动手能力，创造能力
		活动形式	教师讲授、观看视频、现场观摩、小组合作制作船模	教师讲授、实验探究、交流互动相结合	教师讲授、学生分组实践
	必修课程四	名称	空气桨直线赛车	智能巡线赛车	无线电遥赛车
		活动目的	通过了解空气桨赛车原理，激发学生的学习兴趣，增强动手和问题解决能力	通过了解智能巡线赛车的构造及原理，激发学生的观察、动手及想象能力	通过车模实践，掌握基本原理，激发学生的动手能力以及团队合作精神
		活动形式	教师讲授、实践体验、动手制作	教师讲授、参观体验、科学实验	教师讲授、学生分组实践

维度或要素			小学高年级段	初中段	高中段
研学课程	必修课程五	名称	科学实验——乒乓球机关枪	科学实验——自制吸尘器	科学实验——水火箭
		活动目的	通过乒乓球机关枪的实验学习，掌握伯努利原理及其应用	通过学习伯努利原理及其应用，掌握吸尘器的原理	通过水火箭制作实践，掌握伯努利原理及其应用；了解水火箭发射原理
		活动形式	教师讲授、实践体验	教师讲授、实际制作	教师讲授、学生分组实践
	必修课程六	名称	走进空客大飞机	少年机长	地勤服务职业体验
		活动目的	通过了解客机的基本结构，了解乘坐飞机的相关安全知识	通过实地观察实践，体验机组工作人员工作流程	通过体验地勤服务实践，实操地勤工作人员工作流程
		活动形式	教师讲授、实地参观	教师讲授、实地观察	教师讲授、学生参观体验
	必修课程七	名称	走进牧同（参观生产线）	走进推光漆艺博物馆	走进山西省煤炭博物馆
		活动目的	通过了解生产流程、质量控制标准，知道现代化科学技术对生产力的影响	通过学习推光漆技艺，认识化学知识在制作过程中的作用	通过参观煤炭博物馆，使学生更深入地了解煤炭科学，提高科学素养
		活动形式	教师讲授、实地参观、答疑解惑、师生互动	教师讲授、实践体验	教师讲授、学生参观
	必修课程八	名称	四方高科养殖（参观生产线）	走进山西博物院	走进山西省科技馆
		活动目的	通过实地参观高科养殖生产线，了解现代化养殖流程	通过参观博物馆，了解当地的历史文化、艺术和科技成就	通过参观科技馆、体验科技设备，增强对科学原理和现象的理解
		活动形式	教师讲授、实地参观	教师讲授、实地考察、实验探究	教师讲授、学生参观

维度或要素			小学高年级段	初中段	高中段
研学课程	必修课程九	名称	勇闯方特——科技之光（一）	勇闯方特——科技之光（二）	勇闯方特——科技之光（三）
		活动目的	通过体验，激发兴趣，增强挑战和战胜自我的信念，培养科学素养	通过科技之光，自动控制、体验声光电等高科学技术	通过体验方特科技，了解自动控制、数字模拟与仿真等技术
		活动形式	教师讲授、实地参观、沉浸式互动体验	教师讲授、实地考察、实验探究	学生分组体验
	必修课程十	名称	能源馆（创客课堂）	能源馆（能源革命论坛）	能源馆（碳中和、碳排放）
		活动目的	通过了解新能源的概念和应用，能够从可持续发展角度分析能源资源	通过参与能源革命论坛，掌握能源的分类和运用并进行能源的手工实践	通过参观能源馆，了解碳中和相关知识，提高节能、环境、可持续发展的意识
		活动形式	教师讲授、实地参观	教师讲授、实地考察、实验探究	教师讲授、学生参观体验
	选修课程		1. 语音识别 2.PVC机器人 3. 花园小屋 4. 橡皮筋动力飞机 5. 无人机模拟驾驶	1. 图像识别 2.Ebugs电子昆虫 3. 仿真砖块古堡 4. 超级电容航模 5. 无人机试验	1. 机器学习 2. Lampbot搭建 3. 城市区域规划 4. 航模 5. 无人机编程

维度或要素		小学高年级段	初中段	高中段
研学线路	代表性线路（时长五日）	第一天：大同营地—大同营地人工智能馆—大同营地；第二天：大同营地—大同营地VR体验馆—大同营地；第三天：大同营地—大同营地科学实验室—北岳机场；第四天：大同营地—牧同乳业—四方高科—大同营地；第五天：大同营地—大同方特—大同市能源馆—大同营地	第一天：大同营地—大同营地三模一电体验馆—大同营地；第二天：大同营地—平遥唐都推光漆艺博物馆—太原营地；第三天：太原营地—山西博物院—大同营地；第四天：大同营地—大同方特—大同营地；第五天：大同营地—北岳机场—大同营地	第一天：大同营地—大同营地无人机实验室—大同营地；第二天：大同营地—山西省煤炭博物馆—太原营地；第三天：太原营地—山西省科技馆—大同营地；第四天：大同营地—大同营地科学实验室—北岳机场——大同营地；第五天：大同营地—大同市能源馆—大同营地
	可选择线路（按天设计，菜单式选择）	1.大同营地—大同营地人工智能馆—大同营地；2.大同营地—山西通用航空职业技术学院—大同营地；3.大同营地—熊猫发电厂—大同营地；4.大同营地—大同高速飞车科普基地—大同营地；5.大同营地—塔山煤矿—大同营地；6.大同营地—大同梦太空嘉年华—大同营地；7.大同营地—晋华宫国家矿山地质公园—大同营地；8.大同营地—山西凤凰山生态植物园—大同营地；9.大同营地—大同云冈研究院—大同营地；10.大同营地—大同大学—大同营地	1.大同营地—大同营地科学实验室—大同营地；2.大同营地—大同云冈石窟—大同营地；3.大同营地—山西晋韵砖雕艺术博物馆—太原营地；4.太原营地—中国煤炭博物馆—太原营地；5.太原营地—山西省科技馆—太原营地；6.太原营地—山西省长治市气象局—太原营地；7.太原营地—淮海工业集团有限公司—太原营地；8.太原营地—太原方特东方神话主题乐园—大同营地	1.大同营地—河北张家口市青少年冰雪运动综合实践基地—北京营地；2.北京营地—黄花城长城—北京营地；3.北京营地—中国国家博物馆—北京营地；4.北京营地—中国科学技术馆—北京营地；5.北京营地—国家军事博物馆—北京营地；6.北京营地—北京陶瓷艺术馆—北京营地；7.北京营地—国家海洋博物馆—天津国际青少年交流中心；8.天津国际青少年交流中心—天津大学—天津国际青少年交流中心；9.天津国际青少年交流中心—天津科技馆—北京营地；10.北京营地—中科院电科所—大同营地
	规划线路（按天设计）	1.大同营地—汾阳市贾家庄—太原营地；2.太原营地—八路军文化园—太原营地；3.太原营地—中国煤炭博物馆—大同营地	1.大同营地—万家寨水利枢纽—大同营地；2.大同营地—中北大学—太原营地；3.太原营地—太原理工大学—大同营地	1.大同营地—中国一拖东方红农耕博物馆—济源营地；2.济源营地—洛阳博物馆—济源营地；3.济源营地—小浪底水利枢纽—大同营地

维度或要素		小学高年级段	初中段	高中段
教学重点难点（以代表性线路教学设计为例，以下同）	教学重点	1.学习直接拖拽图形元素进行编程；2.使用VR设备身临其境体验海底世界，了解海洋生物多样性；3.观摩红船模型，学习制作船模；4.理解赛车的运行原理，学习如何组装赛车；5.通过乒乓球机关枪实验，学习伯努利原理；6.了解客机的基本结构；7.由专业人员带领参观、介绍生产线流程和设备；8.参观现代化养殖生产线，了解牛奶的微生物检验原理；9.沉浸式互动体验方特主题项目；10.通过讲解员介绍新能源产业布局，了解新能源技术	1.激发数学编程的兴趣；2.明白VR技术中火灾逃生的要领；3.掌握船的基本原理和知识；4.了解智能巡线赛车的操作方法以及简单的内容；5.学习吸尘器的原理，掌握其中要领；6.了解航模的历史，制作航模进行试飞竞赛；7.了解推光漆的基本制作技能与艺术特点；8.了解山西历史文化展品的故事与背景；9.探索方特世界的高科技技术；10.学习新能源的种类以及给新时代带来发展和变化	1.理解人工智能基础；2.充分了解VR场景设计流程；3.知晓船模的组装和调试；4.充分理解遥控赛车的基本原理；5.明确水火箭的构造和原理；6.明确地勤服务的基本概念与职责；7.知晓煤炭的基本知识和安全生产规范；8.理解科技馆展览内容；9.理解方特科技的主题与特色；10.理解碳中和概念
	教学难点	1.学会用规定的逻辑顺序编程；2.通过现代化科学技术探索海底世界，增强VR体验感；3.学习"红船精神"，激发制作船模的兴趣；4.解决赛车运行中可能出现的问题；5.学习伯努利原理及其应用；6.了解客机及乘坐飞机的相关安全知识；7.了解生产流程、质量控制标准和技术创新；8.了解现代奶牛养殖技术的应用；9.激发学生主动探索科学的兴趣；10.能从可持续发展角度分析能源资源和日常诸多现象	1.学习用数学的思维去看待日常生活的实际问题；2.掌握面临火灾紧急情况时的反应和行为；3.制作创新创意的船模并进行实践；4.使用编程自制赛车模拟线路；5.制作创意吸尘器的模型；6.探讨航天精神给学生们的精神世界带来的影响，创意制作航天模型并记录试飞的时长；7.进行牛奶外包装的创意设计；8.展品之间跨学科知识的整合；9.体验方特世界里的科技，思考生活中所应用的科学技术；10.发现碳中和的原理以及在现实技术中的应用	1.深度学习模型的构建与优化；2.体验场景的真实感和沉浸感；3.探究造船模的动态稳定性和操控性；4.探究遥控信号的稳定性和抗干扰能力；5.研究空气作用力对水火箭运动的影响；6.体验地勤服务的实际操作与模拟；7.探讨煤炭开采的环境保护与可持续发展的关系；8.探究科学知识的深入理解和团队协作的有效性；9.完成互动体验技术的设计与实现；10.制订碳中和方案

维度或要素	小学高年级段	初中段	高中段
教学策略	针对小学高年级段，学生对于一些科学概念和技术操作已经有了初步的了解。大部分学生对科普内容充满好奇心，在技术应用方面，乐于探索和尝试，也能够初步运用所学知识解决生活中的问题。然而，由于学习环境、态度、方法、解决问题的能力等存在差异，对于创新思维的培养，需要老师进一步加强指导、帮助其理解和掌握科学技术知识，激发想象力，促进学生全面发展。基于以上学情，运用认知主义学习理论、人本主义学习理论、建构主义学习理论和多元智力等理论，采用讲授法、小组合作探究法、实地观摩等教学方法因材施教，开展研学实践活动为学生提供多种多样的学习方式和挑战，激励学生主动探索和发现知识。引导学生采用观察归纳、动手实践、小组讨论等学习方法，利用现代化的科技手段，达到培养学生的科学素养、创新意识和实践能力，做到全面发展	针对初中段学生正进入青春期，身体快速生长发育，生理和心理发生显著变化；情绪容易波动，对新知识和新领域充满好奇，有较强的学习兴趣和探索欲望；逻辑思维和抽象思维能力逐渐提高，开始对复杂问题有独立思考的见解；渐渐形成自己的价值观和世界观，对社会现象有一定的思考和判断；基于以上学情和课本知识理论，让学生在学习过程中找到自我价值，选取适合学生研学的内容不但要基于课本知识还要高于学校课程内容，依托当地的研学资源，可以让学生亲身感受自然魅力，学习自然科学知识，采取实地考察、小组合作、引导探究教法，结合讲解、讨论、实验、项目学习等多种教学方法，开展一系列科技创客活动，从而来培养学生的科学思维和实验能力、团队合作和生存能力、激发学生的创造力和审美能力	针对高中段学生认知水平，注重学生参与社区服务和实践活动，关注社区和社会发展，提高社会服务能力和职业意识。同时，培养学生责任感、法治观念和社会公德心，利用所学知识解决实际问题，增强为社会作贡献的责任担当。组织学生积极参与实践，掌握多种技能，综合运用所学知识解决生活问题，增强创意设计、动手操作和技术应用能力。通过自主探究，激发学习热情和独立思考、动手实践的能力。通过创意智造活动，提高动手操作能力，为学习和生活提供助力。鼓励学生主动观察、思考和提问，培养发现和解决问题的能力。通过实践和科学实验等活动，提高学生的实践能力和创新意识。引导学生开展团队合作，培养沟通协调和集体荣誉感。培养学生关注社会、服务他人的意识

维度或要素				小学高年级段	初中段	高中段
实施方案	入营教育	安全	引导	通过营地安全通道、安全标识学习进行入营地安全教育，树立安全意识	培养责任意识，学会急救知识，了解实践活动中的安全防范措施	进一步掌握应急救护知识与技能，强化社会安全意识
			实训	组织学生观看安全教育视频，讲解宿舍和食堂安全注意事项	组织学生参加安全讲座，预防校园安全事故	组织学生观看安全教育视频、安全讲座
		应急	引导	培养学生应对火灾、地震、踩踏等各类灾害的安全意识	培养学生应对各类灾害的应变能力，培养冷静思考和随机应变的能力	进行主题安全教育，加强学习应急自救与互救方法与技能
			实训	在营地的消防馆、地震馆，进行应急安全教育	在营地的消防馆、地震馆，进行实操演练	在营地开展应急安全实操演练
		救助	引导	掌握自我保护，求助、避险与逃生的基本技能，初步掌握急救知识	培养安全责任意识，学会急救知识，提高预防和应对突发事故的能力	强调学生的生命责任感意义，培养发现问题和解决问题的能力
			实训	学生在生命安全馆开展生命安全课程	组织学生开展各类急救模拟演练	组织学生开展各类实操演练
		自我管理	引导	引导学生加强自我管理	学会自我管理和互相监督	引导学生加强自我管理，情绪疏导，帮助学生掌握应对压力和困难的方法
			实训	营地组织开展学生军训，加强学生的自我管理能力	制订详细的计划表，合理安排时间规范学生的管理	通过心理疏导课程，学会自我情绪疏导
		团队协作	引导	通过讲解、角色扮演说明团队协作的重要性	通过模拟场景进行实际案例分析，学会处理团队中的各种问题	通过案例分析、小组讨论等方式，学习妥善处理团队中的矛盾与冲突
			实训	设置安全员、组长、舍长等，配合班长，学习小组分工合作的基本技能	拓展课程加强团队协作能力，体会团队合作的重要性	提供相关的培训指导，帮助他们成为既有领导才能又能协同合作的优秀团队

维度或要素		小学高年级段	初中段	高中段
实施方案	导入教学环节	第一天，情境导入：教师带领学生参观基地科技馆介绍相关课程，实操体验，调动学生积极性；第二天，视频导入：播放空气桨直线赛车视频，激发制作船模，组装赛车的兴趣；第三天，任务导入：分小组探究乒乓球实验与飞行原理，增强学习主动性，培养科技素养；第四天，问题导入：开展科技对提高产业生产力的好处、影响等有关的知识问答活动，增强学生对科学的探索力；第五天，参观导入：实地参观方特、能源馆，感受科技力量，激发其崇尚、热爱科学的动力	第一天，视频导入：播放3D打印的案例，了解3D打印机的原理，激发学生探索的热情；第二天，问题导入：为什么推光漆工艺品展现的色泽如此多姿多彩？第三天，情境导入：让学生身临其境地感受历史事件，增强对历史的感知和理解；第四天，情境导入：玩与主题相关的小游戏，猜灯谜、拼图等，获胜者可以得到小奖励；第五天，任务导入：根据所给的材料，制作飞机航模并进行试飞	第一天，情境导入：通过展示AI技术在生活中的应用，引起学生的兴趣，引出新课内容；第二天，多媒体导入：利用视频、图片等多媒体手段辅助教学，让学生更直观地了解煤炭开采的场景和环境影响；第三天，导览讲解：教师为学生讲解科技馆展览的内容和背景知识，引导学生深入观察和理解展品；第四天，情境导入：参观地勤服务人员工作流程，激发学生兴趣；第五天，讲解导入：聆听讲解员对新能源馆的基本介绍，激发学生兴趣
	授课教学环节	第一天：入营教育、必修课程一“图形化编程”、必修课程二“VR体验海底世界”、选修课程1“语音识别”；第二天：必修课程三“红船模型”、必修课程四“空气桨直线赛车”、选修课程2“PVC机器人”；第三天：必修课程五“科学实验——乒乓球机关枪”、必修课程六“走进空客大飞机”、选修课程3“花园小屋”；第四天：必修课程七“走进牧同（参观生产线）”、必修课程八“四方高科养殖（参观生产线）”、选修课程4“橡皮筋动力飞机”；第五天：必修课程九“勇闯方特——科技之光（一）”、必修课程十“能源馆（创客课堂）”、选修课程5“无人机模拟驾驶”	第一天：入营教育、必修课程一“数学编程”、必修课程二“VR教学火灾逃生”、选修课程1“图像识别”；第二天：必修课程七“走进推光漆艺博物馆”、选修课程2“Ebugs电子昆虫”；第三天：必修课程八“走进山西博物院”、选修课程3“仿真砖块古堡”；第四天：必修课程九“勇闯方特——科技之光（二）”、选修课程4“超级电容航模”；第五天：必修课程十“能源馆（能源革命论坛）”、选修课程5“无人机实验”	第一天：入营教育、必修课程一“人工智能编程”、必修课程三“无线电遥控船模”、选修课程1“机器学习”；第二天：必修课程七“走进山西省煤炭博物馆”、选修课程2“Lampbot搭建”；第三天：必修课程八“走进山西省科技馆”、选修课程3“城市区域规划”；第四天：必修课程五“科学实验——水火箭”、必修课程六“地勤服务职业体验”、选修课程4“航模”；第五天：必修课程十“能源馆（碳中和、碳排放）”、选修课程5“无人机编程”

维度或要素		小学高年级段	初中段	高中段
实施方案	进级教学环节	1.介绍语音识别技术的基本原理，应用领域和发展趋势，让学生进行简单的语音交互体验。2.介绍PVC机器人的基本构造，分组制作PVC机器人，进行演示和比赛。通过制作机器人模型培养学生的创新能力，提高动手能力，增强对科学的热爱。3.通过熟悉庭院式建筑模型的制作技巧，培养学生庭院布局创意能力。4.介绍橡皮筋动力船的制作方法，学生进行实践操作体验。激发学生兴趣，培养学生对科学的好奇心和探索欲望。5.利用先进的无人机模拟器进行操作学习，熟悉无人机操作方式，提高学生动手能力，激发探究科学技术的兴趣	1.分析近代科技发展史，了解图像识别，讨论该技术如何应用并展示作品。2.通过科技互动产品，学习Ebugs电子昆虫制作感受科技与生活的连接。3.参观古堡模型，了解城堡功能与建筑结构，小组分工，完成仿真城堡搭建。4.学习简单的电路原理，制作超级电容航模飞机。5.参观飞机场，了解无人机结构，动手制作模型，提升学生的实践动手能力	1.学生理解机器学习的基本概念、原理和方法；掌握常用的机器学习算法和工具。2.提高学生对机械结构和电子技术的兴趣，培养学生的动手能力和观察力。3.让学生熟悉区域规划模型的制作技巧，对学生进行区域规划设计启蒙。4.了解无线电遥控航模的基本原理，培养动手能力。5.学生掌握无人机编程的基本原理和概念，学生能够独立进行无人机的编程操作
	巩固教学环节	1.采用有奖竞猜等形式对所学的知识进行复习总结，加深对科技课程的喜爱之情；2.通过制作手工作品，加深对科学原理的理解及应用；3.通过小组汇报的形式，对当天的课程内容进行总结概括与回顾；4.通过“你说我听”的小活动，加深对现代化技术的印象；5.通过实地参观、体验等方式，增强学生的科学素养、科技强国的意识	1.以小组为单位，进行作品展示，激发学生学习兴趣；2.教师展示成品，激发学生热情，帮助学生对研学内容进行巩固；3.学生分享实践活动的感悟和收获，利用复述式巩固法，使学生融会贯通；4.合作共享，竞赛展示，培养学生的团队合作意识，对知识进行巩固；5.利用小游戏、知识比拼以及模型制作等方式，由教师问答，学生抢答，加深学生对知识的理解	1.引导回顾：简洁总结图形化编程理念及生活应用，鼓励学生自我评价，正视不足；2.通过展示煤炭样品、开采设备模型等实物，结合详细的讲解，帮助学生直观地了解煤炭的基本知识和开采过程；3.鼓励学生分组进行讨论和合作，共同探索展品背后的科学原理和技术应用，培养他们的团队协作和沟通能力；4.实践操作：组织养殖设施使用和动物饲养管理实践，掌握基本技能；5.碳中和实践：组织垃圾分类等环保活动，进行实践体验。总结反馈：全面总结学生意见，反思并改进教学内容和方法

维度或要素			小学高年级段	初中段	高中段
实施方案	总结教学环节	教学创新	教师让学生主动探索问题、收集信息、分析数据，通过自己的探索和发现，更容易对所学内容产生兴趣，提高学习的积极性和主动性，培养他们独立思考和解决问题的能力，为学生全面发展，提高综合素养打下坚实基础	根据实际学情以及初中学段学生特点、丰富活动形式、鼓励学生多角度思考问题，提高学生课堂参与度，不断变换教学方式。依据发现学习理论以及探究教学模式，在研学实践过程中，通过实践体验，提升学生实践能力，培养学生科学创新精神	在研学实践中，学校采用多种引导和教学方式，注重因材施教，以满足不同学生的需求。课程类型丰富，包括理论课程、实践课程和拓展课程等，层次递进，由浅入深，逐步提高学生的能力和素质。通过言传身教的方式，学校不仅教授学生知识，更培养他们的民族自豪感和自信心
		教学总结	根据教学目标和内容达成度、学生在研学活动中的表现、各研学点的实际情况、资源的合理利用情况、安全与保障措施的响应等方面进行总结，对整个研学活动进行反思，不断改进和完善研学活动的教学模式，为学生提供更好的学习体验	总结归纳研学实践的内容和技能、实施过程，整理研学资料，及时收集学生、教师、家长和其他相关人员的反馈，深度剖析教学环节中出现的问题，整理完善研学档案，便于总结评价	学生通过实地考察、调研和实践操作，深入了解研学课程的知识和技能。教师采用多种教学方法，激发学生学习兴趣，提高积极性。学生通过小组活动和合作任务，学习分工合作，培养团队精神和沟通能力。实践活动使学生将理论知识应用于实际，提高实践和解决问题的能力
		教学反思	回顾活动过程，是否达到了预期教学目标；学生是否在知识、技能和素养等方面有所提高；教学内容是否与研学主题紧密相关；是否有助于学生的自主学习和探究；是否有学生被忽视或掉队；是否充分发挥了教师的职责，总结活动中成功的经验和存在的问题，改进教学策略和方法，为下一次的研学活动提供更好的教学方案	对研学活动中情境创设的新意、教学重难点的解决、学科知识的融合、环节设置和节奏的把握、项目式学习方式等进行反思，了解优点与不足，及时调整与优化，为下一次活动奠定基础	在活动设计方面，可以更加注重学生的兴趣和需求，设计更具吸引力和挑战性的任务，提高学生的参与度。教师在活动过程中可以更好地发挥引导作用，及时发现学生的问题并给予指导，帮助学生更好地完成任务

维度或要素				小学高年级段	初中段	高中段
实施方案	评价教学环节	教学水平评价	自我评价	教师定期回顾自己的教学过程，从讲解的清晰度和深度、与教学目标的契合度，以及学生在课堂上的表现等方面进行自我反思和评价	教师从教学方法、教学效果、课堂管理、与学生的交流、研学课程资源等几方面对当次活动进行评价，不断提高自身的教学质量	教师在教学活动结束后，对整体实践活动开展进行自我评价，包括教学目标的达成、学生的反馈、教学内容和方法的应用等方面，旨在反思和优化自己的教学效果，提升研学活动的质量
			学生评价	学生对教师所讲授课程内容是否感兴趣，是否愿意主动参与课堂活动，是否愿意与教师沟通和交流等方面进行评价	学生针对师生之间的互动是否充分，研学活动教师与学生的对话参与度等方面进行评价，同时营地收集满意度调查表进行反馈，提升教师的专业度	学生针对教师和学生之间的互动是否充分，研学课程师生对话参与度，学生能否积极参与课堂教学，课堂气氛活跃度方面进行评价
			同行评价	由营地教师、教学管理人员对课程方案提出看法和建议，密切关注教学效果和学习体验，对课程教学进行整体评价，促进研学教师专业化成长	营地教师之间以及管理人员对教师的教学进行评价，互相分享教学经验和实践，不断改进教学方法和策略	由营地教师和教学管理人员对教师的教学进行评价，从教学内容、教学方法、教学效果等方面提出改进意见和建议，促进教师之间的交流和合作，共同提高研学活动的教学质量
			培训和考核	通过教学表现评估、专业知识测试等方式进行考核，根据考核结果的反馈，定期组织线上、线下培训，提升教师的教学能力和专业素养	定期通过专家讲座、课件演示、实地考察、实际案例分析等方式对营地教师进行专项培训，将学生满意度、家长和社会认可度作为考核的重要标准	定期对营地教师进行教学培训和考核，安排教师去其他营地进行交流，通过考核结果来评价教师的教学水平
			教学成果展示	通过研学过程教学展示教师的教学成果，通过学生的专业技能、学生的创新作品等，来评价教师的教学水平	对研学过程中的教师教学成果、学生设计作品及专业技能竞赛等进行展示	通过研学过程教学展示教师的教学成果，通过学生的专业技能、学生的创新作品等，来评价教师的教学水平

维度或要素				小学高年级段	初中段	高中段
实施方案	评价教学环节	学业评价	形成性评价	通过观察、记录和反馈学生研学过程中的学习情况，以及他们在活动中的表现给予评价	通过观察、记录、作品展示、口头提问以及学生在研学过程中的小组讨论、合作任务中的表现，关注学生问题探究能力的培养	通过观察、记录和反馈学生研学过程中的学习情况，以及他们在活动中的表现给予评价
			总结性评价	在整个研学活动全过程中，通过学生的研究报告、成果展示或测试结论等形式，全面了解学生在整个研学活动中的学习成果和进步	通过学生在研学活动中完成的作品、报告、演示等对学生的活动成果、能力发展水平和综合表现进行评价，培养学生的科学素养	在研学活动结束后通过学生的研究报告、展示或测试等形式，全面了解学生在研学活动中的学习成果和进步
			教师评价	教师根据学生在研学活动中的表现和成果，根据学生的参与度、知识和方法的掌握程度、作业完成度、测试成绩等，对学生进行激励评价，鼓励学生能够更好地学习探索	由教师对学生研学创新点、实践能力、问题探究、解决能力等进行评价，尊重学生个体差异，用发展眼光看待学生	由教师根据学生在研学活动中的表现和成果，根据学生的参与度、作业质量、测试成绩等，对学生的学业进行评价
		项目评价		对学校教师、参与学生和学生家长进行访谈或填写调查问卷，对研学活动内容的丰富性、趣味性、教育目标的达成、活动安排等进行综合评价，营地及教师对评价结果进行反思，及时发现问题并加以优化改进	教育行政主管部门、参与的学校、学生、家长及社会各界通过问卷访谈等形式，对研学项目的设计实施、教学策略及环节、学生成长发展等方面进行评价，以便及时反思发现问题并加以改进	对学校教师、参与学生和学生家长进行三方的访谈或填写调查问卷，了解研学课程与学生需求是否匹配，最终及时发现问题并加以改进

4.5 教学计划与策略列表：科技赋能　让传统文化更“出圈”

<table>
<tr><td colspan="3">营地名称</td><td>太原市中小学生综合实践学校（简称“太原营地”）</td><td>命名机构</td><td>教育部</td><td>识别码</td><td>Y145142003</td></tr>
<tr><td colspan="3">从业资质（摘要）</td><td>义务教育综合实践、高中通用技术、研究性学习、国防教育</td><td>单位属性</td><td>公益一类</td><td>法定代表人</td><td>毕俊卿</td></tr>
<tr><td colspan="3">研学主题</td><td>科技赋能　让传统文化更“出圈”</td><td colspan="2">主要目的指向</td><td colspan="2">科学技术教育</td></tr>
<tr><td rowspan="7">营地（枢纽）及周边主要优质研学资源</td><td colspan="2">基地层级</td><td colspan="5">研学站点（基地）名称</td></tr>
<tr><td rowspan="2">教育部命名基地</td><td>已列入教学计划</td><td colspan="5">一、与本主题相关列入教学计划的基地2个
1. 山西晋韵砖雕艺术博物馆（简称“砖雕博物馆”）；2. 中国煤炭博物馆
二、与本主题关联不大但列入本营地教学计划的基地18个
1. 平遥古城；2. 临汾市黄河壶口瀑布风景名胜区；3. 平型关大捷纪念馆；4. 八路军太行纪念馆；5. 山西祁县乔家大院民俗博物馆；6. 昔阳大寨；7. 山西省长治市气象局；8. 山西博物院；9. 淮海工业集团有限公司；10. 山西皇城相府文化旅游有限公司相府景区（管理处）；11. 黎城太行山黄崖洞旅游发展有限公司；12. 汾阳市贾家庄腾飞文化传播有限公司；13. 洪洞大槐树寻根祭祖园有限公司；14. 八路军文化园（山西红星杨旅游发展有限公司）；15. 山西凤凰山生态植物园有限公司；16. 云冈研究院；17. 平遥唐都推光漆艺博物馆（平遥县唐都推光漆器有限公司）；18. 吕梁市晋绥边区革命纪念馆</td></tr>
<tr><td>待列入教学计划</td><td colspan="5">无</td></tr>
<tr><td colspan="2">其他部委命名基地</td><td colspan="5">无</td></tr>
<tr><td colspan="2">地方命名基地</td><td colspan="5">1. 太原古县城；2. 山西巨鑫伟业农业开发有限公司（简称“巨鑫伟业”）；3. 太原市博物馆；4. 山西宝源老醋坊；5. 山西华夏教育咨询服务有限公司（简称“华夏营造”）；6. 山西鑫炳记食业股份有限公司（简称“鑫炳记”）；7. 太原六味斋；8. 山西三晋奇石博物馆（简称“奇石博物馆”）；9. 太原植物园</td></tr>
<tr><td colspan="2">本营地资源</td><td colspan="5">1. 航空航天教育中心；2. 国防科技馆；3. 模拟飞行教室；4. 无人机教室；5. 趣味科学教育中心；6. 环保馆</td></tr>
<tr><td colspan="2">其他资源</td><td colspan="5">太原植物园</td></tr>
</table>

维度或要素	小学高年级段	初中段	高中段
校内教育基础（与校内教育的衔接）	对照课标，小学高年级段在科学技术教育方面提出学生应该能够初步认识常见物质的变化，了解自然现象，拓宽人类视野，知道技术与工程对科学发展有促进作用等目标要求，本研学主题必修课程与校内教育的衔接内容如下：1.科学六年级上册第二单元“田野里的生物”；2.小学劳动与技术苏教版四年级上册第一章“走进技术世界”等；3.科学六年级上册第二单元“田野里的生物”“植物的简单分类”“植物的光合作用”“食物链”；4.小学劳动与技术苏教版四年级上册第一章“走进技术世界”；5.科学六年级上册第五单元“建造植物工厂”“设计与建造植物工厂”；6.信息技术四年级上册“研究使用简单的图像、视频、音频编辑工具”；7.小学劳动与技术苏教版四年级上册第一章“走进技术世界”；8.小学劳动与技术苏教版四年级上册第一章“走进技术世界”；9.小学劳动与技术苏教版四年级上册第一章“走进技术世界”；10.信息技术四年级上册“研究使用简单的图像、视频、音频编辑工具”	对照课标，初中段在科学技术教育方面提出初中学生应初步形成物质与能量、运动与相互作用的观念，知道资源短缺、环境污染和生态破坏等问题及其原因，了解解决这些问题的措施，初步形成人地协调的观念，知道现代技术与工程具有系统性和复杂性，知道科学对技术与工程具有指导意义等目标要求，本研学主题必修课程与校内教育的衔接内容如下：1.科学初中华东师大版七年级上册第八章“星空世界”2.初中段信息技术苏教版八年级全一册（下）第三章“程序设计”；3.初中段劳动与技术苏教版七年级全一册“蔬菜栽培”；4.初中段劳动与技术苏教版九年级全一册“新技术体验与运用”；5.初中段数学人教版九年级下册第二十九章“投影与视图”；6.初中段信息技术苏教版八年级全一册（下）第三章“程序设计”；7.初中段劳动与技术苏教版九年级全一册“新技术体验与运用”；8.初中段劳动与技术苏教版九年级全一册“新技术体验与运用”；9.初中段劳动与技术苏教版九年级全一册“新技术体验与运用”；10.初中段科学浙教版九年级下册第四章“可持续发展”	对照课标，高中段在科学技术教育方面提出高中学生应获得未来发展、终身学习、美好生活和担当民族复兴大任所必需的学科核心素养，成为有理念、会设计、能动手、善创造的社会主义建设者和接班人。通过体现时代特征和社会发展需要的技术基础知识、基本技能、基本思想、基本态度的学习和基本经验的积累，形成对技术的亲近感、敏感性、理性精神、责任意识，以及对技术的文化感悟等目标要求，本研学主题必修课程与校内教育的衔接内容如下：1.高中段信息技术人教中图版选修性必修4第三章“人工智能领域运用”；2.高中段通用技术人教版必修“技术与设计1”；3.高中艺术沪教版选修性必修5“影视与数字媒体艺术实践”；4.高中段信息技术人教中图版选修性必修4第三章“人工智能领域运用”；5.高中艺术沪教版选修性必修5“影视与数字媒体艺术实践”；6.高中段通用技术人教版必修“技术与设计1”；7.高中艺术沪教版选修性必修5“影视与数字媒体艺术实践”；8.高中段信息技术人教中图版选修性必修4第三章“人工智能领域运用”；9.高中段信息技术人教中图版选修性必修4第三章“人工智能领域运用”；10.高中段通用技术人教版必修1“技术与设计1”

维度或要素			小学高年级段	初中段	高中段
研学课程	必修课程一	名称	太空食品知多少	太空种子成长记	解密太空种子
		活动目的	学生将太空食品的知识传播给更多的人，推动科学知识的普及和传播	亲手种植、观察并记录太空种子生长过程，培养学生创新精神和实践能力	深化学生对太空种子形成机制的理解，培养学生创新、科学探索精神
		活动形式	实物展示、互问互答、分享交流	种植实践、观察记录、分享交流	专家讲解、实验室参观、小组探究、分享交流
	必修课程二	名称	未来视界	5D技术再现北宋繁荣景象	5D技术解密清明上河图
		活动目的	了解5D技术这一现代科技手段，推动科技与文化的深度融合	使用5D技术还原清明上河图，使学生能够更直观、生动地感受中国古代文化的魅力	对清明上河图进行深入的解读，展现古代劳动人民的智慧
		活动形式	5D技术展示、互动体验	5D技术展示、互动体验、专家讲解	5D技术展示、互动体验、专家讲解
	必修课程三	名称	我国农业化发展历程	新型农业栽培技术	数字农业
		活动目的	回顾我国农业发展的历程，传承和弘扬中华民族的农耕文化	学习新型农业栽培技术，激发农业科技创新的活力	借助数字技术，实现资源的合理配置和高效利用，促进农业与生态环境的和谐共生
		活动形式	影片播放、文化表演、互动体验	现场展示与体验、实地探索、分享交流	教师讲解、现场展示与体验、分享交流
	必修课程四	名称	无人机在智慧农业中的应用	守护农业家园	我是小小推广员
		活动目的	了解无人机在智慧农业中的应用，为推动我国智慧农业的发展注入新的动力	展示无人机喷洒农药的安全性和便利性，充分感受科技对我们生活的影响	向清徐农业从业者做推广，从而推动无人机技术的广泛应用
		活动形式	案例分享、问答与竞赛、试飞无人机	现场演示、互动体验、分享交流	现场演示与体验、互动体验、撰写报告

维度或要素			小学高年级段	初中段	高中段
研学课程	必修课程五	名称	看科技展馆 学古人智慧	科技之光 点亮博物馆的未来	你好！数字博物馆
		活动目的	学生深刻体会中华文化的博大精深，增强对传统文化的认同感和自豪感	深入了解文物背后的故事和文化内涵，增强对传统文化的认同感和自豪感	学生直观感受科技为博物馆带来的变革，增强对科技的兴趣，增强学生的文化自信
		活动形式	科技展馆参观、教师讲解、互动体验	智能导览、教师讲解、互动体验	数字展示、教师讲解、互动体验
	必修课程六	名称	紫林醋业复工记	传承焕新 历久弥香	科技赋能 激活“健康味”
		活动目的	培养学生面对挑战时的责任担当和积极作为，进一步提升团队凝聚力和向心力	强化山西醋的品牌形象，并推动山西醋产业的持续发展，弘扬山西传统文化	了解高科技的使用，酿出可以直接喝的醋，推动技术创新和产业升级，提升山西醋的整体竞争力
		活动形式	播放视频、小组讨论、分享交流	教师引导、实践制作、分享交流	技术支持、观察分析、小组实践、线上推广
	必修课程七	名称	走近古县城	聆听古县城	走进古县城
		活动目的	普及虚拟技术的概念、原理及应用领域，提高学生对虚拟技术的认知和理解	展示虚拟技术在各个领域的最新成果和创新应用，提高学生对虚拟技术的认知和理解	探索虚拟技术的奥秘，吸引更多青少年投身于虚拟技术领域的学习和研究
		活动形式	虚拟现实体验、分享交流	虚拟现实体验、分享交流	虚拟现实体验、探究学习、分享交流
	必修课程八	名称	会说话的“石头”	解密会说话的“石头”	智能石头——我说了算
		活动目的	通过创新性的方式，运用现代科技手段，赋予石头新的生命和表达形式	亲身感受智能科技的便捷、高效和趣味，激发他们对智能科技的兴趣和好奇心	举办以“智能石头”为主题的创意挑战赛，激发学生的创新思维和实践能力
		活动形式	教师讲解、观察分析、小组实践	教师讲解、观察分析、小组实践	创意挑战赛、小组实践、分享交流

维度或要素			小学高年级段	初中段	高中段
研学课程	必修课程九	名称	3D扫描再现砖雕原貌	科技赋能 传承与创新砖雕文化	科技赋能 传承、弘扬、创新砖雕文化
		活动目的	利用3D打印技术，制作出砖雕的复制品，让学生亲身感受砖雕的质感和工艺	通过3D扫描技术获取的砖雕数据，推动砖雕艺术与现代设计的融合发展	结合VR技术手段，让古建筑再现生命力，更好地传承、弘扬、创新砖雕非遗文化
		活动形式	3D扫描演示、互动体验、分享交流	3D扫描演示、互动体验、分享交流	动画模拟、互动体验、分享交流
	必修课程十	名称	煤炭开采发展历程	向煤炭工人致敬	煤炭行业的可持续发展
		活动目的	了解科技进步如何推动煤炭开采行业的发展，以及现代煤炭开采技术	了解煤炭开采技术，弘扬煤炭工人的奋斗和奉献精神	通过煤矿开采新技术，引导学生关注煤炭行业的可持续发展问题
		活动形式	展览展示、影片播放、互动体验	教师讲解、实地探索、分享交流	教师讲解、实地探索、分享交流
	选修课程		1. 人工智能 2. 数据分析与大数据知识小讲堂 3. 新技术开发矿产资源	1. 村落田间实地考察 2. 云计算 3. 煤炭资源与现代科技深度融合研讨会	1. 虚拟技术开发与利用 2. 煤炭清洁利用技术研究 3. 多层次博物院物联网设计大赛

维度或要素		小学高年级段	初中段	高中段
研学线路	代表性线路（时长五日）	第一天：太原营地—太原植物园—太原古县城—太原营地；第二天：太原营地—巨鑫伟业—鑫炳记—太原营地；第三天：太原营地—太原市博物馆—山西宝源老醋坊—太原营地；第四天：太原营地—太原古县城—奇石博物馆—太原营地；第五天：太原营地—砖雕博物馆—中国煤炭博物馆—太原营地	第一天：太原营地—太原植物园—太原古县城—太原营地；第二天：太原营地—巨鑫伟业—鑫炳记—太原营地；第三天：太原营地—太原市博物馆—山西宝源老醋坊—太原营地；第四天：太原营地—太原古县城—奇石博物馆—太原营地；第五天：太原营地—砖雕博物馆—中国煤炭博物馆—太原营地	第一天：太原营地—太原植物园—太原古县城—太原营地；第二天：太原营地—巨鑫伟业—鑫炳记—太原营地；第三天：太原营地—太原市博物馆—山西宝源老醋坊—太原营地；第四天：太原营地—太原古县城—奇石博物馆—太原营地；第五天：太原营地—砖雕博物馆—中国煤炭博物馆—太原营地
	可选择线路（按天设计，菜单式选择）	1. 太原营地—航空航天教育中心—太原营地；2. 太原营地—国防科技馆—太原营地；3. 太原营地—模拟飞行教室—太原营地；4. 太原营地—趣味科学教育中心—太原营地；5. 太原营地—无人机教室—环保馆—太原营地	1. 太原营地—山西宝源老醋坊—航空航天教育中心—太原营地；2. 太原营地—太原古县城—国防科技馆—太原营地；3. 太原营地—奇石博物馆—模拟飞行教室—太原营地；4. 太原营地—砖雕博物馆—趣味科学教育中心—太原营地；5. 太原营地—无人机教室—环保馆—太原营地	1. 太原营地—山西宝源老醋坊—航空航天教育中心—太原营地；2. 太原营地—太原古县城—国防科技馆—太原营地；3. 太原营地—奇石博物馆—模拟飞行教室—太原营地；4. 太原营地—砖雕博物馆—趣味科学教育中心—太原营地；5. 太原营地—无人机教室—环保馆—太原营地
	规划线路（按天设计）	1. 太原营地—太原植物园—太原营地；2. 太原营地—太原古县城—太原营地；3. 太原营地—巨鑫伟业—太原营地；4. 太原营地—太原六味斋—太原营地；5. 太原营地—太原市博物馆—太原营地	1. 太原营地—太原植物园—太原营地；2. 太原营地—太原古县城—太原营地；3. 太原营地—巨鑫伟业—太原营地；4. 太原营地—太原六味斋—太原营地；5. 太原营地—太原市博物馆—太原营地	1. 太原营地—太原植物园—太原营地；2. 太原营地—太原古县城—太原营地；3. 太原营地—巨鑫伟业—太原营地；4. 太原营地—太原六味斋—太原营地；5. 太原营地—太原市博物馆—太原营地

维度或要素		小学高年级段	初中段	高中段
教学重点难点（以代表性线路教学设计为例，以下同）	教学重点	1.通过互动、体验、学习的方式，让学生将太空食品的知识传播给更多的人；2.通过现代科技手段，了解北宋文化，增强对传统文化的认同感和自豪感；3.了解农业化发展历程，传承和弘扬中华民族的农耕文化；4.学会操作无人机，并了解无人机在智慧农业中的应用；5.通过现代科技，展示古人智慧的结晶，让学生深刻体会中华文化的博大精深，增强对传统文化的认同感和自豪感；6.培养学生的责任担当意识，进一步提升团队凝聚力和向心力；7.提高学生对虚拟技术的认知和理解；8.运用现代科技手段，赋予石头新的生命和表达形式；9.学生亲手触摸和感受砖雕的质感和工艺；10.让古建筑再现生命力，更好地传承、弘扬、创新砖雕非遗文化	1.旨在激发学生对科学探索的热情，引导他们关注科技前沿，拓展科学视野，培养创新精神和探索精神；2.深刻感受中国北宋文化的魅力，增强对传统文化的认识和自豪感；3.学习并掌握新型农业栽培技术，激发农业科技创新的活力；4.学会使用无人机喷洒农药，提高人们的安全生产意识，充分感受科技对我们生活的影响；5.深入了解文物背后的故事和文化内涵，增强对传统文化的认同感和自豪感；6.利用现代科技“酿出山西醋”的活动，让学生感受山西传统文化；7.提高学生对虚拟技术的认知和理解；8.让学生亲身感受智能科技的便捷、高效和趣味性，激发他们对智能科技的兴趣和好奇心；9.通过3D扫描技术推动砖雕艺术与现代科技的融合发展；10.了解煤炭工人在煤炭开采行业中的重要作用，弘扬他们的奋斗精神和奉献精神；11.研习3D打印技术工作原理，了解高科技，传承与创新砖雕文化	1.旨在深化学生对太空种子形成机制的理解；2.深入解读清明上河图，展现古代劳动人民的智慧；3.借助数字技术，实现资源的合理配置和高效利用，促进农业与生态环境和谐共生；4.学会使用无人机喷洒农药掌握其工作原理，从而推动无人机技术的广泛应用；5.增强学生的文化自信和历史使命感，培养学生的创新精神和实践能力；6.高科技的使用，酿出可以直接喝的醋，体会技术创新和了解产业升级；7.吸引更多青少年投身于虚拟技术领域的学习和研究，为产业发展储备人才；8.利用AI技术设计智能石头，举办以“智能石头”为主题的创意挑战赛，激发学生的创新思维和实践能力；9.通过3D扫描数据，结合VR技术手段，让古建筑再现生命力，更好地传承、弘扬、创新砖雕非遗文化；10.引导学生关注煤炭行业的可持续发展问题
	教学难点	1.推动科学技术的普及和传播；2.增强对传统文化的认同感和自豪感，并内化于心；3.传承和弘扬中华民族的农耕文化；4.学会制作无人机；5.如何将传统文化内化于心；如何培养学生的责任担当意识；6.理解虚拟技术；7.如何运用现代技术；8.了解3D打印是如何工作的；9.如何传承、弘扬、创新砖雕非遗文化	1.如何培养学生的创新精神和探索精神；2.增强对传统文化的认识和自豪感；3.掌握新型农业栽培技术；4.学会使用无人机喷洒农药；5.如何将传统文化内化于心；6.现代科技如何酿出山西醋；7.深入理解虚拟技术；8.如何运用现代技术；9.了解3D打印技术工作原理；10.如何传承、弘扬、创新砖雕非遗文化	1.在解密太空种子的过程中培养学生创新、科学探索的精神；2.现代技术是如何帮我们更好地理解这幅作品，展现古代劳动人民的智慧；3.数字技术是如何实现资源的合理配置和高效利用；4.学会使用无人机喷洒农药并掌握其工作原理；5.如何将传统文化内化于心；6.了解高科技的使用，如何酿出可以直接喝的醋；7.深入理解虚拟技术；8.如何运用现代技术；9.3D打印技术和虚拟技术的结合；10.如何传承、弘扬、创新砖雕非遗文化

维度或要素	小学高年级段	初中段	高中段
教学策略	针对小学高年级段学生好奇心强、喜欢直观学习的学情，基于建构主义学习理论，依托研学资源点和现代科技教学设备，采取观察记录、互动体验、分享交流等教法，科学实践、生活实例的应用、数字工具的运用、跨学科整合以及科技思维和创新能力的培养等方面。通过这些策略的实施，可以有效提升学生的科学技术运用能力，为他们未来的科技学习和创新实践打下坚实的基础。针对学生的学习特点和需求，我们利用富有趣味性的互动性学习方式，包括游戏、故事讲述和角色扮演等方法，旨在提高学生的参与度和学习兴趣。同时，通过分步骤引导的方式，将复杂的动手操作分解为简单小步骤，逐步引导学生完成，以增强他们的自信心和实践能力。此外，采用行为正向激励的策略，借助奖励机制和积极反馈，鼓励学生形成良好的行为习惯。这些措施共同作用于学生的学习过程，以达成提升学习效果和促进学生全面发展的目的	针对初中段学生求知欲旺盛、逻辑思维能力增强的学情，基于认知主义学习理论，依托资源点现有科学技术，采取实验探究、案例分析、互动体验等教法，鼓励学生通过自主探究和小组合作的方式，进行新科技的使用与设计、可持续与社会发展研讨等活动，达到深化理解、提升分析问题和解决问题能力的目的。针对学生的学习需求和特点，利用情境模拟与案例研究的方式，通过模拟考古挖掘、商业流程设计等实践活动，将学生置身于真实或模拟的情境中，以增强他们对知识的理解和应用能力。同时，设置团队协作训练，提供团队建设的训练和指导，帮助学生发展有效的沟通和协作技能，以适应未来团队合作的需求。此外，注重规则意识教育，通过讨论、制定和执行规定，使学生积极参与规则的建立过程，以促进他们对规则的理解和遵守，培养良好的行为习惯和社会责任感。这些举措旨在达成提升学生学习效果、促进全面发展并培养他们具备未来社会所需能力的目的	针对高中段学生自主学习能力增强、对深层次问题感兴趣的学情，基于研究性学习理论，选取与文化传承、发扬、创新和利用新科技相关的内容，依托校外资源点和专家指导，采取项目研究、专题讲座等教法，引导学生通过独立思考和创新实践的方式，开展科学技术研究等活动，达到培养学生创新思维、提高科学研究和实践能力的目的。针对学生的学习需求和成长特点，利用问题导向学习（PBL）的方法，通过提出开放性问题或挑战，鼓励学生进行自主研究和探索，旨在培养他们的分析和解决问题的能力。同时，注重跨学科整合，设计涵盖历史、经济、艺术等多个学科的综合性项目，帮助学生建立不同领域之间的联系，并提升他们应用综合知识的能力。此外，为了培养高中生的领导力和创新思维，举办领导力和创新工作坊，如模拟联合国会议、创业计划竞赛等，通过这些特殊的工作坊，达成提升学生综合素质和未来发展的目的

维度或要素				小学高年级段	初中段	高中段
实施方案	入营教育	安全	引导	通过营地课堂阵地，给学生讲解安全注意事项	通过营地安全标识学习进行入营安全教育，了解安全应急知识，掌握应急救护技能	通过营地内安全宣传栏、安全通道、安全标识学习进行入营安全教育
			实训	开展安全注意事项宣传学习，为参训学生制定《安全手册》，利用晚间活动学习安全技能	开展安全应急演练，掌握突发事件处置技能	入营前举行开闭营仪式进行安全注意事项宣传学习，为参训学生制定《安全手册》，利用晚间活动学习安全技能
		应急	引导	发布紧急情况疏散线路图，紧急情况应急处理办法和《应急救护手册》	通过案例介绍、视频学习，掌握应急事件处理的方法和技巧，培养学生处理突发事件的意识和能力	通过案例学习应急事件处理办法和技巧，提升面对突发事件随机应变能力
			实训	组织参训学生进行应急逃生演练，提升学生自救与互救能力	开展安全救护技能实践操作活动，提升学生自救与互救能力	通过公共安全课组织参训学生进行地震、应急逃生演练、消防演练，强化安全意识
		救助	引导	教育学生认识救助标识、场所及救助用品，引导学生主动寻找救助场所	通过公共安全课教师示范引领，让学生学会基本的应急救助方法	通过公共安全课教师的专业示范、讲解，教会学生心肺复苏的正确操作方法
			实训	利用安全教育实践课程及开营仪式组织学生观看学习救助相关知识及技能	小组合作学习包扎、搬运技能	模拟体验、技能考试
		自我管理	引导	在研学教师的带领下，学生学习自我管理方法，养成自我管理习惯	在研学教师的带领下，通过自我情绪管理的培训和指导，帮助学生掌握应对压力和困难的方法	通过自主管理问题的引导，让学生掌握科学的自我管理方法
			实训	开展自我管理培训，相互交流分享自我管理经验，掌握相应的自我管理知识	采用沉浸式体验方式，对学生自我管理进行培训，提升自我管理能力	通过让学生自主就餐，以班为单位进行课间活动，让学生自主管理本班学生并取得好成绩
		团队协作	引导	以小组为单位，选择适宜的活动项目，由易到难，学生参与度高	分小组协作，每个小组负责一个不同的具体任务或项目。小组内分工合作，制订计划、分配任务、协调进度等	通过创设情境，以小组为单位，每个小组负责一个不同的具体任务或项目
			实训	分组完成趣味毛毛虫等活动项目，学生释放天性，通力合作积极完成挑战	组织同心鼓、同心笔等凝心聚力的活动项目，培养学生的团队协作和责任意识	通过组织呼吸的力量、毕业墙等素质拓展项目，培养学生之间的相互信任、充分认识自己在团队中的重要性

维度或要素		小学高年级段	初中段	高中段
实施方案	导入教学环节	第一天，实物展示：展示科学技术的运用，引导学生了解它们的工作原理，为接下来的探究活动做铺垫；第二天，视频导入：通过科技馆的播放设备，如大屏幕显示器、投影仪等，将视频展示给学生，同时，可以设置互动环节；第三天，文字导入：通过精准飞行，无人机可实施作物监测、病虫害识别与防治、施肥喷药等作业，大幅提升农业生产效率；第四天，视频导入：播放农业发展历程，让学生直观感受科技的进步，为探究科学技术的活动做准备；第五天，图片导入：展示古建筑旧貌，通过3D打印技术展示修复后的效果，并自然过渡到本节课的主题	第一天，问题导入：提出一个与本节课内容相关的问题，激发学生的思考兴趣，引导他们主动探究，例如，教师可以提问："你们种植过植物吗？"然后引导学生通过本节课的学习来解答这个问题；第二天，视频导入：通过科技馆的播放设备，如大屏幕显示器、投影仪等，将视频展示给学生；第三天，教师展示：展示科学技术的运用，引导学生了解它们的工作原理，为接下来的探究活动做铺垫；第四天，问题导入：提出一个与本节课内容相关的问题，激发学生的思考兴趣，引导他们主动探究，例如，教师可以提问："你们种植的植物采用的是什么方法？"然后引导学生通过本节课的学习来解答这个问题；第五天，图片导入：展示古建筑旧貌，通过3D打印技术展示修复后的效果	第一天，讨论导入：提出一个具有争议性或开放性的问题，引导学生进行讨论和交流，激发他们的思维活力；第二天，视频导入：通过科技馆的播放设备，如大屏幕显示器、投影仪等，将视频展示给学生；第三天，教师展示：展示科学技术的运用，引导学生了解它们的工作原理；第四天，学术前沿导入：介绍与本节课内容相关的学术前沿或最新研究成果，拓宽学生的视野并激发他们的求知欲；第五天，现场展示：展示富有活力的古建艺术，激发他们的思维活力，从而对科学技术产生好奇心
	授课教学环节	第一天：必修课程一"太空食品知多少"、必修课程二"未来视界"，选修课程1"人工智能"；第二天：必修课程三"我国农业化发展历程"、必修课程四"无人机在智慧农业中的应用"，选修课程2"数据分析与大数据知识小讲堂"；第三天：必修课程五"看科技馆　学古人智慧"、必修课程六"紫林醋业复工记"；第四天：必修课程七"走近古县城"、必修课程十"煤炭开采发展历程"；第五天：必修课程八"会说话的'石头'"、必修课程九"3D扫描再现砖雕原貌"	第一天：必修课程一"太空种子成长记"、必修课程四"守护农业家园"，选修课程1"村落田间实地考察"；第二天：必修课程二"5D技术再现北宋繁荣景象"、必修课程五"科技之光 点亮博物馆的未来"，选修课程2"云计算"；第三天：必修课程三"新型农业栽培技术"、必修课程六"传承焕新 历久弥香"；第四天：必修课程七"聆听古县城"、必修课程十"向煤炭工人致敬"，选修课程3"煤炭资源与现代科技深度融合研讨会"；第五天：必修课程八"解密会说话的石头"、必修课程九"科技赋能 传承与创新砖雕文化"	第一天：必修课程一"解密太空种子"、必修课程四"我是小小推广员"，选修课程1"虚拟技术开发与利用"；第二天：必修课程二"5D技术解密清明上河图"、必修课程五"你好！数字博物馆"，选修课程2"煤炭清洁利用技术研究"；第三天：必修课程三"数字农业"、必修课程六"科技赋能 激活'健康味'"；第四天：必修课程七"走进古县城"、必修课程十"煤炭行业的可持续发展"，选修课程3"多层次博物院物联网设计大赛"；第五天：必修课程八"智能石头——我说了算"、必修课程九"科技赋能 传承、弘扬、创新砖雕文化"

维度或要素		小学高年级段	初中段	高中段
实施方案	进级教学环节	1.分组进行，每组配备资料包，10分钟后分享交流；2.学生了解科学技术，并选择其中的一种进行了解，小组合作学习；参观科技展馆；3.我国农业化发展历程：根据图片匹配相对应的农具；紫林醋业复工记：分组进行，每组配备资料包，10分钟后分享交流；4.走近古县城：通过虚拟技术，学生了解清明上河图繁荣景象；煤炭开采发展历程：根据图片匹配相对应的开采工具；5.会说话的“石头”：学生了解科学技术，并选择其中的一种进行了解，小组合作学习；3D扫描再现砖雕原貌；学习3D打印机是如何工作的	1.太空种子成长记：小组学习种植太空种子；守护农业家园：学习飞行无人机；2.5D技术再现北宋繁荣景象：探索5D与3D技术的区别；科技之光 点亮博物馆的未来：学生了解科学技术，并选择其中的一种进行了解，小组合作学习；3.新型农业栽培技术：分组进行，每组配备资料包，10分钟后分享交流新型栽培技术有哪些；传承焕新 历久弥香：探究“醋不酸，反而香了”；4.聆听古县城：学生了解科学技术，并选择其中的一种进行了解，小组合作学习；向煤炭工人致敬；5.实地考察；解密会说话的石头：探究技术原理；科技赋能 传承与创新砖雕文化：学习3D打印技术的工作原理	1.解密太空种子：探究技术原理；我是小小推广员：学习飞行无人机；2.5D技术解密清明上河图：探索5D与3D技术的区别；你好！数字博物馆：学生了解科学技术，并选择其中的一种进行了解，小组合作学习；3.数字农业：什么是数字农业，如何实现；科技赋能激活“健康味：能直接喝的醋是怎么酿出来的？；4.走进古县城：了解科学技术，并选择其中的一个项目进行学习；煤炭行业的可持续发展：探索新科技；5.智能石头——我说了算：至少使用两种科学技术进行设计；科技赋能 传承、弘扬、创新砖雕文化：至少使用两种科学技术进行设计
	巩固教学环节	1.分类与归纳：在学生对太空种子有了初步认识后，引导他们对普通种子分类与归纳；2.知识点回顾：在课堂的结束部分，通过提问、互动小游戏或思维导图等方式，快速回顾本节课所学的关键知识点；3.知识点回顾：在课堂的结束部分，通过提问、互动小游戏或思维导图等方式，快速回顾本节课所学的关键知识点，确保学生能够记住并理解；4.通过练习，巩固当天所学知识；5.实践活动：设计与课堂内容相关的实践活动，如试飞无人机等，让学生在动手做的过程中巩固所学知识	1.深入实践：在初中阶段，引导学生进行更深入的探究，培养他们的实验技能和科学探究能力；2.问题解决：鼓励学生运用所学知识解决实际问题；3.跨学科整合：通过跨学科的学习，帮助学生建立全面的知识体系，提高他们的综合分析能力；4.小组讨论：组织学生进行小组讨论，让他们围绕本节课的重点和难点进行深入探讨，通过互相交流和辩论来加深对知识的理解；5.案例分析：引入与课堂内容相关的实际案例，巩固当天所学	1.高级探究：鼓励学生进行高级的科学探究，如新技术的开发、现有技术用于实际生活等；2.项目式学习：引导学生进行项目式学习；3.学术论文撰写：鼓励学生就本节课的某个主题进行深入研究，并撰写学术论文；4.项目成果展示；5.综合测试与反馈：定期进行综合测试，包括笔试、实验操作和口头答辩等，以全面评估学生的学习成果。同时，根据学生的测试结果提供及时的反馈和指导，帮助他们查漏补缺并进一步提升学习效果

维度或要素			小学高年级段	初中段	高中段
实施方案	总结教学环节	教学创新	利用互动游戏的方式进行总结，让学生在游戏中回顾和巩固所学内容。游戏设计结合科学技术效果，增加趣味性和互动性，激发学生的学习兴趣。让学生将所学的科学技术转化为实际作品，培养他们的创造力和动手能力	鼓励学生将科技知识与其他学科进行结合，完成一个跨学科的项目，并在总结阶段进行汇报展示。项目可以涉及数学、科学、信息技术等多个领域，通过整合不同学科知识，培养学生的综合思维能力和创新能力	组织学生进行学术研究成果的展示会，让他们向其他同学和教师展示自己的研究成果和心得。展示会可以包括论文演讲、海报展示、实物模型等多种形式，提高学生的学术素养和表达能力，激发学生的创新思维和实践能力，培养未来的科研人才，鼓励学生与其他学科的专家合作，共同开展一个跨学科的研究项目，推动科学技术研究的深入发展
		教学总结	学生将研学活动中所学到的科学技术基础知识进行总结，通过测试、问答等方式，评估学生对科学技术分类等知识点的掌握情况，并给予反馈和指导	学生将研学活动中跨学科整合知识进行总结，强调跨学科学习的重要性，鼓励学生继续拓展知识视野，培养综合素质	创新思维与解决问题能力总结：分析学生在研学活动中展现出的创新思维和解决问题能力，明确创新思维和解决问题能力在未来的学术研究和职业发展中的重要性
		教学反思	反思在教学过程中使用的教学方法和手段是否适合小学生的年龄特点和认知水平；是否能够引起他们的兴趣和好奇心；反思学生在教学过程中的参与程度，是否积极参与互动、提问和讨论；分析影响学生参与度的因素；思考如何提高学生参与度，促进他们的主动学习；审视在教学过程中知识呈现的方式是否清晰、直观，是否符合小学生的认知规律	审视在教学过程中对学生研究能力的培养是否充分，是否提供了足够的实践机会和指导；分析学生在研究过程中遇到的问题和困难，并提供相应的解决方案和支持；反思在跨学科整合方面的教学效果，是否有效地将科技知识与传统文化深度融合；反思在教学过程中是否注重培养学生的自主学习能力，是否激发了他们的学习动力和兴趣	反思在教学过程中是否注重提升学生的综合素质，包括文献查阅、实验设计、数据分析等方面；分析学生在综合素质方面存在的不足，并提供相应的改进建议和支持；反思在教学过程中对学生学术研究深度和广度的把握是否恰当；是否能够满足高中生的学术需求；对高中阶段活动开展、课程开设的难度、维度、深度是否符合高中段学生的深层发展需要等方面进行反思

维度或要素				小学高年级段	初中段	高中段
实施方案	评价教学环节	教学水平评价	自我评价	以学生为中心，注重知识传授与能力培养相结合。教学内容丰富，方法多样，努力营造活跃的课堂氛围。但仍需加强与学生的互动，更要精准把握教学节奏，以持续提升教学效果	既注重知识学习又强调实践体验。课程内容丰富有趣，能激发初中生的好奇心与探索欲。同时，课程注重培养学生的团队合作与创新能力，有助于提升初中生的综合素质	不仅深化专业知识学习，更注重培养创新思维与实践能力。课程内容兼具深度与广度，引导高中生自主探究、独立思考，为其未来发展奠定坚实基础
			学生评价	学生对教学内容是否丰富多彩，教学目标是否明确，可以让学生学到很多新知识，教学手段是否生动有趣，从而让学生在轻松愉快的氛围中学习，教学效果是否显著等方面进行评价	学生对教学内容是否既有趣又实用，教学目标是否明确且富有挑战性，教学手段是否多样，激发了学生的学习兴趣，教学效果是否显著等方面进行评价	学生对教学内容是否深入且前沿，教学目标是否明确，从而引领学生探索科学技术的奥秘。教学手段创新是否多样，教学效果是否显著，从而提升了学生的综合素质和创新能力等方面进行评价
			同行评价	评价教师是否明确设定了与小学高年级段学生相适应的教学目标，并是否有效传达给学生。评价教师设计的植物观察、绘画和记录活动是否与课程目标相契合，是否充分激发学生的学习兴趣和积极性	评价教师是否能够将科学技术与能源利用等跨学科内容有效整合，并适当拓展相关知识。评价教师设计实验是否具有科学性和可操作性，以及教师在实验过程中的指导是否及时、有效	评价教师是否有效引导学生进行研究性学习，包括科学技术解析、方法指导、数据分析等方面，教师设计的教学目标是否达成，是否可以提升学生综合素质和创新能力
			培训和考核	强调研学活动的设计与实施、学生参与度的提升策略、多元化教学方法的运用等。教学目标的达成度、学生参与度与反馈、教学方法的多样性与有效性等	加强跨学科知识的整合、实验教学的设计与指导、学生科学探究能力的培养等。知识点的掌握与运用、实验教学的组织与实施、学生思维能力与科学素养的提升等	提升研究性学习的指导能力、跨学科课程的设计与实施、学生创新思维与批判性思维的培养等。研究性学习的成果质量、跨学科融合的实施效果、学生自主学习与批判性思维的发展等
			教学成果展示	通过教学成果展示，可以展现学生在研学过程中的观察力、动手能力和表达能力，以及教师对教学活动的设计和指导水平	通过教学成果展示，可以展现学生在研学过程中对科学知识的掌握和运用能力，以及教师的跨学科整合能力和实验教学水平	通过教学成果展示，可以全面展现学生在研学过程中的创新思维、实践能力和解决问题的能力，以及教师的研究性学习指导水平和跨学科融合能力

维度或要素				小学高年级段	初中段	高中段
实施方案	评价教学环节	学业评价	形成性评价	在小学高年级段，形成性评价可以通过观察、记录、问答等方式进行。教师可以观察学生活动中的表现，记录参与度、观察力和创造性，了解学生对知识点的掌握情况	在初中段，形成性评价可以更加注重学科知识的理解和应用能力的考察。教师可以了解知识点的掌握情况，以及他们在实验设计和实施中的表现，了解他们的思维过程和解决问题的方法，并提供相应的指导和建议	在高中段，形成性评价可以更加注重学生的研究能力和创新思维的考察。教师可以通过研究报告的撰写、实验数据的分析、讨论交流的参与等方式了解学生跨学科融合能力和解决问题的能力，及时发现问题并提供解决方案
			总结性评价	在小学高年级段，总结性评价可以通过多种方式进行，教师可以要求学生提交他们在活动中创作的作品以及总结报告	在初中段，总结性评价更加注重学科知识的综合运用和实践能力的评估。教师可以通过综合性任务、实验报告、研究论文等方式进行评价	在高中段，总结性评价更加注重学生的研究能力、创新思维和综合素质的评估。教师可以通过研究报告、学术论文、项目作品等方式进行评价
			教师评价	教师通过观察学生的参与度、检查学生的作品、收集学生的反馈等方式，评价学生在活动中的投入程度、了解他们对科学技术的感受和建议。观察学生表现出的兴趣度及作品完成度，以便后续改进	对初中段的学生需要评估学生的理解能力、考查学生的实验能力、分析学生的研讨表现等方面，通过小测验或讨论，观察学生利用科学技术的严谨性	高中段的活动应更有深度，从评价学生的研究能力、关注学生的创新能力、收集学生的反馈意见等方式展开评价。通过审阅学生研究项目报告，评价他们的研究思路、方法选择和数据分析能力
		项目评价		学校带队教师、学生对研学项目的课程、线路选择的合理性和课程难度设计的阶梯性等方面进行综合性评价，营地及教师对评价的结果进行反思，及时发现问题并加以改进	教育主管部门、学生家长、社会各界对研学实践教育研学主题、教学目标设定、教学设计、研学线路规划、安全保障等方面进行评价	教育行政主管部门、参与学校、学生、家长、社会各界对研学项目的活动目标实现程度、实施的有效性、规范性、整体性等进行综合性评价，对评价结果进行反思，及时发现问题并加以优化

4.6 教学计划与策略列表：提升科学素养 感受科技之光 领悟科技与生活

<table>
<tr><td colspan="3">营地名称</td><td>包头市中小学综合实践教育中心（简称“包头营地”）</td><td>命名机构</td><td>教育部</td><td>识别码</td><td>Y145150002</td></tr>
<tr><td colspan="3">从业资质（摘要）</td><td>承担综合实践、通用技术教学、研学实践、劳动教育等工作</td><td>单位属性</td><td>公益二类</td><td>法定代表人</td><td>辛志刚</td></tr>
<tr><td colspan="3">研学主题</td><td>提升科学素养　感受科技之光　领悟科技与生活</td><td colspan="2">主要目的指向</td><td colspan="2">科学技术</td></tr>
<tr><td rowspan="7">营地（枢纽）及周边主要优质研学资源</td><td colspan="2">基地层级</td><td colspan="5">研学站点（基地）名称</td></tr>
<tr><td rowspan="2">教育部命名基地</td><td>已列入教学计划</td><td colspan="5">一、与本主题相关列入教学计划的基地19个
1.包头市中小学综合实践教育中心（简称“包头营地”）；2.上海铁路博物馆；3.上海地震科普馆；4.上海科技馆；5.上海电影博物馆；6.江南造船展示馆；7.上海无线电科普教育基地；8.上海纺织博物馆；9.中国科学技术馆；10.北京天文馆；11.中国医学科学院药用植物研究所；12.中国科学院微电子研究所；13.中国农业科学院农业环境与可持续发展研究所；14.中关村智造大街；15.上海市青少年校外活动营地——东方绿舟（简称“东方绿舟营地”）；16.中国水产科学研究院东海水产研究所；17.北京汽车博物馆（丰台区规划展览馆）；18.中国科学院植物研究所；19.中国科学院动物研究所
二、与本主题关联不大但列入本营地教学计划的基地4个
1.呼和浩特市赛罕区青少年素质教育活动基地（简称“赛罕基地”）；2.北京市自动化工程学校（简称“自动化学校”）；3.上海市黄浦区青少年艺术活动中心；4.金山区青少年实践活动中心（简称“金山营地”）</td></tr>
<tr><td>待列入教学计划</td><td colspan="5">1.黄河水利文化博物馆；2.巴彦淖尔市示范性综合实践基地（简称“巴彦淖尔基地”）；3.中国煤炭博物馆；4.张家口市示范性综合实践基地（简称“张家口基地”）；5.中国农业科学院（万庄）国际农业高新技术产业园（简称“中国农业科学院”）；6.中国地质调查局国土资源实物地质资料中心；7.漕河渡槽工程（南水北调中线干线工程建设管理局）（简称“漕河渡槽工程”）；8.北京国家地球观象台</td></tr>
<tr><td colspan="2">其他部委命名基地</td><td colspan="5">1.鄂尔多斯市恩格贝生态示范区（简称“恩格贝”）；2.内蒙古科技馆；3.内蒙古电子科技大学国家大学科技园；4.伊利乳都科技示范园（简称“伊利”）；5.内蒙古蒙牛乳业集团有限公司（简称“蒙牛乳业”）；6.包钢工业旅游园区（简称“包钢”）；7.河套学院；8.内蒙古自然博物馆；9.内蒙古博物院</td></tr>
<tr><td colspan="2">地方命名基地</td><td colspan="5">1.田禾农业研学实践基地（简称“田禾”）；2.包头市科技馆；3.包头博物馆；4.包头规划馆；5.戎王研学基地（简称“戎王”）；6.万家惠；7.呼和浩特市儿童探索博物馆；8.东胜区未成年人实践基地（简称“东胜基地”）；9.天禾农业研学实践基地（简称“天禾”）；10.内蒙古蒙草草博园（简称“蒙草”）；11.包头垃圾处理厂；12.啤酒博物馆；13.包头气象局；14.莫尼山非遗小镇；15.敕勒川农博园；16.包头稀土博物馆；17.巴彦淖尔市气象科普馆</td></tr>
<tr><td colspan="2">本营地资源</td><td colspan="5">1.公共安全教育馆；2.3D之家；3.创客空间；4.奇妙画舫；5.包装工艺坊；6.花卉种植区；7.物联网教室；8.机器人工坊；9.智能家居工作室；10.无人机飞行室；11.航模工作室；12.思政影视教育馆</td></tr>
<tr><td colspan="2">其他资源</td><td colspan="5">1.包头黄河国家文化公园博物馆（简称“黄河文化博物馆”）；2.包头职教园区</td></tr>
</table>

维度或要素	小学高年级段	初中段	高中段
校内教育基础（与校内教育的衔接）	对照课标，要求学生掌握科学基本概念、科学术语，并了解一些基本的科学原理和规律，具备进行简单科学实验的能力，培养科学兴趣和探究精神，形成科学态度。本主题研学课程与校内基础教育衔接如下：1.科教版《科学》四年级上册第一章“声音”；2.科教版《科学》四年级下册第一章第5课“当环境改变了”；3.科教版《科学》四年级下册第二章“电路”；4.科教版《科学》五年级上册第一章“光”；5.科教版《科学》五年级下册第三章第4课“解决垃圾问题”；6.科教版《科学》六年级上册第三章第7课“信息的交流与传播”；7.科教版《科学》六年级下册第二章第7课“生物的多样性”；8.科教版《科学》六年级下册第三章“宇宙”	对照物理学科课标，要求初中学生掌握包括机械运动、热力学、电学、光学等物理学科的基本知识，培养学生的科学探究能力。对照初中生物课标，鼓励学生通过提出问题、作出假设、设计实验、收集和分析数据等步骤，主动获取知识，形成科学探究能力。对照地理学科课标，强调学生的实践能力和探究精神的培养，要求学生应具备初步的探究精神和创新能力。本主题研学课程与校内基础教育衔接如下：1.人教版《物理》八年级下册第十二章“简单机械”；2.人教版《物理》九年级全一册第十四章“内能的利用”；3.人教版《生物学》七年级上册第三单元“生物圈中的绿色植物”；4.人教版《生物学》七年级下册第七章“人类活动对生物圈的影响”；5.人教版《生物学》八年级上册第五单元“生物圈中的其他生物”；6.人教版《地理》八年级第八章“西北地区”；7.人教版《地理》八年级上册第四章“中国的经济发展”；8.华东师大版《科学》八年级上册第四章“植物的物质和能量的转化”	对照高中信息技术学科课标，学生需要具备发表观点、交流思想、开展合作并解决学习和生活中实际问题的能力，并形成与信息社会相适应的价值观和责任感。对照高中地理学科课标，学生需要认识科技在可持续发展中的作用，理解科技进步如何促进可持续发展，培养科学精神和创新能力。本主题研学课程与校内基础教育衔接如下：1.人教版《信息技术》必修1第3章“数据处理与应用”、第4章“走进智能时代”；2.人教版《信息技术》选择性必修4第3章“人工智能领域应用”；3.人教版《地理》必修2第三章“产业区位因素”；4.人教版《地理》选择性必修1第三章“大气的运动”；5.人教版《地理》选择性必修3第二章“资源安全与国家安全”

维度或要素			小学高年级段	初中段	高中段
研学课程	必修课程一	名称	无土栽培	自动吸水花盆的设计与制作	家乡建设我献策
		活动目的	通过无土栽培生菜，认知无土栽培技术，学习新科技农业的种植、培育方法	通过掌握自动浇水器的设计原理与方法，完成浇水器设计和制作	通过参观，了解城市发展规划现状。角色扮演，结合实际情况为城市发展建言献策
		活动形式	教师讲授、实地探访、实际体验	教师讲授、动手制作	教师讲授、实地探访、实际体验
	必修课程二	名称	智慧大棚	稻渔空间	智能仓库
		活动目的	通过观察智能大棚，学习智慧大棚温控、水肥一体化灌溉等现代农业种植技术	通过参观水稻立体生态种养技术展示区，认识农业（渔业）产业链，理解产业融合	通过观看牛奶码垛入库，认知自动化立体仓库概念，了解物流仓储先进技术
		活动形式	教师讲授、实地探访、实际体验	教师讲授、实地探访、实际体验	教师讲授、实地探访、实际体验
	必修课程三	名称	科学启蒙声光电	模拟铁路运行	钢铁是怎样炼成的
		活动目的	通过参观科技馆展览，进行小实验，学习基础科学声光电的运用	通过铁路调车、接发列车、列车调度等模拟学习，了解铁路编组站的工作	了解钢铁的生产工艺流程，探究钢铁产品的广泛应用，培养学生的创新精神
		活动形式	教师讲授、实地探访、实际体验	教师讲授、实地探访、实际体验	教师讲授、实地探访、实际体验
	必修课程四	名称	AI智能知多少	小小机械手	探寻绿色
		活动目的	通过体验人脸识别、AI模拟声音生成器，了解AI技术在生活中的运用	通过焊接技术实训、电梯维修模拟、汽车维修认知等活动，学习机械相关知识	通过参观，探究包钢新兴的排污技术、节能减排措施和资源综合利用方法
		活动形式	教师讲授、实地探访、实际体验	教师讲授、实地探访、实际体验	教师讲授、实地探访、实际体验

维度或要素			小学高年级段	初中段	高中段
研学课程	必修课程五	名称	垃圾分类	自然生态修复	气象小专家
		活动目的	通过掌握垃圾分类的方法，了解垃圾分类的意义	掌握生态修复概念，引导学生用科学技术方法解决生态修复问题	通过观看气象监测室常规工作，学习气象科学知识及气象灾害防御常识
		活动形式	师生互动、实践体验、任务驱动	教师讲授、实地探访、实际体验	教师讲授、实地探访、实际体验
	必修课程六	名称	黄河水资源合理利用	牛奶中的科技之光	未来黄河
		活动目的	认识黄河的防汛预警系统，了解新一代信息技术在黄河治理方面的运用	知晓牛奶从产出到制作再到包装的工艺过程，探究牛奶制作工艺中的科技力量	通过参观黄河防汛预警系统，探究如何用先进技术合理利用黄河水资源
		活动形式	教师讲授、实地探访	教师讲授、实地探访	教师讲授、实地探访、实际体验
	必修课程七	名称	创意打印	荒漠治理知多少	风的力量
		活动目的	通过3Done软件的学习，掌握软件基本的使用方法。学会使用3D打印机	了解恩格贝沙漠的绿化过程，学习现代科技在治理沙漠方面的运用	学习探究风能如何转变为电能，激发对自然资源利用的学习兴趣
		活动形式	教师讲授、动手实践	教师讲授、实地探访、实际体验	教师讲授、小组活动
	必修课程八	名称	创意搭建	探秘荒漠绿洲	探秘“工业黄金”
		活动目的	让学生在科乐思搭建过程中学习机械、动力等知识，培养学生的空间想象能力	参观恩格贝生态农业科技展示中心，理解水肥一体化等农业新技术在沙地的运用	通过实地参观与探索，认识稀土材料，探究稀土在工业建设中的重要作用
		活动形式	教师讲授、动手实践	教师讲授、实地探访、实际体验	教师讲授、实地探访、实践体验

维度或要素			小学高年级段	初中段	高中段
研学课程	必修课程九	名称	数码绘图	物联网搭建	智能家居搭建
		活动目的	通过数码绘图，让学生学会运用信息技术绘图，增加审美能力、艺术表现能力	通过推广物联网，提升学生信息技术能力，增强学生的实际操作能力	理解智能家居的工作原理和应用，设计实际问题情境，引导学生动手搭建智能小屋
		活动形式	教师讲授、动手实践	教师讲授、动手实践	教师讲授、实验操作
	必修课程十	名称	信息安全知多少	机器人表演	无人机
		活动目的	了解信息安全的基本概念和重要性，学习如何保护个人信息，增强反诈意识和能力	通过设计程序，利用机器人进行规定动作展示，掌握编程设计的一般方法	通过无人机竞技，能够初步掌握无人机的操控技巧
		活动形式	情境式体验	教师讲授、动手实践	教师讲授、动手实践
	选修课程		1. 能力风暴机器人 2. 悬浮飞机 3. 思政影视教育之《机器人总动员》	1. 趣味电路 2. 三维模型 3. 思政影视教育之《人工智能》	1. 思政影视教育之《流浪地球》 2. CAD 制图——定制切削 3. 制作风铃 4. 思政影视教育之《流浪地球2》

维度或要素		小学高年级段	初中段	高中段
研学线路	代表性线路（时长五日）	第一天：包头营地—田禾—包头营地；第二天：包头营地—包头市科技馆—包头营地；第三天：包头营地—包头垃圾处理厂—黄河文化博物馆—包头营地；第四天：包头营地—3D之家—创客空间—包头营地；第五天：包头营地—奇妙画舫—公共安全教育馆—包头营地	第一天：包头营地—花卉种植区—天禾—包头营地；第二天：包头营地—铁工校—机械学校；第三天：包头营地—伊利—蒙草—包头营地；第四天：包头营地—恩格贝—包头营地；第五天：包头营地—物联网教室—机器人工坊—包头营地	第一天：包头营地—包头规划馆—蒙牛乳业—包头营地；第二天：包头营地—包钢—包头营地；第三天：包头营地—气象站—黄河博物馆—包头营地；第四天：包头营地—包头稀土博物馆—公共安全教育馆—包头营地；第五天：包头营地—智能家居工作室—无人机飞行室—包头营地
	可选择线路（按天设计，菜单式选择）	1.包头营地—恩格贝—包头营地；2.包头营地—戎王—包装工艺坊—包头营地；3.包头营地—啤酒博物馆—包头博物馆—思政影视教育馆—包头营地；4.包头营地—包头气象局—航模工作室—包头营地；5.包头营地—万家惠—东胜基地；6.东胜基地—万家惠—包头营地；7.包头营地—内蒙古科技馆—呼和浩特市儿童探索博物馆—赛罕基地；8.赛罕基地—内蒙古自然博物馆—内蒙古博物院—包头营地	1.包头营地—包头规划馆—智能家居工作室—包头营地；2.包头营地—上海铁路博物馆—东方绿舟营地；3.东方绿舟营地—上海地震科普馆—上海科技馆—东方绿舟营地；4.东方绿舟营地—上海电影博物馆—江南造船展示馆—东方绿舟营地；5.东方绿舟营地—上海市黄浦区青少年艺术活动中心—金山营地；6.金山营地—上海无线电科普教育基地—中国水产科学研究院东海水产研究所—东方绿舟营地；7.上海营地—上海纺织博物馆—包头营地；8.包头营地—包头气象局—包头稀土博物馆	1.包头营地—包头市科技馆—包头营地；2.包头营地—中国科学技术馆—自动化学校；3.自动化学校—中国医学科学院药用植物研究所—中国科学院微电子研究所—自动化学校；4.自动化学校—中国科学院植物研究所—中国科学院动物研究所—自动化学校；5.自动化学校—中关村智造大街—北京国家地球观象台—自动化学校；6.自动化学校—中国农业科学院农业环境与可持续发展研究所—北京汽车博物馆（丰台区规划展览馆）—自动化学校；7.自动化学校—北京天文馆—包头营地；8.包头营地—包头职业技术学院—包头营地
	规划线路（按天设计）	1.包头营地—内蒙古电子科技大学国家大学科技园—蒙草—赛罕基地；2.赛罕基地—蒙牛乳业—莫尼山非遗小镇—包头营地；3.包头营地—敕勒川农博园—包头营地	1.包头营地—中国煤炭博物馆—张家口基地；2.包头营地—中国农业科学院—漕河渡槽工程—张家口基地；3.包头营地—中国地质调查局国土资源实物地质资料中心—内蒙古科技馆—包头营地	1.包头营地—包头规划馆—创客空间—包头营地；2.包头营地—黄河水利文化博物馆—巴彦淖尔基地；3.巴彦淖尔基地—河套学院—巴彦淖尔市气象科普馆—包头营地

维度或要素		小学高年级段	初中段	高中段
教学重点难点（以代表性线路教学设计为例，以下同）	教学重点	1. 学习无土栽培的方法，认知智慧大棚的智能控制设备 2. 参观声光电展区，收集声光电的现象，开展系列小实验，学习声光电的科学知识 3. 学习垃圾分类的基本知识，掌握垃圾分类的方法，提高垃圾分类的意识 4. 了解3D打印的简单原理，能运用软件做出一个创意小物件 5. 了解信息安全的基本概念和重要性；学习如何保护个人信息，掌握网络社交的正确方式和注意事项	1. 学习自动吸水花盆的设计和组装，以及吸水纤维的连接方法 2. 进行焊接知识学习和操作，观摩电梯、汽车实训室，系统学习编组站工作流程和内容 3. 学习扎赉诺尔露天矿生态修复工程和盐碱地治理，知道牛奶生产的工艺流程，重点学习均质、巴氏杀菌的操作原理 4. 知晓沙漠治理原理和方法，学习合理利用人工治沙和科技防沙手段，深刻理解如何使用现代化农业种植栽培技术将沙漠变成绿洲 5. 深入理解物联网概念，学习不同传感器的原理和操作流程	1. 探寻包头城市发展历史，比较不同时期的城市规划图，分析包头的变化和发展 2. 参观钢铁生产车间，绘制钢铁生产工艺流程图，巩固相关的学科知识 3. 体验气象监测的基本环节，学会利用气象预报预警业务平台预测气象 4. 认知元素周期表中的稀土元素，认知稀土的提炼技术和稀土材料 5. 探究自身对智能家居的独特需求和应用；实现个性化智能家居解决方案的设计与实施
	教学难点	1. 理解无土栽培等科学技术对农业的双面影响，正确看待科学技术的运用；2. 正确看待创新技术对生活带来的影响，学会辨别科技发展带来的社会问题，形成正确的科学观；3. 了解云计算、大数据、人工智能等新一代信息技术在黄河治理方面的运用；4. 运用三角形勾股定理以及黄金比例知识，正确使用创意木条完成基本造型的搭建；5. 通过模拟实践，理解和应对实际网络环境中的安全问题	1. 根据植物的种类和生长需求来调节自动吸水花盆的吸水速率；2. 理论联系实际，运用机械知识解决实际问题，理解铁路编组站的主要任务和作用；3. 探究生态大数据的采集与应用方法，利用生态大数据对湿地、草原、荒漠提出修复方案，熟知液态奶包装的科学技术；4. 分析科技为国家治沙过程中提供了哪些优势，了解沙漠农业信息技术，学习信息化管理栽培沙漠农作物具体操作流程；5. 掌握米思齐编程软件的使用，制作出理想场景的作品	1. 为城市规划建言献策，系统学习自动化立体仓库工作模式，认知所用编程知识；2. 探究包钢在绿色制造和低碳发展方面的创新成果和经验，了解钢铁行业发展的前沿动态和趋势，激发创新精神；3. 学习如何在复杂的沙漠环境中分辨各类治沙仪器的应用；探索通过科学技术，实现沙产业发展；4. 探究稀土元素的应用，了解稀土在工业建设中的具体作用，包头稀土资源发掘的重要意义；5. 掌握硬件电路的连接与软件编程，熟练进行无人机试飞

维度或要素	小学高年级段	初中段	高中段
教学策略	针对小学生对科技文化知识的理解还处于基础阶段，他们会从日常生活和学校教育中接触到一些简单的科技概念和应用，常关注有趣、生动、可以吸引注意力的科技现象的学情，基于建构主义理论等现代化教学理念，选取简单科学原理、农业种植科学运用、简单编程等内容，依托科技馆、科学实验室、田禾、黄河文化博物馆等资源，采取参观教学法，讲授法，直观演示法，讨论法等教法和自主学习、实践体验、合作学习等学法，开展配比种植营养液、水培生菜种植、垃圾分类演练、智能控制智慧大棚、科乐思创意搭建3D打印创意物件、数码绘图等活动，达到认知科学原理、提高对科学技术的好奇心和探索精神，理解科学技术对世界的影响，培养科学精神的目的	针对初中段的学生，他们对科学技术知识的理解会更加深入和具体，通过学习学科知识、参与实践活动，他们开始形成对科学技术较为全面的认知，理解科技教育，形成了基本的科学态度的学情，基于学生发展、发现学习理论，选取相关学科基础知识、科技发展历史、人工智能、物联网、大数据、可持续发展等内容，依托天禾、铁工校、机械职业技术学校、伊利、蒙草、恩格贝等研学资源，采取情境式教学、参观教学法，讲授法，直观演示法，实践教学、角色扮演等教法和自主学习、实践体验、合作学习、探究学习等学法，开展智能机器操作、焊接实训、编组工作模拟、牛奶揭秘、生态修复、物联网搭建等活动，达到丰富科学技术知识，了解科技发展对人类文明进步的推动作用，以及国家在科技领域的发展规划和取得的成就，勇于承担运用科学技术改变生活，实现绿色科技的责任，增强民族认同感和自豪感，形成正确的科学技术观的目的	针对高中段的学生对科学技术知识的理解会更加深刻和全面，能从多渠道了解自己感兴趣的科学技术，通过学习科学课程和参与科技研学活动，感受科技带来的便利，理解科学、技术、社会与环境的关系，发展基本的科学能力，从自身做起，为建设科技强国的理想目标而奋斗的学情，基于建构主义、多元智力等理论，选取相关学科基础知识、科技发展历史、人工智能、钢铁技术、稀土技术、大数据、可持续发展等内容，依托规划馆、蒙牛、包钢、稀土博物馆、气象站、黄河文化博物馆等研学资源，采取情境式教学、参观教学法，讲授法，直观演示法，实践教学、角色扮演等教法和自主学习、实践体验、合作学习、探究学习等学法，开展撰写关于绿色包钢发展的调研报告、搭建智能家居模型、绘制钢铁的生产工艺流程图、举办无人机试飞等活动，达到理解科技发展应用与社会经济发展相结合的理念，提高运用科学技术手段解决实际问题的能力，树立终身学习科技知识的意识，培养创新精神和实践能力的目的

维度或要素				小学高年级段	初中段	高中段
实施方案	入营教育	安全	引导	自觉遵守社会生活中公共场所的安全规范	了解和积极预防在校园活动中可能发生的公共安全事故	自觉抵制影响和危害社会公共安全的活动，提高社会责任感和国家意识
			实训	以游戏和模拟为主，学会躲避安全事故引发危险的基本方法	以活动和体验为主，进行消防、地震的安全疏散演练	通过体验辨析的方式开展安全事件分析等安全课程，树立正确的安全道德观念
		应急	引导	通过视频、体验等，学习基础应急自救技能	学会冷静应对突发事件，提高自我保护、求助及逃生的基本技能	基本掌握和运用应对突发事件的相关技能
			实训	学习预防处理溺水、烫伤、烧伤、咬伤、异物进气管等意外伤害的基本常识和方法	学习“公共场所安全”“火灾预防与逃生”板块内容，进行应急疏散演练	学习各种复杂环境中应急处置的知识，进行应急逃生演练
		救助	引导	形成在遇到危及自身安全时及时向教师、家长、警察求助的意识	提高自我保护、求助及逃生的基本技能	基本掌握在自然灾害中自救的各种技能，学习紧急救护他人的基本技能
			实训	观看视频，提高自救互救意识	利用心肺复苏救护场地进行实践，掌握救助知识基本内容	掌握救助技能，在模拟场景下，作出最佳救助选择
		自我管理	引导	做好时间管理与自我生活管理，提高自我保护意识	增强自律意识，逐步养成自觉遵守秩序，逐步学会调节和控制情绪	做好时间管理、事务规划、情绪控制、总体协调等管理
			实训	通过故事性学习，内务评比等实践体验活动，形成自我管理意识	通过情景化体验，形成自我管理意识	按照自己的规划完成任务，分析规划的合理性，加强自我管理能力
		团队协作	引导	以游戏形式组织学生开展团队活动	组织学生体验团队建设课程，强化团队协作能力	组织学生体验破冰等团队建设课程，强化团队协作，树立团队责任意识
			实训	参与小组活动项目，培养团队意识	学会团结协作、共同完成任务	学会合理分工、团结协作、共同完成任务

维度或要素		小学高年级段	初中段	高中段
实施方案	导入教学环节	第一天，情境导入：实地探访育苗棚，观看现代农业科技成果，激发学生了解现代农业科技的兴趣；第二天，展品导入：音乐组合、空中音乐、声音看得见等展品展示，学生探究原理；第三天，体验式导入：组织学生对不同垃圾进行分类，引导学生思考如何正确分类；第四天，任务导入：引导学生思考如何将创意应用到3D打印中，激发学生的灵感和想象力；第五天，问题导入：思考如何将数码绘图作品应用到生活中去，引入学习内容，激发学生的好奇心	第一天，情境导入：观看稻田画，讨论稻田涉及了哪些产业，如何实现效益；第二天，问题导入：铁路有哪些工种，你认为最有技术含量的是哪个并解释原因；第三天，情境导入：组织学生进入蒙草的种业中心足球草坪，研学第一课从“踩踏草坪”开始，引导学生思考草植物在生态环境中的作用，草植物的具体应用领域；第四天，情境导入：观察沙漠中的植物，思考沙漠如何披“绿装”，激发学习兴趣；第五天，情境导入：观看机器人展示，激发学习兴趣，探索智能劳动化机器人的发展	第一天，视频导入：观看包头市的宣传片，了解包头市的规划设计；第二天，音乐导入：播放《草原晨曲》，了解包钢的故事；第三天，视频导入：要求学生观看一次天气预报，记录天气预报中的信息内容，引导学生思考天气预报中涉及的信息是如何获得的；第四天，问题导入：元素周期表中的稀土元素有哪些，稀土元素存在于哪些矿石中；第五天，任务导入：结合实物展示和操作，全面介绍智能家居技术，完成智能家居搭建
	授课教学环节	第一天：入营教育，必修课程一“无土栽培”，必修课程二“智慧大棚”；第二天：必修课程三“科学启蒙声光电”，必修课程四“AI智能知多少”，选修课程1“能力风暴机器人”；第三天：必修课程五“垃圾分类”，必修课程六“黄河水资源合理利用”，选修课程2“悬浮飞机”；第四天：必修课程七“创意打印”，必修课程八“创意搭建”，选修课程3“思政影视教育之《机器人总动员》”；第五天：必修课程九“数码绘图”；必修课程十“信息安全知多少”	第一天：入营教育，必修课程一“自动吸水花盆的设计与制作”，必修课程二“稻鱼空间”；第二天：必修课程三“模拟铁路运行”，必修课程四“小小机械手”，选修课程1“趣味电路”；第三天：必修课程五“自然生态修复”，必修课程六“牛奶中的科技之光”，选修课程2“三维模型”；第四天：必修课程七“荒漠治理知多少”，必修课程八“探秘荒漠绿洲”，选修课程3“思政影视教育之《人工智能》”；第五天：必修课程九“物联网搭建”，必修课程十“机器人表演”	第一天：入营教育，必修课程一“家乡建设我献策”，必修课程二“智能仓库”，选修课程1“思政影视教育之《流浪地球》”；第二天：必修课程三“钢铁是怎样炼成的”，必修课程四“探寻绿色”，选修课程2“CAD制图——定制切削”；第三天：必修课程五“气象小专家”，必修课程六“未来黄河”，选修课程3“制作风铃”；第四天：必修课程七“风的力量”，必修课程八“探秘‘工业黄金’”，选修课程4“思政影视教育之《流浪地球2》”；第五天：必修课程九“智能家居搭建”，必修课程十“无人机”

维度或要素		小学高年级段	初中段	高中段
实施方案	进级教学环节	1.通过教师示范，完成生菜的无土栽培，展示智慧大棚温控、水肥一体化灌溉系统；2.体验科技馆多项声光电的设备，了解声光电的知识原理；3.教师讲解垃圾分类方法，小组练习垃圾分类方法，探究资源回收利用的方法；4.使用3D设计软件创建想要打印的模型，介绍科乐思发展史，以及乔尔·格利克曼和乔尔·格利克曼创建科乐思过程；5.从数码绘图种类、设备工具介绍、软件基础、绘图练习这几个方面展开教学，学习正确使用设备后开始绘制练习	1.教师演示毛细原理和虹吸原理，引导学生根据所学物理原理设计自动吸水花盆，为吊兰、绿萝等盆栽制作自动吸水花盆；2.模拟火车到达、发车和调车流程，参观驼峰调车设备、机车整备和车辆检修设备；3.参观蒙草种业中心，了解生态修复科技，观看扎赉诺尔露天矿生态修复前后的对比图，分析生态修复技术的实现效果；4.参观沙漠科学馆，观察近百年沙漠迁徙和面积变化的特点，探讨现代科技对于治沙发挥了哪些作用；5.利用智能互联套件以及相关传感器进行场景搭建	1.探寻包头的人文地理、历史概况，探究包头的不同时期的规划图，展望最新版规划，找找自己的家在哪里；2.参观钢铁生产车间，学习钢铁生产工艺流程，认知包钢新型干法除尘技术，理解包钢资源综合利用的措施和效果；3.观看气象预报预警业务平台，学会按照气象数据的采集与分析环节，根据特定的数据变化预测气象变化；4.探究稀土资源的发掘过程，探究什么是稀土，思考生活中哪些场景有稀土元素的应用；5.学习机器人理论，学习并使用硬件搭建技术以及学习掌握软件编程内容；6.通过任务驱动法感受机器人的执行力、了解传感器等
	巩固教学环节	1.小组讨论：农业科技带给我们生活的变化有哪些；2.运用声光电制造的产品有哪些？通过小组讨论，对科学技术知识了解更深，强化学习成果；3.讨论如何在生活中践行垃圾分类，学习现代技术下治理黄河的有效手段；4.拓展延伸：给予学生更具挑战性的问题和活动，让学生进一步应用已学知识进行拼搭；5.小组讨论：举例说明信息技术发展的利与弊，辩证看待信息技术发展带来的社会影响，提高对科学技术发展的全面认识	1.理解水稻、螃蟹、稻田画立体模式的稻渔空间，探究多产业融合发展；2.认识机械在现代不同行业的运用，培养职业意向；3.小组介绍液态奶工艺流程图，并对制作过程中的科技内容进行分析，每个小组列举出印象最为深刻的科技运用环节并分享；4.开展沙漠知识竞赛，结合自身想象力设计针对植被退化、土壤沙化、过度利用等情况的处理方法；5.小组讨论：日常生活中物联网的应用，积极探索物联网技术的未来发展方向	1.为包头城市建设建言献策，认知物流仓储领域的人工智能技术；2.查询资料，小组分主题探究绿色包钢，并撰写调研报告；3.情景模拟：进行气象信息采集、处理、预报，深化对气象知识的掌握与应用；4.小组讨论：稀土在哪些领域发挥重要作用，作为稀土资源大国，我们应当如何运用、开发、保护稀土资源；5.通过学习以ESP32芯片为核心的开源硬件电路主控套件的使用，掌握硬件电路的连接与软件编程技能

维度或要素			小学高年级段	初中段	高中段
实施方案	总结教学环节	教学创新	创新教学设计与教学方法：教师在研学活动中依据小学生学情特点，结合小学生的兴趣爱好，突破场地限制，在真实情境中运用问答法、实践操作法、启发法等，激发学生好奇心与求知欲，培养学生的创新思维和探索精神	创新课程设计：针对初中生的学情特点，研学教师在活动中运用探究式、讨论式教学方法与教学技术，创新课程设计，将培养科学探究能力、技术与工程实践能力和自主学习的能力融入教学，让学生在实践参观、操作中，培养科学态度、科学素养和社会责任	创新学习形式：依据高中生的学情特点，研学教师创设情境，进行项目式学习，充分利用实景教学的优势，在合作学习和实践操作中，培养科学观念、科学思维，体悟科学精神，升华情感教育，坚定高中学生为未来科技创新和社会发展作出贡献的责任与担当意识
		教学总结	1. 通过班会，以小组分享的方式，回顾在科技馆、兵器城等场所进行的活动，通过实践操作学习到的内容进行巩固与总结，物化实践作品 2. 教师总结：通过学生反馈，结合教学目标，分析学生的收获，建立学生实践档案，形成教学成果，总结主题活动对培养学生科学态度产生的效果	1. 学生总结：学生利用所学知识，举行小型汇报演出，对五天主题活动中实地参观到的生产线，实际动手制作的包装、木艺作品，以朗诵、诗歌等多种形式展现 2. 教师总结：教师及时分析教学目标的达成情况，收集各方反馈意见，总结主题活动对初中生科学精神形成的影响程度，形成教学成果	1. 学生总结：学生将已有知识与实地参观、动手制作等学习内容结合，撰写研学总结与汇报，以多种形式总结收获 2. 教师总结：基于教学目的，教师及时分析研学活动中教学目标的达成情况，整理研学活动的教学资料，总结与学科知识的衔接情况，建立教学档案，形成教学成果
		教学反思	教师梳理课程设计，通过学生以及家长、教师的反馈，复盘整体活动过程，从课程实施环节、研学基地衔接情况、安全保障等多方面进行反思，及时纠正不足之处，为下一次研学活动提供参考	复盘研学活动全过程，与同行教师、学生探讨活动安排的合理性，同时总结教学目标达成情况、对与校内课程衔接情况进行反思，查漏补缺，及时改进	与教师、服务人员共同组织反馈会议，从教学目标达成、教学方法选择、重难点突破、学生自主管理、研学任务完成等方面反思，共同查缺补漏，及时改进

维度或要素				小学高年级段	初中段	高中段
实施方案	评价教学环节	教学水平评价	自我评价	研学教师对自己的教学过程进行回顾，反思在针对小学高年级的课程设计和互动环节中，是否充分调动学生积极性，对教学环节进行修改与补充	研学教师对自己的教学过程进行回顾，反思在针对初中的教学环节中，是否符合学生学情，对教案进行补充和完善	研学教师对自己的教学过程进行反思和评价，是否达到提高高中生科学技术素质的教学目的，修改教案，优化教学环节等
			学生评价	学生针对教师和学生之间的互动是否充分，学生能否积极参与课堂教学，对课堂气氛活跃度方面进行评价	学生针对教学过程中，师生互动程度、学习内容难易程度、实践操作的可操作性等方面进行评价	学生针对教师和学生之间的互动是否充分、教学设计的合理性、重难点是否贴合实际等方面进行评价
			同行评价	营地其他研学教师及随队教师，从学生反馈、对课程实施过程、教学水平等方面，采取交流方式进行评价	营地其他研学教师及随队教师，从学生反馈、教学水平、实现教学目标、与校内教育衔接等多方面，采取问卷、交流等方式进行评价	营地其他研学教师及随队教师，从学生反馈、教研水平、课程开发能力、教学水平等方面，采取问卷、交流、互评等方式进行评价
			培训和考核	随行带队领导，对教师的管理行为、教学过程进行抽查式考核，每学年对研学教师进行业务与能力的考核；定期对研学教师进行专业培训，与小学教师积极互动，更加准确地了解小学生学习特点	制定考核制度，抽查考核与年终考核相结合，对研学教师的业务与能力进行评定；定期对研学教师进行专业培训，邀请专家对教师进行专业培训，加强“请进来”的培训效果	日常考核+年终考核，对研学教师的业务水平、管理能力进行考核评价。定期对研学教师进行专业培训，外派教师参加全国性专业培训，加强“走出去”的培训效果
			教学成果展示	通过研学作品，如创意打印、创意搭建、数码绘图作品等形式展示研学成果，评价教学水平	通过学生的创新展示，如物联网搭建、机器人表演等，评价教师的教学水平	通过学生撰写的总结、汇报、研究成果等，评价与检验教师的教学水平

维度或要素				小学高年级段	初中段	高中段
实施方案	评价教学环节	学业评价	形成性评价	在活动过程中，对学生的提问环节、小组讨论环节等表现进行观察、记录，分别以小组、个人为单位进行评价	对学生活动的参与度、文明行为、互动等环节进行观察、记录和反馈，分别以小组、个人为单位进行评价	对学生的《研学手册》填写、研学总结、研学分享等环节进行观察、记录和反馈，分别以小组、个人为单位进行评价
			总结性评价	在研学活动结束后，通过学生作品展示、故事描述等多种方式，给予学生正面评价，提出合理化建议，促进学生综合素养的提高	在研学活动结束后，通过学生汇报展演、作品展示等内容，结合个人、小组评价，给予学生正确的评价，促进学生身心发展	在研学活动结束后，通过学生的考察报告、作品展示等形式，全面了解学生在研学活动中的学习成果和进步情况，并给出正向评价与建议
			教师评价	教师根据学生在研学活动中团队意识、小组分工情况、任务完成度等的表现和成果，对学生的研学活动进行评价	教师根据学生的研学活动，根据学生的参与度、小组分工明确、任务完成度等，对学生的研学活动进行评价	教师根据学生在研学活动中表现出的创新意识、科学创新意识、报告完成度等，对学生的研学活动进行评价
		项目评价		积极邀请学校教育工作者、学生家长、社会各界参与评价过程，通过教研活动及针对评价结果的反思，及时发现问题并加以改进	积极邀请学校教育工作者、学生家长、社会各界采取问卷调查等方式，积极参与评价过程，通过教研活动及针对评价结果的反思，及时发现问题并加以改进	积极邀请学校教育工作者、学生家长、社会各界参与评价过程，通过教研活动及针对评价结果的反思，及时发现问题并加以改进完善，形成教学成果

4.7　教学计划与策略列表：探秘科研基地　点燃科技梦想

<table>
<tr><td colspan="3">营地名称</td><td>盘锦市示范性综合实践基地（简称“盘锦营地”）</td><td>命名机构</td><td>教育部</td><td>识别码</td><td>Y145210001</td></tr>
<tr><td colspan="3">从业资质（摘要）</td><td>综合实践教育、国防教育、拓展训练、研学实践教育</td><td>单位属性</td><td>公益一类</td><td>法定代表人</td><td>朱立军</td></tr>
<tr><td colspan="3">研学主题</td><td>探秘科研基地　点燃科技梦想</td><td colspan="2">主要目的指向</td><td colspan="2">科学技术教育</td></tr>
<tr><td rowspan="7">营地（枢纽）及周边主要优质研学资源</td><td colspan="2">基地层级</td><td colspan="5">研学站点（基地）名称</td></tr>
<tr><td rowspan="2">教育部命名基地</td><td>已列入教学计划</td><td colspan="5">一、与本主题相关列入教学计划的基地12个
1.沈飞航空博览园（简称“沈飞博览园”）；2.红海滩国家风景廊道景区“两山”生态研学基地（简称“红海滩基地”）；3.大连海事大学；4.国家医学媒介生物监测检测重点实验室（辽宁）（简称“大连海关”）；5.国家海洋环境监测中心（简称“海洋监测中心”）6.大连金普新区素质教育活动中心（简称“大连营地”）；7.鞍山市职教城管理委员会（简称“鞍山职教城”）；8.中国铁路沈阳局集团有限公司沈阳铁路陈列馆（简称“沈阳铁路馆”）；9.沈阳铁路局大安北蒸汽机车陈列馆（简称“沈阳机车馆”）；10.鞍钢集团博物馆（简称“鞍钢博物馆”）11.辽阳市宏伟区中小学生社会实践基地（简称“辽阳基地”）；12.四平市中小学社会实践教育中心（简称“四平营地”）
二、与本主题关联不大但列入本营地教学计划的基地13个
1.阜新市中小学生示范性综合实践学校（基地）；2.沈阳“九·一八”历史博物馆；3.抚顺市雷锋纪念馆；4.抗美援朝纪念馆；5.辽沈战役纪念馆；6.格物（大连）文化发展有限公司；7.朝阳市鸟化石国家地质公园；8.锦州东方华地城中小学生研学实践教育基地；9.营口市鲅鱼圈区望儿山风景名胜区；10.辽宁省博物馆；11.鞍山市地震局；12.朝阳庙子沟滑雪有限公司（简称“朝阳庙子沟”）；13.铁岭市学生综合实践中心（简称“铁岭基地”）</td></tr>
<tr><td>待列入教学计划</td><td colspan="5">无</td></tr>
<tr><td colspan="2">其他部委命名基地</td><td colspan="5">1.辽宁省科技馆；2.北方华锦化学工业集团有限公司（简称“华锦集团”）；3.大连理工大学（盘锦校区）（简称“大工盘锦校区”）</td></tr>
<tr><td colspan="2">地方命名基地</td><td colspan="5">1.盘锦红海滩湿地科学馆（简称“盘锦湿地科学馆”）；2.中国工业博物馆；3.辽河油田石油精神教育基地（简称“辽河石油基地”）</td></tr>
<tr><td colspan="2">本营地资源</td><td colspan="5">1.农业实验室；2.影视馆；3.机器人体验馆；4.VR/AR体验馆；5.科技实景房；6.苇画艺术馆；7.模型体验馆；8.飞行模拟体验馆</td></tr>
<tr><td colspan="2">其他资源</td><td colspan="5">1.辽河油田金海采油厂（简称“辽河金海采油厂”）；2.盘锦水务集团中法供水有限公司市区净水厂（简称“盘锦水务集团”）；3.辽宁中蓝电子科技有限公司（简称“中蓝电子”）；4.盘锦千鹤米业有限公司（简称“千鹤米业”）；5.盘锦港；6.沈阳新松机器人自动化股份有限公司（简称“新松机器人”）；7.沈鼓集团股份有限公司（简称“沈鼓集团”）；8.吉林省科技馆</td></tr>
</table>

维度或要素	小学高年级段	初中段	高中段
校内教育基础（与校内教育的衔接）	对照课标，小学高年级段在科学技术教育方面提出学生应该能够初步认识常见物质的变化，了解自然现象，拓宽人类视野，知道技术与工程对科学发展有促进作用等目标要求，本研学主题必修课程与校内教育的衔接内容如下：以人教版为例，1.美术五年级上册“色彩的和谐”、五年级下册“形体的组合”；2.科学六年级上册第二单元“田野里的生物”“植物的简单分类”“植物的光合作用”“食物链”；3.科学五年级第二单元“溶解与分离内容”“把它们分离出来”；4.科学四年级上册第三单元“加热与冷却”“水受热遇冷会怎样”；5.科学六年级上册第五单元“建造植物工厂”“设计与建造植物工厂”；6.信息技术四年级上册“研究使用简单的图像、视频、音频编辑工具”；7.劳动教育任务群七“现代服务业劳动”；8.科学五年级下册第二单元“能量的转换”“电灯的能量转换”“电铃的能量转换”“小电动机转起来”“能量转换和能量传递”；9.科学四年级上册第四单元“地球上的水”“水的分布”；10.科学六年级下册第一单元“生物与环境”“生物的栖息地”“动物对环境的适应”“保护生物与环境”	对照课标，初中段在科学技术教育方面提出初中学生应初步形成物质与能量、运动与相互作用的观念，知道资源短缺、环境污染和生态破坏等问题及其原因，了解解决这些问题的措施，初步形成人地协调的观念，知道现代技术与工程具有系统性和复杂性，知道科学对技术与工程具有指导意义等目标要求，本研学主题必修课程与校内教育的衔接内容如下：1.人教版九年级上册第四单元自然界的水、课题一“爱护水资源”、课题二“水的净化”；2.人教版初中劳动教育课程任务群六“工业生产劳动”；3.人教版政治九年级全一册第十课、第三课时“未来道路我选择”；4.人教版化学九年级上册课题三“走进化学实验室”；5.人教版生物七年级上册第二章“细胞怎样构成生物体”、第二节“动物体的结构层次”、第三节“植物体的结构层次”、生物八年级上册第六单元“生物的多样性及其保护”、第二章“认识生物的多样性”、第三章“保护生物的多样性”；6.人教版生物七年级上册第二单元“生物体的结构层次”、第一章“细胞是生命活动的基本单位”、第一节“练习使用显微镜”；7.人教版初中劳动教育课程任务群七“新技术体验与应用”；8.人教版地理八年级下册第五章“中国的地理差异”；9.人教版信息技术七年级上册第一单元“图文处理与编排”、第一课“搜集与处理文字”；10.苏科版初中信息技术九年级全一册第一章第二节“认识机器人”	对照课标，高中段在科学技术教育方面提出高中学生应获得未来发展、终身学习、美好生活和担当民族复兴大任所必需的学科核心素养，成为有理念、会设计、能动手、善创造的社会主义建设者和接班人。通过体现时代特征和社会发展需要的技术基础知识、基本技能、基本思想、基本态度的学习和基本经验的积累，形成对技术的亲近感、敏感性、理性精神、责任意识，以及对技术的文化感悟等目标要求，本研学主题必修课程与校内教育的衔接内容如下：以人教版为例，1.高中历史必修二第七课“第一次工业革命”；2.高中历史必修三第四课“蒸汽机的早期历史”；3.高中物理必修二第七课“万有引力定律”；4.高中历史必修二第十九课“工业文明的崛起和对中国的冲击”；5.高中生物必修二“骨骼”、必修三“人体结构”，高中地理必修一“大气的运动”；6.高中历史必修二“新中国的工业化历程”；7.高中物理必修三光学部分；8.高中生物必修一“生物实验设计的基本方法”；9.高中化学必修一第三课“金属材料”；10.高中心理健康课表要求学生能运用所学，根据自身职业兴趣来制定生涯规划，树立正确的人生理想和职业价值观

维度或要素			小学高年级段	初中段	高中段
研学课程	必修课程一	名称	稻田画的秘密	自制污水处理器	滚滚车轮
		活动目的	通过参观千平米稻田画，感受3D现代技术与水稻种植相结合的独特魅力	通过制作简易家庭污水处理器，将科学意识运用到实际生活，指导现实生活	通过抚摸尘封百年机车，学习工业革命变迁，见证中国速度崛起
		活动形式	教师讲授、实地参观、实践体验相结合	教师讲授、实践体验	教师讲授、实地探访、实践体验相结合
	必修课程二	名称	生态农业我感受	走进盘锦港	蒸汽机车驾驶员
		活动目的	通过走进湿地科学馆，参观农业科技实验室，了解现代生态农业的巨大发展	通过研学盘锦港，感受港口对于经济发展的巨大作用，体会中国工业的发展与强大	通过探究蒸汽机车的同时，亲自开动蒸汽火车，感悟时代发展
		活动形式	教师讲授、实地参观、实践体验相结合	教师讲授、实地探访、实践体验相结合	实地探访、实践体验
	必修课程三	名称	走进净水厂	畅游大学城	探秘沈飞航空博览园
		活动目的	通过参观净水厂，了解生活污水的收集及处理方法	通过走进海事大学工学课堂，与高校学子交流，激发学生科研探究兴趣	通过与歼击机近距离接触，探秘歼击机发展，学会制作简易歼击机模型
		活动形式	教师讲授、实地参观、实践体验相结合	教师讲授、实地探访、实践体验相结合	教师讲授、实地探访、实践体验相结合
	必修课程四	名称	污水处理我先行	实验室知多少	走进沈鼓集团
		活动目的	通过参观净水厂，体验处理污水的先进设备和自动化控制，提升环保意识	通过开展基础实验，掌握基本实验用具、科学原理，并结合生活实际感悟科学真理	通过在生产车间与一线工人面对面，在交流中了解现代化工业发展，领略科技魅力
		活动形式	教师讲授、实地参观、实践体验相结合	教师讲授、实地探访、实践体验相结合	教师讲授、实地探访、实践体验相结合

维度或要素			小学高年级段	初中段	高中段
研学课程	必修课程五	名称	制作生态农业箱	参观动植物检疫展馆	探秘科技馆
		活动目的	通过学习蟹稻综合种养模式，制作简易生态农业箱	通过参观，让学生了解生物安全、濒危动物保护、外来物种的入侵危害等重要知识	通过研学科技馆，懂得自己作为科技后备力量的重要性，努力投身国家科创事业
		活动形式	教师讲授、实践体验	教师讲授、实地探访	教师讲授、实地探访、实践体验相结合
	必修课程六	名称	制作“科技改变生活”主题微视频	制作蚊虫标本	科技模型制作
		活动目的	通过用收集到的材料制作“科技改变生活”宣传微视频，全方位感受科技改变生活	通过学习昆虫标本采集的技巧，培养学生的科学观察能力和问题解决能力	通过根据一个科学原理或科学现象，制作科技模型，让学生深刻体悟科技改变生活
		活动形式	教师讲授、实践体验	教师讲授、实践体验	教师讲授、实地探访、实践体验相结合
	必修课程七	名称	大学校园初体验	海洋环境监测	VR/AR我体验
		活动目的	通过参观大连海事大学，近距离感受国内一流学府的浓厚人文与科技氛围	通过了解海洋环境监测指标，领会先进仪器设备在科研中的重要作用	通过体验虚拟现实技术，感受科技与现实生活的连接，树立科技报国理想
		活动形式	教师讲授、实地参观、实践体验相结合	教师讲授、研讨式、实验研究、实践体验相结合	实践体验
	必修课程八	名称	走进实验室	无人机探索星海广场	科技与生活小课题
		活动目的	通过认识科学实验工具，了解基本的科学探究过程，培养科学兴趣	通过体验无人机操作，了解无人机原理，利用无人机记录星海广场，见证历史变迁	通过了解课题研究全过程，培养学生基本态度的学习和基本经验的积累
		活动形式	教师讲授、实地参观、实践体验相结合	教师讲授、实践体验	小组合作探究、竞赛式

维度或要素			小学高年级段	初中段	高中段
研学课程	必修课程九	名称	走进海洋	航模制作	钢铁是怎样炼成的
		活动目的	通过了解海洋环境监测工作和海洋生态系统的研究与保护，培养海洋保护意识	通过制作航空飞机模型，掌握飞机飞行原理	通过实地探访，了解新材料在生活中的广泛应用，探究钢铁的形成过程和技术变革
		活动形式	教师讲授、实地参观	教师讲授、自由研究式、实践体验相结合	教师讲授、实地探访
	必修课程十	名称	制作海洋调查手册	创意机器人小车	未来职业发展规划
		活动目的	通过明确调查目标和内容，制订调查计划，制作《海洋调查手册》	通过设计机器人小车，了解机器人技术，培养学生科学创新精神	通过参观，发现自身兴趣所在及现实水平，独立完成制作一份未来职业发展规划表
		活动形式	教师讲授、实地参观	教师讲授、实践体验	教师讲授、自由研究式
	选修课程		1. 生态系统研究 2. 水文学探索 3. 气象学探索 4. 古生物学考察	1. 苇画制作——我心中的海港 2. 环境科学与地理探索 3. 虚拟现实探索 4. 逃逸塔的设计 5.3D打印技术	1. 智能机器人编程 2. 环境监测 3. 智能城市 4. 航空航天探索 5. 网络安全教育

维度或要素		小学高年级段	初中段	高中段
研学线路	代表性线路（时长五日）	第一天：盘锦营地—红海滩基地—盘锦湿地科学馆—盘锦营地；第二天：盘锦营地—盘锦水务集团—盘锦营地；第三天：盘锦营地—农业实验室—影视馆—盘锦营地；第四天：盘锦营地—大连海事大学—大连营地；第五天：大连营地—海洋监测中心—盘锦营地	第一天：盘锦营地—盘锦水务集团—盘锦港—盘锦营地；第二天：盘锦营地—大连海事大学—大连营地；第三天：大连营地—大连海关—大连营地；第四天：大连营地—海洋监测中心—星海广场—大连营地；第五天：大连营地—大连营地航模中心—大连营地机器人中心—盘锦营地	第一天：盘锦营地—沈阳铁路馆—沈阳机车馆—盘锦营地；第二天：盘锦营地—沈飞博览园—沈鼓集团—盘锦营地；第三天：盘锦营地—辽宁科技馆—盘锦营地；第四天：盘锦营地—VR/AR体验馆—科技实景房—盘锦营地；第五天：盘锦营地—鞍钢博物馆—鞍山职教城—盘锦营地
	可选择线路（按天设计，菜单式选择）	1. 盘锦营地—VR/AR体验馆—盘锦营地；2. 盘锦营地—科技实景房—盘锦营地；3. 盘锦营地—大工盘锦校区—盘锦港—盘锦营地；4. 盘锦营地—盘锦湿地科学馆—千鹤米业—盘锦营地；5. 盘锦营地—辽河金海采油厂—石油精神基地—盘锦营地；6. 盘锦营地—盘锦水务集团—盘锦营地；7. 盘锦营地—华锦集团—盘锦营地；8. 盘锦营地—辽宁省科技馆—盘锦营地	1. 盘锦营地—大工盘锦校区—盘锦港—盘锦营地；2. 盘锦营地—盘锦湿地科学馆—千鹤米业—盘锦营地；3. 盘锦营地—沈阳铁路馆—沈阳机车馆—盘锦营地；4. 盘锦营地—辽宁省科技馆—盘锦营地；5. 盘锦营地—新松机器人—沈鼓集团—盘锦营地；6. 盘锦营地—华锦集团—盘锦营地；7. 盘锦营地—中国工业博物馆—盘锦营地；8. 盘锦营地—辽阳基地科学实验室—盘锦营地	1. 盘锦营地—大连海事大学—大连营地；2. 大连营地—大连营地航模中心—大连营地机器人中心—盘锦营地；3. 盘锦营地—中蓝电子—盘锦营地；4. 盘锦营地—辽宁省科技馆—盘锦营地；5. 盘锦营地—沈飞博览园—新松机器人—盘锦营地；6. 盘锦营地—中国工业博物馆—盘锦营地；7. 盘锦营地—辽阳基地科学实验室—盘锦营地；8. 盘锦营地—辽阳基地动漫孵化中心—盘锦营地
	规划线路（按天设计）	1. 盘锦营地—沈阳铁路馆—盘锦营地；2. 盘锦营地—沈飞博览园—模型体验馆—盘锦营地；3. 盘锦营地—新松机器人—盘锦营地	1. 盘锦营地—辽阳基地影音工作室—盘锦营地；2. 盘锦营地—辽阳基地航空中心—盘锦营地；3. 盘锦营地—辽阳基地汽车模型体验馆—盘锦营地；4. 盘锦营地—辽阳基地动漫孵化中心—盘锦营地	1. 盘锦营地—四平营地射击中心—四平营地；2. 盘锦营地—四平营地高炮课堂—四平营地；3. 盘锦营地—四平营地科技流动体验—四平营地；4. 盘锦营地—吉林省科技馆—四平营地

维度或要素		小学高年级段	初中段	高中段
教学重点难点（以代表性线路教学设计为例，以下同）	教学重点	1. 了解稻田画的色彩搭配和立体构成；2. 学习简单的农作物分类及生长规律；3. 了解生活污水的收集及处理方法；4. 学习污水处理的基本流程；5. 学习农作物生长需要的条件，制作简易生态农业箱；6. 用收集到的视频素材制作“科技改变生活”宣传微视频；7. 近距离感受国内一流学府的浓厚人文与科技氛围；8. 学习基本的科学实验工具的名称和作用；9. 了解海洋监测工作；10. 明确调查目标和内容，制订调查计划，制作《海洋调查手册》	1. 初识水的常用净化方法：硬水与软水的概念和区分；2. 懂得港口对城市经济发展的作用；3. 学会合理选择，并能为自己的选择承担责任；4. 知道化学实验室的实验规则和常用仪器的名称、作用；5. 学习生物多样性受到破坏的主要原因；6. 学习独立正确操作显微镜；7. 掌握海洋环境监测这一项新技术的使用方法，知道其工作原理；8. 学习探究大连城市地理位置、地貌特征、气候特征；9. 知道机翼的打磨及固定位置；10. 组装机器人小车	1. 与课本联系，深入学习第一次工业革命的历史；2. 知道蒸汽机的历史及意义；3. 对我国歼击机的发展历史进行深入探究；4. 知道我国现代工业发展历史和进程；5. 体验科技馆内趣味科学实验，筑梦学生未来科技发展；6. 知道中国工业的发展历史和重要意义；7. 体验虚拟现实技术，感受科技魅力；8. 学生学会自己设计课程并完成研究；9. 认识钢铁的形成过程和技术变革；10. 独立制作一份自己的未来职业规划表
	教学难点	1. 探究稻田画形成的原因；2. 学习农作物的生长环境、周期、每阶段作物状态；3. 了解污水处理厂存在的意义，培养可持续发展的意识；4. 学习污水处理的主要原理，培养节约环保的意识；5. 学习并探究蟹稻综合种养模式的形成原因和规律；6. 利用微视频进行宣传，体会科技创造美好生活的意义；7. 学习规划未来人生的发展方向，激发求知欲和探索欲；8. 学会使用1~2种基本的实验工具；9. 学习海洋生态系统的研究与保护，利用科技手段保护海洋；10. 利用调查的数据，撰写调研报告	1. 掌握过滤的操作方法和注意事项；2. 激发学生对家乡的热爱之情，树立科技建设家乡的愿景；3. 通过学习知道选择对人生的重要性，慎重对待人生的一些重要选择，愿意为自己的选择承担责任；4. 掌握1~2种基本化学实验原理；5. 树立保护生物多样性的意识，保护生物多样性对人类生存有着重要的意义；6. 学习玻片制作方法，规范使用显微镜，并观察物像；7. 独立完成海洋环境监测的技术测试，在劳动中能不断追求品质、精益求精；8. 掌握无人机操作方法；9. 机翼打磨的程度、飞机的飞行原理；10. 机器人小车编程	1. 明确工业革命对新中国发展的意义；2. 体验驾驶蒸汽机车；3. 动手制作歼击机模型；4. 明确我国现代工业处于什么阶段，激励学生为未来工业发展奋发图强；5. 与课本内容相结合完成实验内容；6. 制作简易的工业模型；7. 掌握VR/AR原理；8. 引导学生发现有意义的科学研究问题；9. 探究高科技技术在生活中的广泛应用；10. 学生树立正确的择业观，了解各专业、职业的未来发展趋势

维度或要素	小学高年级段	初中段	高中段
教学策略	针对小学高年级段学生处于好奇心强，求知欲望强烈阶段，对新鲜事物开始思考、追求、探索，学习的兴趣更为广泛；大部分学生已会进行仔细的观察，具备了初步的探究能力。学生小组内的合作交流也有了基础；基于以上学情，运用多元智力、合作教学等理论思想，学生对于知识的获取应该是主动建构的，而不是被动接受的，因此在教学中，采用创新的教学方式，如项目式学习、小组合作学习等，引导学生主动探索、思考和发现，培养学生的创新思维和实践能力；采取讲授法、图示法、参观法、讨论法等教法，观察法、归纳法等学法，利用信息技术手段，如人工智能、虚拟现实等，为学生提供更加生动、形象的学习体验，提高学生的学习兴趣和科学素养，通过不断完善课程，保证活动质量，培养学生的科学能力，有助于他们更好地理解和应用科学技术，还能够提高他们的综合素质，为未来的发展打下坚实的基础	针对初中段学生正处于青春期，独立思考能力和判断能力都显著增强，可塑性强，学生以形象思维能力与抽象思维能力并存的思维模式进行思考与问题解决；学生具有很强的合作意识，创新水平也有很大提高；基于以上学情，运用项目式学习方法，设置真实问题或任务，让学生深入了解问题，进行分析、研究、讨论，并最终找到解决方案；鼓励学生自主学习、协作学习；运用观察、实验等方法获得数据，用科学语言、概念图、统计图表等对数据进行整理分析，运用所学科学原理、思维方法和数学方法处理数据，得出结论，判断结论与假设是否一致；具有利用所学知识和方法获取信息、处理信息并得出结论的能力；运用讲授法、图示法、参观法、讨论法等教法，通过研学实践中的科学观察、实验探究等活动形成系统的研究方法和理论体系，在活动中学习科学研究方法，养成科学思维习惯，形成科学态度和正确价值观，并根据实际研究结果进行不断调整	针对高中阶段学生认知发展水平及学习能力水平较高，创新意识较强，同时具备自主学习、合作探究的能力，本阶段注重培养学生动手实践能力、思维探究能力、实操应用能力，助推学生核心素养的达成，基于杜威提出的“学生中心、经验中心、活动中心”新三中心教育理论，教育即生活、教育即生长和教育即经验，教育要与生活经验紧密联系，从活动中实现教育，教育不能脱离生活经验，要从经验中学习，在做中学，要让学生从传统被动学习中解脱出来，充分发挥学习者的主体精神；采用讲授法、谈话法、演示法、讨论法、观察法、自主学习法、探究学习法，依托丰厚科技资源，走进高新科技企业，深入科研前线，与科研人员面对面，真正体会科技与生活、科技与国家发展，引导学生从核心素养的角度出发，通过进行科技研学、创新性研学，从学校小课堂走进社会大课堂，提升学生的实践能力、思维探索能力，体会科学研究方法，培养社会参与意识和社会责任感，最终实现研学实践活动育人的目的

维度或要素				小学高年级段	初中段	高中段
实施方案	入营教育	安全	引导	学生了解逃生安全知识，了解营地安全避难场所，增强自我保护意识	学生掌握风险预防、应急处理知识，掌握分散撤离方式	学生注重研学基地周边以及活动过程中的安全事项
			实训	开展用水、用电、出行等相关安全知识讲座，为学生安全护航	学生学习《安全手册》内容，掌握可能的风险、预防措施和应急处理方法	学生以团队为单位制定研学《安全手册》，倡导文明研学、安全研学
		应急	引导	掌握应急事件处理方法和技巧	培养学生对于突发事件的冷静思考和随机应变的能力	培养学生在应急事件中在自救的同时可以进行他救
			实训	通过营地消防、地震、环保等生命教育类课程，培养学生应急能力	在营地的安全教育中心，进行地震、火灾等突发事件应急安全演习	邀请专业人士为学生进行案例讲解，学生实操，掌握应急方法和技巧
		救助	引导	通过学习预防和救助措施，引导学生在遇到危险时减少伤害，保持冷静和安全	提升学生遇到问题，主动求助，主动寻找和利用资源获取信息的能力	通过模拟演练，引导学生在遇到危险时能保持冷静和安全
			实训	教师指导，学生学习烫伤处理、伤口简单处理与止血方法等救助知识	模拟实施，通过团队合作等方式，学生掌握应对骨折、挫伤等伤害的救助方法	实操学习心肺复苏等应急救急技能以及AED等急救工具使用
		自我管理	引导	学生自我要求、形成时间观念，树立纪律意识	学生掌握自我情绪调节、活动积极性调动的方法	学生做好时间管理、学习管理、人际关系管理
			实训	通过内务整理课程实操，使学生自觉做到遵时守纪	通过情景剧演绎活动，学生掌握自我情绪调节、调动自身活动积极性的方法	学生根据研学活动目标，通过目标和关键成果法对自己进行跟踪评估
		团队协作	引导	提升团队协作能力，激发团队荣誉感	发挥团队精神，互补互助	学生自主规划活动内容、时间安排、资源调配等
			实训	学生创建团队，起队名、画队旗、选队歌，培养学生集体认同感	通过定向寻宝拓展、翻越高墙队伍竞赛等活动，团队配合，发挥集体作用	分小组协作，鼓励学生在小组内分工合作，制订计划、分配任务、协调进度等

维度或要素		小学高年级段	初中段	高中段
实施方案	导入教学环节	第一天，视频导入：播放红海滩和红海滩湿地科学馆宣传片视频，激发学生探究的兴趣；第二天，情境导入：通过创设世界即将面临缺水的情景，导入当天研学内容，激发学生对污水处理探究的兴趣；第三天，问题导入：开展农业科技知识问答赛，调动学生的研学积极性，了解现代农业知识；第四天，挑战导入：设计生动好玩的大学打卡挑战活动，激发学生研学热情，让学生在一次次挑战任务中，不断了解大学生活；第五天，任务导入：设置海洋保护任务，让学生们感受有目的、有收获、有品质的科技探索活动方式	第一天，问题导入：认识水污染的严重性，引出水污染，调动学生积极性；第二天，任务导入：带队导师布置学生研学任务，让学生进行自主探索；第三天，情境导入：学生充满代入感、沉浸感，能够主动参与学习实验；第四天，任务导入：发布研学任务，讲明学习目标；第五天，视频导入：播放航模制作过程、飞机飞行原理等宣传视频，调动学生的研学积极性和探究兴趣的同时让学生研学思维主线更加清晰	第一天，视频导入：通过观看播放沈阳铁路馆及沈阳机车馆宣传视频，调动学生的研学积极性和探究兴趣；第二天，任务导入：预留研学问题，学生通过查阅相关资料获取信息，调动学生探究兴趣；第三天，互动导入：互动小游戏引出研学内容，增加学生的学习兴趣；第四天，任务导入：布置小课题任务，引起学生的研究兴趣；第五天，视频导入：播放鞍钢宣传片及研学活动视频调动学生积极性
	授课教学环节	第一天：入营教育、必修课程一“稻田画的秘密”、必修课程二“生态农业我感受”；第二天：必修课程三“走进净水厂”、必修课程四“污水处理我先行”、选修课程1“生态系统研学”；第三天：必修课程五“制作生态农业箱”、必修课程六“制作‘科技改变生活’主题微视频”、选修课程2“水文学探索”；第四天：必修课程七“大学校园初体验”、必修课程八“走进实验室”、选修课程3“气象学探索”；第五天：必修课程九“走进海洋”、必修课程十“制作《海洋调查手册》”、选修课程4“古生物学考察”	第一天：入营教育、必修课程一“自制污水处理器”、必修课程二“走进盘锦港”、选修课程1“苇画制作——我心中的海港”；第二天：必修课程三“畅游大学城”、必修课程四“实验室知多少”、选修课程2“环境科学与地理探索”；第三天：必修课程五“参观动植物检疫展馆”、必修课程六“制作蚊虫标本”、选修课程3“虚拟现实探索”；第四天：必修课程七“海洋环境监测”、必修课程八“无人机探索星海广场”、选修课程4“逃逸塔的设计”；第五天：必修课程九“航模制作”、必修课程十“创意机器人小车”、选修课程5“3D打印技术”	第一天：入营教育、必修课程一“滚滚车轮”、必修课程二“蒸汽机车驾驶员”、选修课程1“智能机器人编程”；第二天：必修课程三“探秘沈飞航空博览园”、必修课程四“走进沈鼓集团”、选修课程2“环境监测”；第三天：必修课程五“探秘科技馆”、必修课程六“科技模型制作”、选修课程3“智能城市”；第四天：必修课程七“VR/AR我体验”、必修课程八“科技与生活小课题”、选修课程4“航空航天探索”；第五天：必修课程九“钢铁是怎样炼成的”、必修课程十“未来职业发展规划”、选修课程5“网络安全教育”

维度或要素		小学高年级段	初中段	高中段
实施方案	进级教学环节	1.学生通过实地观察和记录植物在不同环境条件下的生长状况，学习植物生态系统的基本原理；2.了解冰川的形成、运动和对气候的影响，学习使用简单科学仪器检测水质，并调查当地水源的健康状况，讲授水在地球上的循环过程，包括蒸发、降水和径流；3.气象学研究，设计和建立一个简易的气象观测站，记录温度、湿度和气压等数据；4.了解化石的形成和保存方式，并进行实地挖掘和收集化石样本；5.古生物分类：学习古生物的分类方法，并了解不同时期的古生物群落	1.盘锦港主题苇画制作，将科技与艺术结合起来，培养科学兴趣的同时激发艺术素养，树立科学意识；2.利用VR/AR相关科技设备，体验虚拟现实技术，感受科技与现实生活的联结；3.分析3D打印的科学原理，在研学教师指导下进行关于3D打印的探讨，思考这项技术可用于现代社会哪些领域，原因是什么；4.了解航空逃逸塔的应用和起到的作用；5.通过学习体验科技互动，参观科技项目，了解“元宇宙”、VR、AR、全息等科技概念	1.学生通过教师讲解和示范学习机器人编程，分小组合作完成自己小组的机器人搭建与编程，探究拓展；2.教师向学生讲授环境问题的起源与现状，带领学生进行环境监测和评估技术，使学生深入了解保护环境的重要性；3.教师向学生讲解智能城市的建设对可持续发展的影响；4.学生通过模拟实验、观察实物、参观航空航天科研机构等方式，亲身体验航天领域的知识和技术；5.学生通过课程学习如何保护个人的计算机系统免受网络攻击和威胁，帮助个人保护隐私和机密信息，树立文明上网，关注国家网络安全的意识
	巩固教学环节	1.通过开展湿地知识问答赛，帮助学生对当天所学研学内容进行巩固；2.通过开展污水处理汇报会，帮助学生对当天所学研学内容进行巩固；3.通过开展稻蟹共生辩论赛，帮助学生对当天所学研学内容进行巩固；4.通过开展“写给未来的自己”一封信活动，帮助学生对当天所学研学内容进行巩固；5.通过开展海洋生物情景剧表演，帮助学生对当天所学研学内容进行巩固	1.学生分享研学过程中的收获和感悟，同时研学教师利用复述式巩固法，对研学内容进行效果巩固；2.利用合作学习法、新旧知识对比法，以小组为单位，归纳研学实践过程中的收获；3.通过作品展示来提高学习兴趣，帮助学生对当天所学研学内容进行巩固；4.通过游戏法开展研学知识大比拼，通过研学教师提问，分多组进行答案抢答，进行研学知识的巩固；5.小组分享交流，合作共享，以此进行知识巩固	1.通过开展工业革命知识问答赛，帮助学生对当天所学研学内容进行巩固；2.通过填写《研学手册》，使学生掌握资料整理、信息收集、自主调研等探究课题的基本流程和方法，通过开展我最喜欢的歼击机分享会，帮助学生对当天所学研学内容进行巩固；3.通过开展科学实验大比拼，帮助学生对当天所学研学内容进行巩固；4.通过开展“写给未来的自己”一封信活动，帮助学生对当天所学研学内容进行巩固；5.通过开展钢铁是怎样炼成的情景剧表演，帮助学生对当天所学研学内容进行巩固

维度或要素			小学高年级段	初中段	高中段
实施方案	总结教学环节	教学创新	研学教师安排学生分组进行总结，在总结方法上不断创新，带领学生回顾整个活动过程、梳理知识点，总结活动感悟，研学教师要鼓励学生积极思考、合作探究、创新个性、勇于表达意见，在研学活动中主动尝试新的教学方法和策略，为学生奠定科技报国的伟大理想基础	在研学活动开展中，研学教师有针对性地创新设计符合初中段学生特点的活动方案，采用新型教学策略，不断变换教学方式、方法，通过反转课堂等方式，提高学生的参与度，提升课堂的纵深度，不断培养学生的创新精神、科学素养和实践能力	利用丰富的教育教学方法、通过多元的实践方式，对课程开展场景、活动形式及内容进行创新，开展问题导向式学习方式，提升学生发现问题、分析问题、解决问题的能力，以思维导图、头脑风暴等手段为载体，训练学生的思辨思维、创意思维、批判性思维
		教学总结	对整体教学线路、教学设计环节、课程目标的梯度实现，选修课的难度选择，教学策略的运用，教学重难点的突出与体现，入营教育的合理性，导入教学环节和授课教学环节的科学性进行总结，不断完善，优化活动内容与结构，不断交流改进	复盘研学活动实施过程、整理研学资料，建立研学档案，提炼经验教训，及时收集学生、学校教师和其他相关人员的反馈，了解教学环节的优点和不足，整理研学活动的教学资料，不断优化改进	通过调查问卷等方式，及时收集学生、家长和相关活动人员的反馈，掌握教学环节的优点和不足，教学课程和环节与学生年龄和学习能力的适配度等，整理归纳研学活动的教学资料，建立教学档案
		教学反思	对活动准备是否充足；聚焦学生核心素养提升，是否达到预期提升目标；是否充分发挥学生主体作用；活动创设是否有趣；是否运用多元化教育教学组织形式；使用教育教学方法是否得当；是否合理发挥评价的教育功能等方面进行反思，根据反思结果，对活动环节进行调整和优化，为下一次活动提供参考	对活动情境创设是否有新意；教学重难点是否在课程活动中得以解决；活动过程中是否做到分层设计，是否照顾到不同层次学生；是否合理运用项目式学习方式，充分发挥学生个人及学生团体的主动性、能动性等方面进行反思，根据反思结果，对活动环节进行调整和优化，为下一次活动提供参考	对活动开展是否做到以学生为中心、经验为中心、活动为中心的新三中心教育理论；课程开设与校内教育的衔接是否紧密得当；针对高中阶段活动开展，课程开设的难度、维度、深度是否符合高中段学生的深层发展需要等方面进行反思，根据反思结果，对活动环节进行调整和优化，为下一次活动提供参考

维度或要素				小学高年级段	初中段	高中段
实施方案	评价教学环节	教学水平评价	自我评价	教师填写自我评价表，对自身的师德师风的表现、教学形式的展现、教学目标的完成度等方面进行自我反思和评价，充分发挥主观能动性，促进教师成长	教师在活动结束后，对当次活动课程进行即时评价，从课堂管理、教学方法的选择、教学工具的应用、研学资源的开发和应用程度等方面对自身和课程与活动的预设目标差异进行评价，不断提升自身教育教学水平	教师在教学活动结束后，对整体活动开展、整体课程实施进行自我评价，旨在提升学生科学素养的同时，精进自身教育教学涵养，做到教学相长，不断创新教育教学模式，提升对新教学技术的应用
			学生评价	利用“ABCD”从高至低四个等级，学生对教师从教学态度、课程难度设计合理度、课堂有趣度等方面进行多维度评价，将学生直观感受回馈于教师，帮助教师专业成长	通过满意度调查表，学生针对教师和学生之间的互动是否充分，研学课程师生对话参与度，学生能否积极参与教学，气氛活跃度等方面进行评价，营地收集后再反馈于教师，帮助教师专业成长	通过问卷星等电子问卷，让学生对教师是否发挥学生的主观能动性、是否引导自身进行思考、对研学整体效果等进行综合性评价，将评价结果进行反馈，提升教师教育教学水平
			同行评价	营地教师通过听课、随队观摩等方式，从课前准备，活动课程开展流程、开展方式、开展方法，活动课程总结与进级等方面对活动实施教师进行评价，旨在更好地提升教师业务水平	营地教师通过听课、问卷等形式对活动实施教师从研学课程和线路选择、教学策略、教学重难点把握等方面进行多维评价，促进教师间互相交流学习，借鉴提升	营地教师通过听课、教学文件的审阅等多种形式对活动实施教师从教学实施方案、教学效果、教学的延伸性，对学生可持续发展的引导性等方面进行评价，提升教师团队整体素养
			培训和考核	通过线上教育平台、教研小组研讨等培训方式，建立以教育教学目标为培训基础的教师专业发展培训制度，着眼教师发展需要，开展特色培训，并定期对教师学习成果进行水平测试考核	通过外出调研、专家引领等方式，对专业教师的师德师风、专业能力、团队建设等方面开展专项培训，定期对营地教师通过集体汇报等方式进行考核	通过线上线下双循环、校内校外双驱动对教师进行专业引领，安排每位面对高中段学生的教师不少于每季度15小时的培训学时，通过季度成果展示进行考核
			教学成果展示	运用图文、影像资料记录学生的表现，用学生过程性资料展示研学实践成果，通过学生作品展示，制作展示板或海报等形式进行教学成果展示	通过研学过程教学展示教师的教学成果，学生的专业技能竞赛，指导学生作品创新、开设互动工坊等方式进行教学成果展示	以图文影像资料记录学生的表现，用学生过程性资料展示研学实践成果。用创意作品推介会、主题活动、主题展览等方式进行教学成果展示

维度或要素				小学高年级段	初中段	高中段
实施方案	评价教学环节	学业评价	形成性评价	通过对学生提问环节、小组讨论环节、《研学手册》填写环节进行观察、记录和总结反馈，面向学生的阶段性成长、阶段知识获取程度和阶段目标完成情况进行评价，为教师开展后续教育教学工作打下基础	通过观察、记录和反馈学生研学过程中的学习情况，以及他们在活动中以小组、个人为单位的活动表现，教师对学生的参与度、知识探究、交流表达、动手实践、互助合作等具体表现进行记录和评价，为后续活动开展改进提供帮助	基于对学生学习全过程的持续观察、记录、反思，通过对学生日常活动的表现、所取得的成绩以及所反映出的情感、态度、策略等方面的发展作出综合评价，评价结果指导教师后续工作开展
			总结性评价	以完成教学目标为基准，通过学生的《研学手册》、汇报演出、作品展示等形式，全面了解学生在不同课程活动中的整体掌握程度，以及在研学活动中的人文素养和科学精神的成长和进步	在研学活动结束后通过学生的研究报告、个人学习成果展示、小组合作成果展示等形式，以科学技术为主要指向，全面了解学生在研学活动中科学素养和综合能力的积累	教师对学生的问题解决、知识生成、能力提升、情感认同、创造创新、实践能力，思维探究能力、实操应用能力等方面进行综合评估，鼓励学生积极适应和应对不断变化的科技社会
			教师评价	由教师根据学生在研学活动中的表现和成果，在科学的基本原理和方法掌握上的提升进行多维度评价，鼓励学生更好地学习和应用科学知识，并用科学知识解决实际问题	由教师根据学生在研学活动中的表现和成果，根据学生的参与度、作业质量、能力提升程度等方面，尊重学生个体差异，以发展性眼光对学生进行学业评价	根据预设的活动目标，结合学生研学日记、物化成果，通过交流展示，对学生达到目标的程度以及研学效果作出评价，增强学生的社会参与意识和社会责任感
		项目评价		学校带队教师、学生对研学项目的课程、线路选择的合理性和课程难度设计的阶梯性等方面进行综合性评价，营地及教师对评价的结果进行反思，及时发现问题并加以改进	学校带队教师和家长代表对研学项目的设计实施、方案设计、教学策略、教学环节、对学生科学素养的养成情况等方面进行综合性评价，对评价结果及时反思发现问题并加以改进	教育行政主管部门、参与学校、学生、家长、社会各界对研学项目的活动目标实现程度、实施的有效性、规范性、整体性等进行综合性评价，对评价结果进行反思，及时发现问题并加以优化

4.8 教学计划与策略列表：魅力魔都　海纳百川

<table>
<tr><td colspan="3">营地名称</td><td>上海市青少年校外活动营地——东方绿舟（简称“东方绿舟营地”）</td><td>命名机构</td><td>教育部</td><td>识别码</td><td>Y145310001</td></tr>
<tr><td colspan="3">从业资质（摘要）</td><td>探索适合青少年个性特长发展的活动内容和方法</td><td>单位属性</td><td>公益二类</td><td>法定代表人</td><td>杨昕</td></tr>
<tr><td colspan="3">研学主题</td><td>魅力魔都　海纳百川</td><td colspan="2">主要目的指向</td><td colspan="2">科学技术教育</td></tr>
<tr><td rowspan="7">营地（枢纽）及周边主要优质研学资源</td><td colspan="2">基地层级</td><td colspan="5">研学站点（基地）名称</td></tr>
<tr><td rowspan="2">教育部命名基地</td><td>已列入教学计划</td><td colspan="5">一、与本主题相关列入教学计划的基地4个
1. 上海科技馆；2. 上海中国航海博物馆；3. 上海交通大学钱学森图书馆；4. 江南造船展示馆
二、与本主题关联不大但列入本营地教学计划的基地2个
1. 上海电影博物馆；2. 上海辰山植物园</td></tr>
<tr><td>待列入教学计划</td><td colspan="5">1. 上海博物馆；2. 上海无线电科普教育基地</td></tr>
<tr><td colspan="2">其他部委命名基地</td><td colspan="5">陈云故居</td></tr>
<tr><td colspan="2">地方命名基地</td><td colspan="5">1. 上海自然博物馆；2. 张家口地质博物馆；3. 大境门</td></tr>
<tr><td colspan="2">本营地资源</td><td colspan="5">1. 国防教育园；2. 上海市公共安全教育实训基地；3. 淀山湖湿地；4. 拓展园；5. 野外生存区；6. 龙舟码头；7. 智慧大道</td></tr>
<tr><td colspan="2">其他资源</td><td colspan="5">1. 东方明珠广播电视塔；2. 洋山深水港；3. 振华重工生产基地；4. 外滩；5. 张家口奥运村；6. 蔚州古镇；7. 莜面博物馆；8. 古杨树场馆群；9. 明长城；10. 领克工厂；11. 铁路工业文化主题公园；12. 康巴诺尔湿地公园；13. 堡子里；14. 天鹅湖；15. 太舞小镇；16. 冬奥村落；17. 国家冬季两项中心；18. 冬奥村剪纸功能教室；19. 户外山野区；20. 飞鹏国防教育基地</td></tr>
</table>

维度或要素	小学高年级段	初中段	高中段
校内教育基础（与校内教育的衔接）	对照课标，小学高年级段在科学技术方面倡导探究式学习，保护学生的好奇心和求知欲。通过课堂学习、实践活动和师生互动，帮助学生了解科学知识，掌握科学方法，突出培养学生的实践能力和科学素养，注重培养学生的观察力、思考力和创新能力，为他们未来的学习和发展奠定坚实的基础。本研学主题与校内教育必修课程的衔接如下：1. 五年级语文；2. 六年级音乐；3. 五年级探究等。如与语文课程的衔接中，通过诗歌、散文、寓言等多种文体形式设计丰富的研学活动，引导学生深入了解语文这门学科所蕴含的丰富文化知识和历史背景，并借助实地考察、文化体验等形式，引导学生在研学活动中亲身体验、深刻感悟人文魅力，增强对文化的理解和认同；在与音乐课程的衔接中，设计丰富的以博物馆、科技馆等优质研学场馆为主题的音乐实践活动，组织学生主动了解上海在科技创新方面的发展历程和新生力量；在与探究课程的衔接中，主要通过实地参观和讲解等方式，引导学生在自主协作、体验创新的研学氛围中学会运用观察、对比等科学方法，激发学生爱科学、学科学、用科学的热情	对照课标，初中段在科学技术方面提出引导学生逐步认识科学的本质，经历科学探究过程，发展科学探究能力，体现科学探究的精神，它有助于学生将课堂所学知识与现实生活相结合，提升综合素质。本研学主题与校内教育必修课程的衔接如下：1. 七年级科学；2. 八年级语文；3. 八年级历史等，如在与科学课程的衔接中，通过实地探访、实践体验等方式在博物馆、展示馆、科技馆等具有代表上海科技发展水平的研学场馆中带着问题研学，引导学生善于运用观察、记录、分析、对比等科学方法，提高学生的观察能力、分析能力和思辨能力；在与语文课程的衔接中，引导学生深入了解研学场馆的历史文化内涵及时代价值，学会理解和运用优秀文化的精髓，提高学生的人文素养和综合能力；在与历史课程的衔接中，以历史上的重大事件、重要人物、文化现象等为切入点，通过自主探究的研学活动，引导学生从历史的角度认识中国、认识上海，认识中华民族多元一体的历史发展趋势，了解中国科学技术发展的道路上无数仁人志士的奉献精神，培育和践行社会主义核心价值观，把握习近平新时代中国特色社会主义思想的核心要义，树立中国特色社会主义道路自信、理论自信、制度自信、文化自信	对照课标，高中段在科学技术方面的目标是认识自然的整体性和科学的统一性，认识各个学科之间的联系，能从联系和发展的哲学视角提出问题，进行探究并尝试开展一些科学活动。本研学主题与校内教育课程的衔接如下：1. 高中语文；2. 高中思想政治等，如在与语文课程的衔接中，组织学生实地调研学习张家口奥运村及周边优质研学场馆，知晓科技创新领域的最新动态和前沿技术，亲身感受工业、能源等方面的先进水平，激发对科创的兴趣，并在亲身体验中，感知科技创新的无穷魅力，培育学生的科技素养和人文素养；在与思想政治课程的衔接中，以培育学生的政治认同、科学精神、法治意识和公共参与等核心素养为研学活动目标，围绕张家口奥运村及周边有关文化、科技、工业、生命等发展的新成就、新成果，引导学生运用历史唯物主义基本观点和方法，以客观的视角回应“科学技术是第一生产力”的重要论断，并面对当前社会发展趋势和实践创新中的新挑战、新问题，引领学生采用历史的眼光、国情的眼光、辩证的眼光、文化的眼光和国际的眼光，通过观察、辨析、反思和实践，培养学生的社会责任感、创新精神和实践能力，让学生在研学实践活动的历练中、在自主辨析的思考中感悟科学技术的力量，自觉践行社会主义核心价值观

维度或要素			小学高年级段	初中段	高中段
研学课程	必修课程一	名称	绿舟启航	扬帆绿舟	探秘冬奥村落
		活动目的	小组合作体验拓展活动，认识群体的作用，增强身心协调能力	小组合作体验提高解决问题的能力；提升合作意识，增强身心协调能力	沉浸式地深入了解冬奥村的由来、设计理念、科学智慧及冬奥相关知识
		活动形式	教师讲解、小组合作、自主实践体验	教师讲解、小组合作、自主实践体验	实地探访、教师讲解、小组合作
	必修课程二	名称	走进上海科技馆	探秘上海科技馆	陆地冰壶初启蒙
		活动目的	参观科技馆，了解上海的科技历史与科学创新，启蒙科学兴趣	了解上海的科技历史与发展脉络，明确科技对于国家发展的重要性，培养科学兴趣	了解冰球和冰壶起源史，学会运用战术完成红蓝双方对抗赛，感悟冬奥精神
		活动形式	实地参观、教师讲授、实践体验	实地参观、教师讲授、合作体验	体验实践、小组合作、成果展示
	必修课程三	名称	揭秘航海	深蓝行动	冰墩墩伴我向未来
		活动目的	走进航海博物馆，了解造船历史及船舶的知识，感受航海的魅力	开展航海博物馆定向活动，动手制作船模，体验航海模拟器，了解我国航海发展史	了解奥运会吉祥物由来，培养学生“不问收获，只问耕耘”的奥运精神
		活动形式	实地探访、教师讲解、小组合作	实地研访、教师讲解、自主实践	实地探访、小组合作
	必修课程四	名称	认识世界级大港——洋山深水港	探索洋山深水港	生命科学讲座
		活动目的	了解洋山深水港，认识世界最大的自动化集装箱港口面貌	认识洋山深水港，了解中国港口的发展史，拓宽国际视野，感受祖国的科技实力强大	了解生态结构、物种分类；设置夜间灯诱装置，观察夜间昆虫物种
		活动形式	实地参观、教师讲授	教师讲解、小组合作、实地参观	实地探访、教师讲解、合作探究

维度或要素			小学高年级段	初中段	高中段
研学课程	必修课程五	名称	潜艇深海行	走进振华重工	生物多样性科考
		活动目的	分组参观 280 潜艇，探索潜艇内部，增强团队协作意识，激发学生对国防的热爱	了解现代重工业的发展现状和技术应用，激发对工程技术的兴趣和认识	进行搜集物种专业界门纲目科属划分并制作标本，了解本地物种生态分布情况
		活动形式	实地探访、教师讲解、小组合作	实地参观、教师讲解、小组合作实践	实地探访、教师讲解、小组合作
	必修课程六	名称	科学巨人之约	船舶之旅	冰与火的视觉盛宴
		活动目的	了解钱学森的人物生平、科学成就和对国家的贡献	了解江南造船厂的发展历史；参观船舶建造流程，畅想江南发展之未来	观看打树花，了解太舞小镇打树花的历史、制作流程以及传承创新
		活动形式	实地参观、教师讲授	实地参观、教师讲授、小组合作	实地探访、教师讲授、实践体验
	必修课程七	名称	探访振华重工	凛凛威风神枪手	绿色能源启航
		活动目的	初步了解振华重工在全球市场的领先地位，激发对工程技术的兴趣和认识	体验射击，掌握初级的枪械知识和射击技巧，培养学生的强军梦想，增强国防意识	观察电光伏能源转换运作过程，了解新能源奥秘，筑牢科技绿色环保意识
		活动形式	实地参观、教师讲授、小组合作	情境演练、教师讲解、自主实践	实地观察、探究实践、小组合作
	必修课程八	名称	国之重工——江南造船厂	与科学有约	飞驰人生 领先未来
		活动目的	参观船舶建造流程，体会机器制造重地的工业之美	了解钱学森的人物生平、科学成就和贡献，激发对英雄的尊敬，培养爱国情怀	探究现代化工业制造知识，激发科技强国意识
		活动形式	实地参观、教师讲授	实地参观、教师讲解、小组交流	实地参观、教师讲授、小组合作

维度或要素			小学高年级段	初中段	高中段
研学课程	必修课程九	名称	安全伴我行	牢记安全在心中 践行安全稳步走	京张铁路 穿越百年
		活动目的	通过模拟演练，帮助学生学习逃生躲避技能，增强关爱生命的意识	通过模拟实训讲解，帮助学生掌握关键的避险逃生技能，提升自救互救的意识	学习中国铁路发展历程，感受中国科技的飞速发展与进步
		活动形式	情境实训、教师讲解、自主体验	情境实训、自主体验、合作探究	实地参观、小组合作、实践探究
	必修课程十	名称	科学工匠 机器赋能	放飞航天梦	学习兵工知识 传承强国文化
		活动目的	初步学习竞赛机器人编程软件、程序编写调试、机器人竞赛机制等	通过教师讲解和小组实操练习，学生逐步了解无人机的飞行原理和部分核心技术	了解兵器的生产过程，树立强国必先强军的思想意识
		活动形式	教师讲解、小组合作、实践体验	实践演练、小组合作、教师讲解	实地参观、教师讲授、合作体验
	选修课程		1. 感受光影魅力 2. 植物王国 3.“东方之珠”	1. 走进伟人的世界 2. 猎狐行动 3. 植物科学探索之旅	1. 多彩莜面记 2. 奥运精神的深度体验 3. 古镇探秘

维度或要素		小学高年级段	初中段	高中段
研学线路	代表性线路（时长五日）	第一天：东方绿舟营地—拓展园—上海科技馆—东方绿舟营地；第二天：东方绿舟营地—上海中国航海博物馆—洋山深水港—东方绿舟营地；第三天：东方绿舟营地—国防教育园—上海交通大学钱学森图书馆—东方绿舟营地；第四天：东方绿舟营地—振华重工生产基地—江南造船展示馆—东方绿舟营地；第五天：东方绿舟营地—上海市公共安全教育实训基地—国防教育园—东方绿舟营地	第一天：东方绿舟营地—拓展园—上海科技馆—东方绿舟营地；第二天：东方绿舟营地—上海中国航海博物馆—洋山深水港—东方绿舟营地；第三天：东方绿舟营地—振华重工生产基地—江南造船展示馆—东方绿舟营地；第四天：东方绿舟营地—国防教育园—上海交通大学钱学森图书馆—东方绿舟营地；第五天：东方绿舟营地—上海市公共安全教育实训基地—国防教育园—东方绿舟营地	第一天：东方绿舟营地—张家口奥运村—冬奥村落—张家口奥运村；第二天：张家口奥运村—国家冬季两项中心—冬奥村剪纸功能教室—张家口奥运村；第三天：张家口奥运村—户外山野区—太舞小镇—领克工厂—张家口奥运村；第四天：张家口奥运村—铁路工业文化主题公园—张家口奥运村；第五天：张家口奥运村—飞鹏国防教育基地—东方绿舟营地
	可选择线路（按天设计，菜单式选择）	1. 东方绿舟营地—拓展园—东方绿舟营地；2. 东方绿舟营地—上海中国航海博物馆—洋山深水港—东方绿舟营地；3. 东方绿舟营地—上海交通大学钱学森图书馆—东方绿舟营地；4. 东方绿舟营地—淀山湖湿地—东方绿舟营地；5. 东方绿舟营地—上海市公共安全教育实训基地—东方绿舟营地；6. 东方绿舟营地—振华重工生产基地—东方绿舟营地；7. 东方绿舟营地—上海电影博物馆—东方绿舟营地；8. 东方绿舟营地—上海辰山植物园—东方绿舟营地；9. 东方绿舟营地—江南造船展示馆—东方绿舟营地	1. 东方绿舟营地—拓展园—东方绿舟营地；2. 东方绿舟营地—上海中国航海博物馆—洋山深水港—东方绿舟营地；3. 东方绿舟营地—振华重工生产基地—江南造船厂—东方绿舟营地；4. 东方绿舟营地—上海交通大学钱学森图书馆—东方明珠广播电视塔—东方绿舟营地；5. 东方绿舟营地—上海交通大学钱学森图书馆—东方绿舟营地；6. 东方绿舟营地—智慧大道—东方绿舟营地；7. 东方绿舟营地—龙舟码头—东方绿舟营地；8. 东方绿舟营地—上海辰山植物园—东方绿舟营地；9. 东方绿舟营地—上海电影博物馆—东方绿舟营地；10. 东方绿舟营地—上海市公共安全教育实训基地—东方绿舟营地	1. 东方绿舟营地—张家口奥运村—冬奥村落—张家口奥运村；2. 张家口奥运村—铁路工业文化主题公园—张家口奥运村；3. 张家口奥运村—古杨树场馆群—张家口奥运村；4. 张家口奥运村—蔚州古镇—张家口奥运村；5. 张家口奥运村—明长城—张家口奥运村；6. 张家口奥运村—大境门—张家口奥运村；7. 张家口奥运村—张家口地质博物馆—张家口奥运村；8. 张家口奥运村—领克工厂—东方绿舟营地
	规划线路（按天设计）	1. 东方绿舟营地—龙舟码头—东方绿舟营地；2. 东方绿舟营地—野外生存区—东方绿舟营地；3. 东方绿舟营地—智慧大道—东方绿舟营地；4. 东方绿舟营地—上海自然博物馆—东方绿舟营地	1. 东方绿舟营地—外滩—东方绿舟营地；2. 东方绿舟营地—上海科技馆—东方绿舟营地；3. 东方绿舟营地—上海博物馆—东方绿舟营地；4. 东方绿舟营地—陈云故居—东方绿舟营地；5. 东方绿舟营地—上海无线电科普教育基地—东方绿舟营地	1. 张家口奥运村—康巴诺尔湿地公园—张家口奥运村；2. 张家口奥运村—天鹅湖—张家口奥运村；3. 张家口奥运村—莜面博物馆—张家口奥运村；4. 张家口奥运村—堡子里—张家口奥运村

维度或要素		小学高年级段	初中段	高中段
教学重点难点（以代表性线路教学设计为例，以下同）	教学重点	1. 了解竞赛机器人编程软件、程序编写与机器人竞赛机制；2. 了解重工业与港口知识、造船历史及船舶的知识；3. 探索280潜艇的内部环境；4. 初步掌握必备的逃生躲避技能；5. 了解团队协作的重要性，体验拓展活动；6. 了解上海的科技历史，了解钱学森生平及贡献	1. 实践演练，学会操作无人机；2. 以科学探究为重点，了解重工业与港口知识、我国航海事业的发展历史；3. 在模拟情境中掌握初级的枪械知识和射击技巧；4. 熟练掌握关键的避险逃生技能，利用科学知识和科学方法理解身边自然现象和解决简单的实际问题；5. 了解团队协作与沟通的重要性，体验拓展活动；6. 了解上海的科技历史与发展脉络，了解钱学森生平及贡献	1. 走进张家口奥运村，了解奥运村的由来与设计理念；2. 了解冰球和冰壶的起源史；3. 了解奥运会吉祥物由来，认识历届奥运会吉祥物；4. 科学研究生态物种分类与结构；5. 通过实地探访，观看打树花；6. 观察电光伏能源转换运作过程，了解新能源知识
	教学难点	1. 小组合作，完成机器人任务挑战与竞赛；2. 感受航海的魅力与人类的智慧；3. 观察280潜艇的内部构造，思考重工业对于国家发展的重要性；4. 结合生活，情境模拟逃生演练；5. 小组有效沟通，合作完成各项拓展挑战；6. 初步了解导弹、核弹和人造卫星技术	1. 了解无人机的飞行原理和部分核心技术；2. 了解航海出行的气候、水文、船舶等方面要求；3. 了解枪械构造与射击原理；4. 结合生活，探索逃生躲避多种技能；5. 小组有效沟通，合作完成各项拓展挑战；6. 小组分享有关导弹、核弹和人造卫星技术	1. 理解奥运村的设计理念；2. 理解冰球、冰壶的科学知识，掌握其运动技能；3. 通过冰墩墩设计历程，思考奥运精神与科技文化的内涵；4. 设置夜间灯诱装置，观察夜间昆虫；5. 了解打树花的历史、制作流程以及传承创新；6. 小组分享与交流电光伏能源转换运作原理

维度或要素	小学高年级段	初中段	高中段
教学策略	在小学高年级段的教学中，针对学生好奇心强、兴趣广泛、求知欲较强的特点，教师充分利用情境教学法，创造生动活泼、富有启发性的学习环境，注重问题的设计，既引导学生关注问题的本质，又鼓励他们从不同角度思考问题，让学生在真实或模拟的情境中主动探索，发现问题和解决问题。同时，任务驱动法是该学段研学活动的主要教学方法。在任务驱动的过程中，教师设计富有挑战性和实践性的任务，注重引导学生独立思考，鼓励他们提出不同的观点和解决方案，让学生在完成任务的过程中，自主学习、合作交流，培养他们的团队协作能力和创新精神。此外，示范法也贯穿于整个研学活动过程中，教师通过自身的行为示范，让学生在潜移默化中学习良好的行为习惯和道德品质，并组织学生进行示范，培养他们的责任感和使命感。总之，在教学过程中，教师注重培养他们对国家和民族的热爱，激发学生家国情怀	初中段正处于青春期，学生的思维活跃，独立思考与判断的能力逐渐成熟，自主学习意识也较强。这一阶段的学生，已经不再满足于简单的知识灌输，他们需要更有挑战性地学习内容和方法。因此，在活动设计和任务驱动上，教师充分考虑到学生的这一需求，设计具有一定难度和挑战性的任务，以激发学生的学习兴趣和潜能。在教学方法上，讲授教学法仍然是一种重要的教学手段，但教师更多地采用情境教学法、分组合作教学法、任务驱动型教学法、自主探究教学法和案例教学法等多样化的教学方法。这些方法能更好地满足学生的学习需求，帮助他们提升自主探究和小组合作能力。在教学过程中，教师始终坚持以立德树人为根本任务，借助科技、文化、国防等研学资源，以学生为主体，注重引导创新和学生个性化发展。总之，通过多样化的教学方法和教学内容，激发学生的学习兴趣，培养他们的自主学习意识，提高他们的自主探究和小组合作能力，让他们在学习中成长，在成长中学习，注重学生思维的引导和实践能力的培养，从而实现认知提升与实践落地的有机结合	高中段是学生自我认知能力与学习能力发展的关键时期，学生已经具备了较高的自我认知能力和学习能力，他们的自主意识、合作意识、创新意识都较强。因此，在高中段的教学中，教师注重培养学生的思维探究与实践操作能力，为他们提供更多的自主探究和合作学习的机会。在活动设计和任务驱动上，设计具有一定难度和挑战性的任务，充分体现一定的挑战性与难度，以满足学生的学习需求，激发学生的学习兴趣和潜能，培养他们的自主探究和合作学习能力。同时，还结合生活实践，采用情境教学法、分组合作教学法、任务驱动型教学法、自主探究教学法和案例教学法等教学方法，提升学生综合运用所学知识的能力，培养他们的科学素养。通过模拟真实情境，让学生在实践中学习和体验，提高他们的实践能力和创新能力，培养学生的团队协作精神，让他们在合作中学习，在学习中合作，激发学生的学习兴趣，引导学生主动去发现问题、解决问题，培养学生的独立思考能力，让他们在探究中学习，在学习中探究。总之，引导学生综合运用学科知识，灵活掌握观察、比较、归纳等科学方法，加强对客观事物的全面的、辩证地认识，培养学生的责任意识与创新能力

维度或要素				小学高年级段	初中段	高中段
实施方案	入营教育	安全	引导	播放研学实践安全教育线上课程，了解安全知识，增强安全意识	开展安全教育课程，引导学生了解可能遇到的安全风险以及预防和应对措施	引导学生注重研学基地周边以及活动过程中的安全注意事项
			实训	通过学习《安全手册》，学生开展研学行车、饮食、住宿安全演练	开展专题讲座和安全教育课程，组织安全知识竞答	开展情境演练，完成住宿、饮食、研学点、交通等实训
		应急	引导	增强学生应急避险和安全防范意识	培养学生面对意外事故的随机应变能力和积极态度	思考在研学过程中遇突发事件如何应对与处理
			实训	通过开展专题教育课程，学习基本的安全规则和程序，牢记安全规则	通过真实情境模拟演练，掌握简便、实际的避灾技巧，提升随机应变的能力	通过案例分析和情境模拟，学习和实践突发事件应急处理方法
		救助	引导	学习紧急情况的识别，学习在紧急情况下拨打急救电话、寻找成人帮助等	学习基本急救技能，在意外事故发生时合理运用现场资源救助	面对危险，应冷静思考，学习如何为他人提供心理支持
			实训	开展含有救助元素的情境实训活动，在活动中学习救助知识	掌握止血、包扎等急救技能和针对中暑、哮喘等急症的救助方式	实操心肺复苏、AED的使用，以及提供心理支持
		自我管理	引导	引导设定个人目标，了解目标的重要性，学习时间管理	引导学生强化个人行为规范意识，管理个人情绪	引导学生在研学期间做好自我管理，做到健康生活、规律作息、卫生文明
			实训	通过管理个人日常事务，记录个人日常活动情况，学会合理分配时间	通过填写日志，记录日常任务和完成情况，学习情绪调节	通过学生自管会，对研学过程中内务、作息、纪律等方面进行评价
		团队协作	引导	引导学生理解团队重要性，加强团队合作	引导学生学习有效的沟通技巧，包括倾听、表达和反馈	引导学生团队合作、互帮互助、善于倾听和表达
			实训	通过团队建设的活动，在活动中体验沟通合作的重要性	通过情境模拟，学生学会合理正确表达个人感受	通过讨论和反思，案例分析，学习团队合作成功案例

维度或要素		小学高年级段	初中段	高中段
实施方案	导入教学环节	第一天，直接导入：介绍拓展相关课程，引起学生的好奇心；第二天，问题导入：上海最大的港口在哪里？小组讨论港口在国家发展中的地位；第三天，任务导入：学生根据研学任务单，完成不同主题的研学问题；第四天，问题导入：思考什么是国之重工和国之重器？小组讨论两者之间的区别；第五天，视频导入：通过观看自然灾害和公共伤害相关视频，了解自救与互救的方法	第一天，情境导入：通过播放东方绿舟影片等相关影视素材，激发学生兴趣；第二天，问题导入：郑和下西洋几次，分组讨论每一次下西洋的历史背景；第三天，任务导入：学生根据研学任务单，了解江南造船的发展历程；第四天，故事导入：讲述钱学森的回国故事，激发学生热爱科学的热情；第五天，视频导入：通过观看安全教育视频，分组讨论救护方法	第一天，直接导入：点明此次研学活动主题——魅力冬奥 科技点亮未来，引起学生的好奇心；第二天，问题导入：冰墩墩的设计理念是什么？并讨论与其他国家冬奥吉祥物的异同；第三天，任务导入：学生分组列出植物物种的界门纲目科属图谱；第四天，探究导入：找到京张铁路所途经的城市，并进行城市级别分类；第五天，任务导入：学生根据研学任务单，完成以国防科工为主题的研学课题
	授课教学环节	第一天：入营教育，必修课程一“绿舟启航”、必修课程二“走进上海科技馆”、选修课程1“感受光影魅力”；第二天：必修课程三“揭秘航海”、必修课四“认识世界级大港——洋山深水港”、选修课程2“植物王国”；第三天：必修课程五“潜艇深海行”、必修课程六“科学巨人之约”、选修课程3“东方之珠”；第四天：必修课程七“探访振华重工”、必修课程八“国之重工——江南造船厂”；第五天：必修课程九“安全伴我行”、必修课程十“科学工匠 机器赋能”	第一天：入营教育，必修课程一“扬帆绿舟”、必修课程二“探秘上海科技馆”、选修课程1“走进伟人的世界”；第二天：必修课程三“深蓝行动”、必修课程四“探索洋山深水港”；第三天：必修课程五“走进振华重工”、必修课程六“船舶之旅”、选修课程2“猎狐行动”；第四天：必修课程七“凛凛威风神枪手”、必修课程八“与科学有约”、选修课程3“植物科学探索之旅”；第五天：必修课程九“牢记安全在心中 践行安全稳步走 ”、必修课程十“放飞航天梦”	第一天：入营教育，必修课程一“探秘冬奥村落”、选修课程1“多彩莜面记”；第二天：必修课程二“陆地冰壶初启蒙”、必修课程三“冰墩墩伴我向未来”、必修课程四“生命科学讲座”；第三天：必修课程五“生物多样性科考”、必修课程六“冰与火的视觉盛宴”、必修课程七“绿色能源启航”、必修课程八“飞驰人生 领先未来”；第四天：必修课程九“京张铁路 穿越百年”、选修课程2“奥运精神的深度体验”；第五天：必修课程十“学习兵工知识 传承强国文化”、选修课程3“古镇探秘”

维度或要素		小学高年级段	初中段	高中段
实施方案	进级教学环节	1.机器人程序编写调试体验；2.围绕上海科技发展历程、潜艇参观，谈谈学习体会；3.设计制作自己的船舶模型；4.结合所学，掌握各种突发事件的正确应对方法与技能，思考自救互救的重要意义；5.小组分享与探究国之重器对于捍卫国家安全的重要意义	1.探究无人机的部分核心技术；2.围绕上海科技发展历程、潜艇参观，以小组合作开展学习交流；3.掌握航海出行的气候、水文、船舶等方面要求，并据此设计制作自己的船舶模型；4.拆解枪械，观察枪械的构造，探究射击原理；5.灵活掌握各种突发事件的正确应对方法与技能，思考自救互救的重要意义；6.小组探究分享国之重工对于捍卫国家安全的重要意义，并撰写研学报告	1.小组合作讨论冬奥村的建立背景；2.运用冰球、冰壶运动战术完成对抗赛；3.通过小组合作，探究冰墩墩设计历程，分享奥运精神与科技文化的内涵；4.设置夜间灯诱装置，观察夜间昆虫；5.结合所学所感，以“绿色科技”为主题撰写研学报告
	巩固教学环节	1.学生需要对研学实践活动中所学习到的内容进行复习，包括知识点、技能以及实践过程中的体验和感悟。通过复习，学生可以加深对实践内容的理解和记忆；2.采用问答、启发、情境教学等方法，引导学生回顾总结研学过程中的知识与实践技能，加强学生对科学技术的掌握及应用；3.学生还需要对实践活动进行总结，提炼出自己的见解和收获，形成对实践活动的整体认识；4.学生与其他同学分享自己的研学实践经验和收获	1.组织学生回顾总结在实践活动中所学习到的知识、技能以及体验，同时总结自己在活动中的收获和不足；2.对学生在研学实践活动中所学习到的知识进行巩固，了解自己对知识的掌握情况；3.设置针对性的实践任务，引导学生在实际场景中运用所学技能解决实际问题；4.引导学生对自己的研学实践活动进行反思，思考自己在活动中的表现和不足，并规划未来的学习方向和目标	1.学生将自己在研学中的所见所闻、所思所感进行整理，以报告PPT等形式进行展示；2.学生需要对所学知识进行梳理和总结，形成系统化的知识体系；3.教师根据研学主题，组织学生进行专题研讨，引导学生对某一问题进行深入探讨，进一步巩固和拓展所学知识，提升分析问题和解决问题的能力；4.教师需要对学生的研学实践成果进行评价，并提供具体的反馈意见

维度或要素			小学高年级段	初中段	高中段
实施方案	总结教学环节	教学创新	强调学生的主体地位，注重培养学生的问题解决能力、创造性思维和实践能力。关注个体的成长和发展需求，使学生能够充分发挥他们的优势，让学生主动地参与问题的发现和解决过程，加强培养学生的探索精神和科学研究能力	在研学活动开展中，研学教师有针对性地创新设计符合初中段学生特点的活动方案。关注个体的成长和发展需求，使学生能够充分发挥他们的优势，让学生主动地发现和解决问题，通过组织创新竞赛、开设创新课程等方式，激发学生创新潜能	利用丰富的教育教学方法，通过多元的实践方式，对课程开展场景、活动形式及内容进行创新，在教学中增加实践教学的比重，如实验室操作、实地考察等，让学生亲身感受科学技术的魅力；通过小组讨论、角色扮演、辩论等方式，构建互动式的教学环境，鼓励学生积极参与课堂讨论，提高他们的表达能力和批判性思维
		教学总结	利用研学评价调查表，及时收集学生反馈，了解学生《研学手册》填写情况，并通过及时复盘的方式，了解研学环节的优点和不足，建立研学档案	通过运用研学评价调查表，及时搜集学生的反馈信息，掌握学生填写《研学手册》的情况。同时，通过定期的复盘分析，及时建立起一个全面的研学档案，扬长补短，确保学生能够获得更加丰富和深入的学习体验	以研学评价调查表作为工具，搜集学生的反馈，掌握他们填写《研学手册》的进度。通过定期的反思和评估，积极构建一个详尽的研学档案，以此为依据来发挥优势并弥补不足，从而确保学生们能够享受到更加充实和深入的学习经历
		教学反思	根据调查反馈情况，对各个教学环节及时进行调整和优化，关注引导探究性学习和合作学习的实施情况，总结经验，为下一次研学活动提供参考	根据调查反馈情况，对各个教学环节及时进行调整和优化，关注自主、协作、体验、创新的教学理念的贯穿情况，总结经验，为下一次研学活动提供参考	根据调查反馈情况，对各个教学环节及时进行调整和优化，确保学生综合运用所学知识，反复训练科学方法，情感态度价值观得到升华，为下一次研学活动提供参考

维度或要素				小学高年级段	初中段	高中段
实施方案	评价教学环节	教学水平评价	自我评价	教师对研学目标达成度、研学流程、课程实施情况、突发事件处理情况等进行评价与反思	教师对研学时间把控、研学课程设计；讲解是否通俗易懂，学生是否感兴趣；实施过程是否可复制，是否可优化等进行评价与反思	教师对研学目标落实情况、实施流畅度、学生参与度等进行评价；对研学实施过程中学生的发言、思考进行归纳，反思有无改进之处
			学生评价	学生对研学过程的总体体验、研学课程是否具有吸引力、是否有收获等方面进行评价，活动内容是否有助于学生更好地认识与理解科学技术的内涵	完成研学情况调查表，完成对研学主题、研学场馆、课程内容、安全保障、用餐安排等方面的评价；活动过程中教师的教学方式、组织形式是否有助于提升学习体验	采用问卷调查等方式，收集学生对于研学场地设置、对研学过程的总体体验、研学课程是否具有吸引力、是否有收获和思考、教师组织协调能力等方面进行评价
			同行评价	教师对研学内容设计、实施策略、实施效果等方面进行评价	定期组织名师讲堂，对研学活动呈现的生成性问题及解决方式开展研讨会，总结讨论交流	充分利用多媒体技术，邀请相关专家对教学设计、教学实施、教学评价等进行评价，然后进行汇总，分析其中的问题与不足，完善相关课程
			培训和考核	制订教师培训计划与目标，对教师开展教学设计、带队组织、应急救助、灵活应变等方面开展培训	教师定期参加研学实践课程资源的开发、教学实施的培训，综合考核与评价教师在政治素养、教学水平、教学态度、教学成果等多维度的表现	对研学教师师德师风进行考核；把学生满意度、家长和社会认可度作为考核重要标准
			教学成果展示	用画报、分享会等方式展示研学经历与收获	用展板、微报告、分享会等方式展示、总结学生的研学实践过程，撰写研学实践案例	用微报告、分享会等方式展示研学实践成果，聚焦于研学实践中发现的问题与反思，提出改进措施

维度或要素				小学高年级段	初中段	高中段
实施方案	评价教学环节	学业评价	形成性评价	实时观察、关注、记录学生的学习过程、合作能力和创造性表达，针对学生年龄段特点及时进行反馈	对学生的参与程度、探索深度和交流表达等表现进行评价；对学生团队组建情况与合作情况进行评价	对学生团队合作情况与交流情况进行评价；对学生处理突发情况的能力与探究问题的能力进行评价
			总结性评价	参照研学目标，通过测验、小组汇报展示、调研报告等形式对学生在研学活动中的收获进行评价	以预先设定的学习目标为基准，通过测验、分享、汇报等形式对学生在研学活动中目标的完成度进行评价	针对学生在研学活动中自主、协作、体验、创新等表现，通过测验、小组汇报展示、调研报告等形式进行评价
			教师评价	教师根据学生在研学活动中的参与度、合作有效性、成果展示、能力提升、情感认同等方面进行综合评价	教师根据学生在研学活动中的情感认同、创新水平、合作能力等方面进行评价	教师根据学生在研学活动中的探究能力、研学态度、情绪管理、问题解决等方面进行综合评价
		项目评价		教育主管部门、参与学校、学生、家长通过问卷、访谈等形式，对研学目标设定、研学过程设计、研学实施效果等方面进行评价	教育主管部门、参与学校、学生、家长通过问卷、访谈等形式，对研学项目的安全管理、研学资源、方案设计、组织实施、学生成长的有效性、规范性、整体性进行评价	教育主管部门、参与学校、学生、家长通过问卷、访谈等形式，对研学的安全管理、研学资源、课程衔接、进度组织、教学策略、教学环节、课程意义、学生成长、学生兴趣进行评价

4.9 教学计划与策略列表：科技强国　复兴有我

<table>
<tr><td colspan="3">营地名称</td><td>铜陵市示范性综合实践基地（简称“铜陵营地”）</td><td>命名机构</td><td>教育部</td><td>识别码</td><td>Y145340001</td></tr>
<tr><td colspan="3">从业资质（摘要）</td><td>综合实践活动、研学实践教育、劳动实践教育</td><td>单位属性</td><td>公益一类</td><td>法定代表人</td><td>虞基胜</td></tr>
<tr><td colspan="3">研学主题</td><td>科技强国　复兴有我</td><td colspan="2">主要目的指向</td><td colspan="2">科学技术</td></tr>
<tr><td rowspan="7">营地（枢纽）及周边主要优质研学资源</td><td colspan="2">基地层级</td><td colspan="5">研学站点（基地）名称</td></tr>
<tr><td rowspan="2">教育部命名基地</td><td>已列入教学计划</td><td colspan="5">一、与本主题相关列入教学计划的基地4个
1.安徽省博物院（简称“省博物院”）；2.安徽合肥滨湖国家森林公园；3.滁州市示范性综合实践基地（简称“滁州基地”）4.中国科学与技术大学（简称“中科大”）
二、与本主题关联不大但列入本营地教学计划的基地2个
1.黄山市徽州呈坎八卦村旅游有限公司（简称“徽州呈坎”）；2.黟县徽黄西递旅游开发有限公司（简称“安徽西递”）</td></tr>
<tr><td>待列入教学计划</td><td colspan="5">无</td></tr>
<tr><td colspan="2">其他部委命名基地</td><td colspan="5">合肥市防震减灾科普教育馆（简称“合肥科普教育馆”）</td></tr>
<tr><td colspan="2">地方命名基地</td><td colspan="5">1.铜陵梧桐树农业发展有限公司（简称“梧桐花谷”）；2.铜陵永泉研学旅游基地（简称“永泉农庄”）；3.铜陵数字铜博物馆研学旅游基地（简称“铜陵博物馆”）；4.黄山市徽州区唐模旅行发展有限公司（简称“黄山唐模”）；5.黄山市徽州雕刻博物馆研学旅游基地（简称“徽州雕刻博物馆”）；6.铜官府工业文化园（简称“铜文化园”）；7.铜陵市铜雕艺术研究院（简称“铜陵铜雕艺术院”）；8.铜陵植物园；9.浮山地质公园；10.安徽润一生态园；11.铜陵职业技术学院；12.回收郎物联科技有限公司（简称“回收郎物联科技”）；13.滁州长城动漫园；14.铜陵地震局；15.铜陵滨江生态园；16.铜陵市海螺生活垃圾无害化处理厂（简称“铜陵海螺垃圾处理厂”）；17.中国宣纸文化园；18.安徽创新馆研学旅游基地（简称“安徽创新馆研学基地”）；19.金丰元农业科技园（简称“中华白姜园”）；20.铜陵科技馆；21.铜陵气象公园；22.牯牛降国家地质公园（简称“牯牛降”）；23.铜陵犁桥水镇（简称“犁桥水镇”）；24.铜陵翠湖公园（简称“翠湖公园”）</td></tr>
<tr><td colspan="2">本营地资源</td><td colspan="5">1.禁毒主题场馆；2.人防主题场馆；3.法治主题场馆；4.反邪教主题场馆；5.创客工作室；6.VR体验馆；7.海防馆</td></tr>
<tr><td colspan="2">其他资源</td><td colspan="5">无</td></tr>
</table>

维度或要素	小学高年级段	初中段	高中段
校内教育基础（与校内教育的衔接）	本阶段学生进入了小学科学研究的末尾阶段，对科学的热情和探索欲望较高，同时具备了较为扎实的科学基础，但尚未具备成熟的科学态度。在这一阶段，应注重培养学生的科学思维能力和实践能力，帮助他们更好地理解科学，帮助学生认识常见物体的特征和材料的特性，初步认识常见物质的变化，了解技术与工程对科学发展的促进作用。本研学主题必修课程与校内教育的衔接内容如下：以下课程衔接都以人教版为例，1.科学六年级上册第二单元“田野里的生物”“植物的简单分类”；2.劳动教育任务群七“现代服务业劳动”；3.科学五年级下册第二单元“能量的转换”“电灯的能量转换”“小电动机转起来”“能量转换和能量传递”；4.科学四年级上册第四单元“地球上的水”“水的分布”；5.科学六年级下册第一单元“生物与环境”“生物的栖息地”“动物对环境的适应”“保护生物与环境”	本阶段学生随着年龄的增长，具备一定的独立思维能力和意愿，同时学生科学观念、科学思维等发展较为成熟，但科学探究实践和总结反思能力需进一步加强，通过观察、实验获得数据，得出科学结论意识需进一步提升与其他学科相融合，让学生初步了解现代技术与工程的系统性和复杂性。本研学主题必修课程与校内教育的衔接内容如下：1.人教版九年级上册第四单元“自然界的水”、课题一“爱护水资源”、课题二“水的净化”；2.人教版初中劳动教育课程任务群六“工业生产劳动”；3.人教版生物七年级上册第三节“植物体的结构层次”、生物八年级上册第六单元“生物的多样性及其保护”、第二章“认识生物的多样性”、第三章“保护生物的多样性”；4.人教版初中劳动教育课程任务群七“新技术体验与应用”；5.人教版初中信息技术九年级“信息技术的创新与发展”	本阶段学生智力发展趋于成熟，学生的科学观念、探究实践和责任担当意识发展成熟，本阶段更加注重培养学生科技实践应用能力，引导学生主动探索科学技术实践应用引导学生从科学技术实践探究中形成正确的人生价值观和科学态度，提高科学素养。本研学主题必修课程与校内教育的衔接内容如下：以下课程衔接都以人教版为例，1.高中地理必修一第四章“地表形态的塑造”，第二节“山地的形成”，第三节“河流地貌的发育”；2.高中地理必修三第三章“区域自然资源综合开发利用”，第一节“能源资源的开发”；3.高中化学必修二第四章“化学与自然资源的开发利用”；4.高二化学选修二第四章“保护生存环境”，第二节“爱护水资源”

维度或要素			小学高年级段	初中段	高中段
研学课程	必修课程一	名称	火箭制作与发射	生物进化史	水质检测研究
		活动目的	掌握火箭的制作方法，了解发射中力的大小、方向、作用点等知识	了解科普中心的生物进化的历程、植物种类的演变	探究滨江中水的pH值，认识水的物理性质，研究生态环境的重要性
		活动形式	实地探访、教师讲授、实践体验相结合	实地探访、教师讲授、实践体验相结合	实地探访、教师讲授、实践体验相结合
	必修课程二	名称	认识植物园	农业科技魅力	“浮山”地质地貌研究
		活动目的	了解植物园中的特色植物，并与生活经验、书本知识相结合，提高对植物的探究能力	走进农业高科技园区，认识现代科技赋予农业的高效和神奇，体验农产品深度加工	探究浮山的地质地理、气候环境，认知熔岩流向，龟裂纹路等罕见地质地貌
		活动形式	实地探访、教师讲授、实践体验相结合	实地探访、教师讲授、实践体验相结合	实地探访、教师讲授、实践体验相结合
	必修课程三	名称	航模组装	体验垃圾“三化”处理	循环经济——节能污水处理厂
		活动目的	了解不同类型船只的特点，并进行组装与入水实验	考察铜陵市海螺生活垃圾无害化处理厂，加深理解有关垃圾处理、循环经济的相关知识	探究污水处理新科技，反思科技净化生活；了解污水处理的工艺流程
		活动形式	实地探访、教师讲授、实践体验相结合	实地探访、教师讲授、实践体验相结合	实地探访、教师讲授、实践体验相结合
	必修课程四	名称	铜技术新发展	机器人编程	循环经济——回收废弃电器电子产品
		活动目的	参观市博物馆和现代铜企业，感受铜加工的历史演变，领会现代化科技的发展	初步了解人工智能机器人研究与技术发展，增强科学意识	探究废弃电器电子产品处理、废钢铁加工等科技手段，合理处理，变废为宝
		活动形式	实地探访、教师讲授、实践体验相结合	实地探访、教师讲授、实践体验相结合	实地探访、教师讲授、实践体验相结合

维度或要素			小学高年级段	初中段	高中段
研学课程	必修课程五	名称	三维创意设计	DIY 体验馆	动漫新探究
		活动目的	了解3Done的使用方法，简单制作出立体的实物	体验参与DIY体验馆及3D打印，动手制作创造新事物	参观动漫城，了解景点设施与VR等知识
		活动形式	实地探访、教师讲授、实践体验相结合	实地探访、教师讲授、实践体验相结合	实地探访、教师讲授、实践体验相结合
	必修课程六	名称	火灾消防科普	参观铜陵地震局	参观铜陵地震局
		活动目的	了解火灾消防安全知识，增强学生防范意识和避险自救互救能力	了解防震减灾安全知识，增强学生防震减灾意识和避险自救互救能力	掌握防震减灾安全知识，体验现代防震有关新科技
		活动形式	实地探访、教师讲授、实践体验相结合	实地探访、教师讲授、实践体验相结合	实地探访、教师讲授、实践体验相结合
	必修课程七	名称	科学探究	体验宣纸技艺	徽州建筑初设计
		活动目的	体验物理实验的魅力，了解声、光、电等科学原理，培养动手实验的科学习惯	了解宣纸的发展历史及独特工艺，并尝试体验宣纸制作工序	参观徽州建筑、园林山水、园林植物；亲自动手建造微景观徽州园林或砌筑照壁
		活动形式	实地探访、教师讲授、实践体验相结合	实地探访、教师讲授、实践体验相结合	实地探访、教师讲授、实践体验相结合
	必修课程八	名称	创意搭建	徽州竹雕技艺	徽州竹雕技艺
		活动目的	锻炼学生的空间立体感，了解齿轮转动、机械传动、力的作用等知识	了解徽州四雕工艺、非遗文化，体验徽州竹雕技艺，动手制作竹雕作品	了解徽州四雕工艺、非遗文化，深度体验非遗技艺竹雕，感悟传统技艺与现代科技的魅力
		活动形式	实地探访、教师讲授、实践体验相结合	实地探访、教师讲授、实践体验相结合	实地探访、教师讲授、实践体验相结合

维度或要素			小学高年级段	初中段	高中段
研学课程	必修课程九	名称	现代工业体验（学工）（一）	现代工业体验（学工）（二）	现代工业体验（学工）（三）
		活动目的	通过参观现代工业项目课程，了解现代工业水平	观察体验现代工业技术，了解现代工业技术水平	学习拼搏奋斗的精神，根植科技强国梦，了解工匠精神
		活动形式	实地探访、教师讲授	实地探访、教师讲授、实践体验相结合	实地探访、教师讲授、实践体验相结合
	必修课程十	名称	认识物联网	身边的物联网技术	物联网技术
		活动目的	认知物联网的概念与意义，了解物联网各模块的作用，可搭建简单场景实现物物相联	观察体验物联网技术，了解物联网的技术水平，感受物联网改变生活	体验物联网技术，在工业、生活中发挥的积极作用，动手实践尝试将万物互联运用于实际（智能农业、智能交通）
		活动形式	实地探访、教师讲授、实践体验相结合	实地探访、教师讲授、实践体验相结合	实地探访、教师讲授、实践体验相结合
	选修课程		1. 入营教育（安全教育等常规教育）（一） 2. 制作智能感应灯 3. 人防、消防等科普与演习 4. 我爱科学小实验	1. 入营教育（安全教育等常规教育）（二） 2. 大国工匠 3. 科技创新在身边	1. 入营教育（安全教育等常规教育）（三） 2. 水、土壤、空气污染的防治 3. 人工智能

维度或要素		小学高年级段	初中段	高中段
研学线路	代表性线路（时长五日）	第一天：铜陵营地—创客工作室—铜陵营地；第二天：铜陵营地—主题教育场馆—铜陵营地；第三天：铜陵营地—铜陵植物园—铜陵营地；第四天：铜陵营地—VR体验馆—铜陵营地；第五天：铜陵营地—铜陵博物馆—铜陵铜雕艺术院—铜陵营地	第一天：铜陵营地—创客工作室—三中生态园—铜陵营地；第二天：铜陵营地—中国宣纸文化园—铜陵营地；第三天：铜陵营地—铜陵博物馆—铜陵地震局—铜陵营地；第四天：铜陵营地—铜陵海螺垃圾处理厂—铜陵职业技术学院—铜陵营地；第五天：铜陵营地—徽州雕刻博物馆—铜陵营地	第一天：铜陵营地—浮山地质公园—铜陵营地；第二天：铜陵营地—安徽润一生态园—铜陵营地；第三天：铜陵营地—铜陵职业技术学院—回收郎物联科技—铜陵营地；第四天：铜陵营地—滁州长城动漫园—滁州基地；第五天：滁州基地—铜陵地震局—铜陵滨江生态园—铜陵营地
	可选择线路（按天设计，菜单式选择）	1. 铜陵营地—梧桐花谷—铜陵营地；2. 铜陵营地—铜文化园—铜陵营地；3. 铜陵营地—铜陵铜雕艺术院—铜陵营地；4. 铜陵营地—浮山地质公园—铜陵营地；5. 铜陵营地—牯牛降—铜陵营地；6. 铜陵营地—铜陵气象公园—铜陵营地；7. 铜陵营地—翠湖公园—铜陵营地	1. 铜陵营地—安徽唐模—铜陵营地；2. 铜陵营地—梧桐花谷—铜陵营地；3. 铜陵营地—牯牛降—铜陵营地；4. 铜陵营地—铜陵气象公园—铜陵营地；5. 铜陵营地—省博物院—铜陵营地；6. 铜陵营地—徽州呈坎—铜陵营地；7. 铜陵营地—安徽创新馆研学基地—铜陵营地；8. 铜陵营地—铜陵科技馆—铜陵营地	1. 铜陵营地—牯牛降—铜陵营地；2. 铜陵营地—梧桐花谷—铜陵营地；3. 铜陵营地—安徽唐模—铜陵营地；4. 铜陵营地—徽州雕刻博物馆—铜陵营地；5. 铜陵营地—省博物院—铜陵营地；6. 铜陵营地—徽州呈坎—铜陵营地；7. 铜陵营地—安徽创新馆研学基地—铜陵营地；8. 铜陵营地—铜陵科技馆—铜陵营地
	规划线路（按天设计）	1. 铜陵营地—永泉农庄—铜陵营地；2. 铜陵营地—中华白姜园—铜陵营地；3. 铜陵营地—铜陵科技馆—铜陵营地；4. 铜陵营地—铜陵地震局—铜陵营地	1. 铜陵营地—永泉农庄—铜陵营地；2. 铜陵营地—犁桥水镇—铜陵营地；3. 铜陵营地—安徽创新馆研学基地—铜陵营地	1. 铜陵营地—永泉农庄—铜陵营地；2. 铜陵营地—中华白姜园—铜陵营地；3. 铜陵营地—安徽唐模—铜陵营地；4. 铜陵营地—中科大—合肥科普教育馆—铜陵营地

维度或要素		小学高年级段	初中段	高中段
教学重点难点（以代表性线路教学设计为例，以下同）	教学重点	1. 了解 3D 打印技术原理，掌握3D 打印技术应用的相关知识；2. 了解现代海防的相关知识，激发对现代海防科技的兴趣；普及火灾消防安全知识，增强学生防范意识，可辨识声、光、电等科学现象；3. 体验有序的现代农业场景，感受现代农业的科技水平；4. 提高科技兴趣，激发创新思维，体验新科技的魅力；5. 参观市博物馆，感受铜加工的历史演变，领会采铜、炼铜技术的发展	1. 了解科普中心的生物进化历程、植物种类的演变；2. 了解宣纸的发展历史及独特工艺，并尝试体验宣纸制作工序；3. 普及防震减灾安全知识，增强学生防震减灾意识和避险自救互救能力；4. 考察铜陵市海螺生活垃圾无害化处理厂，加深理解有关垃圾处理、循环经济、环境保护的科学知识；5. 了解徽州四雕工艺，体验徽州竹雕技艺	1. 认知遗存下来的火山口、火山钟、火山潭（浮石）及熔岩流向，龟裂纹路和断层裂隙等罕见地质地貌；2. 参观徽州建筑、园林山水、园林植物；亲自动手建造微景观徽州园林或砌筑照壁；3. 探究废弃电器电子产品处理、废钢铁加工等科技手段，合理处理；4. 普及防震减灾安全知识，增强学生防震减灾意识和避险自救互救能力，了解现代防震有关新科技；5. 探究滨江中水的 pH 值，认识水的物理性质，研究生态环境的重要性
	教学难点	1. 了解声、光、电等科学原理，树立科学观；2. 在遇到火灾等危险时，掌握自我保护的正确方法，增强学生防范意识和避险自救互救能力；3. 将生活经验与书本知识相结合，提高对植物的探究能力；4. 认识新科技改变生活，正确地使用现代科技；5. 感受铜加工的历史演变，领会采铜、炼铜技术的发展	1. 初步了解人工智能机器人研究与技术发展，增强科学意识；2. 体验参与 DIY 体验馆及 3D 打印，动手制作创造新事物；3. 观察体验现代工业技术，了解现代工业技术水平；4. 走进农业高科技园区，认识现代科技赋予农业的高效和神奇，体验农产品深度加工的精细工艺；5. 认知徽州四雕工艺，感受传统工艺魅力	1. 探究浮山的地质地理与气候环境的关系；2. 正确处理生活中出现的电子类垃圾，了解现代新科技，与自然社会和谐相处；3. 认知 VR 设计与制作的流程，了解 VR 技术的适用领域；4. 通过科学探究，重视生态环境的保护

维度或要素	小学高年级段	初中段	高中段
教学策略	针对小学高年级段学生的认知需求和能力进行分析后，我们发现他们的好奇心日益增长，开始对未知事物进行反思、追求和探索，且学习兴趣愈发广泛。大部分学生已具备严谨的观察能力和初步的探究技能，小组内的协作交流也有一定的基础。在此基础上，我们运用创新教学方法，如项目式学习和小组合作学习，引导学生积极参与、自主思考和探索，以培养他们的创新意识和实践能力。我们采用讲授法、图示法、参观法、讨论法等教学策略，以及观察法、归纳法等学习方法。同时，充分利用信息技术手段，如人工智能和虚拟现实等，为学生提供更为生动、形象的学习体验，激发学习兴趣，提高技术素养	针对初中段学生，其独立思考和判断能力大幅提升，思维模式兼具形象和抽象思维，具有较强的可塑性。他们合作意识浓厚，创新程度较高。鉴于这些特点，采取项目式学习策略，设计真实问题或任务，让学生深度探讨问题，进行分析和研究，最终寻求解决方案。倡导学生自主学习和协同学习，运用观察和实验等手段收集数据，运用科学语言、概念图、统计图表等对数据进行整理和分析，利用所学科学原理、思维方式和数学方法处理数据，构建解释，得出结论，判断结论与假设的一致性。学生具备利用所学知识和方法获取信息、处理信息并得出结论的能力。采用讲授法、图示法、参观法、讨论法等教学手段，通过研学实践中的科学观察、实验探究等活动，形成系统的研究方法和理论体系，培养学生科学思维习惯，树立科学态度和正确价值观，并根据实际研究结果进行持续调整	针对高中段学生，鉴于他们较高的认知发展和学习能力，以及较强的创新意识和自主合作探究能力，本阶段的教育目标在于强化学生的实践动手能力、思维探索能力以及实际操作应用能力，以推动学生核心素养的全面发展。在教学方法上，我们采用讲授法、谈话法、演示法、讨论法、观察法、自主学习法以及探究学习法，充分利用丰富的科技资源，带领学生走进企业、走进社会，让学生深刻理解科技与生活、科技与国家发展的紧密联系。引导学生从核心素养的视角出发，通过科技研学和创新性研学，让学生从学校的小课堂走向社会的大课堂，进一步提升学生的实践能力和思维探索能力，体验科学研究的方法，培养社会参与意识和社会责任感，最终实现研学实践活动的人才培养目标

维度或要素				小学高年级段	初中段	高中段
实施方案	入营教育	安全	引导	通过营地安全通道、安全标识学习进行入营安全教育	通过案例警示教育，强调安全的重要性，发放《安全手册》	通过主题教育形式，引导学生对研学中的安全知识自主梳理、并得出应对方法
			实训	实施安全教育公共课，形成“习惯安全”意识	开展“研学安全知多少”安全知识技能展示活动，使理论有效指导实训	结合研学实际，学生以小组为单位制订安全预案，并以比赛形式开展模拟推演
		应急	引导	学习急救常识，通过视频学习，掌握应急事件处理的方法和技巧	通过案例警示教育，强调应急救护的重要性，发放《应急教育手册》	以主题教育形式，引导学生自主梳理研学中使用到的应急方法与技能
			实训	学会使用灭火器等应急工具，进行应急疏散演练	实操学习包扎方法和中暑、崴脚等应急处置方法	结合研学实际，有计划不定时地组织学生应急教育演练，增强学生实操能力
		救助	引导	教授应对突发事件处理方法和技巧，学会冷静思考，及时向他人求救	提高自我安全意识，感知危险时采取有效的求助方式	提升风险防范意识，在自我保护的同时可以帮助他人，正确求救、施救
			实训	组织学生开展救助技能实操培训	实操心肺复苏、止血包扎等应急救护训练	与红十字会共同开展“救在身边”应急救护模拟演练
		自我管理	引导	制定班排长制度，引导学生以班为单位自我管理	学生分组合作自主管理，推动学生自主管理模式创设	通过小组任务分配、完成情况，要求学生合理自评
			实训	根据学生自管考核评价方案，进行考核结果汇总	教师引导学生自主分组活动，推选组长、合理分工	根据研学活动目标，学生分组完成任务，自行管理，并在活动后自我评价
		团队协作	引导	为确保学生自主管理工作的有效性，营地学管部对学生自主管理加强指导检查	要求学生以团队形式完成研学中的任务，相互帮助，取长补短	要求团队对研学活动任务进行规划，并以多种形式展示活动成果
			实训	在营地教师组成的指导团带领下，下设连长、安全员等职务并分工明确，责任到人	通过素质拓展活动，团队配合，发挥集体作用	在课程实施与总结中设置对学生团结协作的展示与评价模块

维度或要素		小学高年级段	初中段	高中段
实施方案	导入教学环节	第一天，游戏导入：进行比赛游戏，引导学生主动进行创意设计；第二天，游戏导入：进行比赛游戏，引导学生主动参与科学探究；第三天，任务导入：亲身体会现代农业劳动，感受现代农业科技水平；第四天，体验导入：体验VR设备，亲身体验感受科技魅力；第五天，任务导入：对科技发展脉络绘制思维导图，提升认识	第一天，任务导入：对生物进化的历程绘制思维导图；第二天，任务导入：了解植物种类的演变的过程；第三天，体验导入：尝试体验宣纸制作工序；第四天，体验导入：体验现代工业技术，了解现代工业技术水平；第五天，体验导入：体验徽州竹雕技艺	第一天，视频导入：观看相关视频；第二天，任务导入：分析浮山现有地质地貌，并绘制思维导图；第三天，体验导入：尝试体验竹雕工艺技术；第四天，体验导入与任务导入：体验VR动漫作品，进行智慧农业、智慧城市等物联网设计；第五天，任务导入：了解滨江现在水质情况
	授课教学环节	第一天：选修课程1“入营教育（安全教育等常规教育）（一）”、必修课程一“火箭制作与发射”、必修课程七“科学探究”；第二天：必修课程六“火灾消防科普”、选修课程3“人防、消防等科普与演习”、必修课程三“航模组装”、选修课程4“我爱科学小实验”；第三天：必修课程二“认识植物园”；第四天：必修课程五“三维创意设计”、必修课程十“认识物联网”、选修课程2“制作智能感应灯”；第五天：必修课程四“铜技术新发展”	第一天：选修课程1“入营教育（安全教育等常规教育）（二）”、必修课程一“生物进化史”；第二天：必修课程七“体验宣纸技艺”；第三天：必修课程四“机器人编程”、必修课程五“DIY体验馆”、必修课程六“参观铜陵地震局”、必修课程十“身边的物联网技术”、选修课程3“科技创新在身边”；第四天：必修课程三“体验垃圾‘三化’处理”、必修课程九“现代工业体验（学工）（二）”、选修课程2“大国工匠”；第五天：必修课程八“徽州竹雕技艺”、必修课程二“农业科技魅力”	第一天：选修课程1“入营教育（安全教育等常规教育）（三）”、必修课程二“‘浮山’地质地貌研究”；第二天：必修课程七“徽州建筑初设计”、必修课程八“徽州竹雕技艺”；第三天：必修课程三“循环经济——节能污水处理厂”、必修课程四“循环经济——回收废弃电器电子产品”、必修课程九“现代工业体验（学工）（三）”；第四天：必修课程五“动漫新探究”、必修课程十“物联网技术”、选修课程3“人工智能”；第五天：必修课程一“水质检测研究”、选修课程2“水、土壤、空气污染的防治”、必修课程六“参观铜陵地震局”

维度或要素		小学高年级段	初中段	高中段
实施方案	进级教学环节	1.实验操作：制作并发射火箭；2.任务驱动：设置不同场景，选择并组装合适船只，进行入水实验；3.实地探究：普及火灾消防安全知识，增强学生防范意识和避险自救互救能力；4.小组讨论：体验物理实验的魅力，培养动手实验的科学习惯；5.实地探究：观察植物园中的特色植物，并与生活经验、书本知识相结合，提高对植物的探究能力；6.小组讨论：了解3Done的使用方法，简单制作出立体的实物；7.小组讨论：小组合作搭建简单场景，实现物物相联；8.实地探究：感受铜加工的历史演变，领会社会主义现代化科技的发展	1.实地探究：参观科普中心的生物进化的历程、植物种类的演变；2.小组讨论：介绍人工智能机器人的研究与技术发展，增强学科意识；3.任务驱动：体验宣纸制作工序；4.任务驱动：使用3D打印技术制作口哨，并动手制作创造新事物；5.小组合作：增强学生防震减灾意识和避险自救互救能力；6.实地探究：考察铜陵市海螺生活垃圾无害化处理厂，加深理解有关垃圾处理、循环经济、环境保护的科学知识；7.实地考察：观察体验现代工业技术，了解现代工业技术水平；8.小组合作：完成竹筒制作，体验徽州竹雕技艺	1.实地探究：探究浮山的地质遗存下来的火山口、龟裂纹路和断层裂隙等罕见地质地貌；2.实地考察：亲自动手建造微景观徽州园林或砌筑照壁；3.小组合作：完成竹筒制作，体验徽州竹雕技艺；4.实地探究：探究污水处理新科技，了解污水处理的工艺流程，即预处理+生化处理+深度处理；5.小组合作：探究废弃电器电子产品处理、废钢铁加工等科技手段，合理处理，变废为宝；6.实地考察：体验动漫游戏，参观动漫城，了解VR设备并观摩VR作品设计制作过程；7.小组合作：增强学生防震减灾意识和避险自救互救能力；8.实地探究：探究滨江中水的pH值，研究生态环境的重要性
	巩固教学环节	1.趣味性练习和游戏体验；总结思维导图；2.开展小组合作讨论；3.现场教学、自主学习与任务驱动相结合；4.任务驱动，通过知识竞赛与讨论，加深对高新技术的理解程度，掌握相关的科学原理和技术流程；5.发布任务与小组交流分享相结合，将所学知识与生活实际相结合，谈谈各自体会和感受	1.将所学应用于生活实际；总结思维导图；2.进行针对性训练和实践体验；3.现场教学、自主学习与任务驱动相结合；4.技术应用案例展示、实践体验、参观讨论，联系现实生活进行技术实用性探究；5.发布任务与小组交流分享相结合，将所学知识与生活实际相结合，谈谈各自体会和感受	1.将所学应用于生活实际；总结思维导图；2.进行针对性训练和实践体验；3.现场教学、自主学习与任务驱动相结合；4.任务驱动、小组探究讨论，加深对高新技术的理解程度；5.发布任务与小组交流分享相结合，将所学知识与生活实际相结合，谈谈各自体会和感受

维度或要素			小学高年级段	初中段	高中段
实施方案	总结教学环节	教学创新	引导学生以小组形式进行总结，创新总结方法，辅助学生重构整个活动流程、整理知识体系，提炼活动体验。教师应激发学生主动思考、协同探究、展现个性、敢于发表观点，在实践活动中积极探索新的教学手段和策略，为学生奠定科技可以兴国的观念	初中段的教师针对学生特性设计探究性问题，激活学生的学习热情，并通过精细的教学步骤保持学生的关注度，强化实践操作体验，进而培育学生的创新意识、科学素养	研学教育实践围绕科学探索和环境保护等主题展开，将地域特色与各学科知识相结合，做到理论与实践相结合，书本与研学相结合，让学生真正地感受到科技的魅力
		教学总结	审视研学课程中的重难点与实际体现，探讨入营教育的合理性，以及导入和授课教学环节的科学性。在此基础上，进行总结与反思，不断优化调整研学活动内容与结构	研学工作结束后，及时汇总研学过程中出现的问题，以及做得好的地方，便于改正或形成经验	在阶段性指导与概括学生研究性学习成果的基础上，我们及时梳理并收集学生所遇到的问题及成果案例。课程结束后，组织学生以小组为单位，围绕课程核心展开研究性成果展示，为后续研究性学习的持续推进奠定基础。同时，开展研学活动的教学资料的搜集、整理工作，并构建完整的教育教学档案，以备后续参考
		教学反思	活动准备是否充足；聚焦学生核心素养提升，是否达到预期提升目标；着重探讨如何促进学生积极参与、主动提问与解决问题；通过不断优化、调整研学实践课堂，为未来研学活动提供借鉴	活动情境创设是否有新意；活动过程中是否照顾到不同层次的学生；充分发挥学生主观能动性，尤其在实践体验方面，我们给予了足够的重视，以促使学生更好地参与其中，为未来研学活动的顺利进行提供参考依据	活动开展是否做到以学生为中心、经验为中心、活动为中心的新三中心教育理论；为学生提供的研究型学习资源进行优化和调整，对教学环节的规划、执行及成果进行梳理，为后续研学活动提供借鉴

维度或要素				小学高年级段	初中段	高中段
实施方案	评价教学环节	教学水平评价	自我评价	教师对课程的目标、课程内容、实施策略以及学生参与度表现等情况进行自我评价	在研学活动结束之后，对研学过程中的课程管理、教学方法、教学工具的应用、研学资源的开发与完善等进行评价，进一步提高自身水平	对研学活动内容、形式进行整体评价，着重关注学生研学活动的获得感
			学生评价	随机抽取学生对教学进行口头评价，统计评价情况	学生对教师在研学活动中对学生的引导，学生在研学中的学习成果、团队合作、问题解决能力等多方面的展示进行评价	学生对教师的教学水平、组织能力、互动方式、对学生的关心与指导等多个方面进行评价。尤其是教师专业知识的丰富程度，是否对研学方面有着深入的了解和研究
			同行评价	邀请其他研学教师对课程设计以及在课程中的讲授表现给予评价	以学术角度评价研学教师的教学设计、组织、引导能力以及课程设置的合理性，并对运用多种教学方法和手段，激发学生的研学兴趣和动力进行评价	邀请其他研学教师对课程设计以及在课程中的讲授表现给予评价。教师在设计研学课程时，要注重不同学科之间的交叉与融合，帮助学生建立跨学科的知识体系
			培训和考核	定期参与营地内研学教师培训和教学评比工作。利用网络平台进行远程培训，让教师随时随地学习	组织面对面的培训课程，研讨会、工作交流会，提供实际操作和互动学习的机会；对教师设计的研学课程和活动效果，以及学生的研学成果和反馈进行考核	线上线下相结合进行师资培训，建立以教育教学目标为培训基础的教师专业发展培训制度，着眼教师发展需要，形成特色培训，并定期对教师学习成果进行考核
			教学成果展示	定期参与营地内教学评比活动，展示课程并不断改进	教师展示研学成果，如研究报告、学生作品、活动照片，以便进行评估	以图文、视频等形式记录学生的表现，通过研学活动网络平台展示学生研学实践过程以及研学成果

维度或要素				小学高年级段	初中段	高中段
实施方案	评价教学环节	学业评价	形成性评价	通过作品展示、口头汇报等形式，对学生成果汇报，以及他们在活动中的表现给予评价	通过观察、记录和反馈学生研学过程中的学习情况，教师对学生的参与度、知识探究、交流表达、动手实践、互助合作等具体表现进行记录和评价	基于对学生学习全过程的持续观察、记录、反思，通过科学规划，实现跨学科整合，对学生在研学过程中的表现及成果进行评估
			总结性评价	通过调查报告、研学日记、报告等结果性材料给予学生评价，这些评价都是为了对学生的学习情况进行全面了解和反馈	以学生的动手能力、实践技能为主导，根据研学学习目标标准，运用作品展示、分享交流、研究报告等多种形式对学生的目标达成程度进行评估	在研学过程中，需要对学生的参与度、动手能力、表达能力、探究能力以及创新能力等因素进行综合评估
			教师评价	由教师根据学生在研学活动中的表现和成果，结合学生的参与度、实践结果等，对学生进行激励评价	由教师根据学生在研学活动中的表现和成果，以课程成果汇报交流的形式对学生进行交流评价	由教师根据学生在研学活动中的表现和成果，以研究性学习成果交流展示会的形式，对学生进行评价
		项目评价		行政主管部门、学校、学生、家长以及社会各界对研学实践教育中的安全管理、教学资源、研学课程安排、学生收获等方面进行评价，旨在持续改进研学实践教育	行政主管部门、学校、学生、家长以及社会各界对研学实践教育中的安全管理、教学资源、研学课程安排等方面进行评价，根据评价结果来提高今后课程服务的质量	行政主管部门、学校、学生、家长以及社会各界对研学实践教育中的教学资源、研学课程安排、学生收获等方面进行评价

4.10 教学计划与策略列表："科技与人文之旅"国防科工主题研学

<table>
<tr><td colspan="3">营地名称</td><td>滁州市示范性综合实践基地（简称"滁州营地"）</td><td>命名机构</td><td>教育部</td><td>识别码</td><td>Y145340002</td></tr>
<tr><td colspan="3">从业资质（摘要）</td><td>负责青少年校外思想教育活动的组织实施；负责青少年校外文体活动的组织实施；承担全市中小学生综合实践活动</td><td>单位属性</td><td>公益二类</td><td>法定代表人</td><td>周树龙</td></tr>
<tr><td colspan="3">研学主题</td><td>"科技与人文之旅"国防科工主题研学</td><td colspan="2">主要目的指向</td><td colspan="2">科学技术教育</td></tr>
<tr><td rowspan="7">营地（枢纽）及周边主要优质研学资源</td><td colspan="2">基地层级</td><td colspan="5">研学站点（基地）名称</td></tr>
<tr><td rowspan="2">教育部命名基地</td><td>已列入教学计划</td><td colspan="5">一、与本主题相关列入教学计划的基地4个
1.安徽合肥滨湖国家森林公园（简称"滨湖公园"）；2.安徽名人馆（简称"渡江战役纪念馆"）；3.滁州市小岗村旅游投资管理股份有限公司（包含大包干纪念馆和当年农家）（简称"小岗村大包干纪念馆"）；4.安徽青松食品有限公司（简称"青松食品公司"）
二、与本主题关联不大但列入本营地教学计划的基地13个
1.黄山风景区；2.黟县徽黄西递旅游开发有限公司（简称"西递景区"）；3.黄山市徽州呈坎八卦村旅游有限公司（简称"呈坎八卦村"）；4.侵华日军南京大屠杀遇难同胞纪念馆；5.南京博物院；6.杭州（国际）青少年洞桥营地；7.曲阜孔庙、孔林和孔府（简称"三孔"）；8.孟庙孟府孟林景区（简称"三孟"）；9.山东博物院；10.日照市山泽海洋旅游产业开发有限公司（简称"日照海洋公园"）；11.中国国家博物馆；12.中国园林博物馆；13.南京市未成年人社会实践行知基地（简称"南京行知基地"）</td></tr>
<tr><td>待列入教学计划</td><td colspan="5">1.天长市中小学生现代农业研学基地；2.南京中国科举博物馆</td></tr>
<tr><td colspan="2">其他部委命名基地</td><td colspan="5">无</td></tr>
<tr><td colspan="2">地方命名基地</td><td colspan="5">1.合肥科技馆；2.安徽创新馆；3.滁州科技馆；4.滁州规划馆；5.滁州博物馆；6.安徽省琅琊山旅游发展有限公司（简称"琅琊山"）；7.全椒县吴敬梓纪念馆（简称"吴敬梓纪念馆"）；8.中国人民抗日军政大学第八分校（简称"天长龙岗抗大八分校"）；9.皖东烈士陵园（简称"来安半塔烈士陵园"）；10.滁州长城影视基地（简称"长城影视城"）；11.皇甫山国家森林公园；12.中新苏滁高新技术产业开发区（简称"苏滁产业园"）；13.中山陵；14.雨花台；15.阅江楼；16.玄武湖；17.桃花潭；18.敬亭山；19.采石矶；20.李白文化园（简称"李白墓"）；21.滁州花博园（简称"花博园"）</td></tr>
<tr><td colspan="2">本营地资源</td><td colspan="5">1.自然探索馆；2.科技馆；3.人民防空教育馆（简称"人防馆"）；4."滁州网信·未来e站"；5.消防馆；6.农业大棚；7.军事科普区；8.青少年运动教育馆</td></tr>
<tr><td colspan="2">其他资源</td><td colspan="5">无</td></tr>
</table>

维度或要素	小学高年级段	初中段	高中段
校内教育基础（与校内教育的衔接）	对照课标，小学高年级段在科学技术教育方面提出学生应该能够初步认识常见物质的变化，了解生物与生物、生物与环境之间相互依存的关系，了解各种自然现象，知道技术与工程对科学发展有促进作用等目标要求，本研学主题必修课程与校内教育的衔接内容如下：以下课程衔接都以人教版为例，1.科学五年级上册第二单元“植物的后代与亲代”；2.科学六年级上册第二单元“植物的简单分类”“植物的光合作用”；3.科学六年级下册第一单元“生物的栖息地”；4.劳动教育任务群六：工业生产劳动；5.科学六年级上册第五单元“建造植物工厂”“设计与建造植物工厂”；6.科学五年级下册第二单元“能量的转换”“电灯的能量转换”“电铃的能量转换”“小电动机转起来”“能量转换和能量传递”；7.科学六年级下册第二单元“地表流水的力量”；8.科学五年级下册第二单元“能量的转换”“电灯的能量转换”“电铃的能量转换”“小电动机转起来”“能量转换和能量传递”；9.信息技术四年级上册“研究使用简单的图像、视频、音频编辑工具”；10.劳动教育任务群四：农业生产劳动	对照课标，初中段在科学技术教育方面提出初中生应掌握基本的科学知识，形成初步的科学观念，初步认识科学的本质、形成基本的科学概念的要求，本研学主题必修课程与校内教育的衔接内容如下：1.人教版化学九年级上册第四单元自然界的水、课题一“爱护水资源”、课题二“水的净化”、物理八年级上册第四章“光的折射”、第五章“透镜及其应用”；2.人教版历史八年级下册第三单元“经济体制改革”；3.义务教育劳动课程任务群四：农业生产劳动；4.义务教育劳动课程任务群四：农业生产劳动；5.人教版初中劳动教育课程任务群七：新技术体验与应用；6.人教版初中劳动教育课程任务群七：新技术体验与应用；7.人教版物理八年级上册第二章“声音的产生与传播”、八年级下册第一章“力”、第十二章“杠杆”、九年级第二十章“电与磁”	对照课标，高中段在科学技术教育方面提出高中学生应掌握科学知识和方法，树立科学态度，具有正确的价值观和社会责任感，获得未来发展、终身学习、美好生活和担当民族复兴大任所必需的学科核心素养，成为有理念、会设计、能动手、善创造的社会主义建设者和接班人。基于以上要求，本研学主题必修课程与校内教育的衔接内容如下：以人教版为例，1.高中历史必修三第七单元“现代中国的科技、教育与文学艺术”；2.高中历史选择性必修二第二单元“新科技革命与现代社会发展”；3.高中物理必修二第七章“万有引力定律”、必修三第十三章“电磁感应与电磁波初步”等；4.高中历史必修二第十九课“工业文明的崛起和对中国的冲击”；5.高中历史必修一第四单元“解放战争”；6.高中生物必修三第六章“生态环境的保护”；7.高中物理必修一第三章、第四章；8.高中信息技术选择性必修五三维设计方面；9.高中信息技术选择性必修二网络安全方面；10.高中信息技术选择性必修二网络安全方面

维度或要素			小学高年级段	初中段	高中段
研学课程	必修课程一	名称	自然探索	自然探索之野外生存	国防科工讲座
		活动目的	参观营地自然探索馆，观察各类动植物、矿石标本，培养对大自然的热爱和环境保护的意识	使用纱布、细沙、碎石、活性炭等制作野外简易净水装置，尝试使用放大镜聚焦取火和钻木取火，掌握野外生存技能	参观营地军事科普区和人防馆，聆听国防科工讲座，了解我国国防科工领域取得的重大成果
		活动形式	教师讲授、实践体验相结合	教师讲授、实践体验相结合	教师讲授、实践体验相结合
	必修课程二	名称	植物标本制作	农村改革之路	参观安徽创新馆
		活动目的	采集植物标本，观察叶片脉络，学习叶片标本制作，培养观察能力和动手能力	参观凤阳小岗村大包干纪念馆，了解改革开放40多年中国农村翻天覆地的变化	通过实物模型、艺术装置、数字沙盘等多媒体设备，开阔视野，培养创新精神
		活动形式	教师讲授、实践体验相结合	教师讲授、实地探访、实践体验相结合	教师讲授、实地探访、实践体验相结合
	必修课程三	名称	琅琊山研学	当年农家	参观合肥科技馆
		活动目的	攀登琅琊山，感受琅琊山的醉美山水，学习琅琊山的动植物、岩石等生物地理知识	参观当年农家，了解传统农耕工具，对比改革开放前后农村生活的变化	参观合肥科技馆内飞机模拟驾驶、能量穿梭机、天象等展区展品，激发科创兴趣
		活动形式	教师讲授、实地参观、实践体验相结合	教师讲授、实地探访、实践体验相结合	教师讲授、实地探访、实践体验相结合
	必修课程四	名称	传统建筑与榫卯	农具认知	现代化食品加工
		活动目的	通过对传统建筑工艺的了解和学习，感受传统建筑营造技艺的智慧	从各农具的名称、外观、用途、使用方法等方面了解传统农具的基本知识	参观青松食品公司，通过与一线工人交流了解现代化工业发展
		活动形式	教师讲授、实地参观、实践体验相结合	教师讲授、实践体验相结合	教师讲授、实地探访、实践体验相结合

维度或要素			小学高年级段	初中段	高中段
研学课程	必修课程五	名称	城市发展	智慧农业	参观渡江战役纪念馆
		活动目的	参观滁州规划馆，了解城市发展历程、未来规划，以及滁州工业重点项目，提升对家乡的了解	参观营地农业大棚，了解现代化智慧农业种植技术，让学生深刻领悟科学技术对于生活的重要影响	结合校外知识，回顾解放战争历史，缅怀革命先烈，明白国防科工对于国家的重要性，传承红色基因，树立远大理想
		活动形式	教师讲授、实地参观、实践体验相结合	教师讲授、实地探访、实践体验相结合	教师讲授、实地探访、实践体验相结合
	必修课程六	名称	滁州科技馆	无土栽培之蒜苗	参观合肥滨湖国家森林公园
		活动目的	通过参观滁州科技馆，激发学生对科创的新热情，提升创新意识和能力	认识无土栽培，掌握基本的无土栽培技巧，并尝试进行蒜苗培育，制定《观察记录手册》	游览滨湖公园，了解其生态修复、构建生态屏障的建设历程
		活动形式	教师讲授、实地参观、实践体验相结合	教师讲授、实践体验相结合	教师讲授、实地探访、实践体验相结合
	必修课程七	名称	定向运动	参观安徽创新馆	制作“水火箭”
		活动目的	了解辨别方向的方法和设备，学习使用地图和指北针，培养团队合作精神	了解安徽发展历史、未来规划，培养创新精神，感受徽派建筑特有的文化韵味	学会水火箭的制作方法和发射技巧，培养学生创新精神和创造能力
		活动形式	教师讲授、实践体验相结合	教师讲授、实地探访、实践体验相结合	教师讲授、实践体验相结合
	必修课程八	名称	参观营地科技馆（一）	参观合肥科技馆	3D打印之船模制作
		活动目的	通过参观营地科技馆，了解国家航空航天科技发展历程和人类进化史	参观合肥科技馆内能量穿梭机、穹幕影院、4D动感影院等展区展品，激发科创兴趣	学习船舶设计，自行设计船模，并用3D打印制作出来
		活动形式	教师讲授、实践体验相结合	教师讲授、实地探访、实践体验相结合	教师讲授、实践体验相结合

维度或要素			小学高年级段	初中段	高中段
研学课程	必修课程九	名称	VR体验	参观营地科技馆（二）	网络安全
		活动目的	在营地实景课堂，体验VR技术，感受科技与现实生活的链接	通过参观营地科技馆，了解国家航空航天科技发展历程和人类进化史；通过力学、光学、电学等实验，培养科学兴趣	参观“滁州网信·未来e站”，通过信息安全学习和动漫制作互动学习等，提升网络素养
		活动形式	教师讲授、实践体验相结合	教师讲授、实践体验相结合	教师讲授、实践体验相结合
	必修课程十	名称	多肉植物种植	机器人操作	大数据时代的利与弊
		活动目的	认知多肉植物的分类，学会使用规范的工具，科学地培养，掌握种植多肉植物的方法	学习机器人原理和部件功能，尝试使用各种机器人套件和工作来进行实际操作，培养学生的创造力和解决问题的能力	分组讨论“大数据时代的利与弊”，撰写辩论发言稿，举办辩论赛，让学生更深刻地理解“科技是把‘双刃剑’”
		活动形式	教师讲授、实践体验相结合	教师讲授、实践体验相结合	自由研究式
	选修课程		1. 星空课堂 2. 植物拓染 3. 种子认知 4. 蔬菜采摘	1. 鱼苗育苗 2. 蘑菇种植 3. 露营野炊 4. 徒步越野	1. 机器人编程 2. 无人机操作 3. 视频拍摄与剪辑 4. PS基础入门

维度或要素		小学高年级段	初中段	高中段
研学线路	代表性线路（时长五日）	第一天：滁州营地—自然探索馆—滁州营地；第二天：滁州营地—琅琊山—滁州营地；第三天：滁州营地—滁州规划馆—滁州科技馆—滁州营地；第四天：滁州营地—科技馆—实景课堂—滁州营地；第五天：滁州营地—农业大棚—滁州营地	第一天：滁州营地—自然探索馆—滁州营地；第二天：滁州营地—小岗村大包干纪念馆—当年农家—滁州营地；第三天：滁州营地—农业大棚—滁州营地；第四天：滁州营地—安徽创新馆—合肥科技馆—滁州营地；第五天：滁州营地—科技馆—滁州营地	第一天：滁州营地—军事科普区—人防馆—滁州营地；第二天：滁州营地—安徽创新馆—合肥科技馆—青松食品公司；第三天：青松食品公司—渡江战役纪念馆—滨湖公园—滁州营地；第四天：滁州营地—科技馆—滁州营地；第五天：滁州营地—“滁州网信·未来e站”—滁州营地
	可选择线路（按天设计，菜单式选择）	1.滁州营地—消防馆—滁州营地；2.滁州营地—琅琊山—吴敬梓纪念馆—滁州营地；3.滁州营地—南京博物院—侵华日军南京大屠杀遇难同胞纪念馆—滁州营地；4.滁州营地—渡江战役纪念馆—滁州营地；5.滁州营地—农业大棚—滁州营地	1.滁州营地—青年运动教育馆—滁州营地；2.滁州营地—琅琊山—滁州营地；3.滁州营地—阅江楼—南京博物院—南京行知基地；4.南京行知基地—中山陵—雨花台—滁州营地；5.滁州营地—人民防空教育馆—滁州营地	1.滁州营地—自然探索馆—滁州营地；2.滁州营地—桃花潭—敬亭山—滁州营地；3.滁州营地—采石矶—李白墓—滁州营地；4.滁州营地—吴敬梓纪念馆—滁州营地；5.滁州营地—琅琊山—滁州营地
	规划线路（按天设计）	1.滁州营地—花博园—滁州营地；2.滁州营地—来安半塔烈士陵园—滁州营地；3.滁州营地—龙岗抗大八分校—滁州营地	1.滁州营地—长城影视城—滁州营地；2.滁州营地—皇甫山国家森林公园—滁州营地；3.滁州营地—苏滁产业园—滁州营地	1.滁州营地—阅江楼—玄武湖—滁州营地；2.滁州营地—中山陵—雨花台—滁州营地；3.滁州营地—滁州博物馆—滁州营地

维度或要素		小学高年级段	初中段	高中段
教学重点难点（以代表性线路教学设计为例，以下同）	教学重点	1.了解动植物和矿石的分类，学会辨别各类植物种子；2.学习叶片结构和标本制作方法；3.了解琅琊山植物群落；4.了解榫卯结构；5.了解城市发展和未来规划；6.通过小实验培养科学思维；7.学习地图和指北针的使用方法；8了解国家航空航天科技；9.体验虚拟现实技术；10.尝试多肉种植，制定《观察记录手册》	1.了解野外生存时的几种获取纯净水和火苗的方法；2.结合课本，深入学习改革开放的历史；3.了解传统农耕用具；4.了解农耕用具的使用场景和方法；5.了解现代化智慧农业技术；6.认识无土栽培；7.了解安徽创新发展历史；8.体验互动式科技学习；9.进行趣味科学实验；10.学习机器人原理	1.了解国防科工成果；2.感受国家高新技术和科技成果；3.体验互动式科技学习；4.了解现代化食品工业发展；5.结合课本知识，回顾解放战争历史；6了解生态修复技术和污染治理技术；7.学习水火箭制作技术和原理；8.学习3D打印技术和船模设计；9.了解网络信息安全；10.学生深入讨论大数据时代的利弊
	教学难点	1.探究各类动物骨骼、植物种子结构的不同；2.探究叶片结构；3.了解地理位置对于植物群落的影响；4.尝试搭建榫卯结构的建筑模型；5.增加对城市的了解，激发对家乡的热爱之情；6.掌握科学原理，培养科学思维；7.用地图和指北针完成定向运动比赛；8.激发对国家的热爱和努力学习的信念；9.了解VR原理；10.学习多肉的生长环境和规律	1.掌握过滤和取火的操作方法和注意事项；2.明确改革开放对于国家发展的意义；3.掌握传统农耕用具的分类；4.掌握农耕用具的使用场景和方法；5.知道科技对于农业发展的重要性；6.掌握无土栽培技术；7.激发学生对家乡的热爱之情，树立远大未来理想；8.激发科学兴趣，树立科创意识；9.与课本知识相结合，完成各类趣味实验；10.掌握机器人原理	1.明确国防科工对国家发展的意义；2.知道我国目前科学技术的发展阶段和水平；3.激发科学兴趣，树立科创意识；4.明确科技对工业发展的意义；5.培养爱国之情，树立远大理想；6.明确科学发展与环境保护之间的关系；7.制作水火箭；8.掌握3D打印原理和船模设计原理；9.培养网络安全意识，提升学生网络素养；10.探究科技发展和大数据时代的优缺点

维度或要素	小学高年级段	初中段	高中段
教学策略	针对小学高年级段学生逐渐从具体形象思维过渡到抽象逻辑思维，开始关注自我价值和他人评价，学会合作和分享并会解决简单的冲突，但选择和处理信息的能力还不强，不善于正确地进行判断和辨析的特点，在教学中，采用创新的教学方式，如项目式学习、小组合作学习等，引导学生主动探索、主动实践、主动思考和主动创造，培养学生的创新思维和实践能力；采取讲授法、图示法、参观法、讨论法等教法，观察法、归纳法等学法，以利用信息技术手段，如人工智能、虚拟现实等，为学生提供更加生动、形象的学习体验，提高学生的学习兴趣和科学素养，通过不断完善课程，保证活动质量，培养学生的科学能力，有助于他们更好地理解和应用科学技术，还能够提高他们的综合素质，为未来的发展打下坚实的基础	针对初中段学生正处于身心发展、成长过程中，思维、情绪、情感、意志、能力还不稳定，开始形成自己的独立见解，但认知结构、能力水平有限，对于科技的认识还有待深化的特点，运用项目式学习方法，设置真实问题或任务，让学生深入了解问题，进行分析、研究、讨论，并最终找到解决方案；鼓励学生自主学习、协作学习；利用所学知识和方法获取信息、处理信息并得出结论；运用讲授法、图示法、参观法、讨论法等教法，通过研学实践中的科学观察、实验探究等活动形成系统的研究方法和理论体系，在活动中学习科学研究方法，养成科学思维习惯，形成科学态度和正确价值观，并根据实际研究结果进行不断调整	针对高中阶段学生具有一定的自主学习能力和合作探究能力，具备一定的学科基础知识储备，认知发展水平及学习能力水平较高，创新意识较强的特点，本阶段注重培养学生动手实践能力，思维探究能力，实操应用能力，助推学生核心素养的达成，采用讲授法、谈话法、演示法、讨论法、观察法、自主学习法、探究学习法，依托丰厚科技资源，走进高新科技场馆和企业，真正体会科技对生活、科技对国家发展、科技对生态环境的影响，引导学生从核心素养的角度出发，通过进行科技研学、创新性研学，从学校小课堂走进社会大课堂，提升学生的实践能力、思维探索能力，体会科学研究方法，培养社会参与意识和社会责任感，最终实现研学实践活动育人的目的

维度或要素				小学高年级段	初中段	高中段
实施方案	入营教育	安全	引导	讲解集体宿舍入住注意事项	了解研学出行及营地集体生活安全注意事项	了解研学外出途中及营地集体生活安全注意事项
			实训	开展生活技能课程，强调用水、用电安全	阅读活动安全注意事项，提醒学生保管好个人物品	阅读活动安全注意事项，培养规则意识
		应急	引导	模拟应急事件处理	掌握应急事件处理方法和技巧	列举研学途中可能遇到的紧急事项，讲解处理方法
			实训	开展安全疏散演习，提升学生自防自救能力	进行消防、地震等突发事件应急安全演习	开展应急疏散演习，学习各类消防器材的使用方法
		救助	引导	讲解红十字急救常识，如流鼻血时如何正确止血	学习实用绳结打法，讲解火灾应急逃生方式	学习常见外伤的包扎方法，掌握应急知识和技能，学习急救常识
			实训	学习生活中常见外伤如烫伤、划伤等的处理、止血方法	学习绳梯搭建、楼宇逃生技能，提升应急逃生能力	练习绷带、三角巾包扎方法，学习心肺复苏术和海姆立克急救法
		自我管理	引导	开展自我管理教育，分班分组设立营员管理委员会，提升纪律意识	学生自主设立研学目标，从每项活动课程中获得成长	学生自主设计研学目标，选择感兴趣的选修课程和研究项目
			实训	选举营员自我管理委员会，设置生活委员、纪律委员协助研学导师管理营员	通过研学日志、课程总结分享等方式，记录自己的收获和感悟	学生根据研学活动目标，自主完成研究报告，记录研学收获
		团队协作	引导	通过“破冰”活动，提升团队协作能力，激发团队荣誉感	通过素质拓展活动，完成团队任务，提升成员之间的默契度	通过“破冰”活动，将学生分为若干兴趣小组，小组内自行分工，完成兴趣研究
			实训	学生随机组队，起队名、画队旗，培养学生集体认同感，快速熔炼团队	开展“鼓舞人生”“珠行万里”等拓展活动比赛，快速熔炼团队	分兴趣小组，组内自主分工合作，制订研究计划、分配任务

维度或要素		小学高年级段	初中段	高中段
实施方案	导入教学环节	第一天，视频导入：播放探索自然纪录片，激发学生对大自然的热爱；第二天，任务导入：研学教师布置研学任务，让学生带着问题去研学；第三天，问答导入：开展知识问答，激发学生对家乡历史发展的兴趣；第四天，情境导入：通过虚拟现实技术，提升学生的沉浸感；第五天，任务导入：设置多肉种植任务，让学生感受有目的、有收获、有品质的科技探索活动方式	第一天，情境导入：假设学生正处于野外，需要获取基本生活资源，调动学生积极性；第二天，视频导入：播放大包干纪录片，调动学生的研学积极性；第三天，任务导入：发布种植任务，讲明课程目标；第四天，视频导入：播放安徽发展记录视频，调动学生的研学积极性；第五天，任务导入：布置课题任务，引起学生的研究兴趣	第一天，视频导入：播放国防科工宣传视频，调动学生的研学积极性和探究兴趣；第二天，视频导入：播放安徽发展记录视频，调动学生的研学积极性；第三天，视频导入：播放解放战争相关视频，调动学生的研学积极性；第四天，任务导入：布置课题任务，引发学生的研究兴趣；第五天，互动导入：互动小游戏引出网络安全问题，增强学生学习兴趣
	授课教学环节	第一天：入营教育、必修课程一“自然探索”、必修课程二“植物标本制作”，选修课程2“植物拓染”；第二天：必修课程三“琅琊山研学”、必修课程四“传统建筑与榫卯”，选修课程1“星空课堂”，选修课程3“种子认知”；第三天：必修课程五“城市发展”、必修课程六“滁州科技馆”、必修课程七“定向运动”，选修课程4“蔬菜采摘”；第四天：必修课程八“参观营地科技馆（一）”、必修课程九“VR体验”；第五天：必修课程十“多肉植物种植”、闭营返程	第一天：入营教育、必修课程一“自然探索之野外生存”；第二天：必修课程二“农村改革之路”、必修课程三“当年农家”、必修课程四“农具认知”；第三天：必修课程五“智慧农业”、必修课程六“无土栽培之蒜苗”，选修课程1“鱼苗育苗”，选修课程2“蘑菇种植”；第四天：必修课程七“参观安徽创新馆”、必修课程八“参观合肥科技馆”，选修课程3“露营野炊”，选修课程4“徒步越野”；第五天：必修课程九“参观营地科技馆（二）”、必修课程十“机器人操作”、闭营返程	第一天：入营教育、必修课程一“国防科工讲座”；第二天：必修课程二“参观安徽创新馆”、必修课程三“参观合肥科技馆”、必修课程四“现代化食品加工”；第三天：必修课程五“参观渡江战役纪念馆”、必修课程六“参观合肥滨湖国家森林公园”、选修课程1“机器人编程”，选修课程2“无人机操作”；第四天：必修课程七“制作‘水火箭’”、必修课程八“3D打印之船模制作”、选修课程3“视频拍摄与剪辑”，选修课程4“PS基础入门”；第五天：必修课程九“网络安全”、必修课程十“大数据时代的利与弊”、闭营返程

维度或要素		小学高年级段	初中段	高中段
实施方案	进级教学环节	1.实地观察和记录植物叶片的结构，培养观察能力；2.了解传统榫卯在古建筑上的运用，以及为什么能承受地震带来的压力；3.学习地图绘制，通过简易工具测算距离和方向；4.了解多肉植物种子繁育、扦插繁殖、叶插繁殖、分株繁殖等繁殖方法，感受植物生命的奇妙	1.用木材、绳子等自制火弓钻木取火；2实际操作了解不同农具的使用场景和方法；3.分析无土栽培适用于哪些植物，以及无土栽培的优缺点；4.通过体验科技互动式装置，参观科技项目，激发科创兴趣；5.学习机器人原理，掌握操作系统，使用机器人完成要求的动作	1.通过国防科技知识讲解、军事装备展示，让学生了解国防科技的技术发展和创新趋势；2.了解实物模型、艺术装置、数字沙盘等多媒体设备，开阔视野；3.学习城市的建设和科技创新对可持续发展的影响；4.分析3D打印的科学原理，探讨3D打印可以应用在哪些领域；5.学生通过课程学习如何保护个人的计算机系统免受网络攻击和威胁，帮助个人保护隐私和机密信息，树立文明上网，关注国家网络安全的意识
	巩固教学环节	1.通过开展动植物知识问答，帮助学生对当天所学研学内容进行巩固；2.学生分享研学过程中的收获和感悟，撰写研学日志；3.通过地图作品展示和评比，帮助学生巩固知识；4.通过研学知识问答，进行研学知识巩固；5.通过完成“一株植物的成长日记”，每日观察多肉的生长，进行知识巩固	1.通过火弓效果展示和评比，帮助学生进行知识巩固；2.通过撰写研学日志和分组进行感悟分享，归纳研学实践过程中的收获；3.通过研学知识问答，进行知识巩固；4.通过游戏法开展研学知识大比拼，通过研学导师提问，分组进行抢答，进行研学知识巩固；5.通过任务比赛，提升学生的动手能力，帮助学生巩固知识	1.通过开展国防科工知识问答，帮助学生对当天所学研学内容进行巩固；2.通过撰写研学日志，使学生掌握资料整理、信息收集、自主调研等探究课题的基本流程和方法；3.通过开展科学实验比赛，帮助学生对当天所学研学内容进行巩固；4.通过撰写研学日志，帮助学生对当天所学研学内容进行巩固；5.通过开展网络诈骗情景剧表演，帮助学生巩固知识

维度或要素			小学高年级段	初中段	高中段
实施方案	总结教学环节	教学创新	采用互动、启发式的教学方法，利用课堂讨论、小组合作、案例分析等方式，引导学生积极参与、主动思考和探索，激发学生的学习兴趣，培养他们的团队协作和沟通能力	利用现代科技手段，如多媒体教学、在线学习平台等，为学生提供更加丰富、生动的学习资源，增强课堂的趣味性和吸引力，帮助学生更好地理解和掌握知识	利用网络技术、大数据和人工智能等技术，打破传统教学的地域限制，为学生提供更广阔的学习资源和个性化的学习体验，提升学生发现问题、分析问题、解决问题的能力
		教学总结	回顾设定的研学目标，对比实际完成情况，分析达成或未达成的原因；评估学生的学习成果，包括研学知识点掌握程度、技能提升情况等	回顾研学线路活动的选择与组织，分析是否符合研学目标和学生需求；评估教学方法的有效性，包括教学手段、师生互动、学习氛围等方面	分析学生在研学过程中的表现，包括学习态度、参与度、研学日志完成情况等；收集学生的反馈意见，了解他们对教学内容、教学方法以及课堂氛围等方面的感受和建议
		教学反思	反思设定的研学目标是否明确、具体，是否符合学生的学习需求；分析学生在研学中的表现，以及研学日志的完成情况，判断是否达到预期的目标和效果	评估研学课程内容是否准确、完整，是否符合学生的认知规律；反思所采用的教学方法、手段是否恰当，是否能够有效激发学生的学习兴趣和积极性	分析研学中的教师与学生互动是否频繁、有效，教师是否及时给予学生反馈和指导；总结研学开展过程中遇到的问题和挑战，针对存在的问题，思考并提出具体的改进措施和建议，以提高教学质量和效果

维度或要素				小学高年级段	初中段	高中段
实施方案	评价教学环节	教学水平评价	自我评价	教师对自己的教学过程进行深入思考，包括教学内容的选择、教学方法的运用、课堂管理的效果等方面，发现自己的优点和不足，进一步提高教学水平	教师记录每天的教学情况和学生的状态，以及教学过程中的感悟和收获，帮助教师及时发现问题并进行调整，对一段时间的教学进行归纳和反思，总结教学经验，找出需要改进的地方	教师在研学活动结束后，对是否及时给予学生反馈和指导进行自我评价，是否引导学生自主思考解决问题和挑战进行自我评价
			学生评价	学生填写课程调查问卷和教练反馈意见表，对教练和研学导师在课程引入、讲解、操作、总结，以及对于营员的关注度方面进行评价	通过满意度调查表，收集学生对教师的教学内容、教学方法、课堂互动、教学态度等方面，以便教师获得全面而客观的反馈，为教师的教学改进提供有价值的参考依据	学生填写课程调查问卷和教师反馈意见表，对教师是否发挥学生的主观能动性、是否引导自身进行思考、对研学整体效果等进行综合性评价
			同行评价	通过听课，填写评价表等形式对教师课程完整度、重难点讲解、总结分享等课程环节，以及课堂氛围、教师与学生互动等方面进行评价，促进教师互相交流学习	通过跟队、填写评价表的形式对研学教师活动组织情况、学生管理情况、安全事项强调、活动时间安排等方面进行评价，促进研学教师活动组织的安全性和流畅性	通过听课，填写评价表等形式对教师对于学生的引导、是否发挥学生主观能动性，是否重视学生个体差异等方面进行评价，促进教师教学质量和效果的提升
			培训和考核	通过说课比赛、教研小组研讨等培训方式，建立以教育教学目标为培训基础的教师专业发展培训制度，着眼教师发展需要	通过研学线路考察、到国内优秀营地参观、师资技能培训等方式，对专业教师的师德师风、专业技能、团队建设等方面开展专项培训，提升师资团队专业度	建立教师考核机制，包含营员反馈、同行评议、考核小组评分、教学成果展示等几个方面，全面了解教师的教学水平和能力
			教学成果展示	拍摄视频、照片资料，收集学生研学感言等记录学生表现，整理制作营地活动周报、活动回顾视频	整理教师的教学设计、教学方法、教学效果，促进教师之间的交流与合作，分享教学经验和心得，共同提升教学水平	收集整理学生研学日志、研究报告、设计作品，通过展示优秀作品、评定优秀营员等方式展示教学成果，作为后期活动开展时的样品展示，激励学生发挥创造力

维度或要素				小学高年级段	初中段	高中段
实施方案	评价教学环节	学业评价	形成性评价	通过对学生参与度、《研学手册》填写环节进行观察、记录和总结反馈，面向学生的阶段性成长、阶段知识获取程度和阶段目标完成情况进行评价，支撑教师开展后续教育教学工作	观察记录学生研学过程中的学习情况，以及他们在活动中以小组、个人为单位的活动表现，对学生的参与度、知识探究、交流表达、动手实践、互助合作等具体表现进行记录和评价	基于对学生学习全过程的持续观察、记录、反思，通过对学生日常活动的表现、所取得的成绩以及所反映出的情感、态度、策略等方面的发展作出综合评价
			总结性评价	建立营员活动评价机制，采用勋章、徽章奖励方法，对课程项目完成者和优胜者进行奖励，让学生了解自身各项课程学习成果	针对课程类别，采取定性+定量、过程+结果、线上+线下、个体+集体的多元评价方法，综合考查学生课程完成情况	聚焦并考查学生的核心素养，如学生的体能、意志力、勇敢精神、自信心、动手能力、人际关系、团队配合能力、掌握技术的熟练度等
			教师评价	教师采用观察、记录、测试等多种方式进行评价，获取更全面、准确的学生信息，帮助学生改进和提高，以鼓励性评价为主，增强学生的自尊心、自信心	教师根据学生在研学活动中的表现和成果，包括学习态度、学习方法、学习习惯、心理状态、创新能力、团队协作等多个方面，以全面客观地评价学生的综合素质	教师尝试引导学生进行自我评价，通过观察和分析学生正确评价自己的学习和表现，及时给予反馈和指导，帮助学生改进和提高，培养他们的自我认知和自我管理能力
		项目评价		学校带队教师填写反馈评价表，对研学项目的设计、开展、教学水平等方面进行综合性评价，对评价结果及时反思并加以改进	聘请专家对专业课程进行听课评价，对课程专业度、内容是否合理完善，以及教师教学水平等进行专业评价，针对评价结果完善课程质量，提升教师专业度	教育行政主管部门、参与学校、社会各界通过参观、跟队、听课对研学项目的设计是否符合学生需求、研学项目开展是否安全高效、研学活动是否有成效等方面进行综合评价

4.11 教学计划与策略列表：体验纷呈产业 学习爱拼精神

<table>
<tr><td colspan="3">营地名称</td><td>晋江中小学生示范性综合实践基地（简称“晋江营地”）</td><td>命名机构</td><td>教育部</td><td>识别码</td><td>Y145350001</td></tr>
<tr><td colspan="3">从业资质（摘要）</td><td>综合实践教育；研学实践教育；劳动教育</td><td>单位属性</td><td>公益一类</td><td>法定代表人</td><td>董佳毅</td></tr>
<tr><td colspan="3">研学主题</td><td>体验纷呈产业 学习爱拼精神</td><td colspan="2">主要目的指向</td><td colspan="2">科学技术</td></tr>
<tr><td rowspan="7">营地（枢纽）及周边主要优质研学资源</td><td colspan="2">基地层级</td><td colspan="5">研学站点（基地）名称</td></tr>
<tr><td rowspan="2">教育部命名基地</td><td>已列入教学计划</td><td colspan="5">一、与本主题相关列入教学计划的基地15个
1.七匹狼中国男装博物馆（简称“七匹狼博物馆”）；2.奕创科技（简称“奕创”）；3.厦门科技馆；4.诚毅科技馆；5.晋江市经验馆；6.福建省安溪茶厂（简称“安溪茶厂”）；7.晋江市博物馆；8.晋江市非物质文化遗产展示馆（简称“晋江非遗馆”）；9.泉州海外交通史博物馆（简称“泉州海交馆”）；10.闽台缘博物馆（简称“闽台缘”）；11.石狮海丝文化博物馆（简称“海丝博物馆”）；12.力豪现代农业有限公司（简称“力豪农场”）；13.福鼎市中小学劳动实践基地（简称“福鼎基地”）；14.三明泰宁世界地质公园研学实践基地（简称“泰宁地质公园”）；15.南平市建阳区卧龙湾生态旅游开发有限公司（简称“卧龙湾”）
二、与本主题关联不大但列入本营地教学计划的基地14个
1.泉州市晋江市五店市传统文化旅游区（简称“五店市”）；2.厦门市中小学生综合实践基地（简称“厦门基地”）；3.福建泉州顺美集团有限责任公司（简称“顺美陶瓷”）；4.福州市中国船政文化景区（简称“福州船政”）；5.福州市三坊七巷·严复翰墨馆（简称“严复翰墨馆”）；6.福建土楼（南靖）青少年社会实践活动中心（简称“南靖土楼”）；7.福建闽越王城博物馆（简称“闽越王城”）；8.福建福州国家森林公园（简称“福州森林公园”）；9.福州市林则徐纪念馆（简称“林则徐纪念馆”）；10.漳州东南花都（简称“东南花都”）；11.泉州市洛江区中小学生综合实践基地（简称“洛江基地”）；12.龙岩市古田旅游集团有限公司（简称“古田会址”）；13.福建农业职业技术学院相思岭中小学研学实践教育基地（简称“相思岭”）；14.鹭凯研学实践基地（简称“鹭凯基地”）</td></tr>
<tr><td>待列入教学计划</td><td colspan="5">1.石狮市中小学生素质教育基地（简称“石狮基地”）；2.南安市中小学生综合实践基地（简称“南安基地”）；3.泉州市科技馆；4.宁德市屏南县熙岭乡龙潭村中小学实践教育基地（简称“屏南县熙岭乡龙潭村民委员会”）；5.厦门大学附属科技中学</td></tr>
<tr><td colspan="2">其他部委命名基地</td><td colspan="5">1.泉州市科技馆地震科普教育展馆（简称“泉州市地震馆”）；2.泉州市科技馆（新馆）；3.晋江市科技馆</td></tr>
<tr><td colspan="2">地方命名基地</td><td colspan="5">1.晋江经验馆；2.福建省安溪茶厂（简称“安溪茶厂”）；3.晋江市博物馆；4.晋江市非物质文化遗产展示馆（简称“晋江非遗馆”）；5.泉州海外交通史博物馆（简称“泉州海交馆”）；6.福建永春顺德堂醋厂（简称“永春醋厂”）；7.来旺良品堂（简称“来旺”）</td></tr>
<tr><td colspan="2">本营地资源</td><td colspan="5">1.晋江市中小学生地震体验馆（简称“地震馆”）；2.晋江市中小学生禁毒馆（简称“禁毒馆”）；3.晋江市中医药文化宣传教育基地（简称“晋江中医药基地”）；4.晋江市中小学生敬廉崇洁展厅（简称“廉洁展厅”）</td></tr>
<tr><td colspan="2">其他资源</td><td colspan="5">1.国能神福（晋江）热电有限公司（简称“国能神福”）；2.晋江市泉荣远东污水处理厂（简称“泉荣污水”）</td></tr>
</table>

维度或要素	小学高年级段	初中段	高中段
校内教育基础（与校内教育的衔接）	对照课标，小学高年级段在科学方面提出要通过分析、比较、抽象、概括等方法，抓住简单事物的本质特征，展示对事物的系统、结构、关系、过程及循环的理解，能使用或建构模型，解释有关的科学现象和过程等目标；小学高年级段在道德与法治方面提出：乐于参与劳动和有意义的活动，初步了解生活中的自然、社会常识等目标；小学高年级段在语文方面提出要培养爱国主义感情、社会主义思想道德和健康的审美情趣，发展个性，培养合作精神，逐步形成积极的人生态度和正确的价值观，认识中华文化的丰厚博大，吸收民族文化智慧，本研学主题必修课程与校内教育的衔接内容如下：1.教科版科学四年级下册第四单元“岩石和矿物”；2.部编版道德与法治三年级下册第七课“请到我的家乡来”，五年级上册第六课“我们神圣的国土”，四年级下册第四单元第十二课“家乡的喜与忧”；3.部编版语文四年级下册第五课“琥珀”；4.人教版科学四年级上册第一章第二节“学会使用地图”；5.教科版科学四年级下册第二单元第7课“动植物的繁殖”；6.教科版科学四年级下册第三单元“环境中的生物”	对照课标，初中段在地理方面要求学生具有初步的地理科学素养和人文素养，养成爱国主义情感；初中段在历史方面要使学生形成热爱家乡，热爱祖国等意识的目标；初中段在美术方面要培养学生在广泛的文化情境中认识美术，提高审美情趣和能力等目标要求；初中段在语文方面要形成自觉的审美意识，培养高雅的审美情趣，积淀丰厚的文化底蕴，继承和弘扬中华优秀传统文化、革命文化、社会主义先进文化，本研学主题必修课程与校内教育的衔接内容如下：1.人教版地理七年级上册第四章“居民与聚落”；2.部编版历史七年级下册第十六课“繁荣的宋元文化”，人教版历史七年级上册第二课“原始农耕生活”；3.山东教育出版社美术八年级上册第二课“异彩纷呈的中国古代雕塑、工艺和建筑”，人教版美术九年级上册第二课“民俗文化展”；4.人教版语文九年级上册第二十二课“范进中举”，部编版语文九年级上册第三课“乡愁”；5.人教版生物七年级上册第三单元第4课“绿色植物”；6.人教版物理九年级上册第七章第20课“电与磁”；7.新科粤版化学九年级化学第九章第2课“化学与材料”	对照课标，高中段在数学方面要培养学生空间想象、抽象概括等能力；高中段在历史方面要培养学生主动学习，在多样化、开放式的学习环境中，充分发挥学生的主体性、积极性与参与性，提高创新意识和实践才能；高中段在生物方面要使学生养成科学思维的习惯，形成积极的科学态度；高中段在语文方面要使学生形成正确的世界观、价值观、人生观，为形成良好个性和健全人格打下基础，为培养学生求真创新的精神、实践能力和合作交流能力，促进德智体美劳全面发展及学生的终身发展打下基础；高中段在美术方面要使学生懂得文化艺术、弘扬民族精神，发挥个性、激发创新精神、增强实践才能。本研学主题必修课程与校内教育的衔接内容如下：1.高中数学必修二第一章“空间几何体”；2.人教版高中历史必修二第二课“古代手工业的进步”；3.人教版高中生物必修二第六章第一节“生物有共同祖先的证据”；4.人教版高中语文必修一第七课“归园田居”；5.人教版高中美术选修：美术鉴赏第九课“美在民间”；6.人教版物理高二第二册第二章“电磁感应”；7.人教版化学高一第二册第五章第三节“无机非金属材料”

维度或要素			小学高年级段	初中段	高中段
研学课程	必修课程一	名称	盆景DIY	烟花图的由来	闽台缘烟花图的奥秘
		活动目的	了解盆景的基本概念和特点；学习制作简单的手工盆景，培养学生的动手能力和创造力	通过参观展馆的烟花图，深入了解闽台之间文化习俗及深厚的渊源	通过对闽台缘烟花图的奥秘的探究，知道创新背后的科学技术支撑以及闽台关系的深层次含义
		活动形式	教师讲授、实地探访、实践体验相结合	教师讲授、实地探访、实践体验相结合	教师讲授、参观采访、实践体验相结合、总结分享
	必修课程二	名称	幻影无人机	无人机原理	无人机操作
		活动目的	通过观看无人机的使用与操作，培养学生对人工智能等科学技术的热爱	通过学习无人机的飞行原理，培养学生对科技的爱好，以及知道背后的原理	通过无人机操作加深学生对科技的理解，知道背后涉及的科学技术原理
		活动形式	教师讲授、观看交流、实践体验相结合	教师讲授、小组交流合作、实践体验相结合	教师讲授、小组合作、实践操作、总结交流相结合
	必修课程三	名称	陶艺手绘	印坯体验	手拉坯体验
		活动目的	通过动手实践，感受海丝文化的魅力和对传统文化的传承	通过参观工厂的生产流水线，动手制作体验，了解古人的智慧	通过参观工厂的生产流水线，拉坯制陶体验，知道科技在新时代下的新应用
		活动形式	教师讲授、实地探访、实践体验相结合	教师讲授、实地探访、实践体验相结合	教师讲授、实地探访、实践体验、撰写报告相结合
	必修课程四	名称	漫步科技馆	科技馆探索	玩转科技馆
		活动目的	通过参观科技馆，培养学生的科学素养和激发探索科学的兴趣	通过实际操作和观看科技影像，增长科技知识，锻炼科技能力和学习精神	通过实际操作和创作，提升学生科技的领悟能力及创造力
		活动形式	教师讲授、实地探访、实践体验相结合	教师讲授、实地探访、实践体验相结合	教师讲授、实地探访、实践体验、撰写科学小论文相结合

维度或要素			小学高年级段	初中段	高中段
研学课程	必修课程五	名称	有想法的纽扣	奇思妙想的布	我是设计师
		活动目的	通过动手实践，锻炼学生的动手能力，培养热爱劳动的精神	通过对布的认识，培养学生动手能力及想象力	通过学习设计相关的知识，培养学生动手能力和创新思维
		活动形式	教师讲授、实地探访、实践体验相结合	教师讲授、实地探访、实践体验相结合	教师讲授、实地探访、设计制作相结合
	必修课程六	名称	香囊制作	北欧编织	编织里的大世界
		活动目的	通过动手实践，培养学生的协调能力，同时提高审美能力	通过实际动手操作，掌握编织本领，提高动手和审美能力	通过实际动手操作，认识编织的各种属性与联系，提高传承文化的意识
		活动形式	教师讲授、小组讨论、实践体验相结合	教师讲授、观察讨论、实践体验相结合	教师讲授、小组探究、实践体验相结合
	必修课程七	名称	有趣的竹节人	七匹狼博物馆初探	七匹狼博物馆科技体验
		活动目的	通过动手制作竹节人，演绎竹节人的动作，来了解器械原理	参观工厂生产流水线，知道科学技术在产业中的应用	体验生产流水线，知道科学技术在产业中的应用及背后的科学原理
		活动形式	教师讲授、小组合作、实践体验相结合	教师讲授、实地探访、实践体验相结合	教师讲授、实地探访、实践体验相结合
	必修课程八	名称	力豪现代农业初体验	力豪现代农业深入体验	力豪现代农业科学技术的运用
		活动目的	了解大棚技术的发展，体验采摘果实的快乐	了解大棚技术的发展，体验嫁接技术的操作	了解大棚技术的发展，学会无土栽培、喷淋技术并运用
		活动形式	教师讲授、实地探访、实践体验相结合	教师讲授、实地探访、实践体验、总结交流相结合	教师讲授、实地探访、动手操作、产品推介相结合

维度或要素			小学高年级段	初中段	高中段
研学课程	必修课程九	名称	参观来旺良品堂	茶文化主题	铁观音茶叶制作体验
		活动目的	参观来旺良品堂美食工厂，知道食品制作的科技应用	通过参观铁观音的工厂，知道茶技术的发展	通过参观铁观音的工厂，动手制茶，初步掌握制茶技术
		活动形式	教师讲授、实地探访、实践体验相结合	教师讲授、实地探访、实践体验相结合	教师讲授、实地探访、实践体验相结合
	必修课程十	名称	参观铁观音工厂	闽南美食制作	海丝美食博主
		活动目的	通过参观铁观音的工厂，知道茶技术的发展	通过到来旺良品堂美食工厂参观与面线制作体验，知道食品制作的科技应用	通过参观来旺良品堂美食工厂，体验面线制作的科技应用及海丝路上的延伸发展
		活动形式	教师讲授、实地探访、实践体验相结合	教师讲授、实地探访、实践体验相结合	教师讲授、实地探访、实践体验相结合
	选修课程		1. 消防、交通、防震减灾馆 2. 海丝名片 3. 晋江品牌故事	1. 安溪铁观音的兴衰史（一） 2. 风能发电 3. LNG 发电 4. 消防、交通、防震减灾馆（一）	1. 发电厂的盈利模式 2. 安溪铁观音的兴衰史（二） 3. 人工智能的兴起 4. 消防、交通、防震减灾馆（二）

维度或要素		小学高年级段	初中段	高中段
研学线路	代表性线路（时长五日）	第一天：晋江营地—厦门科技馆—晋江营地 第二天：晋江营地—顺美陶瓷—晋江营地 第三天：晋江营地—地震馆—安溪茶厂—晋江营地 第四天：晋江营地—晋江市科技馆—晋江经验馆—晋江营地 第五天：晋江营地—海丝博物馆—来旺良品堂—晋江营地	第一天：晋江营地—地震馆—安溪茶厂—晋江营地 第二天：晋江营地—泉州海交馆—闽台缘—晋江营地 第三天：晋江营地—福鼎基地—晋江营地 第四天：晋江营地—厦门科技馆—晋江营地 第五天：晋江营地—卧龙湾—晋江营地	第一天：晋江营地—地震馆—安溪茶厂—晋江营地 第二天：晋江营地—泉州海交馆—闽台缘—晋江营地 第三天：晋江营地—卧龙湾—晋江营地 第四天：晋江营地—泰宁地质公园—晋江营地 第五天：晋江营地—福鼎基地—晋江营地
	可选择线路（按天设计，菜单式选择）	1. 晋江营地—厦门科技馆—晋江营地 2. 晋江营地—顺美陶瓷—晋江营地 3. 晋江营地—地震馆—安溪茶厂—晋江营地 4. 晋江营地—晋江市科技馆—晋江经验馆—晋江营地 5. 晋江营地—海丝博物馆—来旺良品堂—晋江营地 6. 晋江营地—奕创科技—晋江营地 7. 晋江营地—诚毅科技馆—晋江营地	1. 晋江营地—厦门科技馆—晋江营地 2. 晋江营地—顺美陶瓷—晋江营地 3. 晋江营地—地震馆—安溪茶厂—晋江营地 4. 晋江营地—晋江市科技馆—晋江经验馆—晋江营地 5. 晋江营地—海丝博物馆—来旺良品堂—力豪农场—晋江营地 6. 晋江营地—鸿江盆景—力豪农场—晋江营地 7. 晋江营地—闽台缘博物馆—晋江营地 8. 晋江营地—永春醋厂—晋江营地	1. 晋江营地—厦门科技馆—晋江营地 2. 晋江营地—顺美陶瓷—晋江营地 3. 晋江营地—地震馆—安溪茶厂—晋江营地 4. 晋江营地—晋江市科技馆—晋江经验馆—晋江营地 5. 晋江营地—海丝博物馆—来旺良品堂—晋江营地 6. 晋江营地—安溪茶厂—七匹狼博物馆—晋江营地 7. 晋江营地—闽台缘博物馆—晋江营地 8. 晋江营地—永春醋厂—晋江营地
	规划线路（按天设计）	1. 晋江营地—泉州市科技馆—晋江营地 2. 晋江营地—海丝博物馆—晋江营地 3. 晋江营地—南安基地—晋江营地	1. 晋江营地—泉州市科技馆—晋江营地 2. 晋江营地—海丝博物馆—晋江营地 3. 晋江营地—南安基地—晋江营地	1. 晋江营地—泉州市科技馆—晋江营地 2. 晋江营地—海丝博物馆—泉州市科技馆—晋江营地 3. 晋江营地—南安基地—泉州市科技馆—晋江营地

维度或要素		小学高年级段	初中段	高中段
教学重点难点（以代表性线路教学设计为例，以下同）	教学重点	1.科学意识的培养，正确人生观的树立 2.传授学生传统工艺制作技术 3.培养学生的科技意识和文化素养，初步具备解决问题的能力 4.学习制茶工序，感受传统工艺的魅力 5.将科学技术与海丝文化紧密结合，引导小学学生了解和探索海丝文化的科技内涵	1.学生良好思维习惯和科学探究能力的培养 2.学习海丝文化的科技元素，培养学生的科技探索能力和文化创新精神，为其未来的学习和发展奠定坚实的基础 3.培养学生对科学技术和社会的理解能力 4.掌握一些科学原理，提高科技应用能力 5.能识别探究问题，理解探究过程和方法，完成研学课程中的探究任务，对探究活动及过程进行表达交流与评价反思	1.引导学生懂得科技创新、强国富民的道理 2.培养学生具备良好的动手能力和创新意识 3.学生掌握海丝文化的科技内涵，学会传统美食的制作流程与产品推介 4.培养学生跨学科学习的能力及社会责任感 5.激发学生的开放性、批判性思考和创造性潜能；引导学生的创新意识、创新思维得到进一步发展
	教学难点	1.通过学习和实际操作，拓宽学生视野，获得积极的价值体验 2.如何在学习中增强对盆栽、陶瓷技术、生态环境、科技创新和未来发展的认知 3.如何激发学生探索科技创新的兴趣，提高数字化合作与探究的能力 4.能针对具体的研究问题和交流情境，基于一定的证据提出自己的假设或观点 5.利用分析、比较、归纳、演绎等方法，建立证据与观点之间的联系，分析科学实验中的变量控制	1.如何引导学生对海丝文化的认同感与自豪感 2.在学习中把科学技术融入海丝文化，积极掌握各种科学技术并运用到生活中 3.提高手部协调能力和手指灵活力，增强手部肌肉的力量 4.掌握创造性思维的基本方法，能基于所学的科学原理提出有一定新颖性和合理性的观点 5.能确定、分析和评价科学实验中的变量控制	1.学会海丝文化与科技的融合与创造 2.培养耐心、毅力和创新思维，通过实际操作体验，获得认知提升，并为家乡的科学技术发明创造作出努力 3.提高生活品质，增加生活的乐趣 4.活动设计要有利于课程实施和提高学生科创意识的内容 5.引导学生的创新意识、创新思维得到进一步发展以及现代技术与人文的统一和融合

维度或要素	小学高年级段	初中段	高中段
教学策略	针对小学高年级段学生大多是外向而开放的特点，学习效率高，并且十分好动，他们对大自然拥有足够的好奇心和兴趣，接受能力强，会为自己的发现去尝试并体会到成就感，有意识地去探索事物的内在联系的实际情况。基于泰勒的现代课程理论、陶行知的教育理论思想，以学生对自然环境的认知能力培养为目标，让学生通过亲身实践与体验，培养观察力、思考力和创造力。采取讲授法、谈话法、演示法、练习法等教法和自主学习、合作学习学法，借助自然景观研学点、校内学科教科书、《研学手册》及线上课程资源等教学资源和数字化技术，使用游戏化、体验式、跨学科等教学策略来进行总体设计，并在实际教学过程中根据学生反馈进行动态调整，从而达到预期的教学目标	针对初中段学生对科学学习和实践具有初步的兴趣，乐于与他人合作交流，乐于思考科学现象的发生原因、规律及理论，乐于发现科学技术对改善人类生活和促进社会发展的重要作用等学情。基于义务教育科学课程标准（2022年版），给予他们对话、讨论、思考的自由空间，以学生的科学态度与责任担当培养为目标，采取讲授法、演示法、讨论法、练习法、实践法等教法和自主学习、合作学习、探究学习等学法，借助丰富的实践体验教学资源和数字化技术，使用体验式、情境式、合作学习、跨学科、项目式、相互教学等教学策略来进行总体设计，开展实践体验、交流分享等活动，并在实际教学过程中根据学生反馈进行动态调整，从而达到预期的教学目标	针对高中段学生渴望获得未来发展、终身学习所必需的学科核心素养，希望创造美好生活，愿意担当民族复兴大任，成为有理念、会设计、能动手、善创造的社会主义建设者和接班人。基于普通高中通用技术课程标准和普通高中信息技术课程标准（2017年版2020年修订）。采取讲授法、演示法、讨论法、练习法、实践法、实验法等教法和自主学习、合作学习、探究学习、验证法等学法，借助丰富的实践体验教学资源和数字化技术，使用体验式、情境式、合作学习、跨学科、项目式、相互教学、服务学习、探究学习、问题解决等教学策略来进行总体设计，建立“研究小组”，通过统计、测量、绘制等方法发现和获取知识，并且制订可持续发展计划，使自己积极主动投身于社会发展中，并在实际教学过程中根据学生反馈进行动态调整，从而达到预期的教学目标

维度或要素				小学高年级段	初中段	高中段
实施方案	入营教育	安全	引导	通过营地安全通道、安全标识学习进行入营安全教育	通过营地安全通道、安全标识学习进行入营安全教育，寻找安全隐患	通过营地安全通道、安全标识学习、入营安全教育，知道遇到危险如何逃生
			实训	学习《安全手册》，强化安全意识，熟悉疏散线路	学习《安全手册》，强化安全意识，思考解决安全隐患的办法	学习《安全手册》，引起对安全的重视，分组制订疏散方案、路线
		应急	引导	通过观看视频，了解应急事件处理的方法、技巧	通过视频学习，掌握应急事件处理的方法和技巧	通过视频学习，掌握应急事件处理的方法和技巧，分组制订应急方案
			实训	观看典型视频，了解逃生技巧，组织应急疏散演练	观看典型视频，学习应急技能，组织应急疏散演练	观看典型视频，掌握应急技能，分组制订疏散方案，开展应急疏散演练
		救助	引导	通过案例情境，帮助学生快速掌握需要救助时的流程，特别是记住救助电话	通过案例情境，培养学生需要求助时，主动寻找和利用各种资源的能力	通过案例情境，掌握遇到危险时自救、互救的能力
			实训	模拟实施角色扮演等活动，帮助学生熟悉救助流程	模拟实施包括角色扮演、团队合作等活动，帮助学生熟悉救助流程	模拟实施包括角色扮演、团队合作、案例分析等活动，掌握救助方法
		自我管理	引导	通过情绪管理的培训和指导，帮助学生了解应对压力和困难的方法	通过情绪管理的培训和指导，学生掌握应对压力和困难的方法	通过情绪管理的培训和指导，学生懂得缓解压力和解决困难
			实训	开展角色扮演、心理游戏等活动，了解自我管理的内容和方法	开展角色扮演、团队拓展等活动，学习从多层面进行情绪管理	开展案例分析、心理团建等活动，提升时间、情绪等自我管理能力
		团队协作	引导	从集体生活的细节，引导学生认识团队协作的重要性	从集体生活的细节，引导学生掌握一个人可以走很远，一群人可以走更远的道理	从集体生活的细节，引导学生打造高效团队
			实训	通过丰富多彩的游戏项目培养学生的合作互助意识和集体意识	通过丰富多彩的拓展训练项目培养学生的合作互助意识	通过丰富多彩的团队拓展训练项目培养学生的合作互助意识

维度或要素		小学高年级段	初中段	高中段
实施方案	导入教学环节	第一天，情境创设：根据研学主题的需要，如摆放盆景让学生欣赏，创设与研学主题相关的情境，引导学生进入其中，进行观察、思考、探究 第二天，任务导入：在研学活动前，设计好玩的闯关挑战，激发学生热情，让学生在探秘任务中，不断了解研学知识点 第三天，问题导入：通过提一些科技小问题，如为什么会产生静电？激发学生的求知欲 第四天，故事导入：讲科学家爱迪生的故事，引起学生的兴趣 第五天，视频导入：播放闽南美食制作的视频	第一天，情境导入：通过参观科技馆，激发学生探索科学技术的兴趣 第二天，媒体课件导入：通过视频图文引导学生学习“两弹一星”精神，理解原子城为什么是中华民族挺起脊梁的地方 第三天，任务导入：学习现代农业劳动模式，探究现代农业科学技术 第四天，场景导入：通过航天、新能源、电力、信息数字等现代化科技实物与模型，引导学生树立科技兴国的人生理想 第五天，多媒体课件导入：地震带来的危害	第一天，情境导入：通过无人机操作，培养学生利用科技力量发掘科学奥秘 第二天，多媒体课件导入：通过视频图文引导学生了解“发电机”工作原理 第三天，任务导入：寻找现代农业科学技术的困境，提出自己的解决方法 第四天，场景导入：通过航天、新能源、电力、信息数字等现代化科技实物与模型，引导学生树立科技兴国的人生理想 第五天，视频导入：播放中国造船技术，引起学生对海丝文化的兴趣
	授课教学环节	第一天：入营教育、必修课程一“盆景DIY”、必修课程二“幻影无人机” 第二天：必修课程三“陶艺手绘”、必修课程四“漫步科技馆”、选修课程2“海丝名片” 第三天：必修课程五“有想法的纽扣”、必修课程六“香囊制作”、选修课程3“晋江品牌故事” 第四天：必修课程七“有趣的竹节人”、必修课程八“力豪现代农业初体验”、选修课程1“消防、交通、防震减灾馆” 第五天：必修课程九“参观来旺良品堂”、必修课程十“参观铁观音工厂”	第一天：入营教育、必修课程一“烟花图的由来”、必修课程二“无人机原理” 第二天：必修课程三“印坯体验”、必修课程四“科技馆探索”、选修课程2“风能发电” 第三天：必修课程五“奇思妙想的布”、必修课程六“北欧编织”、选修课程3“LNG发电” 第四天：必修课程七“七匹狼博物馆初探”、必修课程八“力豪现代农业深入体验”、选修课程4“消防、交通、防震减灾馆（一）” 第五天：必修课程九“茶文化主题”、必修课程十“闽南美食制作”、选修课程1“安溪铁观音的兴衰史（一）”	第一天：入营教育、必修课程一“闽台缘烟花图的奥秘”、必修课程二“无人机操作” 第二天：必修课程三“手拉坯体验”、必修课程四“玩转科技馆”、选修课程4“消防、交通、防震减灾馆（二）” 第三天：必修课程五“我是设计师”、必修课程六“编织里的大世界”、选修课程2“安徽铁观音的兴衰史（二）” 第四天：必修课程七“七匹狼博物馆科技体验”、必修课程八“力豪现代农业科学技术的运用”、选修课程1“发电厂的盈利模式” 第五天：必修课程九“铁观音茶叶制作体验”、必修课程十“海丝美食博主”、选修课程3“人工智能的兴起”

维度或要素		小学高年级段	初中段	高中段
实施方案	进级教学环节	1.借助海丝文化的独特魅力，让学生更好地了解和传承中华优秀传统文化 2.利用现有科学技术进行更高水平的探索：如信息处理、人工智能发展带来的变化等，提升学生的科学素养和人文素养，培养其创新思维和实践能力 3.利用数字化学习环境，为学生提供丰富的课程资源从而促进学生学科核心素养的发展 4.在保持课程目标统一性的前提下，根据学生认知层级，优化教学环节，注重个性化、差异化目标 5.通过利用劳动成果评价，体验劳动的艰辛	1.了解无人机,3D打印技术的推广和运用，人工智能的觉醒，现代农业技术等，为初中阶段的科学技术学习奠定基础 2.借助海丝文化的独特魅力，让学生核心素养的综合表现得以达成 3.让学生在亲历数字化学习的过程中，体验数字化环境对教育发展的影响，促进终身学习习惯的养成 4.小组讨论“两弹一星”的曲折历程，了解核工业科学原理与价值，培养爱国精神，坚定绿色发展理念 5.通过现代农业工厂内的基本设施了解现代农业种植模式，理解科学与生产力的关系，使学生成为具有实践能力和科创意识的有志青年	1.在原本的科技学习与体验的基础上，进行更高水平的太空探索 2.在充分利用真实情境的教学活动空间时，通过信息技术帮助学生创设个人虚拟的网络活动空间，形成应用便捷、资源丰富、内容可靠、环境安全的数字化学习环境 3.通过现实空间与虚拟空间的结合，改善学生的学习方式，激发学生的探究欲望，与此同时，也丰富了教师的教学手段，拓宽了师生互动交流的渠道 4.根据多媒体设备，漫谈核科学技术 5.学生分小组探究分析现代农业技术对生态环境的影响，激发学生对科学农业的兴趣，树立科学意识和循环生态意识
	巩固教学环节	1.对学生提出的问题进行正确解答 2.通过交流反馈、自主评价、借助流程图工具等方式方法进行课堂小结 3.对学生的研学成果进行评价和反馈，帮助学生认识自己的不足和进步 4.总结分享、实践体验相结合，交换彼此对所学科学知识、技能的看法，加深理解程度 5.通过讲故事、做手抄报等多种活动加深对科学文化的认识	1.组织学生进行成果展示，如报告、展览、表演等形式，展示学生的研学成果和收获 2.鼓励学生将研学成果应用于实际生活和学习中，如开展科技制作比赛等 3.通过案例分析，对比、探究，提升对科学文化的审美能力，感悟当今的美好生活 4.引导总结交流，及时解答学生的疑难问题；通过实践体验，加深知识印象 5.在研学导师的引导下，学生梳理知识，探究有价值的问题，初步形成科学知识体系	1.组织学生进行成果展示，如报告、展览、表演等形式，展示学生的研学成果和收获 2.鼓励学生将研学成果应用于实际生活和学习中，如开展科技项目研究、撰写学术论文等 3.实地探访与沉浸式情景体验相结合，加深对科学文化的理解和认同感，思考更具价值和意义的文化创新课题 4.设计科学主题知识竞赛 5.小组分享交流，巩固知识，总结研学实践成果，理解人与自然和谐共生的内涵

维度或要素			小学高年级段	初中段	高中段
实施方案	总结教学环节	教学创新	结合小学高年级段学生的年龄特点，采用游戏化教学，把较抽象的知识融入游戏，激发学生的学习兴趣和积极性	结合初中段学生的年龄特点，鼓励学生多角度思考问题，引导学生发现并解决问题，提高创造力和责任担当意识	结合高中段学生的年龄特点，通过小组合作探究的方式，引导学生主动学习、深入思考，撰写研学报告，培养探究意识和自主学习能力
		教学总结	教学结束后组织学生进行评价与交流，引导学生加深对科学技术的理解。及时收集学生、家长和其他相关人员的反馈，了解教学环节的优点和不足，整理研学活动的教学资料，建立学习档案	总结研学过程中的相关重要内容，引导学生加深对科学技术的理解。及时收集学生、家长和其他相关人员的反馈，了解教学环节的优点和不足，整理研学活动的教学资料，完善教学档案	引导学生总结研学过程的重要内容，撰写研学报告。通过小组讨论加深对科学技术的理解。及时收集学生、家长和其他相关人员的反馈，了解教学环节的优点和不足，整理研学活动的教学资料，进行成果展演
		教学反思	用教学反思对研学活动进行再认识、再思考，从反思中不断总结教育规律和实践经验，进一步提高教育教学水平。通过对教学目标达成度的反思，分析研学设计、教学策略是否适切。通过对研学过程的反思，回顾教学行为与学生的反应之间的因果联系，不断优化教学决策	通过同行评课开展反思活动，借助调查问卷、录音录像等工具和手段协助反思活动的开展。根据教学反馈和评估结果，梳理研学活动环节的设计、实施和效果，进行调整和优化，调整“研”与“学”的适合比例，梳理教学环节的设计、实施和效果，总结经验教训，为下一次研学活动提供参考	反思活动的目标是否明确合理，是否能够满足学生的需求；反思教学内容是否充分、完整，是否涵盖了学生的学习需求和学习目标；反思教学方法是否有效、高效，是否能够激发学生的学习积极性；反思教学评价是否科学、合理，是否能够有效衡量学习的学习成果，通过不断反思，及时发现问题，解决问题

维度或要素				小学高年级段	初中段	高中段
实施方案	评价教学环节	教学水平评价	自我评价	教师复盘整个研学过程，对自己的教学过程中各个环节进行反思和评价	教师复盘整个研学过程，对自己的教学进行反思和评价，根据学生参与课程的阶段性成果及教学目标是否达成，对教学进行反思和评价	教师复盘整个研学过程，对自己的教学进行反思和评价，根据学生对研究性学习的完成情况，教师对自己的教学进行反思和评价
			学生评价	针对教师和学生之间的互动是否充分，研学课程师生对话参与度，学生能否积极参与研学教学，课堂气氛活跃度方面进行评价	针对教师的引导与启发是否到位，学生主动参与度，学生能否充分展示表达自己，发挥团队合作方面进行评价	针对教师所提供的研学资源与课题是否充分匹配，教师参与课题研究的深度与广度以及学科知识的整合能力方面进行评价
			同行评价	由营地教师和教学管理人员通过审阅研学教学设计方案等对教师的教学进行评价	由营地教师和教学管理人员通过审阅研学教学设计方案、随队观摩等形式对教师的教学进行评价	邀请相关专业教师全程跟进课程实施过程，对研学教师进行细致的评价与指导
			培训和考核	定期对营地教师进行教学培训和考核，通过考核结果来评价教师的教学水平	定期组织教师专业能力提升培训，通过培训机构或专业机构考核评价活动质量	定制化地对教师进行专业培训，并定期组织团队对教师素养进行考核；对学生、家长、社会公众满意度进行调查测评
			教学成果展示	通过研学过程教学展示教师的教学成果，通过学生的研学作品等，来评价教师的教学水平	通过参与学术研讨会、教学案例分享会等形式进行报告，教师分享自己在教学实践中的经验和心得，并从其他教师和专家的反馈中得到启发和改进	通过成立课题研究组，撰写论文的方式展示自己的教育教学成果，以此持续跟进学生的研究性，同时将研究成果和观点进行及时整理

维度或要素				小学高年级段	初中段	高中段
实施方案	评价教学环节	学业评价	形成性评价	在研学活动中，通过观察、记录和反馈学生研学过程中的学习情况，以及他们在活动中的表现情况进行评价	在研学活动中，通过动手操作、作品展示交流等形式，对学生学习过程以及他们在活动中的表现给予评价	在研学活动中，通过对学生的科学设计探究性作业和实践性操作，进行全面观察、记录，从而对学生研学过程中的完成情况给予评价
			总结性评价	在研学活动结束后通过学生的研究报告、展示或测试等形式，全面了解学生在研学活动中的学习成果和进步	对学生参与研究性学习全过程的情况、收集整理信息能力、交流合作能力、动手实践能力及创新能力进行评价，从而动态地评价学生的研学能力	对学生参与研究性学习全过程的情况、资料收集情况、研究结果及成果展示方式进行评价，从而动态地评价学生的综合能力
			教师评价	由教师根据学生在研学活动中的表现和成果，根据学生参与的积极性、《研学手册》完成的质量等，对学生的学业进行评价	由教师根据学生在研学活动中的表现和成果，根据学生参与的积极性、《研学手册》完成的质量、小组合作的参与性等，对学生的学业进行评价	由教师根据学生在研学活动中的表现和成果，根据学生参与的积极性、《研学手册》的填写情况、合作探究的参与性、研学报告完成的质量等，对学生的学业进行评价
		项目评价		通过教育行政部门、校内教育工作者、学生家长、社会各界以问卷调查、座谈、调研等多种形式参与评价，围绕对小学高年级段课标实现度、教学环节衔接度、教学策略有效性等方面进行评价，及时发现问题并加以改进	通过教育行政部门、校内教育工作者、学生家长、社会各界以问卷调查、座谈、调研等多种形式参与评价，对教学目标设定、教学设计、课程资源、教学策略、活动组织、协同管理、研学线路规划、学生成长等方面进行评价	通过教育行政部门、校内教育工作者、学生家长、社会各界以问卷调查、座谈、调研等多种形式参与评价，围绕对高中课标实现度、教学环节衔接度、教学策略有效性等方面进行评价，通过教研活动及针对评价结果的反思，评价项目实施的风险和效益，进一步优化项目

4.12 教学计划与策略列表：科技强国　筑梦未来

<table>
<tr><td colspan="3">营地名称</td><td>潍坊市中小学生示范性综合实践基地（简称“潍坊营地”）</td><td>命名机构</td><td>教育部</td><td>识别码</td><td>Y145370001</td></tr>
<tr><td colspan="3">从业资质（摘要）</td><td>综合实践教育；研学实践教育；劳动教育；创新实验教育</td><td>单位属性</td><td>公益一类</td><td>法定代表人</td><td>鞠克亮</td></tr>
<tr><td colspan="3">研学主题</td><td>科技强国　筑梦未来</td><td colspan="2">主要目的指向</td><td colspan="2">科学技术教育</td></tr>
<tr><td rowspan="7">营地（枢纽）及周边主要优质研学资源</td><td colspan="2">基地层级</td><td colspan="5">研学站点（基地）名称</td></tr>
<tr><td rowspan="2">教育部命名基地</td><td>已列入教学计划</td><td colspan="5">一、与本主题相关列入教学计划的基地22个
1. 山东航天科技展馆（简称“山东航天馆”）；2. 山东博物馆；3. 浪潮集团有限公司（简称“浪潮集团”）；4. 山东省科学技术宣传馆；5. 济南市气象局；6. 国家中印科技国际创新园（简称“中印科技”）；7. 黄河口生态文明研学基地（简称“黄河口”）；8. 桓台华夏粮仓博物馆（简称“华夏粮仓”）；9. 山东沂蒙红色文化产业有限公司（简称“沂蒙红色教育基地”）；10. 山东景芝教育投资有限公司（简称“景芝公司”）；11. 中国海军博物馆；12. 台儿庄古城景区（简称“台儿庄”）；13. 青岛海洋地质研究所；14. 日照市山泽海洋旅游产业开发有限公司（简称“日照山泽海洋”）；15. 齐文化博物院；16. 青岛鲁海丰海洋牧场（简称“鲁海丰牧场”）；17. 青岛蓝树谷文化传媒旅游集团股份有限公司（简称“蓝树谷”）；18. 山东省防震减灾科普馆；19. 蒙阴岱崮地貌拓展服务中心（简称“岱崮地貌”）；20. 曲阜孔庙、孔林和孔府（简称“三孔”）；21. 山东特种工业集团有限公司（简称“山特集团”）；22. 山东省山青世界青少年实践活动中心（简称“山青世界”）
二、与本主题关联不大但列入本营地教学计划的基地9个
1. 青岛市妇女儿童中心；2. 孟庙孟府孟林景区（简称“三孟”）；3. 山东泰山研学教育有限公司；4. 蓬莱仙境戚继光文化管理有限公司（简称“蓬莱仙境”）；5. 中国水准零点景区；6. 广饶县孙子文化旅游区（简称“孙子文化园”）；7. 山东莱阳白垩纪国家地质公园（简称“白垩纪公园”）；8. 山东北海湿地鸟类教育基地（简称“北海湿地”）；9. 山东省妇女儿童中心</td></tr>
<tr><td>待列入教学计划</td><td colspan="5">无</td></tr>
<tr><td colspan="2">其他部委命名基地</td><td colspan="5">1. 中国航海博物馆；2. 潍坊市潍柴动力股份有限公司；3. 东营胜利石油科技馆；4. 安丘市合力牧场；5. 海水稻三产融合发展示范区</td></tr>
<tr><td colspan="2">地方命名基地</td><td colspan="5">1. 山东省地质博物馆；2. 山东省地质科学研究院；3. 山东济南气象科普馆；4. 济南市历下区环保局环境科普教育基地（简称“济南市环境科普教育基地”）；5. 青岛市中小学生创客实践基地；6. 坊子区煤炭博物馆；7. 威海市科学技术馆；8. 潍城区人工智能学习体验公共中心；9. 峡山航空航天科技馆；10. 迈赫机器人大世界；11. 国家方志馆黄河分馆；12. 千晨研学基地；13. 山东核电科技馆</td></tr>
<tr><td colspan="2">本营地资源</td><td colspan="5">1. 航天教育中心；2. 科学教育中心；3. 创客中心；4. 国防教育中心；5. 实践制作中心；6. 心理体验中心</td></tr>
<tr><td colspan="2">其他资源</td><td colspan="5">1. 潍坊学院；2. 滨海芳青玫瑰现代农业产业园；3. 菜央子盐场</td></tr>
</table>

维度或要素	小学高年级段	初中段	高中段
校内教育基础（与校内教育的衔接）	对照课标，小学高年级段在科学技术教育方面提出："能根据学习和生活需要，有意识地选用信息工具处理信息；能用自然语言、流程图等方式描述算法，认识到算法对解决生活和学习中的问题的重要性；能设计使用计算机实现过程与控制的方案，并在实验系统中通过编程等手段加以验证。"本研学主题必修课程与校内教育的衔接内容主要如下：1.河南科学技术出版社信息技术六年级上册第一单元"探究'编程程序世界'宝藏"；2.青岛版科学五年级上册第一单元第1节"光"、第2节"光的反射"、第3节"潜望镜的秘密"；3.河南科学技术出版社信息技术六年级上册第三单元"智能生活"；4.青岛版科学六年级下册第六单元"科技与生活"第2节"科技改变世界"；5.人教版美术六年级上册第4课"线与造型"；6.人教湘鄂版科学六年级上册第四单元第15课"自然资源的开发与保护"	对照课标，初中段在科学技术教育方面提出："能够在学习过程中，选择恰当的数字设备支持学习，改变学习方式，具有利用信息科技进行自主学习和合作学习的能力；初步理解科学、技术、社会、环境之间的关系，较理性地看待科学技术给人类带来的正反两方面的影响；形成热爱自然、节约资源和保护环境的意识，具有实现中华民族的伟大复兴的责任感与使命感。"本研学主题必修课程与校内教育的衔接内容主要如下：1.人教版物理八年级上册第四章第2节"光的反射"、第4节"光的折射"、第五章第3节"凸透镜成像的规律"；2.人教版物理九年级全一册第20章第1节"磁现象 磁场"、第2节"电生磁"；3.人教版地理八年级上册第四章第2节"农业"、第3节"工业"；4.人教版物理八年级下册第十二章第1节"杠杆"；5.人教版生物八年级上册第一章"动物的主要类群"第6节"鸟"；6.人教版地理八年级上册第二章"中国的自然资源"第1节"地形和地势"；7.人教版地理七年级上册第二章"陆地和海洋"第2节"海陆的变迁"	对照课标，高中段在科学技术教育方面提出："掌握数据、算法、信息系统、信息社会等学科的概念，了解信息系统的基本原理，认识信息系统在人类生产与生活中的重要价值；正确看待地理环境与人类活动的相互影响，认同人地协调对可持续发展具有重要意义，形成尊重自然、和谐发展的态度；了解原理运用过程、计算思维过程和数字化工具应用工程，构建知识，提升问题解决能力。"本研学主题必修课程与校内教育的衔接内容主要如下：1.人教中图版信息技术选择性必修4第一章第1节"初识人工智能"、第3节"人工智能研究与应用"；2.人教中图版信息技术选择性必修4第二章"人工智能技术基本原理"第1节"知识表示与专家系统"；3.人教版地理必修第一册第三章第3节"海水的运动"；4.人教版地理必修第一册第六章"自然灾害"第2节"地质灾害"；5.统编版历史选择性必修3第一章"源远流长的中华文化"第1课"中华优秀传统文化的内涵与特点"；6.人教版历史必修中外历史纲要（上）第一单元"中华文明起源到秦汉统一多民族封建国家的建立与巩固"第1课"中华文明的起源与早期国家"、第2课"诸侯纷争与变法运动"；7.人教版生物学选择性必修3第一章第1节"传统发酵技术的应用"

维度或要素			小学高年级段	初中段	高中段
研学课程	必修课程一	名称	智走迷宫	泛现实技术	机械臂分拣
		活动目的	了解实体编程语言，运用实体编程控制机器人完成走迷宫等任务，培养计算思维	探究AR与VR技术原理，设计AR与VR设备的制作方案，提高科技创新素养	学会利用控制机械臂完成识别抓取、物体传送、智能分拣等任务
		活动形式	任务驱动、实践体验	教师讲授、实践体验	教师讲授、实践体验
	必修课程二	名称	制作全息投影仪	自制望远镜	创意天梯
		活动目的	了解全息投影技术的原理及应用，探究四面影像的位置和关系	掌握凸透镜的成像原理，学会制作天文望远镜	掌握人工智能基本原理和编程技术，设计天梯运行方案
		活动形式	任务驱动、实践体验	教师讲授、实践体验	任务驱动、实践体验
	必修课程三	名称	云计算初体验	探究地貌景观	安全救护
		活动目的	了解云计算的基本概念、原理和在生活中的应用，感受科技对生活的影响	了解岱崮地貌的特点，探究形成原因，领略大自然的生态之美	了解常见的安全事故发生原因，掌握必要的救护技能，培养安全意识
		活动形式	教师讲授、实践体验	教师讲授、实践体验	教师讲授、实践体验
	必修课程四	名称	走进浪潮	科技储粮	地震避险
		活动目的	感受信息科技、网络科技、软件工程领域的最新前沿技术，激发爱国情怀	了解粮食储存的方法，学习现代化科技储粮的设施和原理	学习地震的相关知识，掌握地震逃生技能，培养安全防护技能
		活动形式	实践体验、任务驱动	教师讲授、实地探访、实践体验	教师讲授、实地探访、实践体验

维度或要素			小学高年级段	初中段	高中段
研学课程	必修课程五	名称	气象观测	探索海洋奥秘	访圣人故居
		活动目的	运用科学方法，观察地球大气的物理和化学特征，养成严谨的科学态度	通过探索海洋的奥秘，理解海洋强国战略，弘扬航海精神	走进孔府、孔庙、孔林，了解孔子生平故事，感受文化底蕴
		活动形式	教师讲授、实践体验	教师讲授、实地探访、实践体验	教师讲授、实地探访、实践体验
	必修课程六	名称	微电影拍摄	探寻飞鸟	寻访儒家文化
		活动目的	通过创作微电影，传承红色基因，厚植爱国情怀和责任意识	探访鸟类博物馆，了解天鹅、丹顶鹤等鸟类的生活习性，感受人与自然和谐相处	了解儒家文化的起源和发展，探究儒家文化对生活的影响，增强文化自信
		活动形式	教师讲授、实践体验	教师讲解、实地观察	教师讲授、实地探访、实践体验
	必修课程七	名称	航海知多少	航天探秘	走进山青世界
		活动目的	学习航海历史、航海技术，掌握航海仪器和导航方法，培养保护海洋的意识	掌握航天器的类别和中国空间站的构成，了解航天事业的艰辛和卓越成就	探访山青世界青少年实践活动中心，培养认真负责、勇于探究的精神品质
		活动形式	教师讲授、实践体验	教师讲授、实地探访、实践体验	教师讲授、实地探访、实践体验
	必修课程八	名称	海洋地质调查	走进山特	文化印记
		活动目的	了解海洋地质，学习矿产资源、海岸带的地质调查方法，培育知海、爱海的情怀	通过探访山东特种工业集团，探究特种工业对国家安全的巨大影响，涵养工匠精神	通过观察展品，学习展品蕴含的文化、历史印记，传承中华优秀传统文化
		活动形式	教师讲授、实践体验	教师讲授、实地探访、实践体验	教师讲授、实地探访、实践体验

维度或要素			小学高年级段	初中段	高中段
研学课程	必修课程九	名称	3D纸模航母	揭秘声光电	酿造工艺
		活动目的	掌握军舰的基本结构、建造和运作过程，学会制作3D纸模航母“辽宁号”	了解生活中声、光、电的发展历程，探寻背后的科学原理，激发科学研究兴趣	了解中国酿造业的起源、发展，辩证看待传统酿造工艺与现代工业之间的关系
		活动形式	教师讲授、实践体验	教师讲授、实地探访、实践体验	教师讲授、实地探访、实践体验
	必修课程十	名称	走进鲁海丰牧场	探秘贝类	探访蓝树谷
		活动目的	了解海洋生态，学习现代化海洋渔业的发展和现状，树立经略海洋的意识	通过实地考察贝类标本和贝文化相关文物，学习贝类背后蕴藏的文学和科技知识	了解海洋生物的种类、形态、生活习性等特征，增强保护海洋动物的意识
		活动形式	教师讲授、实践体验	现场演示、实地体验	教师讲授、实地探访、实践体验
	选修课程		1. 空气动力车 2. 制作中西式船帆 3. 天文观测 4. 激光切割	1. 航模制作 2. 无人机 3. 制作智慧灌溉模型 4. 航天梦主题演讲	1. 制作空间站模型 2. 智能物联 3. 光电飞机 4. 设计智能巡检车

维度或要素		小学高年级段	初中段	高中段
研学线路	代表性线路（时长五日）	第一天：潍坊营地—创客中心—科学教育中心—潍坊营地；第二天：潍坊营地—中印科技—浪潮集团—潍坊营地；第三天：潍坊营地—济南市气象局—沂蒙红色教育基地—潍坊营地；第四天：潍坊营地—中国航海博物馆—青岛海洋地质研究所—潍坊营地；第五天：潍坊营地—中国海军博物馆—鲁海丰牧场—潍坊营地	第一天：潍坊营地—航天教育中心—国防教育中心—潍坊营地；第二天：潍坊营地—岱崮地貌—华夏粮仓—潍坊营地；第三天：潍坊营地—山泽海洋—黄河口—潍坊营地；第四天：潍坊营地—山东航天科技展馆—山特集团—潍坊营地；第五天：潍坊营地—山东省科学技术宣传馆—山东博物馆—潍坊营地	第一天：潍坊营地—创客中心—实践制作中心—潍坊营地；第二天：潍坊营地—山东省防震减灾科普馆—潍坊营地；第三天：潍坊营地—三孔—台儿庄—潍坊营地；第四天：潍坊营地—山青世界—齐文化博物馆—潍坊营地；第五天：潍坊营地—景芝公司—蓝树谷—潍坊营地
	可选择线路（按天设计，菜单式选择）	1.潍坊营地—实践制作中心—心理体验中心—潍坊营地；2.潍坊营地—航天教育中心—潍坊学院—潍坊营地；3.潍坊营地—坊子区煤炭博物馆—莱央子盐场—潍坊营地；4.潍坊营地—潍坊市科技馆—潍坊营地；5.潍坊营地—海水稻三产融合发展示范区—潍坊营地；6.潍坊营地—潍城区人工智能学习体验公共中心—峡山航空航天科技馆—潍坊营地；7.潍坊营地—山青世界—潍坊营地；8.潍坊营地—千晨研学基地—潍坊营地	1.潍坊营地—心理体验中心—实践制作中心—潍坊营地；2.潍坊营地—蓬莱仙境—潍坊营地；3.潍坊营地—三孟—潍坊营地；4.潍坊营地—青岛海洋地质研究所—潍坊营地；5.潍坊营地—鲁海丰牧场—蓝树谷—潍坊营地；6.潍坊营地—峡山航空航天科技馆—潍坊市科技馆—潍坊营地；7.潍坊营地—迈赫机器人大世界—潍坊营地；8.潍坊营地—山东泰山研学教育有限公司—潍坊营地	1.潍坊营地—国防教育中心—潍坊营地；2.潍坊营地—科学教育中心—潍坊营地；3.潍坊营地—潍坊市潍柴动力股份有限公司—潍坊营地；4.潍坊营地—莱央子盐场—潍坊营地；5.潍坊营地—孙子文化园—潍坊营地；6.潍坊营地—峡山航空航天科技馆—潍坊营地；7.潍坊营地—潍城区人工智能学习体验公共中心—潍坊营地；8.潍坊营地—中国水准零点景区—潍坊营地
	规划线路（按天设计）	1.潍坊营地—山东省地质博物馆—潍坊营地；2.潍坊营地—山东省地质科学研究院—潍坊营地；3.潍坊营地—山东济南气象科普馆—潍坊营地；4.潍坊营地—青岛市中小学创客实践基地—潍坊营地	1.潍坊营地—潍坊学院—潍坊营地；2.潍坊营地—滨海芳青玫瑰现代农业产业园—潍坊营地；3.潍坊营地—安丘市合力牧场—齐文化博物馆—潍坊营地；4.潍坊营地—国家方志馆黄河分馆—潍坊营地；5.潍坊营地—威海市科学技术馆—潍坊营地	1.潍坊营地—济南市环境科普教育基地—潍坊营地；2.潍坊营地—千晨研学基地—潍坊营地；3.潍坊营地—山东核电科技馆—潍坊营地；4.潍坊营地—白垩纪公园—潍坊营地；5.潍坊营地—中国水准零点景区—青岛市妇女儿童中心—潍坊营地

维度或要素		小学高年级段	初中段	高中段
教学重点难点（以代表性线路教学设计为例，以下同）	教学重点	1. 掌握人工智能的基本概念，学习实体编程语言，理解全息投影原理和具体应用，学会四面影像的位置和关系调整 2. 初步了解云计算、软件工程的基本原理和在生活中的应用 3. 学会观测地球大气的正确方法；掌握拍摄微电影的流程 4. 学习航海历史、航海技术，学会海洋矿产资源的地质调查方法 5. 了解海洋生态渔业，掌握军舰的基本结构，学会制作纸模军舰	1. 学会AR与VR设备和望远镜的成像原理，学会望远镜的制作方法 2. 掌握岱崮地貌的特点和形成原因，了解现代化科技储粮的方法 3. 探索海洋资源和产业，了解鸟类生活习性 4. 学习航空航天的发展历程，飞行原理和航天技术的基本知识，了解特种行业的作用 5. 探究生活现象的科学原理，学习贝类文化内涵	1. 掌握程序设计，通过程序控制机械臂的抓取和天梯的运行 2. 学习必备的安全预案，掌握必备的救护技能 3. 学习儒家文化的起源和发展，探究对社会政治经济的影响 4. 学会团队合作解决问题，感受齐文化的独特魅力 5. 感知中国酿造业的发展历程，探究海洋生物的生活习性
	教学难点	1. 理解实体编程技术的底层原理和光学原理，掌握四面三维图形的调整方法 2. 学会云计算的实际应用与原理迁移 3. 运用科学的方法采集数据，运用多镜头呈现故事 4. 规范操作航海仪器，掌握正确的导航方法 5. 学会3D纸模航母“辽宁号”的制作方法	1. 掌握AR与VR技术的原理、凸透镜的成像原理 2. 分析岱崮地貌构造的典型性、类型的多样性和规模的集群性 3. 探索现代化海洋产业的转变，掌握鸟类的特殊生活习性以及对周边生态的影响 4. 掌握火箭动力学、航天器轨道设计等概念，探索特种行业对现代化国防的重要意义 5. 探究并应用科学原理，梳理贝类文化内涵	1. 通过程序设计，控制机械臂在不同场景中抓取物体 2. 学会规范的完成心肺复苏等安全急救技能 3. 掌握儒家文化的核心内容，并在生活中践行 4. 探索展品背后蕴藏的文化和历史印记 5. 掌握酿造工艺的技术原理，与有机化学建立链接

维度或要素	小学高年级段	初中段	高中段
教学策略	针对小学高年级段学生活泼好动，对科学探究有浓厚兴趣但尚未具备成熟的科学态度与责任担当意识等特点，以学生为主体，注重学生的自主探究和实践能力，关注实际应用问题，培养基础认知，培养学生综合素养。基于做中学、建构主义、合作教学、项目式教学等理论，选取人工智能教育、海洋教育、科普教育等内容，依托营地创客中心、中国航海博物馆、浪潮集团、青岛海洋地质研究所等优质研学资源，挖掘研学资源育人元素，采取情境式教学、演示教学、启发教学等教法和合作学习、探究式学习、体验考察等学法，注重深化学科拓展，设计跨学科实践活动，开展调查研究、设计制作、实践探究等活动，培养学生参与科学研究的积极态度，让学生在真实体验中树立正确的价值取向，培育批判性思维和对科技伦理的理解，提升学生科学素养	针对初中段学生可塑性强、愿意主动尝试、追求独立，具有一定的创新意识等特点，在课程实施中应注重引导学生参与较为复杂的跨学科综合学习活动，培养团队协作意识和创新思维，基于做中学、建构主义、合作教学、项目式教学等理论，选取泛现实技术、特种工业、科学实验等内容，依托营地科创中心、山东航天科技展馆、山东省科学技术宣传馆、黄河口等优秀研学资源，链接信息科技、地理、化学、物理、生物等学科内容，采取情境教学、任务驱动教学、实践教学、实验教学等教法和体验式学习、合作学习、探究式学习等学法，基于真实的问题情境，通过开展调查研究、设计制作、实践探究等活动，深度研究科学前沿，强调科学实践的重要性和科学研究的创新性，培养独立研究的精神和创新能力	针对高中段学生具备较强知识应用和迁移能力，思维比较成熟且活跃、能够通过合作探究、讨论归纳等方式开展研究，但对科学原理与技术实践的应用理解不够深刻等特点，因此应更加注重培养学生科技实践应用能力，鼓励参与实际项目，深化对前沿科技相关领域的理解，并为未来的职业规划奠定基础，基于做中学、建构主义、合作教学、项目式教学等理论，选取现代科技、生命安全教育、中华优秀传统文化等内容，依托山东省防震减灾科普馆、齐文化博物院等优质研学资源，采取情境教学、任务驱动教学、实验教学等教法和体验式学习、合作学习、探究式学习的方式，将科技强国意识融入研学实践活动中，深入了解国家科技政策和科技成就，引导学生将科学精神和创新意识践行到实际生活中，培养学生对科技强国建设的认同感和自豪感，激发为实现科技强国梦而努力奋斗的信心

维度或要素				小学高年级段	初中段	高中段
实施方案	入营教育	安全	引导	进行入营安全主题教育，摸排学生情况，强调安全注意事项，签订研学安全协议	进行入营安全主题教育，摸排学生情况，列出安全清单，签订研学安全协议	进行入营安全主题教育，摸排学生情况，列出安全清单，明确安全管理重点，签订研学安全协议
			实训	学习《安全手册》，绘制营地疏散图，进行消防疏散演练，确保学生在遇到危险时能安全快速撤离	讲解安全疏散示意图，组织消防疏散演练，确保学生在遇到危险时能安全快速撤离	进行消防疏散演练，确保学生在遇到危险时能安全快速撤离
		应急	引导	通过趣味问答和视频，学习急救常识，掌握应急事件处理的方法和技巧	通过视频，学习急救常识，掌握应急事件处理的方法和技巧	学习急救常识，掌握应急事件处理的方法和技巧
			实训	熟练使用灭火器，会报警	熟练使用灭火器，会报警，懂得火灾、地震应急处理方法	熟练使用灭火器，会报警，懂得火灾、地震应急处理方法，进行疏散演练
		救助	引导	模拟真实环境，了解触电、晕倒、磕碰伤等应对措施	模拟真实环境，进行触电、晕倒、磕碰伤等主题培训	模拟真实环境，进行触电、晕倒、磕碰伤等主题培训，提高应对措施和应变能力
			实训	讲解心肺复苏的基本步骤，教会学生快速止血和包扎固定的方法，帮助学生掌握基本的紧急救护技能	进行心肺复苏、人工呼吸、包扎等应急技能培训，帮助学生熟悉和掌握救助的方法和技巧	培训AED除颤仪的使用方法，教会学生在紧急情况下，熟练运用心肺复苏、止血、固定、搬运等救护技能
		自我管理	引导	通过团建课程，建设团队，帮助学生获得归属感，培养主动适应环境，提升沟通能力	通过团建课程，建设团队，帮助学生获得归属感，培养主动适应环境，提升沟通能力	通过团建课程，建设团队，帮助学生获得归属感，培养主动适应环境，提升沟通能力
			实训	开展传统游戏，通过体验、合作、分享、感悟环节，进行自我管理和心理建设	进行“求生墙”“携手并进”等项目团建，通过体验、合作、分享、感悟环节，进行自我管理和心理建设	进行“背摔”“求生墙”“携手并进”等项目团建，通过体验、合作、分享、感悟环节，进行自我管理和心理建设
		团队协作	引导	在教师的引导下学会任务分配，培养沟通、倾听能力，学会表达自己的观点以及如何处理团队冲突和分歧	通过案例培训等方式，学会任务分配，培养沟通、倾听能力，学会表达自己的观点以及如何处理团队冲突和分歧	通过案例培训，团建活动等方式，学会任务分配，培养沟通、倾听能力，学会表达自己的观点以及如何处理团队冲突和分歧
			实训	在住宿分工、分餐、研学实践活动中适时进行团队协作能力评价，提出改进建议	在案例培训中，分享和表达团队协作观点，在住宿分工、分餐、研学实践活动中适时进行团队协作能力评价	在住宿分工、分餐、研学实践活动中进行团队协作能力评价，并提出改进建议

维度或要素		小学高年级段	初中段	高中段
实施方案	导入教学环节	第一天，视频导入：播放智能控制、全息投影等科技演示视频，激发学生参与热情；第二天，问题导入：开展云计算等科技竞赛，营造良好学习氛围；第三天，故事导入：用科学家竺可桢的故事导入，引发研究兴趣；第四天，情境导入：讲述中国海洋强国战略和现代化海洋产业，提高国家认同感，激发学习热忱；第五天，演示导入：展示制作好的军舰模型，引导学生思考制作过程	第一天，视频导入：播放泛现实和天文观测视频，激发学生参与研学的热情；第二天，实景导入：播放地貌图片，领略自然之美，激发研究欲；第三天，情境导入：用生活中的实例引入，探寻海洋之美；第四天，任务导入：通过趣味问答的形式，了解相关知识，开展学习；第五天，实物导入：通过专业仪器模拟演示声光电的运行原理，引发探究兴趣	第一天，问题导入：与学生进行问答，引起研究兴趣；第二天，故事导入：分析生活中的安全事故和处理措施，引入研学任务；第三天，情境导入：师生共同讨论孔子生平故事，感受儒家文化；第四天，视频导入：播放精彩视频，激发学习热情；第五天，实物导入：展示酿造道具，引入研学任务，营造学习氛围
	授课教学环节	第一天：入营教育，必修课程一“智走迷宫”、必修课程二“制作全息投影仪”、选修课程1“空气动力车”；第二天：必修课程三“云计算初体验”、必修课程四“走进浪潮”、选修课程2“制作中西式船帆”；第三天：必修课程五“气象观测”、必修课程六“微电影拍摄”、选修课程3“天文观测”；第四天：必修课程七“航海知多少”、必修课程八“海洋地质调查”、选修课程4“激光切割”；第五天：必修课程九“3D纸模航母”、必修课程十“走进鲁海丰牧场”	第一天：入营教育，必修课程一“泛现实技术”、必修课程二“自制望远镜”；第二天：必修课程三“探究地貌景观”、必修课程四“科技储粮”、选修课程1“航模制作”；第三天：必修课程五“探索海洋奥秘”、必修课程六“探寻飞鸟”、选修课程2“无人机”；第四天：必修课程七“航天探秘”、必修课程八“走进山特”、选修课程3“制作智慧灌溉模型”；第五天：必修课程九“揭秘声光电”、必修课程十“探秘贝类”、选修课程4“航天梦主题演讲”	第一天：入营教育，必修课程一“机械臂分拣”、必修课程二“创意天梯”；第二天：必修课程三“安全救护”、必修课程四“地震避险”、选修课程1“制作空间站模型”；第三天：必修课程五“访圣人故居”、必修课程六“寻访儒家文化”、选修课程2“智能物联”；第四天：必修课程七“走进山青世界”、必修课程八“文化印记”、选修课程3“光电飞机”；第五天：必修课程九“酿造工艺”、必修课程十“探访蓝树谷”、选修课程4“设计智能巡检车”

维度或要素		小学高年级段	初中段	高中段
实施方案	进级教学环节	1. 实践：运用实体编程积木 2. 探究：如何使用软件制作四面视频 3. 体验：航海模拟驾驶 4. 感受：科技对生活的实际影响 5. 讨论：海洋生态对国家的意义 6. 体验：寻访海洋生物，探秘水母实验室	1. 探究：探究AR与VR设备的制作方案 2. 制作：制作天文望远镜 3. 实践：了解现代化科技储粮原理 4. 探访：了解鸟类特性 5. 考察：贝类标本和文化产物 6. 实验：了解生活现象背后的科学原理	1. 实践：设计程序，控制机械臂完成智能分拣任务 2. 探究：天梯搭建中结构强度与空间结构最优解决方案是什么 3. 实践：体验心肺复苏术，学习地震避险技能 4. 探究：儒家文化的核心内容 5. 讨论：酿造工艺的演变过程
	巩固教学环节	1. 巩固：教师带领学生对学习过程进行总结和回顾，及时解答学生的疑问 2. 思考：人工智能会对社会和人类产生哪些影响 3. 制作：学习制作具有创意的军舰模型 4. 展示：用海报、视频等形式展示海洋产业的发展历程 5. 作业：通过PPT、海报、思维导图等形式展示学习成果	1. 巩固：教师带领学生对学习过程进行总结和回顾，及时解答学生遇到的疑问 2. 思考：我国航天事业的发展经历了哪些艰辛？获得了哪些卓越成就 3. 拓展：作为中学生，能够为大国海军梦的实现做些什么 4. 展示：通过思维导图、海报等形式展示电生磁、磁生电的基本原理和应用技术 5. 作业：通过PPT、海报、思维导图等形式展示学习成果	1. 巩固：教师带领学生对学习过程进行总结和回顾，及时解答学生遇到的疑问 2. 拓展：人工智能时代，青少年应该怎么做 3. 探究：生活中常见安全事故的应急处理措施 4. 演讲：文化传承主题演讲 5. 探究：博物馆展品的历史印记 6. 作业：通过微视频、PPT、海报、思维导图等形式展示学习成果

维度或要素			小学高年级段	初中段	高中段
实施方案	总结教学环节	教学创新	遵循学生学习特点，设计层次性的学习任务，引导学生循序渐进地开展学习，有效地激发学生的能动性；课程设计体现了跨学科、实践性、生成性等特点，活动任务由易到难，突出选择性，取得了较好的学习效果	将学习任务与生活中的实际现象有机融合，引导学生动手动脑探究生活中的问题，研究现象背后的科学原理；采用项目化学习的理念，创设真实情境，学生在亲身体验的基础上，综合运用多学科知识解决真实问题，同时加深对学科知识的理解	针对高中学生的特点，课程设计时巧设问题，密切联系生活实际，通过任务驱动激发学生探究兴趣；以学定教，创设学习氛围，学生带着问题去实践、去探究，教师适时点拨，激发学生的好奇心和求知欲
		教学总结	师生共同总结研学实践的过程，加深学生理解；收集学生、家长、研学讲解员以及其他相关人员的反馈，完成全面客观的评价；完成《研学手册》等过程性材料的撰写	总结研学实践过程，收集学生、家长、研学讲解员以及其他相关人员的反馈，完成全面客观的评价；完成《研学手册》等过程性材料的撰写；完善研学档案，便于评价与管理	复盘研学实践过程收获与得失，明确科学技术与学科融合的重要价值，立志科技强国的重要意义；完成《研学手册》的撰写，完善研学档案，进行综合素质评价
		教学反思	进一步丰富教学内容和形式，以吸引学生的注意力并保持他们的学习兴趣；可以增加更多的互动环节，让学生更多地参与和体验；需要关注学生的学习差异，为不同水平的学生提供个性化的教学支持	更好地平衡不同研学点之间的内容和难度，确保学生能够顺利理解和接受；活动中，需要提前做好充分的准备和安排，确保活动的顺利进行和学生的安全；在小组讨论和辩论中，需要加强对学生的引导和指导，确保能够深入思考和有效交流	需要为学生提供更多的学习指导，帮助他们更好地完成课题研究。创新创作环节中，需要鼓励学生大胆尝试和创新，同时给予他们适当的支持和帮助

维度或要素				小学高年级段	初中段	高中段
实施方案	评价教学环节	教学水平评价	自我评价	研学实践课程的整体立意和目标设计是否体现了素养导向；课程开发是否符合学生发展需求，是否和生活实际、学科知识有机融合；学生的参与度是否积极	评价研学节奏、研学课程设计，有没有更加优化的措施；研学教师的讲解是否通俗易懂，能引起学生兴趣；对所设计的探究任务的难易程度、易操作性进行评价	对课程内容、目标达成、实施效果等方面进行评价；对研学实施过程中所设计的实验、探究成果进行考核和评价
			学生评价	对研学站点所呈现的资源是否感兴趣；对研学课程任务的完成情况进行自我评价、他人评价和小组评价	课程实施中学生的学习积极性，任务设计是否有效启发学生深度思考；是否积极参与组内研讨交流等	对学生的小组合作情况进行评价；对研学任务的分配和完成情况进行评价等
			同行评价	对研学教师的教学设计、实施策略和总结反思等方面进行评价；对研学呈现的生成性问题的解决方式和教学机制进行评价	对研学教师的教学设计、实施策略和总结反思等方面进行评价；对研学呈现的生成性问题的解决方式方法和教学机制进行评价	对教师设计的探究问题、方式和结果呈现进行评价；对研学资源的挖掘和研学课程各学科的融合度进行评价；对研学设计、研究深度和研学总结方式进行评价
			培训和考核	定期对研学教师线路、课程开发和实施培训进行考核；进行研学安全培训；对研学教师师德师风进行考核；对研学开展情况进行考核；定期对研学教师培训学习情况以及将学习内容转化运用情况进行评价	定期对研学教师线路、课程开发和实施培训进行考核；进行研学安全培训；对研学教师师德师风进行考核；对研学开展情况进行考核；把学生满意度、家长和社会认可度作为考核重要标准	定期对研学教师线路、课程开发和实施进行培训；进行研学安全、应急救护技能培训和考核；对研学教师研学节奏、组织和讲解等专业能力进行培训
			教学成果展示	微视频、思维导图、海报、课件等	设计作品展示、实验、故事汇编等	研究报告、推介会、作品展等展示研学实践成果；撰写研学实践课程案例

维度或要素				小学高年级段	初中段	高中段
实施方案	评价教学环节	学业评价	形成性评价	从学生参与学习任务的态度、在团队中的学习参与度等方面进行评价；针对学生的年龄段特点，及时调整研学课程内容；学生在研学中随时对自己和他人在研学中的表现进行评价，以便更好地管理自己、他人和团队	对学生的参与程度、探索深度和交流表达等表现进行及时评价；研学中要更加关注学生探究方法和能力的培养；关注学生团队建设的情况	观察合作学习情况，适时调整探究任务，对学生研学观察、记录、讨论和反思及时进行评价；及时观察学生研学的态度，探究过程中遇到的问题，并给予指导
			总结性评价	研学实践后，以预先设定的学习目标为基准，通过测验、报告、展示等形式，对学生达成目标的程度作出评价	以预先设定的科学技术教育为主的学习目标为基准，通过测验、报告、展示等形式，对学生达成目标的程度做出评价；对学生实验的结果、达到的目标、完成水平和完成程度进行评价	对学生在研学过程中表现的探究问题的能力，综合运用多学科知识解决问题的能力等进行整体评价，对研学报告、展示项目、作品等研学成果进行评价，提高研究能力
			教师评价	教师对学生的知识生成、能力提升、情感认同方面进行综合评价；对学生研学前、研学中和研学后的研学准备、研学实践、研学参与度、作业完成情况进行评价	对知识生成、能力提升、情感认同以及小组合作、互动情况方面进行综合评价；通过观察和问卷调查方式，对学生研学创新点、实践能力水平和探究解决问题切入点、方式方法等方面进行评价	通过观察、访谈和调查问卷等方式对学生获取研学知识、探究能力和研学态度进行评价；对学生探究报告呈现方式、探究深度、问题解决方案进行评价；对研学中学生合作、情绪管理、意志品质等进行评价
		项目评价		行政主管部门、参与学校、学生、家长通过问卷、访谈等形式，对研学项目的安全管理、研学资源、方案设计、组织实施、学生成长的有效性、规范性、整体性进行评价	行政主管部门、参与学校、学生、家长通过问卷、访谈等形式，对研学项目的安全管理、研学资源、方案设计、组织实施、学生成长的有效性、规范性、整体性进行评价	行政主管部门、参与学校、学生、家长通过问卷、访谈等形式，对研学项目的安全管理、研学资源、方案设计、组织实施、学生成长的有效性、规范性、整体性进行评价

4.13　教学计划与策略列表：科技托起强国梦　实践助力民族兴

<table>
<tr><td colspan="3">营地名称</td><td>乳山市中小学综合实践学校（简称“乳山营地”）</td><td>命名机构</td><td>教育部</td><td>识别码</td><td>Y145372003</td></tr>
<tr><td colspan="3">从业资质（摘要）</td><td>综合实践教育、研学实践活动及夏、冬令营活动</td><td>单位属性</td><td>公益一类</td><td>法定代表人</td><td>蔡海波</td></tr>
<tr><td colspan="3">研学主题</td><td>科技托起强国梦　实践助力民族兴</td><td colspan="2">主要目的指向</td><td colspan="2">科学技术教育</td></tr>
<tr><td rowspan="7">营地（枢纽）及周边主要优质研学资源</td><td colspan="2">基地层级</td><td colspan="5">研学站点（基地）名称</td></tr>
<tr><td rowspan="2">教育部命名基地</td><td>已列入教学计划</td><td colspan="5">一、与本主题相关列入教学计划的基地11个
1. 山东省防震减灾科普馆；2. 济南市气象局；3. 浪潮集团有限公司；4. 青岛海洋地质研究所；5. 山东省山青世界青少年实践活动中心；6. 山东航天科技展馆；7. 山东省科学技术宣传馆；8. 山东特种工业集团有限公司；9. 国家中印科技国际创新园（临沂市拓普网络股份公司）；10. 桓台华夏粮仓博物馆（山东长江粮油仓储机械有限公司）；11. 青岛鲁海丰海洋牧场
二、与本主题关联不大但列入本营地教学计划的基地18个
1. 中国海军博物馆；2. 曲阜孔庙、孔林和孔府；3. 孟庙孟府孟林景区；4. 山东省博物馆；5. 台儿庄古城景区；6. 蒙阴岱崮地貌拓展服务中心；7. 山东北海湿地鸟类教育基地；8. 山东沂蒙红色文化产业有限公司；9. 中国水准零点景区（青岛银海国际游艇俱乐部有限公司）；10. 广饶县孙子文化旅游区（管理委员会）；11. 山东莱阳白垩纪国家地质公园（管理处）；12. 黄河口生态文明研学基地（东营市旅游开发有限公司）；13. 山东泰山研学教育有限公司；14. 日照市山泽海洋旅游产业开发有限公司（日照海洋公园）；15. 齐文化博物院；16. 蓬莱仙境戚继光文化管理有限公司；17. 青岛市妇女儿童中心；18. 山东省妇女儿童活动中心</td></tr>
<tr><td>待列入教学计划</td><td colspan="5">无</td></tr>
<tr><td colspan="2">其他部委命名基地</td><td colspan="5">1. 中国东方航天港；2. 国家电投新能源科技馆；3. 郭永怀事迹陈列馆；4. 哈尔滨工业大学（威海）</td></tr>
<tr><td colspan="2">地方命名基地</td><td colspan="5">1. 威高集团；2. 山东威高四海酿造有限公司</td></tr>
<tr><td colspan="2">本营地资源</td><td colspan="5">1. AR/VR体验馆；2. 创客梦工厂；3. 航空航天室；4. 3D体验中心；5. 影视编辑室；6. 创意搭建室；7. 智慧物联室；8. 人工智能室；9. 环境科学室；10. 新能源与现代科技馆</td></tr>
<tr><td colspan="2">其他资源</td><td colspan="5">金猴集团有限公司</td></tr>
</table>

维度或要素	小学高年级段	初中段	高中段
校内教育基础（与校内教育的衔接）	对标课标，小学高年级段自然教育注重培养学生的科学科技素养。本阶段研学课程设计主要链接“科学”课程。帮助学生认识常见物体的性质和用途，认识到科学发展的重要性，提高学生发现问题、解决问题的能力。本研学主题必修课程与校内教育的衔接，以青岛版科学为例，内容如下：1. 四年级上册第二单元“测量距离和时间”“运动与力”；2. 四年级上册第三单元“灯泡亮了”“导体和绝缘体”“安全用电”；3. 四年级上册第七单元“设计小台灯”“制作小台灯”“技术产品与生活”；4. 四年级下册第七单元“生物的启示”“走进虚拟世界”“科技改变世界”	对照课标，初中段，让学生了解科技与中学学科的融合，培养发散思维。培养学生动手实践能力，让学生明白科技现象的原理并制作科技发明，学习科技知识，从小目标中体验到成功，增强自信心。让学生对电学知识有着深刻的理解，逐步上升到科技层面，进而进行科技发明制造。本课程衔接鲁科版物理相关课程，具体如下：1. 九年级上册第一单元第二节“电流和电路”、第三节“串联和并联”；2. 九年级上册第四单元第一节“电能”；3. 九年级上册第二单元“电压”；4. 八年级下册第一单元第四节“二力平衡”；5. 八年级上册第四单元第二节“凸透镜的成像规律”、第三节“生活中的透镜”	对照课标，高中段，引导学生多从理论的实际应用思考问题，在科学探究过程中，促进学生人生价值观和科学态度的形成，提高科学素养，高中生充分发挥主观能动性，提高自身的社会价值，将理论与实践相结合，提高自身素质，服务社会。多体现将知识转化为生产力的能力。本课程衔接人教版物理相关课程，具体如下：1. 必修一第四章第五节“牛顿第三定律”；2. 必修二第七章第八节“机械能守恒定律”、第十节“能量守恒定律与能源”；3. 选修3-1第二章第一节“电源和电流”、第四节“串联电路和并联电路”；4. 选修3-2第六章第一节“传感器及其工作原理”、第二节“传感器的应用（一）”、第三节“传感器的应用（二）”、附录“一些元器件的原理和使用要点”；5. 选修3-5第十六章第五节“反冲运动火箭”

维度或要素			小学高年级段	初中段	高中段
研学课程	必修课程一	名称	无人机模拟飞行	无人机实飞	无人机创意编程
		活动目的	通过初步了解无人机，并进行模拟飞行训练，掌握基本的操作	通过将模拟飞行的技术迁移到实际飞行，掌握无人机飞行操作	通过用编程代替遥控器，实现程序精准创意设计，掌握无人机创意编程
		活动形式	教师讲授为辅助、学生主体性实践体验为主、小组合作	教师讲授为辅助、学生主体性实践体验为主、小组合作	教师讲授为辅助、学生主体性实践体验为主、小组合作
	必修课程二	名称	攻城利器投石机	塔形建筑	创意桥梁搭建
		活动目的	通过探究科乐思积木搭建方法，认识结构稳定性的影响因素，搭建投石机并能灵活使用	通过探究掌握KEVA积木的搭建方法，探究出搭建塔形建筑的方法，并能灵活使用	通过运用物理知识，探究出搭建稳定桥梁的方法，掌握方法并灵活使用
		活动形式	教师讲授为辅助、学生主体性实践体验为主、小组合作	教师讲授为辅助、学生主体性实践体验为主、小组合作	教师讲授为辅助、学生主体性实践体验为主、小组合作
	必修课程三	名称	智能道闸	声光报警器	电子机械编程
		活动目的	通过利用传感器原理，完成制作简单作品智能道闸	利用传感器搭建硬件，通过编程控制电路	通过编程来体验程序员的工作，软硬件结合完成任务，激发引导学生做好职业规划
		活动形式	教师讲授为辅助、学生主体性实践体验为主、小组合作	教师讲授为辅助、学生主体性实践体验为主、小组合作	教师讲授为辅助、学生主体性实践体验为主、小组合作
	必修课程四	名称	机器猫制作	坦克制作	创意智造
		活动目的	通过学习搭建基本方法，初步认识编程	通过学习搭建的基本方法，并初步感知搭建技巧、掌握编程方法，在小组配合下完成作品	通过将编程、搭建融为一体的方法，激发学生的自主创造性，最终完成作品
		活动形式	教师讲授为辅助、学生主体性实践体验为主、小组合作	教师讲授为辅助、学生主体性实践体验为主、小组合作	教师讲授为辅助、学生主体性实践体验为主、小组合作

维度或要素			小学高年级段	初中段	高中段
研学课程	必修课程五	名称	科普大讲堂	创意发明指导	走进人工智能
		活动目的	通过让学生接触科技发明与创新，激发学生对科学的兴趣	通过指导学生，激发学生设计并制作科技发明物品的兴趣和方法	通过接触人工智能世界，掌握学习并制作人工智能产品的方法，让人工智能服务社会
		活动形式	教师讲授为辅助、学生主体性实践体验为主、小组合作	教师讲授为辅助、学生主体性实践体验为主、小组合作	教师讲授为辅助、学生主体性实践体验为主、小组合作
	必修课程六	名称	光圈里的世界	电视新闻	影视编导
		活动目的	通过初步学习摄影构图，掌握影视语言	通过探究影视直播摄影棚，完成电视新闻影视的制作	通过深入了解设备和软件的快捷操作方法，提升职业技能
		活动形式	教师讲授为辅助、学生主体性实践体验为主、小组合作	教师讲授为辅助、学生主体性实践体验为主、小组合作	教师讲授为辅助、学生主体性实践体验为主、小组合作
	必修课程七	名称	环境保护	水的净化	新能源与现代科技现状调研
		活动目的	通过了解人类面临的主要环境问题及其产生的原因和危害，激发学生环保意识	通过学习水质检测和水净化的方法，制作净水器	通过熟知调查研究的方法和步骤，掌握深入理解开发新能源的方法
		活动形式	教师讲授为辅助、学生主体性实践体验为主、小组合作	教师讲授为辅助、学生主体性实践体验为主、小组合作	教师讲授为辅助、学生主体性实践体验为主、小组合作
	必修课程八	名称	防近视台灯	智能学习桌	智能家居
		活动目的	通过“防近视台灯”课程的讲解，认识人工智能	通过学生对防止近视重要性的理解，设计并制作更为方便、高效的学习桌	通过对智能家居产品的学习与制作，培养学生服务社会的意识
		活动形式	教师讲授为辅助、学生主体性实践体验为主、小组合作	教师讲授为辅助、学生主体性实践体验为主、小组合作	教师讲授为辅助、学生主体性实践体验为主、小组合作

维度或要素			小学高年级段	初中段	高中段
研学课程	必修课程九	名称	走进中国东方航天港	研学哈尔滨工业大学（威海）	走近威高集团、金猴集团有限公司、山东威高四海酿造有限公司
		活动目的	通过了解火箭和航天知识，制作水火箭，并进行发射。感受航空航天技术的魅力	通过零距离体验校园特色、感受校园科技与工业的结合、制作太阳能车，感受科技的发展	通过感受企业的科技发展与应用，完成职业体验
		活动形式	教师讲授、实地探访、实践体验相结合	教师讲授、实地探访、实践体验相结合	教师讲授、实地探访、实践体验相结合
	必修课程十	名称	从三维到现实	设计校徽	空间创意
		活动目的	通过引入空间三维的概念，充分认识空间立体感，完成立体作品制作	通过了解校徽制作的基本原则，完成绘制有创意的校徽	学生利用软件自主设计空间布局类型，制作立体作品，掌握和培养空间创意设计方法和能力
		活动形式	教师讲授为辅助、学生主体性实践体验为主、小组合作	教师讲授为辅助、学生主体性实践体验为主、小组合作	教师讲授为辅助、学生主体性实践体验为主、小组合作
	选修课程		1. 空气炮制作 2. 走进国家电投新能源科技馆 3. 电烙画 4. 沙画体验	1. 智能地脚灯 2. 制作鲁班锁 3. 传拓艺术 4. 篆刻 5. 应急救护	1. 制作金属风铃 2. 新能源与现代科技现状调查 3. 海洋强国 4. 掐丝珐琅 5. 大货车盲区的研究

维度或要素		小学高年级段	初中段	高中段
研学线路	代表性线路（时长五日）	第一天：乳山营地—AR/VR体验馆—创意搭建室—乳山营地；第二天：乳山营地—山东省山青世界青少年实践活动中心—乳山营地；第三天：乳山营地—山东省科学技术宣传馆—乳山营地；第四天：乳山营地—济南市气象局—创客梦工厂—乳山营地；第五天：乳山营地—中国东方航天港—3D体验中心—乳山营地	第一天：乳山营地—东方航天港—创意搭建室—乳山营地；第二天：乳山营地—哈尔滨工业大学（威海）—乳山营地；第三天：乳山营地—国家中印科技国际创新园—影视编辑室—乳山营地；第四天：乳山营地—山东省防震减灾科普馆—创客梦工厂—乳山营地；第五天：乳山营地—哈尔滨工业大学（威海）—乳山营地	第一天：乳山营地—山东航天科技展馆—创意搭建室—乳山营地；第二天：乳山营地—山东省山青世界青少年实践活动中心—乳山营地；第三天：乳山营地—人工智能体验中心—创客梦工厂—乳山营地；第四天：乳山营地—新能源与现代科技馆—智慧物联室—乳山营地；第五天：乳山营地—威高集团、山东威高四海酿造有限公司、金猴集团有限公司—哈尔滨工业大学（威海）—乳山营地
	可选择线路（按天设计，菜单式选择）	1.乳山营地—金猴集团有限公司—乳山营地；2.乳山营地—国家电投新能源科技馆—乳山营地；3.乳山营地—郭永怀事迹陈列馆—乳山营地；4.乳山营地—威高集团—乳山营地；5.乳山营地—青岛鲁海丰海洋牧场—乳山营地；6.乳山营地—哈尔滨工业大学（威海）—乳山营地；7.乳山营地—桓台华夏粮仓博物馆（山东长江粮油仓储机械有限公司）—乳山营地；8.乳山营地—中国东方航天港—乳山营地	1.乳山营地—中国东方航天港—乳山营地；2.乳山营地—国家电投新能源科技馆—乳山营地；3.乳山营地—郭永怀事迹陈列馆—乳山营地；4.乳山营地—山东特种工业集团有限公司—乳山营地；5乳山营地—哈尔滨工业大学（威海）—乳山营地；6.乳山营地—山东威高四海酿造有限公司—乳山营地；7.乳山营地—山东省航天科技展馆—乳山营地；8.乳山营地—威高集团—乳山营地	1.乳山营地—威高集团—乳山营地；2.乳山营地—中国东方航天港—乳山营地；3.乳山营地—郭永怀事迹陈列馆—乳山营地；4.乳山营地—浪潮集团有限公司—乳山营地；5.乳山营地—哈尔滨工业大学（威海）—乳山营地；6.乳山营地—青岛海洋地质研究所—乳山营地；7.乳山营地—航空航天室—创客梦工厂—乳山营地；8.乳山营地—山东威高四海酿造有限公司—乳山营地
	规划线路（按天设计）	1.乳山营地—山东航天科技展馆—乳山营地；2.乳山营地—山东省山青世界青少年实践活动中心—乳山营地；3.乳山营地—山东省科学技术宣传馆—乳山营地	1.乳山营地—山东航天科技展馆—乳山营地；2.乳山营地—山东省山青世界青少年实践活动中心—乳山营地；3.乳山营地—山东省科学技术宣传馆—乳山营地	1.乳山营地—山东航天科技展馆—乳山营地；2.乳山营地—山东省山青世界青少年实践活动中心—乳山营地；3.乳山营地—山东省科学技术宣传馆—乳山营地；4.乳山营地—国家中印科技国际创新园（临沂市拓普网络股份有限公司）—乳山营地

维度或要素		小学高年级段	初中段	高中段
教学重点难点（以代表性线路教学设计为例，以下同）	教学重点	1.了解无人机发展史，进行模拟飞行训练，掌握基本的操作；2.用科乐思积木搭建一架投石机；3.认识传感器，搭建智能道闸；4.初步认识编程并编写简单的程序；5.了解创新发明的方法，激发对科技的兴趣；6.掌握摄影的构图技巧；7.了解当前人类面临的环境问题，激发环保意识；8.了解近视的危害，制作防近视台灯；9.了解火箭和航天知识，亲手制作水火箭，并进行发射；10.初步认识3D打印，设计制作一个简单造型	1.掌握无人机的操作方法；2.探索KEVA积木的搭建方法，并按要求搭建作品；3.用编程的方法利用传感器实现预设功能；4.组装坦克，并通过编写程序实现预定功能；5.利用学习的创新方法进行发明创作；6.探究影视直播摄影棚，了解电视新闻影视的发展和制作；7.设计制作方便、高效的智能学习桌；8.走进大学校园，感受科技与工业给我们带来的巨大改变；9.利用软件设计制作创意校徽	1.利用编程软件让无人机完成预定任务；2.运用物理知识，利用科乐思积木，搭建一座有创意的桥梁；3.利用软硬件结合完成指定任务，体验程序员的工作；4.通过学习，掌握编程技巧，小组合作完成作品；5.了解人工智能在生活中的运用；6.深入了解影视制作设备与制作流程，体验影视制作；7.了解新能源与现代科技，完成调研报告；8.了解智能家居，提高广大学生对人工智能知识的了解和应用；9.感受企业的科技发展与应用，获得职业体验；10.制作创意空间作品，培养服务社会能力
	教学难点	1.学习并掌握模拟器的调试方法；2.掌握科乐思积木搭建方法；3.认识常见传感器，掌握其作用；4.学习并掌握命令式编程的方法；5.掌握一些常见的创新发明方法；6.能利用学到的构图方法进行拍摄；7.了解当前的环境污染问题，掌握垃圾分类技巧；8.结合生活实际，制作防近视台灯；9.理解火箭发射的原理；10.掌握3D One软件的基本操作	1.熟练操控无人机；2.掌握搭建方法，并完成塔形建筑搭建；3.利用传感器，完成声光报警器的组装和调试；4.掌握编程的方法，完成预定任务；5.能对生活中常见的物品进行功能改进；6.合理分工，完成简单的电视新闻制作；7.利用现有设备制作一份净化水；8.设计制作智能学习桌；9.感受现代科技，树立远大理想；10.设计制作创意校徽	1.编写程序控制无人机完成指定任务；2.搭建一座有创意的桥梁；3.完成程序员的职业体验；4.掌握编程技巧；5.感受人工智能给生活带来的便利，激发对人工智能的学习欲望；6.分工合作，完成短视频的录制和剪辑；7.合作完成调研报告的撰写；8.掌握设计制作智能家居产品的方法；9.将科技应用到企业发展；10.利用软件设计制作立体作品

维度或要素	小学高年级段	初中段	高中段
教学策略	小学高年级段学生，认知能力、逻辑思维能力有些许发展，尤其是小组合作能力显著提高。基于常识和学科知识以及生活经验理论开展一系列活动，尤其注重小学生的直观感受能力，多注重实物的展示，依托对实物生动形象的观察能力，展开一系列思维活动。注重小组合作能力的培养，主动参与研学活动，充分发挥主体意识。注重个性化和综合素养的发展，培养学生的责任担当和实践能力，培育科学精神和家国情怀，采取讲授法、情境教学、启发教学、演示法等教法和体验式学习、合作学习、探究式学习等学法，开展校内和校外研学活动。尤其注意摒弃传统灌输式填鸭式教学方法，开展PBL项目式学习方法，问题驱动法，培养学生的主动探索能力	初中段学生，有独立的思考能力，思维意识发展较快，有较强的求知欲和表现欲，基于学生的独立自主意识和思维能力很强，知识面也比较渊博，开展PBL项目式学习方法，通过组间竞争和组内合作的方法，培养学生独立探索能力和小组合作能力。融合多学科知识，培养学生理论应用于实践的能力。通过不断提出的任务，培养学生利用任务驱动方式来学习的能力。通过STEM（科学、技术、工程、数学）跨学科融合课程，培养学生综合实践能力，为以后的科技思维打下深厚的基础。采取讲授法、情境教学、启发教学、演示法等教法和体验式学习、合作学习、探究式学习学法。开展丰富的研究性学习活动，通过亲身实践，培养学生的综合实践能力和团队配合能力以及思维意识的提升。让学生认识到科技的重要性和创新的辛苦，注重学生实践体验，在亲身感受中强化知识理解和为国家科技作贡献的责任担当	高中段学生，已经接近成人，喜欢表达自己的观点，证明自己的能力，其自主学习和合作探究的能力非常强，理论知识也非常丰富，选取项目式学习方法，给出问题，让学生自主利用工具进行资源探索。通过讲授法、情境教学、启发教学、演示法等教法和观察法等体验式学习、合作学习、探究式学习等学法，引导学生综合运用知识技能解决科技问题，依托丰富的校内外资源开展多样的研学及校内活动。依托校外大学和企业资源，深入、充分地了解，通过了解，启发自己的职业规划。从教学理念、教法、学法、资源配置4个方面设计教学策略。培养用科技服务大众的爱国主义情怀。通过提出问题、收集数据、实践分析和综合判断，强化综合素质。激励学生树立远大理想抱负，利用自身知识与能力为国家和社会多作贡献，实现人生价值

维度或要素				小学高年级段	初中段	高中段
实施方案	入营教育	安全	引导	给学生普及校园安全路线和安全知识以及常用的生活技能	通过对《宣传手册》的讲解，学习安全知识和方法	通过播放视频宣传安全知识，注重不同环境下的安全教育
			实训	组织逃生安全演练和讲座培训	通过开营仪式讲解演练，进行模拟训练	制作《安全手册》，并进行答辩比赛
		应急	引导	学习应急事件处理的方法和技巧	借助《应急教育手册》，学习应急事件处理的方法和技巧，培养冷静、随机应变的能力	观看应急教育：火灾、地震、洪水等宣传片，了解发生原理和应对方法
			实训	模拟演习训练，总结方法经验	在营地的安全教育中心实地演习	专业人士讲解服务，熟练掌握技巧，面对应急事件，快速准确反应
		救助	引导	借助视频，学习常用处理、救助方法	以主题教育方式，学生研讨在防水、防火、地质灾害等方面的自救方式	专业的校园医生讲解救护知识，准备临时医务室和多份救护资源
			实训	在教师指导下开展模拟救助活动：如流血的处理方法	模拟骨折、触电等问题的处理方法	进行心肺复苏、包扎等应急技能培训，帮助熟悉和掌握求助的方法和技巧
		自我管理	引导	研学教师进行情绪梳理和时间管理的讲解	教师通过情绪管理的培训和指导，帮助学生掌握应对压力和困难的方法	学生以自己宿舍为单位进行自我管理
			实训	通过讲解优秀舍员、优秀学员等考评办法，促进学生的自我管理	制订计划表，并设计情绪管理表	宿舍之间、班级之间、舍员之间进行比较，反馈自己宿舍的管理方法
		团队协作	引导	辅导员帮助班级团队建设，统一领导班级，引导学生发挥小组合作精神	教师和辅导员合作，共同培养学生小组合作能力	学生自己规划小组合作和班级合作
			实训	通过游戏促进小组合作	通过比赛和课堂环节制作作品比赛，培养团队合作能力	学生自主设计小组活动，包括组织和协调的活动，时间安排、资源调配等

维度或要素		小学高年级段	初中段	高中段
实施方案	导入教学环节	第一天，视频导入：播放无人机实际飞行的情况，凸显无人机模拟飞行的必要性，播放投石机工作的视频，调动学生的研学兴趣；第二天，任务导入：让学生完成制作一个智能道闸并应用，制作一个机器猫并发挥功能的任务；第三天，互动导入：让学生谈谈一些科技发明成功的原因和感受，激发学生兴趣，并且谈谈自己对于光圈里的世界的认识；第四天，情境导入：创设真实情境，激发学生对环境保护的认识；第五天，任务导入：发布海阳东方航天港打卡研学任务，发放《研学手册》，让学生带着任务去探索，调动学生的研学兴趣，并探索从三维到现实的应用	第一天，视频导入：通过播放无人机实际飞行的精彩集锦和塔形建筑的视频，激发学生的兴趣；第二天，互动导入：学生谈一下对声光报警器的认识，发起对坦克制作需要材料的讨论，调动学生的研学兴趣；第三天，互动导入：让学生谈谈自己对创意发明的认识，对电视新闻的了解，激发学生兴趣；第四天，情境导入：创设真实情境，自己设计净化水，并制作一个智能学习桌，让学生在真实情境中发挥自己的想象，激发学生兴趣；第五天，问题导入：设计一些关于哈工大科技发展的问题，探讨设计校徽过程中产生的问题，以问题驱动学生的探索思路	第一天，视频导入：通过播放编程无人机编队组成图像和完成任务的震撼视频，播放创意桥梁搭建的一些震撼图像，激发学生的兴趣；第二天，互动导入：让学生谈谈创意制造的相关知识和电子机械编程的应用知识，调动学生的研学兴趣；第三天，视频导入：播放人工智能和创意发明制造的视频，激发学生兴趣；第四天，情境导入：通过创设真实情境，激发学生对新能源和现代科技现状以及智能家居的认识，引出今天的课题；第五天，任务导入：给学生发放关于高中知识在企业中如何应用的探索任务单，树立职业体验，培养学生主动探索、独立思考和团队合作能力
	授课教学环节	第一天：入营教育、必修课程一“无人机模拟飞行”、必修课程二“攻城利器投石机”；第二天：必修课程三“智能道闸”、必修课程四“机器猫制作”、选修课程1“空气炮制作”；第三天：必修课程五“科普大讲堂”、必修课程六“光圈里的世界”、选修课程2“走进国家电投新能源科技馆”；第四天：必修课程七“环境保护”、必修课程八“防近视台灯”、选修课程3“电烙画”；第五天：必修课程九“走进中国东方航天港”、必修课程十“从三维到现实”、选修课程4“沙画体验”	第一天：入营教育、必修课程一“无人机实飞”、必修课程二“塔形建筑”、选修课程1“智能地脚灯”；第二天：必修课程三“声光报警器”、必修课程四“坦克制作”、选修课程2“制作鲁班锁”；第三天：必修课程五“创意发明指导”、必修课程六“电视新闻”、选修课程3“传拓艺术”；第四天：必修课程七“水的净化”、必修课程八“智能学习桌”、选修课程4“篆刻”；第五天：必修课程九“研学哈尔滨工业大学（威海）”、必修课程十“设计校徽”、选修课程5“应急救护”	第一天：入营教育、必修课程一“无人机创意编程”、必修课程二“创意桥梁搭建”、选修课程1“制作金属风铃”；第二天：必修课程三“电子机械编程”、必修课程四“创意智造”、选修课程2“新能源与现代科技现状调查”；第三天：必修课程五“走进人工智能”、必修课程六“影视编导”、选修课程3“海洋强国”；第四天：必修课程七“新能源与现代科技现状调研”、必修课程八“智能家居”、选修课程4“掐丝珐琅”；第五天：必修课程九“走近威高集团、金猴集团有限公司、山东威高四海酿造有限公司”、必修课程十“空间创意”、选修课程5“大货车盲区的研究”

维度或要素		小学高年级段	初中段	高中段
实施方案	进级教学环节	1.通过探索，小组讨论无人机模拟飞行和投石机的相关知识，学习投石机的原理和应用，明白无人机模拟飞行的必要性；2.学习多种类型智能道闸和机器猫制作等知识，掌握独立制作的方法；3.通过小组讨论，了解还有哪些科技发明，怎样具备科学家精神，还可以用光圈做到哪些事情；4.通过自我思考，了解环境保护需要注意哪些方面，怎样设计使防近视台灯效果更理想；5.通过知识竞赛，了解中国东方航天港都有哪些火箭，从三维到现实经历哪些过程	1.了解无人机实际飞行的相关知识，塔形建筑的相关知识，掌握相关技术；2.探索声光报警器和坦克制作的相关知识，掌握制作过程；3.明白创意发明和电视新闻制作过程，小组交流怎样更好地设计制作作品，需要注意什么；4.了解水净化的方法和智能学习桌制作的方法，熟悉智能感应的原理，水净化的分类，并且成功制作作品；5.明白哈工大与学校科技的应用与衔接，熟悉设计校徽的方法并具体应用	1.了解无人机编程的方法和创意桥梁搭建的方法，掌握相关的技术并更好地应用；2.了解电子机械编程和创意智造的方法，掌握并独立设计作品；3.探索人工智能的发展与应用，学习影视编导的方法，让学生对中国科技力量、大国重器感到自豪；4.通过小组探究，了解新能源与现代科技的发展现状并理解智能家居的普及与应用；5.通过小组讨论，探究了解公司相关情况，明白知识怎样从理论转变为现实产品，为自己设计未来职业规划，掌握空间创意，树立科学思维
	巩固教学环节	1.通过比赛模式，对无人机模拟飞行和投石机的相关知识进行总结巩固；2.通过比赛模式，回答关于智能道闸和机器猫制作方面的知识，帮助学生进行回顾；3.通过分享总结，学生分享学习过程中的收获和感悟，进行科普发明创造和光圈的应用；4.通过成果展示，帮助学生对环境保护的知识和防近视台灯的制作方法进行回顾；5.通过对中国东方航天港《研学手册》的填写进行总结巩固，促进学生知识的记录能力、资料整理能力的提升，通过三维到现实的应用分享，促进学生对理论应用于实践的深刻认识和效果的巩固	1.通过分享无人机实际飞行和塔形建筑设计制作过程中的收获，利用复述式巩固法进行总结巩固，促进学生对知识的巩固提升；2.通过作品展示模式，帮助同学总结回顾声光报警器和坦克制作的方法与应用；3.抢答法，分享总结，学生运用小组合作等方法分享学习创意发明和电视新闻过程中的收获和感悟；4.小组合作，分享总结法，总结水的净化的方法和智能学习桌的制作过程；5.通过填写威海哈工大的《研学手册》，促进学生搜集和整理资料能力的提升，通过分享设计校徽活动，进行总结巩固	1.通过无人机编程和创意桥梁搭建的知识问答比赛活动，促进学生对知识的巩固；2.通过比赛模式，回答关于电子机械编程和创意智造方面的知识，帮助学生进行回顾；3.分享总结，学生运用小组合作等方法分享学习过程中的收获和感悟，促进学生对人工智能世界和影视编导的巩固提升；4.通过成果展示，帮助学生对新能源与现代科技现状调研和智能家居作品的设计制作过程进行回顾，激发学生的兴趣和职业体验；5.通过情景剧演示法，巩固科学成果，发展学生的职业规划

维度或要素			小学高年级段	初中段	高中段
实施方案	总结教学环节	教学创新	教师为学生创造更具吸引力的情景活动，让学生能够身临其境地感受到相关主题的内容和情境，帮助学生总结回顾，培养学生的创造力、合作精神和问题解决能力，提高学生的综合素质	教师借助视频导入、任务导入、互动导入、情境导入、问题导入等多种导入方式，极大地引起学生的兴趣。利用学到的知识成功制作作品，培养理论应用于实践的物化能力	教师主动尝试新的教学方法和策略（例如，STEM课程方式在PBL项目式教学中的应用），通过多样化的引导和研学实践方式，校内校外相结合，培养学生积极探索，提高思维想象力、创造力和审美能力，培养科学实践能力和创新能力
		教学总结	对整个研学活动过程、研学资料收集、研学档案、提炼经验教训等方面进行复盘，加深学生对研学活动的理解，观看视频，小组讨论分享，反思自身的不足，整理研学活动资料，不断优化改进	学生和班主任收集“听课反馈表”，进行总结回顾，不断优化课程架构和资料，根据外部总结和内部总结结合后的结论来对自己的工作进行改善	对各个研学点不同的研学活动进行阶段性总结，及时优化教学环节，在整体总结的基础上，强调学生科学态度与责任能力的形成，整理研学资料，形成研学总结，充分注重学生独立探索能力和小组合作思维的培养
		教学反思	根据教学总结反馈的内容，对教学环节进行调整和优化，对课堂效果进行反思，使课程更加成熟，达到更好的效果，每次课程结束都进行复盘和分析总结，对各种问题进行回顾与整理，从而提升自己的教学水平	根据学生反馈和评估结果，对研学活动设计、活动实施、活动评价等各个环节进行梳理、调整、优化教学各环节，以学生的实际表现和学习收获作为改进研学活动的依据，提炼经验教训，促进研学活动不断提升和完善，并时刻注意反思每一步需要优化的地方，以期更好地服务于学生	是否运用项目式学习方式，充分发挥每位学生的主动性；教学重难点是否在活动中得以解决；活动过程中是否能强调学生的实践体验；团队的协作精神是否得到发挥，是否根据反思结果，对活动进行调整和优化，不断总结回顾学习，得出普遍性方法，实时调整自己，从而面对思维和心智成熟的高中生能随机应变

维度或要素				小学高年级段	初中段	高中段
实施方案	评价教学环节	教学水平评价	自我评价	教师根据学生参与课程的积极性，对自己的教学进行反思和评价	针对自己课前准备、课堂把握、研学过程、总结、学生氛围等方面，做出全面深刻的评价	教师从学生发现和解决问题的能力、实践能力和创新能力的发展等方面对自己的教学进行反思和评价
			学生评价	学生针对研学课程师生对话参与度、学生能否积极参与课堂教学、小组团结协作等方面进行评价	学生针对教师的课堂表现、与学生的互动交流、课堂氛围、课堂知识的获取、思维的启发等进行评价	学生针对教师提供研学资源的深度与广度、教师的学科综合能力等方面进行评价，通过问卷形式，进行及时反馈评价
			同行评价	由营地教师和教学管理人员通过现场听课的方式对教师的教学态度、活动设计能力、活动驾驭能力等进行评价，提高教师业务水平	由跟班教师和研学点讲师对教师进行评价，对其教学内容设计、目标落实情况、课堂实施流畅度，进行全面总结评价	邀请高中学校相关专科教师和综合实践高中资深专家及同事共同参与教学实施，对教师的教学态度、活动设计能力、活动驾驭能力等进行评价
			培训和考核	通过线上线下结合方式，定期对营地教师进行教学培训和考核，通过考核结果来评价教师的教学水平，围绕出现的实际问题定期进行教学培训	定期对教师进行教学培训和考核，通过考核结果和学生课堂反馈来评价教师的教学水平，通过量化分数，进行更合理的评价	定期对营地教师进行教学培训和考核，通过考核结果来评价教师的教学水平，每学期安排数次培训与考核，促进教师专业成长
			教学成果展示	通过研学过程中学生的专业技能、学生的创新作品等，展示教师的教学成果，从而评价教师的教学水平	通过学生的创新作品展示等，来评价教师的教学水平，对研学过程中学生参与度和作品完成度等进行评价与反思，并进行比赛，直观展示学习成果，将优秀作品进行挂展	通过学术交流会分享自己在教学实践中的心得，从反馈中得到启发和改进，从而更好地评估教学成果，并且把高中生的作品或研学记录进行视频或者PPT展示汇报，也可以将优秀作品进行挂展

维度或要素				小学高年级段	初中段	高中段
实施方案	评价教学环节	学业评价	形成性评价	根据学生互动过程中的结果、所制作的作品或者探究过程中的情况进行形成性评价，注重学生的实践能力，对学生的动手操作、作品展示等学习过程给予星数评价	观察记录学生的生成性问题，在课程过程中的一些细节问题，进行过程性评价，针对每个学生的过程表现进行合理记录，形成总结评价，指导后续工作	通过科学设计探究性作业、实践性作业、跨学科综合性作业，做好学生在研学过程中完成情况的观察记录，给予每位学生星数评价，并对过程中情感的表现进行综合评价
			总结性评价	对学生研学实践的全过程、合作体验的能力进行评价，从而动态地评价学生的研学能力，进行合理总结性评价	在校内外课程中，认真观察学生的作品，进行总结性评价，并针对学生所表现的情感能力进行总结评价，全面提升学生的综合能力和心理素质	在研学活动结束后，通过学生的研究报告、展示或测试等形式，全面了解学生在研学活动中的学习成果和进步速度，从结果层面进行全面总结，以期实现学生思维能力和探索能力的质的提升，从而更加独立自信地发挥自己的价值
			教师评价	教师根据学生在研学活动中的表现和成果，结合学生的参与度对其进行评价，对学生进行充分的肯定，以期更好地培养学生的学习和应用能力，以及小组合作能力	教师根据学生在整节课中的表现和成果，根据学生的参与度、完成作品的效果等，进行评价，着重指导学生的理论和经验应用及对知识的迁移应用，并且因材施教、长善救失	教师根据学生在研学活动中的表现和成果，以成果汇报交流等方式对学生进行评价，物化学生的成果，针对作品和探究过程进行充分、全面评价，以期培养学生的责任担当意识和物化能力
		项目评价		对学校教师、参与学生和学生家长进行访谈或邀请他们填写调查问卷，让其对小学高年级段课标实现度、教学环节衔接度等方面积极参与评价，并通过教研活动及针对评价结果的反思，及时发现问题并加以改进	鼓励校内外教育工作者、学生家长、学生进行访谈或填写调查问卷，让他们积极参与评价，通过教研活动及针对评价结果的反思，及时发现问题并加以改进，不断完善项目课程和研学路线	教育部门、参与学校、学生、家长和研学教师等根据学生反馈和项目得到的整体实现与反馈，进行综合性评价，对评价结果进行反思，及时发现问题并不断把短板补齐，根据多元评价和总结进行优化

4.14 教学计划与策略列表：学工业智造　探名企风范

<table>
<tr><td colspan="3">营地名称</td><td>长沙市中小学素质教育实践基地岳麓营地（简称“长沙营地”）</td><td>命名机构</td><td>教育部</td><td>识别码</td><td>Y145430001</td></tr>
<tr><td colspan="3">从业资质（摘要）</td><td>学生综合实践活动</td><td>单位属性</td><td>公益一类</td><td>法定代表人</td><td>杨伟</td></tr>
<tr><td colspan="3">研学主题</td><td>学工业智造　探名企风范</td><td colspan="2">主要目的指向</td><td colspan="2">科学技术</td></tr>
<tr><td rowspan="7">营地（枢纽）及周边主要优质研学资源</td><td colspan="2">基地层级</td><td colspan="5">研学站点（基地）名称</td></tr>
<tr><td rowspan="2">教育部命名基地</td><td>已列入教学计划</td><td colspan="5">一、与本主题相关列入教学计划的基地2个
1.湖南粮食集团有限责任公司（简称“湖南粮食集团”），2.中核二七二铀业有限责任公司（简称“中核二七二铀”）
二、与本主题关联不大但列入本营地教学计划的基地16个
1.韶山毛泽东同志纪念馆；2.湖南省博物馆；3.长沙市博物馆；4.湖南雨花非遗文化传播有限公司；5.胡耀邦故里管理局（简称“胡耀邦故居”）；6.长沙市望城区雷锋纪念馆；7.湘潭市博物馆；8.湘潭盘龙生态农业示范园有限公司；9.湖南省森林植物园；10.国防科技大学校史馆；11.湖南省立第一师范旧址；12.湖南党史陈列馆；13.中国人民抗日战争胜利受降纪念馆；14.刘少奇故居；15.红军营景区（平江起义纪念馆管理处）；16.中国农业科学院衡阳红壤实验站</td></tr>
<tr><td>待列入教学计划</td><td colspan="5">无</td></tr>
<tr><td colspan="2">其他部委命名基地</td><td colspan="5">1.隆平稻作公园劳动教育实践基地（简称“隆平稻作公园”）；2.长沙隆平水稻博物馆（简称“隆平水稻博物馆”）；3.湖南三一星沙产业园（简称“三一重工”）；4.湖南远大科技集团（简称“远大城”）；5.九芝堂博物中医馆（简称“九芝堂”）；6.湖南省科学技术馆（简称“湖南科技馆”）；7.中联重科股份有限公司（简称“中联重科”）</td></tr>
<tr><td colspan="2">地方命名基地</td><td colspan="5">1.中国中车株洲电力机车有限公司发展史馆（简称“中车株机”）；2.湖南晚安家居文化产业园（简称“湖南晚安家居”）；3.株洲中国动力谷展示中心（简称“株洲动力谷”）；4.湖南日报华声研学实践劳动教育基地摩尔工厂（简称“摩尔工厂”）；5.株洲山河乐飞航空研学基地（简称“株洲山河乐飞”）；6.湖南神通光电研学教育营地（简称“湖南神通光电”）；7.中国长沙创新设计产业园（简称“长沙创新产业园”）；8.加加食品科技工业园（简称“加加酱油”）；9.中南源品干细胞科技园（简称“中南干细胞科技园”）；10.长沙航空科技体验中心；11.武冈航天科普教育基地；12.湖南丝源桑蚕有限责任公司</td></tr>
<tr><td colspan="2">本营地资源</td><td colspan="5">1.科技体验馆；2.航天馆；3.机器人活动室；4.3D打印工作室；5.影视传媒室；6趣味实验室</td></tr>
<tr><td colspan="2">其他资源</td><td colspan="5">1.湖南长沙规划展示馆（简称“长沙规划馆”）；2.湖南中粮可口可乐有限公司（简称“中粮可口可乐”）；3.湖南军信环保有限公司（简称“湖南军信”）；4.比亚迪超级工厂（简称“比亚迪”）；5.湘江新区城市馆；6.大王山欢乐云巴；7.大王山文正书院；8.湘江智能；9.红太阳光电；10.开慧通用机场；11.长沙航空应急救援科普体验中心</td></tr>
</table>

维度或要素	小学高年级段	初中段	高中段
校内教育基础（与校内教育的衔接）	对照课标，小学高年级段在科学技术方面提出“培养学生对科学技术的兴趣，激发他们对探索自然、解决问题的热情，促进科学素养的培养”“学生应当通过劳动体验和科学技术应用，将学习到的科学知识和技能运用到实际劳动中，增强实践能力和创新意识”“学生应当学会理性思考，能够客观分析问题”“要初步形成将个人理想追求与国家科技事业发展的需要紧密相连的意识”的培养目标，本研学主题必修课程与校内教育的衔接内容如下：1.人教版道德与法治六年级下册第八节“科学发展造福人类”；2.人教版美术五年级上册第14课“会跳的玩具”“神奇的装饰柱”；3.人教版道德与法治五年级上册第九节“古代科技 耀我中华”；4.教科版科学五年级下册第三单元第2课“我们面临的环境问题”，第3课“珍惜水资源”；5.湘科版科学五年级上册第六单元“信息的传递”；6.湘科版科学六年级上册第二单元“水的循环”；7.湘科版科学六年级上册第六单元“创造与发明”；8.苏教版科学六年级上册第五单元“科技改变生活”	对照课标，初中段在科学技术方面提出“进一步提高学生创造性劳动的能力”“引导学生认识到科技与社会发展的密切关系，理解科技进步对社会经济、文化和生活的影响，培养学生积极参与科技创新和社会发展的意识”“应当进行科学实践活动，包括实验、观察、探究等，培养学生的实验技能和科学探究能力，促进学生对科学知识的理解和应用”的培养目标，本研学主题必修课程与校内教育的衔接内容如下：1.统编版道德与法治七年级下册第四单元第9课“法律在我们身边”；2.人教版化学九年级下册第七单元“燃烧与灭火”；3.统编版道德与法治九年级上册第四单元第8课“中国人 中国梦”；4.人教版化学九年级上册课题三“走进化学实验室”；5.人教版生物七年级上册第二章第三节“植物体的结构层次”；6.人教版信息技术七年级上册第一单元第1课“搜集与处理文字”；7.人教版生物八年级下册第七单元第二章第1节“基因控制生物的性状”；8.统编版道德与法治九年级上册第一单元第2课“创新驱动发展”；9.人教版物理九年级第二十二章“能源与可持续发展”	对照课标，高中段在科学技术方面提出“要感知劳动创造的成就感、幸福感，使其具有严谨、务实、勇于开拓、勇于创新、勇于进取的科学精神，并激发学生的爱国主义、国家荣誉感”“在深刻认识科学、技术、社会和环境的相互影响作用的基础上，感悟物理学对社会发展的巨大作用，树立起节约能源、保护环境、促进社会可持续发展的社会责任”的培养目标。本研学主题必修课程与校内教育的衔接内容如下（以下均以人教版教材为例）：1.思想政治高中必修一第一单元第1课“揭开货币的神秘面纱”；2.思想政治高中必修四第二单元第4课“世界的物质”；3.历史高中必修二第7课“第一次工业革命”；4.历史高中必修三“新中国的工业化历程”；5.物理高一必修一第二章“匀变速直线运动的研究”；6.生物高中必修一“生物实验设计的基本方法”；7.化学高中必修一第3课“金属材料”；8.思想政治高中必修一第二单元第5课“企业与劳动者”；9.物理高中必修一第一章“运动的描述”；10.高中物理必修二第八章“机械能守恒定律”

维度或要素			小学高年级段	初中段	高中段
研学课程	必修课程一	名称	科技馆里寻科学	探索VR魅影	探寻制造之源
		活动目的	在科技馆探索生活中常见的科学现象或科学原理，感受生活与科学的关联	通过走进规划馆，利用VR技术了解未来城市的发展方向，学习绿色节能型城市的规划要点	通过收集资料了解研学点信息，明确研学任务及相关要求，为即将开展的研学活动做好准备
		活动形式	教师讲授、实地探访	教师讲授、实地探访	教师讲授、实地探访
	必修课程二	名称	智造生活	“玩转”编辑部	中国梦 飞行梦
		活动目的	参观创新产业园，了解各类创新展品的科技原理，学习创新设计的基本方法	了解新闻媒介，追寻媒体基因，探索有关新媒体发展的未来发展前景	了解现代固定翼轻型飞机的优势，了解前端科技，培养爱国情怀
		活动形式	教师讲授、实地探访	教师讲授、实地探访、实践体验相结合	教师讲授、实地探访、实践体验相结合
	必修课程三	名称	饮料瓶中的科技	追寻动力智造之源	测量高铁速度
		活动目的	参观世界500强企业，直观地感受科学技术、创新设计在饮料生产中的运用，提高社会责任感	通过参观株洲动力谷，了解工业发展4.0的脉络，探究工业发展的动力来源	感受中车株机放眼全球、走向世界的眼光和胸怀，学习工匠精神，激发民族自豪感
		活动形式	教师讲授、实地探访、实践体验相结合	教师讲授、实地探访、实践体验相结合	教师讲授、实地探访、实践体验相结合
	必修课程四	名称	污水回收与处理	走进中车株机	光电传奇
		活动目的	探秘当地名企的节水节能设备，感悟企业发展与环境和谐共存的道理	了解轨道交通的建造技术，熟知智轨列车的运行特点	观摩光缆在智能机器人中的运用，探究电线光缆所蕴含的科学技术，提升实践能力
		活动形式	教师讲授、实地探访、实践体验相结合	教师讲授、实地探访、实践体验相结合	教师讲授、实地探访、实践体验相结合

维度或要素			小学高年级段	初中段	高中段
研学课程	必修课程五	名称	中医药里的秘密	致敬袁隆平	新能源车的动力之源
		活动目的	感受中医药魅力，激发对中医药领域的兴趣，培养对中医药的创新意识和科研能力	了解袁隆平的生平事迹，学习袁隆平敢于探究、永不放弃的科学精神	领略新能源汽车工业文化，近距离感受科技创新的力量，感知工匠精神
		活动形式	教师讲授、实地探访	教师讲授、实地探访、实践体验相结合	教师讲授、实地探访、实践体验相结合
	必修课程六	名称	小弹簧大力量	探秘植物DNA	我心中的工匠精神
		活动目的	观摩床垫生产车间，参观床垫检测研发中心，了解不同弹簧设计对床垫功能的影响	参观水稻试验田，了解DNA对于植物果实的影响，学习科学家刻苦钻研的精神，培养实事求是的态度	认同进行此次社会考察的意义，培养正确的职业观、价值观
		活动形式	教师讲授、实地探访、实践体验相结合	教师讲授、实地探访、实践体验相结合	教师讲授、实地探访、实践体验相结合
	必修课程七	名称	走进“三一”	建筑“加速度”	浓浓酱油香
		活动目的	近距离接触各种类型的重工业设备，了解相关工程机械的科学知识	感受本地科技建筑企业的发展，直观感受现代技术在建筑行业的运用	参观加加酱油生产车间，感受现代科技对于传统酱油工艺发展带来的新鲜活力
		活动形式	教师讲授、实地探访、实践体验相结合	教师讲授、实地探访、实践体验相结合	教师讲授、实地探访、实践体验相结合
	必修课程八	名称	探秘“三一”数字化工厂	未来建筑师	汽水背后的智造力量
		活动目的	参观亚洲最大的数字化工厂——三一重工十八号工厂，感受工业智造的先进与便捷	了解本地科技建筑企业的发展，直观感受现代技术在建筑行业的运用	感受世界500强企业的精神和管理文化。了解饮料生产中的智能化生产工艺
		活动形式	教师讲授、实地探访、实践体验相结合	教师讲授、实地探访、实践体验相结合	教师讲授、实地探访、实践体验相结合

维度或要素			小学高年级段	初中段	高中段
研学课程	必修课程九	名称	解密空气净化器	探索航空科技	工程机械与“黑匣子”
		活动目的	走进远大科技城，了解全球空气质量，学习空气净化器的工作原理	了解中国航空航天领域的发展过程，认识国之重器，培养认真负责、勇于探索的精神品质	了解“大数据”时代，熟知三一重工自主研发的“黑匣子”在现代工程机械中的妙用
		活动形式	教师讲授、实地探访、实践体验相结合	教师讲授、实地探访、实践体验相结合	教师讲授、实地探访、实践体验相结合
	必修课程十	名称	探秘未来的家	我是创新设计师	我和“三一”比速度
		活动目的	了解现代材料在建筑当中的运用，感悟现代科技对人类生活居住空间的改革	通过参观创新产业园，熟悉创新设计与工业智造的关系，知悉国产设计崛起所带动的中国国际代工模式	通过手动拼装泵车模型，重温“三一”经典，感受“三一”人强烈的民族责任感
		活动形式	教师讲授、实地探访、实践体验相结合	教师讲授、实地探访、实践体验相结合	教师讲授、实地探访、实践体验相结合
	选修课程		1. 创意灯光画 2. 自制净水器 3. 感应红绿灯 4. 自制简易机器人	1. 电子班牌 2. 太阳能月球车 3. 植物嫁接实验 4.3D 建模	1. 制作五彩光纤灯 2. 我是中车讲解员 3. 可乐瓶包装设计大赛 4. 生活中的人工智能

维度或要素		小学高年级段	初中段	高中段
研学线路	代表性线路（时长五日）	第一天：长沙营地—湖南科技馆—长沙创新产业园—长沙营地；第二天：长沙营地—中粮可口可乐—加加酱油—长沙营地；第三天：长沙营地—九芝堂—湖南晚安家居—长沙营地；第四天：长沙营地—三一重工—长沙营地；第五天：长沙营地—远大城—长沙营地	第一天：长沙营地—长沙规划馆—摩尔工厂—长沙营地；第二天：长沙营地—株洲动力谷—中车株机—长沙营地；第三天：长沙营地—隆平水稻博物馆—隆平稻作公园—长沙营地；第四天：长沙营地—远大城—长沙营地；第五天：长沙营地—湖南科技馆—长沙创新产业园—长沙营地	第一天：长沙营地—株洲动力谷—株洲山河乐飞—长沙营地；第二天：长沙营地—中车株机—湖南神通光电—长沙营地；第三天：长沙营地—比亚迪—长沙创新产业园—长沙营地；第四天：长沙营地—加加酱油—中粮可口可乐—长沙营地；第五天：长沙营地—三一重工—长沙营地
	可选择线路（按天设计，菜单式选择）	1.长沙营地—长沙规划馆—长沙营地；2.长沙营地—湖南粮食集团—长沙营地；3.长沙营地—隆平水稻博物馆—长沙营地；4.长沙营地—隆平稻作公园—长沙营地；5.长沙营地—比亚迪—长沙营地；6.长沙营地—中联重科—长沙营地；7.长沙营地—湖南军信—长沙营地；8.长沙营地—株洲山河乐飞—长沙营地	1.长沙营地—九芝堂—长沙营地；2.长沙营地—湖南晚安家居—长沙营地；3.长沙营地—三一重工—长沙营地；4.长沙营地—湖南神通光电—长沙营地；5.长沙营地—隆平水稻博物馆—长沙营地；6.长沙营地—中联重科—长沙营地；7.长沙营地—湖南军信—长沙营地；8.长沙营地—株洲山河乐飞—长沙营地	1.长沙营地—湖南科技馆—长沙营地；2.长沙营地—中联重科—长沙营地；3.长沙营地—湖南军信—长沙营地；4.长沙营地—九芝堂—长沙营地；5.长沙营地—湖南晚安家居—长沙营地；6.长沙营地—摩尔工厂—长沙营地；7.长沙营地—长沙规划馆—长沙营地；8.长沙营地—隆平水稻博物馆—隆平稻作公园—长沙营地
	规划线路（按天设计）	1.长沙营地—湘江新区城市馆—长沙营地；2.长沙营地—大王山欢乐云巴—大王山文正书院—长沙营地；3.长沙营地—湘江智能—红太阳光电—长沙营地	1.长沙营地—中南干细胞科技园—长沙营地；2.长沙营地—长沙航空科技体验中心—长沙营地；3.长沙营地—开慧通用机场—长沙航空应急救援科普体验中心—长沙营地	1.长沙营地—武冈航天科普教育基地—长沙营地；2.长沙营地—湖南丝源桑蚕有限责任公司—长沙营地；3.长沙营地—中核二七二铀—长沙营地

维度或要素		小学高年级段	初中段	高中段
教学重点难点（以代表性线路教学设计为例，以下同）	教学重点	1.引导学生学习包括自然科学、工程技术、生命科学等领域的知识 2.引导学生从可口可乐品牌吉祥物走近品牌背后的科技发展史 3.学习现代中药制剂工艺流程和古代中药制剂工艺区别；感受晚安家居的产品科技 4.参观亚洲最大的数字化工厂，观看智能化工厂生产实景，能口述数字化的优势 5.理解空气净化器的原理和现代建筑材料的优势，能够搭建稳固的大厦模型	1.理解VR技术在日常生活中的运用；理解科技创新与环境保护两者之间的关系，运用所学知识解决现实生活问题 2.理解轨道交通技术的提高对社会发展的重要性，学会探究动力的来源 3.了解杂交水稻技术对于中国粮食安全的重要性，并以班为单位做汇报 4.掌握芯板楼的“黑科技”原理 5.学习航空航天技术的发展，了解新型科技材料在航空航天中的运用	1.探究ART智轨；学习航空礼仪和逃生技巧 2.学习电线光缆制作与应用的基本知识 3.学习制作报警器，并了解其原理 4.通过参观当地名企，感受企业管理文化，体会技术创新对企业发展的重要性与必要性 5.理解三一重工在“大数据”时代进行的技术革新，了解中国智造名企的发展历程和辉煌业绩
	教学难点	1.探究科技创新、技术进步等工业变革给人们生活带来的便利，并做出说明 2.引导学生理解企业品牌形象建设的重要性，熟知品牌形象的构成，参与讨论品牌形象的塑造和维护 3.熟知生活中不同的中药性状，学会辨认生活中常见中药，理解创新对中医药发展的重要性 4.充分了解创新设计与工业智造的关系，梳理创新设计的方法，并尝试自己设计生活中常见的物品 5.从远大公司发展理念到产品创新，体会到科学进步离不开与时俱进	1.学会运用工业创新和设计的方法，掌握不同科学技术在不同领域的运用 2.理解ART智能铁轨运行的内部科学原理，掌握动力相关的知识，学会操作实验进行相关科学检验 3.学习杂交水稻的培育技术和方法，了解杂交水稻的优势和特点，尝试种植或收割 4.认识人工智能和智能制造等不同领域的概念及运用，尝试运用实际技术去解决生活中出现的问题 5.认识工业化生产与科学的进程，领略科学发展的力量，树立理想，能独立完成一份简历	1.结合时代背景阐述ART智轨对现代交通发展的意义 2.学习掌握传感器技术、电线组装技术，进行实践操作 3.学习新能源汽车电池与续航功能研发的要点，了解工匠精神在科技创新领域的重要性 4.充分了解创新设计与工业智造的关系，认识国产设计崛起所带动的中国国际代工模式的变迁与产业升级 5.探究三一重工股份有限公司的企业精神和6S管理模式，通过进行演讲增强自信心和演讲能力

维度或要素	小学高年级段	初中段	高中段
教学策略	小学高年级段学生对于世界的未知保持着探索与好奇心，已经具备一定的科学知识储备，并且初步掌握观察、实验、考察的基本方法，但尚未具备科学意识与科学精神。基于上述学情，运用建构主义学习理论，选取利用信息技术手段，如人工智能、虚拟现实等媒介，依托相关研学基地中相关的教学资源，采取讲授法、演示法、情境教学法、体验教学法等教学方法和自主学习法、合作学习等学法，为学生提供更加生动、形象的学习体验。引导学生有目的地外出学习、考察、体验，进一步激发学生进行科学探究的兴趣和主动性，培养他们的实践能力，激发创新意识，认识到科学发展对于生活改善、祖国复兴的重要性	初中段学生身心发展由少年期向青春期过渡，整体思维活跃，课堂敢于发言，动手能力大幅提升，但是将科学知识运用于真实生活问题解决的能力还需要进一步加强，科学探究与总结能力还有待提高，科学眼界与意识还不够开放。基于上述学情，运用多元智力理论，选取利用信息技术手段，如人工智能、虚拟现实等媒介，依托相关研学基地中相关的教学资源，采取讲授法、演示法、情境教学法、体验教学法等教学方法和自主学习法、合作学习等学法，为学生提供更加生动、形象的学习体验。引导学生深度探究的主动性，激发科技创新意识，促进科研兴趣、科技创新能力的培养	高中段学生认知发展趋于成熟，已经储备了一定的科学知识，初步具备了自主探究能力与意识，对科学知识充满求知欲和浓厚的学习兴趣，但因为资源与时间成本限制，很多与科技发展相关的课程只停留在书本与互联网，缺乏深入探究。对科学原理的运用、对科学技术所蕴含的道德伦理关系尚未形成有效认知。基于上述学情，运用多元智力理论，选取利用信息技术手段，如人工智能、虚拟现实等媒介，依托相关研学基地中相关的教学资源，采取讲授法、演示法、情境教学法、体验教学法等教学方法和自主学习法、合作学习等学法，为学生提供更加生动、形象的学习体验，走进高新科技企业，深入科研前线，真正体会科技与生活、科技与国家发展，针对本阶段学生，应更加注重培养学生的科技实践应用能力与问题解决能力，引导学生主动探索科学技术发展，激发学生对科学技术发展的责任与担当意识

维度或要素				小学高年级段	初中段	高中段
实施方案	入营教育	安全	引导	强调安全的重要性，宣讲各环节注意事项及管理规定，树立安全意识	强调安全的重要意义，带领学生了解安全应急知识，掌握应急救护技能	强调安全的重要意义，熟悉安全自我管理知识，提升安全防护意识
			实训	开展安全知识竞赛，使学生了解工具使用安全、食品安全等知识	通过安全公共课讲解掌握突发事件处置技能	组织学生开展针对住宿、饮食、研学点、交通等环节的安全应急演练
		应急	引导	学习应急事件处理方法和技巧，培养冷静思考和随机应变的能力	观看安全知识科普视频，掌握气道异物梗阻急救处理方法和技巧	强化应急能力培养，掌握应急事件分类、处理方法和技巧
			实训	通过视频学习，学习扭伤、中暑、崴脚等应急事件处理方法和技巧	观看视频，实操演练，学习海姆立克急救法	通过模拟现场演练的方式，掌握各项应急事件处理方法和技巧
		救助	引导	带领学生学习正确的求助方式，引导学生在遇到危险时保持冷静	通过案例情境，引导学生主动寻找和利用各种资源开展自救，增强救助能力	通过教师示范，引导学生关注救助知识和技能的学习
			实训	通过观看救助视频的方式，带领学生熟悉各种求助方式	通过老师的示范引领，让学生学会基本的应急救护方法	邀请专业人士讲解，带领学生模拟演练，掌握各项基本的应急救护方法
		自我管理	引导	通过视频案例，引导学生做好情绪管理，培养良好的生活习惯	通过主题班会，引导学生形成自我规范，开展自我约束，实现自我提高	引导学生做好时间管理、情绪管理、学习管理、健康管理
			实训	通过导师讲解，学生养成早睡早起、每天洗漱的良好生活习惯	采用沉浸式体验方式，引导学生进行自我管理，扮演班级管理者角色	学生自主设计研学活动管理目标和计划，培养自我管理综合素养
		团队协作	引导	引导学生认识团队协作重要性	引导学生体会团队协作发挥的作用，增强学生的团队荣誉感	引导学生发挥团队力量，培养创新意识、合作能力
			实训	鼓励学生分组完成实践体验任务，合作形成团队合作成果	学生自主设计小组活动，组织和协调活动	开展团建活动，设定团队研学任务，小组协作，合力完成任务目标

维度或要素		小学高年级段	初中段	高中段
实施方案	导入教学环节	第一天，视频导入：了解工业革命1.0~4.0的时代特征，感受科学技术的进步对人们生活的影响 第二天，问题导入：引导学生思考“可乐是如何诞生的？”导入研学主题 第三天，视频导入：组织学生观看《一个床垫背后的故事》，了解企业背后的文化 第四天，问题导入：询问学生对于大型机械的了解，引导学生了解重工机械的制造流程 第五天，任务导入：下发任务清单，参观工厂并了解现代工业科技的发展和应用，完成清单内容填写	第一天，情境导入：进行实地参观与探究，将学生带入相关场景中，进行沉浸式体验 第二天，视频导入：组织学生观看视频中国的工业发展，联系自身思考动力之源 第三天，任务导入：发布“禾下乘凉梦”研学任务单，引导学生探究袁隆平研发杂交水稻的重要事例 第四天，任务导入：发布研学任务单，引出学习任务，让学生总结中国各行各业创新的典型优秀案例 第五天，新闻导入：搜集最近的航天载人飞船发射新闻，激发学生对浩瀚宇宙的探索欲望	第一天，问题导入：通过讨论人工智能、中国智造等科学前沿问题，激发学生探索精神 第二天，情境导入：带领学生进入相关场景，了解飞机工业、ART智轨发展等背后的故事，让学生身临其境，激发学生兴趣 第三天，任务导入：发布探究性任务，引导学生关注工业革命1.0–4.0的发展历程 第四天，情境导入：进行实地参观与探究，引导学生了解全自动化的生产流水工艺，探讨其对于工厂运行与人民生活的价值与意义 第五天，视频导入：组织学生观看三一重工等500强企业视频，激发学生的学习兴趣
	授课教学环节	第一天：必修课程一“科技馆里寻科学”、必修课程二“智造生活”、选修课程1“创意灯光画” 第二天：必修课程三“饮料瓶中的科技”、必修课程四“污水回收与处理”；选修课程2“自制净水器” 第三天：必修课程五“中医药里的秘密”、必修课程六“小弹簧大力量” 第四天：必修课程七“走进‘三一’”、必修课程八“探秘‘三一’数字化工厂”、选修课程3“感应红绿灯” 第五天：必修课程九“解密空气净化器”、必修课程十“探秘未来的家”、选修课程4“自制简易机器人”	第一天：必修课程一“探索VR魅影”、必修课程二“‘玩转’编辑部”、选修课程1“电子班牌” 第二天：必修课程三“追寻动力智造之源”、必修课程四“走进中车株机”、选修课程2“太阳能月球车” 第三天：必修课程五“致敬袁隆平”、必修课程六“探秘植物DNA”、选修课程3“植物嫁接实验” 第四天：必修课程七“建筑‘加速度’”、必修课程八“未来建筑师” 第五天：必修课程九“探索航空科技”、必修课程十“我是创新设计师”、选修课程4“3D建模”	第一天：必修课程一“探寻制造之源”、必修课程二“中国梦 飞行梦” 第二天：必修课程三“测量高铁速度”、必修课程四“光电传奇”、选修课程1“制作五彩光纤灯” 第三天：必修课程五“新能源车的动力之源”、必修课程六“我心中的工匠精神”、选修课程2“我是中车讲解员” 第四天：必修课程七“浓浓酱油香”、必修课程八“汽水背后的智造力量”、选修课程3“可乐瓶包装设计大赛” 第五天：必修课程九“工程机械与‘黑匣子’”、必修课程十“我和‘三一’比速度”、选修课程4“生活中的人工智能”

维度或要素		小学高年级段	初中段	高中段
实施方案	进级教学环节	1.实验探究：了解空气净化器的原理，了解科学知识在生活中的妙用 2.实地考察：了解可口可乐公司的环保理念和实践，包括废水、废气、废渣的处理和减排措施，以及可持续发展的理念和实践 3.实地考察：参观九芝堂企业文化展厅，听取中药历史发展与九芝堂企业文化；分享交流中医的传承创新还有哪些新路径 4.分享交流：参观三一重工的重型设备，激发学生对中国重工业发展的自豪感，培养其合作意识和科学探究精神 5.实地探究：现场参观科技建筑和体验科技产品，切身感受科技的力量	1.实地考察：识别有代表性的中国航空航天器，了解中国航空航天事业的发展 2.实地探究：了解智能铁轨等大型交通工具的应用与发展 3.分享交流：参观水稻博物馆，了解袁隆平的生平，参观杂交水稻试验田，了解不同品种水稻的特点 4.实地探究：现场参观科技建筑和体验科技产品，切身感受科技的力量 5.问题解决：探究芯板的内部结构，感受工业智造的创新和实用	1.实地探究：参观大型工程机械，了解传感器在工程机械制造中的运用 2.知识竞赛：飞行的原理、乘坐飞机的基本规范行为 3.小组讨论：分析人类从古至今交通科技发展历程 4.实地探究：参观加加酱油、可口可乐生产线，感悟企业发展与环境和谐共存的道理 5.分享交流：企业精神与企业文化对一个企业发展的重要性
	巩固教学环节	1.发布探究主题和实践任务，总结提升 2.沉浸式情境体验，走进工厂参观，开展各项趣味实践活动 3.发布任务，采用任务驱动和小组合作完成科学实验，并进行总结 4.总结归纳、实践体验相结合，交换彼此对“工匠精神”以及“中国智造”的看法 5.开展主题活动策划，引导学生总结活动收获与感悟，知道技术与工程对科学发展有促进作用	1.开展主题班会，引导学生总结分享自己的收获，初步思考自己的人生目标与职业方向 2.实地探访与沉浸式情境体验相结合，撰写研学报告和心得体会 3.小组任务探究，思考科技发展的意义，并进行分享与交流 4.任务驱动，以知识竞赛或演讲比赛的形式，让学生发挥主观能动性，总结收获和感悟 5.沉浸式参观，引导学生了解科学对技术与工程的指导意义，明白创新的重要性	1.引导实践与分享交流相结合，总结分享自己的收获，发表对科学技术的感悟 2.教师带领学生一起总结和回顾，及时解答学生遇到的问题 3.总结性参观，通过播放相关视频等形式寓教于乐，增强学生对工业生产以及现代工业的直观感受和认识 4.通过观看企业纪录片等形式寓教于乐，进行针对性训练与实践体验融合，加深对中国创新发展、工匠精神与中国智造的认同感 5.开展小组合作讨论，总结性参观，发布任务，让学生进一步对工业革命发展历程的脉络进行汇总，并绘制成思维导图

维度或要素			小学高年级段	初中段	高中段
实施方案	总结教学环节	教学创新	创新课程设计，打破时间、空间的限制，围绕主题展开教学，采用进阶式和巩固式策略，让学生在真实情境中探究和体验实践。同时，加强校内外的教育衔接，串联科学技术等知识。这样的课程设计，可以让学生更好地理解和掌握知识，培养他们的综合素质和能力	创新课程主题，注重主题引领、任务驱动、项目学习、学科融合，强调学生主动性，强化实践意识，与校内课程衔接，拓展延伸，内外协同，串联物理、生物、化学等知识，以培养学生的综合素质和实践能力，促进学生的全面发展	创新教学方式，注重真实情境下的任务驱动，强化深度体验，推动研学过程中的独立思考与团队协作，形成有价值的课题研究，以实践激发学生兴趣，同时串联物理、生物、化学、历史等知识。通过这一方式，提升学生的综合素质和能力，培养他们的创新精神和实践能力
		教学总结	针对小学高年级段教学目标和学生学情，在教学过程中，教师多采用提问式、趣味性的教学方式，以培养学生的创新思维、爱国情怀、精益求精的工匠精神和爱岗敬业的劳动态度为主要目标。从而能够更好地把握学生的学习情况和需求，为学生提供更好的教学服务和支持	针对初中段教学目标和学生学情，在教学过程中，教师应多通过展示学生作品、组织分享感悟、开展团队协作活动等方式，以知道现代技术与工程具有系统性和复杂性，知道科学对技术与工程具有指导意义为基本目标	针对高中段教学目标和学生学情，在教学过程中，教师应多围绕国家智能制造开展课程设计，多设置团队协作活动，多采用反馈交流等形式，帮助学生理解课程主题，从而形成以学生对技术的亲近感、敏感性、理性精神、责任意识，以及对技术的文化感悟等为基本目标
		教学反思	围绕小学高年级段学生学情进行分析，根据学生与课程评价结果与反馈，进行教学反思，对教学设计环节进行改进，促使课程教学得以提升，梳理实施过程中出现的问题，思考解决问题路径与策略，形成解决方案，调整和优化教学设计，为以后的研学活动提供参考	围绕初中段学生学情进行分析，根据学生与课程评价结果与反馈，进行教学反思，对教学设计环节进行改进，促使课程教学得以提升，梳理实施过程中出现的问题，思考解决问题路径与策略，形成解决方案，调整和优化教学设计，拓宽教学思路，提高教学水平	围绕高中段学生学情进行分析，根据学生与课程评价结果与反馈，进行教学反思，对教学设计环节进行改进，促使课程教学得以提升，思考解决问题路径与策略，在此基础上不断地改进完善、推陈出新，形成自己独特的教学风格

维度或要素				小学高年级段	初中段	高中段
实施方案	评价教学环节	教学水平评价	自我评价	教师根据评价反馈进行自我反思，深入了解课程实施的效果，不断调整、优化教学方法	教师基于教学目标、教学设计、安全管理、活动组织等方面进行总结，反思活动实施过程中存在的问题，明确改进方向与策略	教师基于教学目标、教学设计、教学策略等方面进行深入反思，发现问题与不足，找到改进措施与路径，制订改进计划，明确下一步实施策略
			学生评价	学生就教师的组织与教学、课程讨论参与度、课程氛围活跃度、学生积极性等方面进行不同维度的评价	学生就教师的组织与教学、教学设计能力、课程氛围活跃度、课程中学生的话题参与度等方面进行不同维度的评价	学生就教师的组织与教学、教师的认知、语言文字表达能力、课程的教学设计能力、课程的教育意义及创新性等方面进行不同维度的评价
			同行评价	营地教师和教学管理人员对教师的教学设计、实施策略、实施效果等方面进行评价，基于证据、数据采取交流、问卷等形式开展，取长补短、相互借鉴，实现共同进步	营地教师和教学管理人员基于随队观摩、听课、教学文件审阅、访谈、交流、问卷等形式，对教师的教学设计、实施策略、实施效果等进行评价	营地教师和教学管理人员通过充分利用信息技术，邀请知名专家随队观摩、听课、教学文件审阅、访谈、交流、问卷等形式，对教师的教学设计、实施策略、实施效果等进行评价
			培训和考核	基于教师师德师风、劳动教育、审美教育、学生管理等进行线上线下结合的专项培训和考核，通过考核结果来评价教师的教学水平	定期对营地教师进行师德师风、科学教育、劳动教育、生涯规划、学生管理等方面的教学培训和考核，通过考核结果来评价教师的教学水平	定期对营地教师进行师德师风、劳动教育、生涯规划、心理学、学生管理等方面的教学培训和考核，通过考核结果来评价教师的教学水平
			教学成果展示	通过采用研究报告、主题会议、图文作品、视频影像等形式展示研学实践成果	通过采用设计作品、研学报告、作品分享、参与教学比赛等形式展示研学实践成果	通过定期采取设计作品展示、调查报告、研学报告、推介会等方式，并定期举行教师成果展示，组织实践教育专家对教学研究论文进行点评，促进教师水平提升，有助于实现教学创新

维度或要素				小学高年级段	初中段	高中段
实施方案	评价教学环节	学业评价	形成性评价	针对学生在研学活动中的参与度、合作度、兴趣度、完成度等采取自评、小组互评，结合加盖“研学站点能力印章”的方式进行评价	针对学生在活动中的探究方法、合作能力、问题解决、创新意识、情感表达等方面，采取自评、互评的方式加盖相应的“研学能力印章”，并及时调整教学计划和教学方式	针对学生的探究能力、价值观培养、团队协作等内容，采取“能力印章”“研学档案”等方式进行评价，结合学段特点，及时调整教学计划和教学方式，增强对学生探究深度和方式方法的指导
			总结性评价	通过“印章数量汇总”、知识考核、成果展示等形式，对学生参与完成成果的过程、活动中的行为纪律、呈现出的情感态度进行整体客观评价，以判断教学效果，便于灵活调整教学形式	以研学课程目的为基准，通过技能闯关、成果展示、演讲汇报、“印章数量汇总”等形式，对参加研学实践活动学生的知识获取、技能掌握、分工合作，信息处理的能力进行评价，根据评价结果，判断教学目的实现程度，调整教学活动形式	通过“能力印章”汇总、“研学档案”审核、辩论、布展、演说等方式，对学生在整体研学过程中表现的探究问题的能力，思辨能力、创新能力和责任与担当意识表现等因素进行整体评价，促进学生提高研学探究水平
			教师评价	采取日常记录、问题简答、教学反馈或口头表达、加盖教师印章的形式，对学生在“行前准备阶段、现场教学阶段、汇报交流阶段”三阶段的活动准备、参与过程、行为纪律、情感认知、作品完成等进行评价	采取日常记录、交流讨论、调查问卷、教学反馈或口头表达的形式，对学生在“行前准备阶段、现场教学阶段、汇报交流阶段”三阶段知识获取、过程行为管理、情感认同、团队协作进行评价，为学生提供个性化建议和反馈，加深对知识和技能的理解和运用	采取日常记录、调查问卷、问题解决、教学口头反馈、加盖教师印章等方式对学生在“行前准备阶段、现场教学阶段、汇报交流阶段”三阶段的知识和技能掌握程度、研究能力、思辨能力、团队协作、素质素养、测验结果进行评价，发现实施中的问题
		项目评价		以参与学校为主体，学生家长、社会公众为辅助，采取问卷调查形式，对教学目标设定、教学设计、活动组织、研学线路规划、学生成长等方面进行评价，评价项目实施的整体风险和效益，进一步优化项目	以参与学校为主体、学生家长、教育行政主管部门、校内教育工作者为辅助采用问卷调查、交流研讨、访谈调研等方式，对项目目标设定、教学设计、组织实施、安全管理、资源站点、课程价值等方面进行综合评价，对结果进行分析与反思，为后续研学项目调整提供一定方向	以行政主管部门和参与学校为主体，学生、学生家长、社会公众为辅助，采取调查问卷、意见建议等方式，对教学目标设定、教学设计、课程资源、教学策略、活动组织、协同管理、研学线路规划、学生成长、执行规范等方面进行评价，评价项目风险和效益

4.15 教学计划与策略列表：感受科学技术魅力 树立科技强国意识

<table>
<tr><td colspan="3">营地名称</td><td>桂林市中小学生示范性综合实践教育中心（简称“桂林营地”）</td><td>命名机构</td><td>教育部</td><td>识别码</td><td>Y145452002</td></tr>
<tr><td colspan="3">从业资质（摘要）</td><td>综合实践教育、研学旅行教育和劳动教育</td><td>单位属性</td><td>公益一类</td><td>法定代表人</td><td>刘树亮</td></tr>
<tr><td colspan="3">研学主题</td><td>感受科学技术魅力 树立科技强国意识</td><td colspan="2">主要目的指向</td><td colspan="2">科学技术</td></tr>
<tr><td rowspan="7">营地（枢纽）及周边主要优质研学资源</td><td colspan="2">基地层级</td><td colspan="5">研学站点（基地）名称</td></tr>
<tr><td rowspan="2">教育部命名基地</td><td>已列入教学计划</td><td colspan="5">一、与本主题相关列入教学计划的基地2个
1.玉林市中小学生示范性综合实践基地（简称“玉林营地”）；2.广西中农富玉国际农业科技有限公司（简称“五彩田园”）
二、与本主题关联不大但列入本营地教学计划的基地
无</td></tr>
<tr><td>待列入教学计划</td><td colspan="5">1.宁明县花山岩画；2.坭兴陶文化创意产业园（钦州市开发投资集团有限公司）；3.南宁市三峰能源有限公司（简称“三峰能源”）；4.柳州城市职业学院（简称“柳州职院”）；5.广西壮族自治区中国科学院桂林植物园（简称“桂林植物园”）；6.桂林理工大学地质博物馆（简称“地质博物馆”）</td></tr>
<tr><td colspan="2">其他部委命名基地</td><td colspan="5">1.桂林桂花公社景区；2.中国岩溶地质馆；3.广西桂林天之信文化科技有限公司（桂林气象科普研学基地旧址）（简称“气象基地”）；4.桂林天目地学科技产业有限公司（简称“天目地学”）；5.桂林福达股份有限公司（简称“桂林福达”）</td></tr>
<tr><td colspan="2">地方命名基地</td><td colspan="5">1.桂林·东漓古村研学实践（劳动教育）基地（简称“东漓古村”）；2.桂林华之冠旅游开发有限公司（简称“桂林冠岩”）；3.广西地球记忆文化旅游投资有限公司（简称“地球记忆”）；4.燕京漓泉绿色生产研学基地（简称“燕京漓泉”）；5.桂林市观赏石协会地质科普研学基地（简称“桂林观赏石协会”）；6.桂林全州县大碧头旅游开发有限公司（简称“大碧头”）；7.桂林军事文化博览园研学实践教育基地（简称“桂林军博园”）；8.广西容县天健行中小学生研学基地（简称“天健行基地”）；9.桂林和记低碳农业科技有限公司（简称“和记农庄”）；10.3S科技研学基地（简称“3S基地”）；11.桂林市气象科普研学基地（简称“气象研学”）；12.桂林全州米兰香研学基地（简称“米兰香基地”）；13.景秀飞行营地</td></tr>
<tr><td colspan="2">本营地资源</td><td colspan="5">1.探梦科技馆；2.技术实践馆；3.机器人馆；4.智慧物联馆；5.环保新能源探究馆；6.创意空间馆；7.影视梦工厂；8.无线电馆</td></tr>
<tr><td colspan="2">其他资源</td><td colspan="5">1.罗汉果小镇；2.桂林航天工业学院（简称“航天学院”）；3.桂林泽华农业技术职业培训学校（简称“泽华农校”）；4.桂林漓江逍遥湖（简称“逍遥湖”）</td></tr>
</table>

维度或要素	小学高年级段	初中段	高中段
校内教育基础（与校内教育的衔接）	对照课标，小学高年级段在科学技术教学方面提出初步探究一些科学现象，认识科学本质，通过各种有趣的科学探究活动培养科学兴趣和创新思维、学习科学基础知识、掌握基本方法等目标，本研学主题必修课程与校内教育的衔接内容主要如下：1.人教版小学四年级科学上册第三单元第1课“多样的岩石”；2.人教版小学五年级科学上册第一单元第1课“建筑中的形状”、第2课“谁的承受力大”、第4课“常见桥梁”；3.人教版小学五年级科学下册第二单元第1课“植物的生长变化”、第三单元第3课“卵石的形成”；4.人教版小学六年级科学上册第四单元第1课“运动的星球”、第2课“地球的运动”；5.人教版小学六年级科学下册第四单元第2课“仰望星空”；6.人教版小学四年级劳动技术下册第二章劳动项目四“水培蒜苗和蒜黄”	对照课标，初中段在科学技术教学方面提出掌握基本思维方法，具有初步的科学思维能力、具有初步的创造性解决问题的能力、理解科学探究的基本过程和方法等目标，本研学主题必修课程与校内教育的衔接内容主要如下：1.人教版八年级地理上册第三章第3节“水资源”；2.人教版初中劳动教育课程任务群六“工业生产劳动”；3.人教版初中劳动教育课程任务群七“新技术体验与应用”；4.浙教版八年级信息科技下册第二单元第9课“人工智能中的机器学习”；5.浙教版九年级信息科技全册第三单元第13课“认识无人机”；6.人教版八年级物理上册“用游标卡尺测长度”；7.浙教版七年级科学下册第四章第6节“太阳系”、第7节“探索宇宙”；8.人教版生物七年级上册第二单元“生物体的结构层次”；9.人教版生物八年级下册第七单元第三章第2节“生物进化的历程”	对照课标，高中段在科学技术教学方面提出深化学生对自然科学的理解，提高学生的科学素养和批判性思维能力、增强学生的科技创新能力、培养学生的科技伦理意识和社会责任感等目标，本研学主题必修课程与校内教育的衔接内容主要如下：1.人教版高中信息技术必修1第四章第2课“认识智能工具解决问题”；2.人教版高中物理选择性必修第一册第四章“光”；3.人教版高中历史必修2第二单元第7课“第一次工业革命”、第8课“第二次工业革命”；4.人教版高中历史必修3第四单元第13课“从蒸汽机到互联网”；5.人教版高中物理选择性必修第一册第四章“光”；6.人教版高中地理必修第一册第1节“常见地貌类型”、问题研究“如何提升我国西南喀斯特峰丛山地的经济发展水平”；7.人教版高中地理选择性必修1第四章第2节“洋流”、第3节“海—气相互作用”

维度或要素			小学高年级段	初中段	高中段
研学课程	必修课程一	名称	天文天象	自动驾驶技术	AI绘画
		活动目的	了解天文望远镜、数字星球的使用方法，了解天文天象知识	了解自动驾驶概念与发展，感受机器学习过程和方法	掌握人工智能概念与发展，尝试AI绘画创作
		活动形式	教师讲授、视频展播、实践体验相结合	教师讲授、沉浸式体验相结合	教师讲授、自主学习、实践体验相结合
	必修课程二	名称	初探工业机器人	游标卡尺运用与实践	探究锻造工艺流程
		活动目的	了解机器人种类，感受中国制造业的蓬勃发展，理解科技创新的重要性	掌握测量方法，养成科学、严谨的学习态度	掌握工业锻造工艺流程，探究古今锻造工艺异同点
		活动形式	教师讲授、实地参观、实践体验相结合	教师讲授、分组研讨、实践体验相结合	教师讲授、实地参观、分组研讨相结合
	必修课程三	名称	气象科普	制作桂花精油皂	桂花酿酒
		活动目的	学习气象知识，了解气象对军事、工业、农业的作用，培育科学精神	感受桂花文化，学习制作桂花精油皂	掌握桂花酿酒工艺，树立、传递食品安全意识
		活动形式	知识讲授、实践体验相结合	教师讲授、参观讨论、实践操作相结合	教师讲授、分组讨论、实践体验相结合
	必修课程四	名称	一滴水的旅行	访滴水人家，探建筑之美	喀斯特怎样持续发展
		活动目的	了解水资源的利用，增强环保意识	感受榫卯技艺，对比现代建筑，树立工匠精神	学习喀斯特地貌形成原理，探究喀斯特持续、科学发展策略
		活动形式	教师讲授、视频演示、分组讨论相结合	教师讲授、实地探访、实践体验相结合	教师讲授、视频演示、分组研讨相结合

维度或要素			小学高年级段	初中段	高中段
研学课程	必修课程五	名称	走进绿色工厂，探究啤酒发酵工艺（一）	走进绿色工厂，探究啤酒发酵工艺（二）	走进绿色工厂，体验麦汁检测
		活动目的	了解啤酒酵母及啤酒发酵工艺	熟悉啤酒酵母，掌握啤酒发酵工艺技术	学习掌握啤酒生产工艺流程，掌握质量监控标准
		活动形式	教师讲授、实地探访、实践体验相结合	教师讲授、小组讨论、实践体验相结合	教师讲授、小组讨论，实践体验相结合
	必修课程六	名称	无人机装配与调试	走进无线电	无线电测向
		活动目的	学习无人机知识，组装调试无人机	了解无线电发展历程，培育科学探究精神	掌握无线电知识，学习无线电原理及设备操作
		活动形式	教师讲授、演示、学生实践体验相结合	教师讲授、观看视频、实践体验相结合	教师讲授、分组讨论、实践体验相结合
	必修课程七	名称	弘扬中医药文化，科普中草药知识	探秘污水处理，珍惜水资源	智慧农业在大豆种植中的应用与设计
		活动目的	识别中草药，了解中医药知识	掌握污水处理流程及水资源的再利用	掌握智慧农业的概念及物联网技术在智慧农业中的应用
		活动形式	教师讲授、实地探访、实践体验相结合	教师讲授、小组研讨、展示分享相结合	教师讲授、实地探访、实践体验相结合
	必修课程八	名称	初识陨石，感悟苍穹	陨石工作室	陨石的内部世界
		活动目的	了解陨石的形成，培养热爱科学，勇于探索的意识	通过对陨石的学习研究，感受科研工作的神圣，培养克难攻坚意识	掌握陨石内部构造与探究方法，感受科研工作者的研究过程
		活动形式	教师讲授、视频演示、小组讨论相结合	教师讲授、实地探访、合作探讨相结合	教师讲授、视频展示、分组研讨相结合

维度或要素			小学高年级段	初中段	高中段
研学课程	必修课程九	名称	探究南方“食养”智能化工厂（一）	探究南方“食养”智能化工厂（二）	探究南方“食养”智能化工厂（三）
		活动目的	感受工业生产的氛围，了解基础工业的概念，激发科学探究兴趣	感受工业生产的氛围，掌握基础工业的概念，树立科技兴国、科技强国意识	理解基础工业，强化科技兴国、科技强国意识，养成热爱劳动、自主自立、意志坚强的品质
		活动形式	教师讲授、参观体验、分组讨论相结合	教师讲授、实地探访、小组研讨相结合	教师讲授、实地探访、实践体验、分组研讨相结合
	必修课程十	名称	气体流动	千机变	现代科技农业科普
		活动目的	通过对气体流动的学习，了解大气环境的形成、变化和保护	学生初步了解空气动力学和流体力学的基本原理，学习飞机形态对飞机航程的影响	探究现代科技农业，增强科技兴农、科技创新意识
		活动形式	教师讲授、观看视频、实践体验相结合	教师讲授、动手实践体验相结合	教师讲授、实地探访、分组研讨、实践体验相结合
	选修课程		1. 3D 打印技术课程 2. 声光电的奥秘 3. 桥梁设计师 4. 古纸新生 5. 电影中的镜头与声音	1. 多功能小车体验 2. 机械加工制作 3. 微电影创作与拍摄 4. 新能源的实践探究 5. 农业喷灌技术	1. 风力发电 2. 智能机器人设计制作 3. 3D 打印设计 4. 桥梁的物理与数学 5. 机器狗

维度或要素		小学高年级段	初中段	高中段
研学线路	代表性线路（时长五日）	第一天：桂林营地—桂花公社—桂林福达—桂林营地；第二天：桂林营地—桂林冠岩—东漓古村—桂林营地；第三天：桂林营地—气象研学—燕京漓泉—桂林营地；第四天：桂林营地—米兰香基地—大碧头—桂林营地；第五天：桂林营地—地球记忆—和记农庄—桂林营地	第一天：桂林营地—桂花公社—桂林福达—桂林营地；第二天：桂林营地—桂林冠岩—东漓古村—桂林营地；第三天：桂林营地—气象研学—燕京漓泉—桂林营地；第四天：桂林营地—五彩田园—玉林营地；第五天：玉林营地—天健行基地—桂林营地	第一天：桂林营地—桂花公社—桂林福达—桂林营地；第二天：桂林营地—桂林冠岩—东漓古村—桂林营地；第三天：桂林营地—气象研学—燕京漓泉—桂林营地；第四天：桂林营地—五彩田园—玉林营地；第五天：玉林营地—天健行基地—桂林营地
	可选择线路（按天设计，菜单式选择）	1.桂林营地—中国岩溶地质馆—桂林营地；2.桂林营地—荔浦市自然保护地保护中心—桂林营地；3.桂林营地—桂林观赏石协会—桂林营地；4.桂林营地—景秀飞行营地—桂林营地；5.桂林营地—桂林军博园—3S基地—桂林营地；6.桂林营地—五彩田园—天健行基地—桂林营地；7.桂林营地—玉林营地—桂林营地；8.桂林营地—天目地学—桂林营地	1.桂林营地—中国岩溶地质馆—桂林营地；2.桂林营地—荔浦市自然保护地保护中心—桂林营地；3.桂林营地—桂林观赏石协会—桂林营地；4.桂林营地—景秀飞行营地—桂林营地；5.桂林营地—桂林军博园—3S基地—桂林营地；6.桂林营地—五彩田园—天健行基地—桂林营地；7.桂林营地—玉林营地—桂林营地；8.桂林营地—天目地学—桂林营地	1.桂林营地—中国岩溶地质馆—桂林营地；2.桂林营地—荔浦市自然保护地保护中心—桂林营地；3.桂林营地—桂林观赏石协会—桂林营地；4.桂林营地—景秀飞行营地—桂林营地；5.桂林营地—桂林军博园—3S基地—桂林营地；6.桂林营地—五彩田园—天健行基地—桂林营地；7.桂林营地—玉林营地—桂林营地；8.桂林营地—天目地学—桂林营地
	规划线路（按天设计）	1.桂林营地—花山岩画—桂林营地； 2.桂林营地—坭兴陶—桂林营地； 3.桂林营地—三峰能源—桂林营地； 4.桂林营地—柳州职院—桂林营地； 5.桂林营地—桂林植物园—桂林营地； 6.桂林营地—地质博物馆—桂林营地	1.桂林营地—花山岩画—桂林营地； 2.桂林营地—坭兴陶—桂林营地； 3.桂林营地—三峰能源—桂林营地； 4.桂林营地—柳州职院—桂林营地； 5.桂林营地—桂林植物园—桂林营地； 6.桂林营地—地质博物馆—桂林营地	1.桂林营地—花山岩画—桂林营地； 2.桂林营地—坭兴陶—桂林营地； 3.桂林营地—三峰能源—桂林营地； 4.桂林营地—柳州职院—桂林营地； 5.桂林营地—桂林植物园—桂林营地；6.桂林营地—地质博物馆—桂林营地

维度或要素		小学高年级段	初中段	高中段
教学重点难点（以代表性线路教学设计为例，以下同）	教学重点	1. 了解机器人种类，激发科学探究兴趣 2. 了解溶洞的形成 3. 认识基本的古建筑和农耕器具 4. 学习基本气象知识；掌握啤酒发酵流程 5. 了解水稻变化历程	1. 掌握测量工具的使用、桂花精油皂的制作工艺 2. 探究溶洞形成原因 3. 掌握控制好啤酒发酵效果的方法 4. 掌握污水处理流程、树立环保意识 5. 感受基础工业氛围	1. 掌握锻造工艺 2. 喀斯特地貌形成原因以及如何保护 3. 产品质量监控及产品质量意识 4. 掌握污水处理流程 5. 熟悉基础工业，强化科技强国意识
	教学难点	1. 掌握工业机器人的用途 2. 学习溶洞形成知识，树立环保意识 3. 掌握啤酒发酵工艺 4. 通过学习水稻的演变历程，培养科学意识 5. 通过陨石形成的学习，树立保护地球意识	1. 掌握不同工件的测量方法 2. 学习溶洞形成过程及原因，知晓怎样保护环境 3. 融合初中化学知识，掌握控制好啤酒发酵效果 4. 掌握污水处理原理、利用好水资源，树立环保意识 5. 掌握基础工业基本知识，培育工业强国意识	1. 怎样改进提高锻造质量 2. 喀斯特形成原因分析，如何保护喀斯特地貌 3. 做好产品质量监控，知晓怎样提高产品质量 4. 探究污水处理原理、提高污水处理质量，利用好水资源及水资源再利用 5. 理解基础工业，现代科技农业，培育科创能力

维度或要素	小学高年级段	初中段	高中段
教学策略	针对小学高年级段学生好奇心强，喜欢动手尝试和探索新鲜事物、具备一定的实验操作能力、开始接触基础的科学技术知识，如简单的物理现象、生物实验等，但理解尚浅的学情分析，以探究为核心，基于情境学习理论、多元智能理论，选取天文天象、工业生产、水资源等内容，依托课程教材、《研学手册》、研学器材和工具、研学基地等教学资源，以培养学生科学探究意识和能力为教学目标，开展观察、调查、讨论等多种形式的研学活动，提高学生学习兴趣，尊重学生主体性地位，确保研学活动质量，并在实际研学过程中密切关注学生的反馈，根据他们的需求和表现进行及时的动态调整	针对初中段学生对科学技术的认知开始深化，能够理解一些复杂的科学概念和原理、对科学技术产生浓厚的兴趣，愿意主动参与各种科学探究活动，开始独立思考科学问题，提出自己的见解和假设的学情分析，注重学生的主体性，基于情境学习理论、多元智能理论、建构主义学习理论、成功教育理论，选取人工智能、古建筑、天文天象、工业生产、水资源等内容，依托课程教材、《研学手册》、研学器材和工具，国家级、省级、市级研学基地等教学资源，以培养学生主动探究和学习为教学目标，采用讲授法、观察法、实验法、提问法等教法和自主学习、合作学习等学法，开展观察、调查、讨论等多种形式的研学活动，尊重学生个性，并在实际研学过程中，密切关注每个学生的需求和反馈，动态调整研学计划，满足学生的个性化需求	针对高中段学生的科学技术知识更加系统化，能够理解和应用高级的科学理论和概念、对科学技术进行深入的思考和质疑，具备批判性思维能力、实践创新能力和解决问题的能力、自主学习能力的学情分析，强调学生的自主性，基于情境学习理论、多元智能理论、建构主义学习理论、成功教育理论、实用主义理论，选取人工智能技术、农业生产、工业生产、传统工艺、天文天象等内容，依托课程教材、《研学手册》、研学器材和工具、国家级、省级、市级研学基地等教学资源，以培养学生的科学精神、探索精神、创新能力为教学目标，采用讲授法、观察法、实验法、提问法等教法和自主学习、合作学习、探究学习等学法，利用虚拟现实技术、人工智能技术等现代化手段，开展观察、实验、探究等多种形式的研学活动，确保学生的主体地位，发展批判思维能力，并在实际研学中，关注学生动态，调整教学计划，满足学生的学习需求

维度或要素				小学高年级段	初中段	高中段
实施方案	入营教育	安全	引导	讲解注意事项、预防措施、一日常规、学生就餐管理规范、学生宿舍管理规定	了解营地交通、消防安全标识，列出可能的风险、注意事项、预防措施	组织学生学习《研学手册》（高中版），提高安全救护意识
			实训	利用安全知识卡片，学习安全知识，进行设施设备实践与操作训练	开展安全知识竞赛，开展地震、火灾安全演练	组织学生针对住宿、饮食、研学点、交通等环节开展安全应急演练
		应急	引导	组织学习《研学手册》（小学版）中的应急救护内容，学会基本的应急处理方法，保持镇静	组织学习《研学手册》（初中版）中的应急内容，掌握应急事件处理和技巧	组织学习《研学手册》（高中版）中的应急内容方法和技巧，培养冷静思考和随机应变的能力
			实训	安全避险常识，观看典型视频，小组总结交流，分享个人体会，教师点评	开展火场逃生、心肺复苏、安全救护技能实践操作，提升应急能力	进行地震实践体验、烟雾逃生、火场逃生训练，强化安全意识
		救助	引导	通过案例情境，培养信息获取和资源整合的能力	任课教师指导示范，引导学生树立自救和互救意识	任课教师指导示范，指导学生学会应急救护方法，提高救护能力
			实训	模拟实施角色扮演、团队合作等活动，学生学会和掌握求助教育的方法和技巧	模拟实施案例分析、团队合作等活动，帮助学生熟悉和掌握求助方法和技巧	学习止血包扎、心肺复苏、伤员搬运方法等自救和互救技能
		自我管理	引导	通过教学视频，学习自我管理方法，树立自我管理意识	通过自我管理的培训和指导，帮助学生提高自我管理意识	通过进行情绪管理的培训和指导，帮助学生掌握应对压力和困难的方法
			实训	开展自我管理培训等活动，帮助学生熟悉和掌握自我管理的方法和技巧	设置真实情境，学生通过角色扮演、案例分析、团队合作，帮助学生了解自我管理的能力	通过问题解决、技能考核、讲演交流等方式让学生掌握自我管理技能
		团队协作	引导	根据《研学手册》（小学版）研学内容，分小组协作，每个小组负责一个具体的任务或项目	根据《研学手册》（初中版）研学内容，鼓励学生在小组内分工合作，制订计划、分配任务、协调进度等	根据《研学手册》（高中版）研学内容，分小组协作，任务驱动的方式，培养团队意识和协助精神
			实训	根据活动安排，鼓励学生自主规划活动内容、时间安排、资源调配等	组织团队迷宫、神笔马良等团队协作小游戏，培养团队间配合度和信任度	通过组织毕业墙、信任背摔、穿越电网等活动，培养学生团队协作能力

维度或要素		小学高年级段	初中段	高中段
实施方案	导入教学环节	第一天，问题导入：设计机器人知识问答导入课题，调动学生学习热情；第二天，情境导入：创设人类生活缺水情景，激发学生珍惜水资源意识；第三天，视频导入：播放气象宣传片，导入气象研学内容；第四天，问题导入：设计中草药知识问答，调动学生积极性；第五天，视频导入：播放陨石形成视频，激发学生探究兴趣	第一天，挑战导入：设计测量工件任务让学生体验，导入课题；第二天，视频导入：播放古建筑展示视频，激发学生探究热情；第三天，问题导入：设计啤酒发酵相关问题，导入研学课题；第四天，任务导入：发布研学任务引入当天研学内容；第五天，视频导入：播放现代化工厂生产视频，引发学生研学兴趣	第一天，问题导入：设计问题引发学生探究兴趣；第二天，视频导入：播放喀斯特形成视频，调动学生探究兴趣；第三天，问题导入：通过啤酒麦芽度有关问题导入当天课题；第四天，视频导入：播放现代农业视频，引发学生学习热情；第五天，任务导入：通过机器人形象设计作业，建立智能化工厂的联系
	授课教学环节	第一天，入营教育、必修课程一“天文天象”、必修课程二“初探工业机器人”、选修课程1“3D打印技术课程” 第二天，必修课程四“一滴水的旅行”、必修课程十“气体流动”、选修课程3“桥梁设计师” 第三天，必修课程三“气象科普”、必修课程五“走进绿色工厂，探究啤酒发酵工艺（一）”、选修课程2“声光电的奥秘” 第四天，必修课程六“无人机装配与调试”、必修课程七“弘扬中医药文化，科普中草药知识”、选修课程4“古纸新生” 第五天，必修课程八“初识陨石，感悟苍穹”、必修课程九“探究南方‘食养’智能化工厂（一）”、选修课程5“电影中的镜头与声音”	第一天，入营教育、必修课程二“游标卡尺运用与实践”、必修课程三“制作桂花精油皂”、选修课程2“机械加工制作” 第二天，必修课程四“访滴水人家，探建筑之美”、选修课程1“多功能小车体验” 第三天，必修课程五“走进绿色工厂，探究啤酒发酵工艺（二）”、必修课程六“走进无线电”、选修课程3“微电影创作与拍摄” 第四天，必修课程十“千机变”、选修课程5“农业喷灌技术” 第五天，必修课程九“探访南方‘食养’智能化工厂（二）”，选修课程4“新能源的实践探究”	第一天，入营教育、必修课程二“探究锻造工艺流程”、必修课程三“桂花酿酒”、选修课程5“机器狗” 第二天，必修课程四“喀斯特怎样持续发展”、选修课程3“3D打印设计” 第三天，必修课程五“走进绿色工厂，体验麦汁检测”、必修课程七“智慧农业在大豆种植中的应用与设计”、选修课程4“桥梁的物理与数学” 第四天，必修课程十“现代科技农业科普”、选修课程1“风力发电” 第五天，必修课程九“探访南方‘食养’智能化工厂（三）”、选修课程2“智能机器人设计制作

维度或要素		小学高年级段	初中段	高中段
实施方案	进级教学环节	1.通过学习了解机器人种类，感受科技创新重要性 2.学习了解水的循环运动，了解水对人类的重要作用 3.学习气象知识，记录气象数据 4.学习了解中草药知识，学会识别常见中草药 5.学习陨石相关知识，激发学习兴趣	1.认识测量工具，学习测量工具的使用方法 2.学习体验榫卯结构工艺，感受古建筑之美 3.学习啤酒发酵工艺，掌握发酵技术 4.学习感受现代农业，掌握基本技能 5.通过现场参观学习，感受智能化工厂的魅力	1.学习锻造理论知识，体验锻造工艺 2.通过学习了解喀斯特形成原因，探究保护喀斯特资源方法 3.教师讲授麦汁相关知识，学生体验检测方法 4.学习感受现代农业，树立科技创新精神 5.亲手尝试设计制作简易智能机器人，领悟智能的发展
	巩固教学环节	1.通过知识问答，现场体验，帮助学生巩固当天研学内容 2.分组讨论汇报水资源利用 3.现场观测记录气象数据，尝试当小小气象播报员，加深对气象知识的巩固 4.通过分组讨论，制作香包巩固研学内容 5.现场体验制作酱油流程，巩固研学内容	1.学生分组比赛完成测量任务，汇报分享测量方法，对当天研学内容进行巩固 2.体验制作榫卯结构，通过作品分享展示进行研学知识巩固 3.分组讨论啤酒发酵工艺，分享研学成果 4.填写学习任务单，巩固研学知识 5.小组交流分享所见所想进行研学知识巩固	1.分组讨论锻造工艺，展示锻造作品 2.结合项目填写《研学手册》，分析水对喀斯特的影响，巩固研学内容 3.通过多次测试记录数据，巩固掌握正确测试方法 4.填写学习任务单，设置研究主题内容，巩固研学知识 5.分组探讨分享智能化在工厂中的应用，巩固当天研学知识

维度或要素			小学高年级段	初中段	高中段
实施方案	总结教学环节	教学创新	在本次研学活动中，教师积极尝试将传统文化与现代教学手段相结合，如运用微课视频导入，激发学生兴趣；采用小组讨论、实践操作等多样化的教学方法，促进学生主动学习；同时，结合地方特色资源，如桂林美食、桂剧等，设计丰富的研学内容，培养学生的创新精神和实践能力	教师在研学活动中积极探索和实践新的教学方法与策略，通过引导学生参与互动式学习、组织小组合作探究等方式，有效地培养学生的创新精神和实践能力。提升学生的学习兴趣，让学生在实践中得到充分的锻炼和成长	通过问题导向式学习方式，设计符合学生特点的研学方案，培养学生的创新精神、科学素养和实践能力，提高理论联系实际的应用能力，提升学生发现问题、分析问题、解决问题的能力，培养学生的创新精神、创新意识和实践能力，提高学生的知识面和思维广度
		教学总结	针对学生、家长和其他相关人员的评价反馈意见，分析了解教学过程的优点和不足，整理研学活动的教学资料，建立教学档案，回顾研学过程	及时收集学生、家长和其他相关人员的评价反馈意见，分析了解教学环节的优点和不足，提炼经验教训，整理研学活动的教学资料，建立教学档案，不断优化改进	针对教学内容、教学环节及教学方法等方面进行总结，对学生、教师的表现进行剖析，针对学生、家长和其他相关人员的评价反馈意见，撰写研学过程中的环节总结报告，整理研学资料，对研学的整个过程进行总结
		教学反思	整个教学活动是否以学生身心发展特点为依据，教学活动准备是否充分、活动设计是否有趣、教学方式方法是否得当、是否充分调动学生积极性等方面进行反思，提炼经验教训，为下一次研学活动提供参考	教学活动准备是否充分、活动过程是否分层设计、教学重难点是否得到解决、教学方式方法是否得当、是否充分调动学生积极性等方面进行反思，总结其中的不足和优点，为以后的研学活动提供借鉴	教学活动过程是否分层设计、是否符合高中生的思维特点、难易程度是否恰当、教学重难点是否得到解决、教学方式方法是否得当、学生思维发展是否得到提升，知识面是否得到扩充，提炼经验教训，为之后的研学活动提供参考

维度或要素				小学高年级段	初中段	高中段
实施方案	评价教学环节	教学水平评价	自我评价	教师对自己的敬业精神、教学环节、教学形式、组织安排等方面进行反思和评价，充分发挥教师的主观能动性	教师从组织管理、教学方法的选择、教学工具、研学资源的应用、教学目标的达成等方面进行评价，不断提升自身教学水平	教师从教学活动的设计、教学活动的开发、教学活动的实施、教学活动的总结及教学活动拓展等方面进行评价，对教学活动的整个过程进行评价
			学生评价	学生针对教师和学生之间的互动是否充分、研学课程是否有趣、学生能否积极参与课堂教学等方面进行评价，将学生直观感受反馈给教师	基于学生本人的研学体验对研学课程的难易程度、研学活动的开展情况、课堂开展的活跃程度等方面进行评价，帮助教师专业成长	学生对教师是否发挥学生主观能动性、研学课程是否合理、研学活动的效果和教师的教学行为等方面进行评价，帮助教师提升教育教学水平
			同行评价	营地教师和教学管理人员在明确整个研学活动后，对教师的教学开展、学生参与状态等进行整体评价	与研学活动开展有关的教育教学和管理人员通过观摩、听课等方式，对教师的教学过程、教学策略、重难点把握、教学效果等给予评价	营地教师和教学管理人员通过观摩、听课等方式，针对研学活动的教学需求、教学意义、教学开展、教学结果和教学延伸等方面进行评价
			培训和考核	通过专业讲座、特色项目培训等定期对营地教师进行教学培训，定期对教师的教学水平进行测试考核	建立营地教师考核制度，定期对营地教师进行专业技术培训，由其他老师和教育管理人员通过随队听课，通过考核结果来评价教师的教学水平	营地定期组织教学培训和考核活动，通过培训和考核，帮助教师学习到新的教学理念和方法，对教师在教学中存在的问题和不足，营地有针对性地进行改进和提升
			教学成果展示	通过研学报告、展示和测试等形式，全面展示自己的学习成果和进步。这些成果不仅体现了教师的教学水平，也为学生们的未来发展奠定了坚实的基础	举办榫卯结构工艺大赛，未来智能畅想讨论座谈会，鼓励学生对研学活动进行回顾和创新，头脑风暴后进行组间或班级之间的评比活动，展示优秀作品	通过研学过程教学展示教师的教学成果，通过学生的学业成绩、学生的创新作品等进行教学成果展示，进而来评价教师的教学水平

维度或要素				小学高年级段	初中段	高中段
实施方案	评价教学环节	学业评价	形成性评价	侧重于学生日常学习过程中的观察与反馈，教师通过课堂互动、作业完成情况等方式，及时了解学生的学习状况，并提供针对性的指导，以帮助学生纠正错误、巩固知识	更加注重学生研学过程中的具体表现。教师通过观察学生在实践活动中的参与程度、合作精神以及解决问题的能力，及时给予反馈和指导，以促进学生的全面发展	教师通过观察学生在实践活动中的研究能力、创新思维以及跨学科知识的应用情况，进行及时记录和反馈，了解学生的问题所在，引导学生深入探索、提升综合素质
			总结性评价	小学高年级段的总结性评价主要依据学生的活动、任务完成情况以及日常表现进行综合评估，以全面了解学生的学习成果和进步情况 ，形成最终性的评价结果	初中段的总结性评价更加注重学生的作品展示和研学成果汇报。教师根据学生的研究报告、作品质量以及展示效果等方面进行评价，以客观反映学生在研学活动中的学习成果	高中段的总结性评价更加注重学生的综合素质和创新能力。教师结合学生的研究报告、创新项目、学科竞赛成绩等多方面因素进行综合评价，以全面评估学生的学业水平和发展潜力
			教师评价	在小学高年级段，教师根据学生的课堂表现、作业完成情况和学习态度、学生的参与度、作业质量、测试成绩等方面进行评价，同时关注学生对教学活动是否有继续学习的热情，对学生的学业进行客观公正的评价，注重客观公正地反映学生的学业水平	初中段的教师评价更加关注学生在研学活动中的参与度、合作精神和创新能力等方面。教师根据学生的实际表现进行评价，并给予针对性的指导和建议。同时根据学生的研学表现、作品质量以及参与度等方面进行评价，以全面反映学生的学业表现和发展潜力	高中段的教师评价则更加全面和深入。教师综合考虑学生学科素养、实践能力以及创新思维等多方面因素进行评价，同时根据学生的参与度、作业质量、测试成绩等多方面因素进行综合评价，以客观公正地反映学生在研学活动中的学业表现
		项目评价		带队教师、学生及家长代表对研学线路选择、研学课程设计的合理性等方面进行综合性评价，研学营地及教师对评价结果进行反思，及时发现问题并加以改进	对于本次研学项目，行政主管部门、校内教育工作者、学生、学生家长以及社会各界都给予了积极的评价。同时，他们也提出了一些宝贵的建议，为进一步优化研学项目提供重要的参考	参加研学活动有关的各个部门对本项目进行评价，同时通过教研活动及针对评价结果的反思，及时发现问题并加以改进，确保研学项目的质量和效果不断提升

4.16 教学计划与策略列表：探科技古今奥秘　挺民族未来脊梁

<table>
<tr><td colspan="2">营地名称</td><td colspan="2">广元市示范性综合实践基地管理中心（简称“广元营地”）</td><td>命名机构</td><td>教育部</td><td>识别码</td><td>Y145510001</td></tr>
<tr><td colspan="2">从业资质（摘要）</td><td colspan="2">组织开展校外综合实践教育、青少年思想道德建设、基础教育课程改革、青少年社会实践与创新能力提升等</td><td>单位属性</td><td>公益一类</td><td>法定代表人</td><td>郭永昌</td></tr>
<tr><td colspan="2">研学主题</td><td colspan="2">探科技古今奥秘　挺民族未来脊梁</td><td colspan="2">主要目的指向</td><td colspan="2">科学技术教育</td></tr>
<tr><td rowspan="7">营地（枢纽）及周边主要优质研学资源</td><td>基地层级</td><td colspan="6">研学站点（基地）名称</td></tr>
<tr><td rowspan="2">教育部命名基地</td><td>已列入教学计划</td><td colspan="5">一、与本主题相关列入教学计划的基地7个
1.北川三秒应急安全体验中心（简称“北川三秒”）；2.“5·12”汶川特大地震纪念馆（简称“汶川地震纪念馆”）；3.中国两弹城；4.成都大熊猫繁育研究基地（简称“熊猫基地”）；5.成都市植物园；6.四川省唐家河国家级自然保护区管理处（简称“唐家河”）；7.眉山市青少年综合实践基地（简称“眉山营地”）
二、与本主题关联不大但列入本营地教学计划的基地4个
1.重庆科技学院科技探索体验中心（简称“重庆科技探索中心”）；2.重庆科技馆；3.重庆中国三峡博物馆（简称“三峡博物馆”）；4.重庆市万州区中小学综合实践基地（简称“万州营地”）</td></tr>
<tr><td>待列入教学计划</td><td colspan="5">1.邓小平故居；2.华蓥山旅游区</td></tr>
<tr><td colspan="2">其他部委命名基地</td><td colspan="5">1.四川科技馆；2.国家生态环境科普基地——广元营地</td></tr>
<tr><td colspan="2">地方命名基地</td><td colspan="5">1.广元市千堆雪饮用水研学实践基地（简称“千堆雪”）；2.广元苍溪亭子口水电站研学实践基地（简称“亭子口”）；3.明月峡研学实践教育基地（简称“明月峡”）；4.广元零八一电子集团研学实践基地（简称“广元零八一”）；5.芳地坪风电厂研学实践基地（简称“芳地坪”）；6.哈工大机器人成都科普基地（简称“哈工大成都基地”）；7.成都立巢航空博物馆（简称“成都立巢”）；8.绵阳科技馆；9.智慧汉台科技馆（简称“智慧汉台”）；10.汉中中小学人工智能科创研学实践基地（简称“汉中科创基地”）；11.中国物理研究院科学技术馆（简称“中物院科技馆”）</td></tr>
<tr><td colspan="2">本营地资源</td><td colspan="5">1.新能源馆；2.交通体验馆；3.人民防空馆；4.7D 影院；5.科技馆；6.生态环保馆；7.消防安全馆；8.地震体验馆</td></tr>
<tr><td colspan="2">其他资源</td><td colspan="5">1.中核四川环保工程有限公司研学实践基地（简称“广元中核环保”）；2.西昌卫星发射中心（简称“西昌卫星城”）</td></tr>
</table>

维度或要素	小学高年级段	初中段	高中段
校内教育基础（与校内教育的衔接）	对照《义务教育课程方案和课程标准（2022年版）》，小学高年级段在科学技术教育方面提出“初步认识常见物质的变化，简单描述生物与生物、生物与环境之间相互依存的关系，以及生物的多样性和进化现象，知道自然灾害对人类的影响和防灾减灾常识，知道技术与工程对科学发展有促进作用”的培养目标。该主题课程在设计上与校内教育课程衔接的有关内容如下： 1.苏教版科学四年级下册第五单元“生物与环境” 2.人教版科学四年级上册第一单元“多样的动物”、第四单元“地球上的水” 3.人教版科学六年级上册第二单元第4课“植物的简单分类”、第四单元第14课“风能和水能” 4.人教版科学六年级下册第一单元“生物与环境”、第二单元第6课“地震” 5.教科版科学五年级上册第二单元第3课“地震的成因及其作用” 6.教科版科学六年级上册第二单元“地球的运动” 7.人教版道德与法治五年级上册第四单元第9课“古代科技　耀我中华”	对照《义务教育课程方案和课程标准（2022年版）》，初中段在科学技术教育方面提出“能从微观视角初步认识物质及其变化，认识人与环境之间的相互关系，关注天文和航天事业的进展，知道现代技术与工程具有系统性和复杂性，科学对技术与工程具有指导意义”的培养目标。该主题课程在设计上与校内教育课程衔接的有关内容如下： 1.人教版化学九年级上册第四单元课题1“爱护水资源”、课题2“水的净化” 2.人教版生物八年级上册第六单元第二章“认识生物的多样性”、第三章“保护生物的多样性” 3.义务教育劳动课程标准初中段任务群7“新技术体验与应用” 4.苏科版信息技术初中九年级全一册第一章第二节“认识机器人” 5.中图版地理七年级下册第四章第一节“水资源及其开发利用” 6.人教版地理八年级上册第二章第四节“自然灾害” 7.人教版地理八年级上册第四章第一节“交通运输”、第三节“工业”	对照《普通高中课程方案和语文等学科课程标准（2017年版2020年修订）》，高中段在科学技术教育方面提出“获得未来发展、终身学习、美好生活和担当民族复兴大任所必需的学科核心素养，成为有理念、会设计、能动手、善创造的社会主义建设者和接班人”“通过体现时代特征和社会发展需要的技术基础知识、基本技能、基本思想、基本态度的学习和基本经验的积累，形成对技术的亲近感、敏感性、理性精神、责任意识，以及对技术的文化感悟”的培养目标。该主题课程在设计上与校内教育课程衔接的有关内容如下： 1.人教版高中历史必修二第五单元第15课“交通工具和通信工具的进步” 2.人教版高中化学必修一第三章“金属及其化合物” 3.人教版高中地理必修第一册第六章第二节“地质灾害”、第三节“防灾减灾” 4.人教版高中生物必修二第六章第四节“协同进化与生物多样性的形成” 5.人教版高中地理必修第二册第四章第一节“区域发展对交通运输布局的影响” 6.人教中图版高中信息技术必修一4.1.2“感受人工智能的魅力”

维度或要素			小学高年级段	初中段	高中段
研学课程	必修课程一	名称	地球的“血液”	水的秘密	巧用水能
		活动目的	通过对水的来源、三态变化以及对地表影响的了解，进一步认识水的重要性	通过参与水的物理实验，知晓水的物理性质，激发科学探索兴趣	进一步探究水的性质，了解水的利用原理和应用方法，培养科学探索能力
		活动形式	参观游览、聆听讲解、分享交流	自主探究、小组合作、动手实验、分享交流	自主探究、实验操作、创新设计、分享交流
	必修课程二	名称	走进亭子口	亭子口发电	水利枢纽
		活动目的	通过参观亭子口水利工程，了解保护水资源的重要意义	通过探究亭子口水力发电原理和流程，明白水利对人类的重要意义，培养科学精神	考察水利枢纽功能，了解其对航运及泄洪的重要作用，培养实践创新能力
		活动形式	参观游览、访谈记录、分享感悟	实地探究、亲身体验、分享交流	实地探究、实践操作、分享交流
	必修课程三	名称	认识生命	防灾体验	守护生命
		活动目的	通过认识灾害的特点及危害性，建立自我生命保护意识	通过在北川三秒体验不同类型灾害发生的状况，学会必要的逃生方法和应急技巧	通过对不同灾害应对方法的探究，掌握科学防护的方法
		活动形式	参观游览、聆听讲解、分享交流	亲身体验、实践操作、演练考核、分享交流	自主探究、实践体验、交流报告
	必修课程四	名称	大地“裂缝”	科学避震	拯救生命
		活动目的	通过观看地震视频，认识地震发生原理和危害性，提高生命保护意识	通过了解避震方法和体验避震，培养科学避震意识	通过对地震预报信息的学习，激发学生的兴趣，培养生命安全责任感
		活动形式	实地参观、聆听讲解、分享交流	实地参观、实践体验、小组合作	实地参观、自主探究、预警演练

维度或要素			小学高年级段	初中段	高中段
研学课程	必修课程五	名称	三线记忆	研学两弹城	身边的国防
		活动目的	通过参观三线遗址，了解历史背景及军工科技发展现状，树立国防意识	通过了解两弹发明历程，培养科学意识，树立远大理想	探究两弹构造特点和原理，能用化学物理知识解答简单问题，培养科学精神
		活动形式	参观游览、走访了解、探索发现	实物观摩、走访调查、实践体验	实物解析、调查走访、体验感知
	必修课程六	名称	走进科学	声光电的科技	科学探索
		活动目的	通过参观科技馆、博物馆，了解当地科学技术应用状况，培养热爱科学的兴趣	通过体验现代科技的声光电变化等，找寻科学原理，激发科学思维和创新意识	通过探究科技馆，了解科技现状和未来的探索领域，激发对科技未来的思考
		活动形式	参观游览、体验感知、交流分享	考察探究、操作体验、讨论交流	考察探究、实践体验、小组讨论、问题解决
	必修课程七	名称	走近大熊猫	生命的繁衍	保护大熊猫
		活动目的	认识大熊猫，了解其生活习性和生存环境，领会保护动物与生态环境的重要性	通过对大熊猫繁殖过程的考察，理解科学技术在遗传学中的作用，培养科学精神	通过对熊猫繁育研究成果的调查，提升保护珍稀动物的认知，激发科研兴趣
		活动形式	现场参观、与驯养员互动、喂养熊猫、交流分享	实地参观、个体考察、自主探究、交流分享	实地走访、实验观察、自主探究
	必修课程八	名称	大话植物园	种子库	植物世界
		活动目的	通过实地参观认识多种植物，了解植物科属特点，树立保护意识	通过认识植物种子，了解引种保育方法，领会科学育种的意义，提升科学素养	通过深入了解植物特点，探究生物保护与利用技术特点，提升科技应用能力
		活动形式	参观游览、实物辨识、问题讨论、交流分享	实地参观、实验观察、动手操作	实地参观、实践体验、自主探究

维度或要素			小学高年级段	初中段	高中段
研学课程	必修课程九	名称	交通博物馆	古栈道的身世	开创未来
		活动目的	游览明月峡古栈道和交通博物馆，了解不同时期的交通变化情况，树立科学意识	通过对古栈道的观察，找寻其建设中的科学技术特点，理解科技发展艰辛	通过了解古今交通的特点，激发对未来交通的创新思考
		活动形式	参观游览、亲身体验、交流分享	考察探究、亲身体验、交流分享	自主探究、设计制作、科学探索
	必修课程十	名称	走进“大国重工”	电子元件的一天	军工与国防
		活动目的	通过实地参观，理解电子工业技术对生活学习的影响	通过了解、认识电子元件生产的过程和方法，提高科学素养	通过学习数控技术和人工智能，领会科学技术对现代国防的重要性
		活动形式	参观游览、聆听报告、交流分享	参观体验、自主操作、交流分享	体验感受、实践操作、问题讨论、感悟交流
	选修课程		1. 水瓶音乐会 2. 防灾减灾科普 3. 趣味科学 4. 植物标本制作 5. 小小工匠	1. 水质检测 2. 地震逃生演练 3. 问天问水问未来 4. 种质科普 5. 我是地质学家	1. 水火箭制作 2. 紧急避险体验 3. 探索核处理技术 4. 熊猫生存体验 5. 千锤百炼

维度或要素		小学高年级段	初中段	高中段
研学线路	代表性线路（时长五日）	第一天：广元营地—千堆雪—亭子口—广元营地 第二天：广元营地—消防安全馆—地震体验馆—广元营地 第三天：广元营地—中国两弹城—广元营地 第四天：广元营地—唐家河—广元营地 第五天：广元营地—明月峡—广元零八一—广元营地	第一天：广元营地—千堆雪—亭子口—广元营地 第二天：广元营地—北川三秒—汶川地震纪念馆—广元营地 第三天：广元营地—中国两弹城—四川科技馆—眉山营地 第四天：眉山营地—熊猫基地—成都市植物园—广元营地 第五天：广元营地—明月峡—广元零八一—广元营地	第一天：广元营地—千堆雪—亭子口—广元营地 第二天：广元营地—北川三秒—汶川地震纪念馆—广元营地 第三天：广元营地—中国两弹城—四川科技馆—眉山营地 第四天：眉山营地—熊猫基地—成都市植物园—广元营地 第五天：广元营地—明月峡—广元零八一—广元营地
	可选择线路（按天设计，菜单式选择	1.广元营地—新能源馆—交通体验馆—科技馆—7D影院—广元营地；2.广元营地—芳地坪—广元营地；3.广元营地—广元中核环保—广元营地；4.广元营地—汉中科创基地—广元营地；5.广元营地—哈工大成都基地—广元营地；6.广元营地—绵阳科技馆—广元营地；7.广元营地—成都立巢—广元营地；8.广元营地—智慧汉台—广元营地	1.广元营地—新能源馆—交通体验馆—科技馆—7D影院—广元营地；2.广元营地—唐家河—广元营地；3.广元营地—芳地坪—广元营地；4广元营地—广元中核环保—广元营地；5.广元营地—汉中科创基地—广元营地；6.广元营地—哈工大成都基地—广元营地；7.广元营地—绵阳科技馆—广元营地；8.广元营地—成都立巢—广元营地	1.广元营地—新能源馆—交通体验馆—科技馆—7D影院—广元营地；2.广元营地—唐家河—广元营地；3.广元营地—芳地坪—广元营地；4.广元营地—广元中核环保—广元营地；5.广元营地—汉中科创基地—广元营地；6.广元营地—哈工大成都基地—广元营地；7.广元营地—绵阳科技馆—广元营地；8.广元营地—成都立巢—广元营地
	规划线路（按天设计）	1.广元营地—人民防空馆—生态环保馆—广元营地；2.广元营地—中物院科技馆—广元营地；3.广元营地—重庆科技馆—万州营地；4.广元营地—四川科技馆—广元营地；5.广元营地—成都市植物园—广元营地	1.广元营地—智慧汉台—广元营地；2.广元营地—重庆科技探索中心—万州营地；3.万州营地—三峡博物馆—广元营地；4.广元营地—重庆科技馆—万州营地；5.广元营地—中物院科技馆—广元营地	1.广元营地—智慧汉台—广元营地；2.广元营地—重庆科技探索中心—万州营地；3.万州营地—三峡博物馆—广元营地；4.广元营地—重庆科技馆—万州营地；5.广元营地—中物院科技馆—广元营地

维度或要素		小学高年级段	初中段	高中段
教学重点难点（以代表性线路教学设计为例，以下同）	教学重点	1. 通过视频、图片、实物等讲解，了解水的来源和固、液、汽三态转化的条件 2. 认识地震、滑坡、泥石流、火灾等灾害发生的危害性，树立保护生命意识 3. 了解三线建设历史背景及发展现状，认识到工业科技对国家经济社会发展和安全的重要意义 4. 了解大熊猫保护的重要意义和识别常见濒危的植物物种，初步感知动植物保护意识 5. 了解从古至今交通发展历程，认识不同交通类型	1. 了解水的pH值、矿物含量、溶解等物理化学特性知识 2. 掌握不同灾害发生时紧急避险和应急逃生的有效科学方法 3. 了解两弹研发历史背景、研发技术、研发难点等基本知识，体验现代科学产物，感受科学技术的发展 4. 了解熊猫繁育技术、栖息地保护和植物种质资源库、资源利用等科学知识 5. 了解交通科技发展进程，认识军工技术发展历史背景和发展现状	1. 了解水资源的现状及分布状况，理解水利枢纽建设的重要作用 2. 理解不同灾害发生时，安全应急方法的科学原理，提升自主探究能力，树立生命至上的意识 3. 理解国防科工发展的重要意义，认识科技对国家和社会的重要作用 4. 认识生物多样性对地球的重要作用和物种保护现状 5. 了解电子工业的科学技术范畴及应用场景
	教学难点	1. 认识水资源对地球物质循环、人类社会生活的重要意义 2. 熟练掌握地震、滑坡、泥石流、火灾等灾害发生时的安全应急方法 3. 思考和探索三线建设与科技发展之间的相互联系 4. 了解大熊猫保护的重要因素和科学技术手段，理解保护生物多样性对地球的重大意义 5. 理解明月峡古栈道的历史意义和对现代交通的启发	1. 深入了解水的特性，学会判断是否达到饮用水标准 2. 掌握灾后自救方法，培养冷静应对心态 3. 认识两弹技术、人工智能、航空技术等历史和发展，增强科学研究意识 4. 理解动植物保护历程与地球生物多样性之间的内在联系 5. 深刻认识交通方式变化和科学技术发展对改变人类生活方式的影响程度，分析科技对社会发展进程的利与弊	1. 掌握水的特性实验方法，认识水能利用方式 2. 理解地震信息传达技术的原理，增强科学探究能力 3. 理解核技术、现实虚拟技术、机器人等现代科技原理 4. 探究动植物保护技术，构建科学探究思维 5. 了解现代科学技术的发展，感悟科技进步的重要意义

维度或要素	小学高年级段	初中段	高中段
教学策略	针对小学高年级段学生求知欲望、探索能力、好奇心等都有所增强，对新鲜的事物开始思考、追求、探索，学习兴趣更为广泛，具有一定的认知水平和学习能力，通过生活，对科学技术有一定了解，且大部分学生已会进行仔细的观察，初步具备探究能力的学情分析 基于以上学情分析，运用多元智能理论，以初步培养学生的科学素养和科技认知为目标，结合营地及周边资源，选取水能利用科技、安全应急技术、物种繁育保护技术、人工智能、交通科技、军工技术等内容，依托项目化研学课程教材、《研学手册》、教学设备、教学耗材及基础设施等教学资源，采取讲授法、图示法、参观法、讨论法等教法和观察法、归纳法等学法，引导学生主动探索、思考和发现，为学生提供更加生动的学习体验，提高学习兴趣，帮助学生更好地理解科学技术对生活的影响，初步培养科学素养和科学精神，持续对社会科学技术发展贡献力量	针对初中段学生身心处于青春期，具有情绪不稳定，易受外界影响、认知偏于自我等特点，同时独立思考能力和判断能力都显著增强，抽象思维能力得到一定发展，合作意识和能力得到提升，具有可塑性强、独立自主、主动探索等特点的学情分析 基于以上学情分析，运用实用主义、建构主义、发现学习理论，以提高学生的科学素养和培养科研兴趣为目标，结合营地及周边资源，选取水能利用科技、安全应急技术、物种繁育保护技术、人工智能、交通科技、军工技术等内容，采用情境教学、跨学科教学、项目驱动学习、问题探究学习等多种方式进行总体设计，设置课程相关的问题或任务，开设符合学生发展需要且具有挑战性的研学活动，引导学生采用小组合作实践探究，自主学习等方式，体验科学技术对社会生活的重要影响。通过讲授法、图示法、参观法、讨论法，引导学生初步建立科学思维能力，使学生懂得科学技术进步推进了人类生产生活方式的变革，对思维方式、价值观等产生深远影响。在活动中学习科学研究方法，养成科学思维习惯，形成科学态度和正确价值观，并根据实际研究结果进行不断调整	针对高中段学生认知发展水平及学习能力水平较高，创新意识较强，同时具备自主学习、合作探究的能力的学情分析。本阶段注重培养学生动手实践能力、思维探究能力、实操应用能力，助推学生核心素养的达成。基于多元智能、实用主义、建构主义、发现学习理论，结合营地及周边资源，选取水能利用科技、安全应急技术、物种繁育保护技术、人工智能、交通科技、军工技术等内容，以项目式学习方式为依托，采取讲授法、谈话法、演示法、讨论法等教法和观察法、自主学习法、探究学习法等学法，注重实验操作动手能力和科学原理分析，与科研人员面对面，真正体会科技与生活、科技与国家发展。引导学生从核心素养的角度出发，通过科技研学、创新性研学，从学校小课堂走进社会大课堂，提升学生的实践能力、思维探索能力，体会科学研究方法，增强学生的区域认知，培养社会参与意识和社会责任感，最终实现研学实践活动育人的目的

维度或要素				小学高年级段	初中段	高中段
实施方案	入营教育	安全	引导	利用《安全手册》组织学习，强化吃、住、行、学重要环节的行为管理	利用《安全手册》《研学手册》等进行安全应急知识教育	利用案例警示视频播放和安全警示标识进行安全防护意识教育
			实训	设施设备操作技能训练	知识竞赛，设施设备操作技能训练	辨识常用的安全标识
		应急	引导	利用应急疏散线路图引导学生学习	结合应急预案和安全方案，教授常用的应急处理方法	结合案例讲解应急处置方法和逃生注意事项
			实训	开展较低楼层的地震、火灾等应急疏散演练	在教师指导下学习急救方法，重点学习心肺复苏、海姆立克急救法	开展基本救护技能培训和较高楼层的地震、消防逃生演练
		救助	引导	播放救助案例视频和 PPT 演示稿，教授正确的救助方式	教师进行示范教学，讲解常用的应急救护方法	教师教学示范心肺复苏要领和 AED 的操作方法
			实训	学会拨打 110、119、120 等常用应急电话的救助方法	学习止血、包扎、搬运的正确应急方法	学会心肺复苏和 AED 的正确步骤与方法
		自我管理	引导	通过对自我管理方法的培训，形成基本自律意识	对学生自我管理进行培训，提升自我管理能力	通过自主管理问题引导，让学生掌握科学的管理方法
			实训	会简单制定自我管理日程表	会制订一周的自我管理计划或方案	会制订自我管理方案和制定监测办法
		团队协作	引导	以小组任务驱动，引导学生初步具备团队合作的意识	提高团队协作的能力，具备团队荣誉感	通过小组合作、任务驱动方式，培养团队协作精神
			实训	通过破冰活动快速认识身边同学，形成小组合作意识	建立小组成员信任度，制订小组活动计划	通过毕业墙、信任背摔项目训练加深队员间的信任，增强凝聚力，达成连队共识

维度或要素		小学高年级段	初中段	高中段
实施方案	导入教学环节	第一天，问题导入：提出“水的固、液、气三态间如何转化”问题，引发学生对水的探究兴趣 第二天，情境导入：描述震后的汶川县城，导入研学内容，引发学生对生命的珍视 第三天，情境导入：带领学生扮演三线建设时期工人，进入当时的旧址，感受20世纪五六十年代工业发展和三线精神 第四天，直接导入：播放唐家河的宣传片，引发学生的学习兴趣 第五天，故事导入：讲述“萧何弄舟明月峡”的典故，激发学生研学兴趣	第一天，问答导入：开展水科学知识问答比赛，调动学生研学兴趣 第二天，直接导入：播放北川三秒宣传片，引发学生对安全应急的认识 第三天，故事导入：讲述“两弹一星”的故事，激发学生的好奇心 第四天，任务导入：以任务清单为引导，调动学生主动积极参与研学活动过程 第五天，问题导入：提出“明月峡古今六条道分别是什么”问题，让学生在活动中自主探究	第一天，直接导入：播放三峡大坝介绍短片，引发学生对水利枢纽的探究兴趣 第二天，问题导入：提出“地震信息传播原理是什么”问题，引导学生产生学习的兴趣 第三天，情境导入：展示核弹模型中蕴藏的技术，增加学生的临场感，提高学生主动接受能力 第四天，问题导入：以“保护生物多样性措施”为引导，让学生在活动中带着问题去探究 第五天，直接导入：讲解“轨道交通”含义，引出课程内容
	授课教学环节	第一天：必修课程一“地球的‘血液’”、必修课程二“走进亭子口”、选修课程1“水瓶音乐会”；第二天：必修课程三“认识生命”、必修课程四“大地‘裂缝’”、选修课程2“防灾减灾科普”；第三天：必修课程五“三线记忆”、必修课程六“走进科学”、选修课程3“趣味科学”；第四天：必修课程七“走近大熊猫”、必修课程八“大话植物园”、选修课程4“植物标本制作”；第五天：必修课程九“交通博物馆”、必修课程十“走进‘大国重工’”、选修课程5“小小工匠”	第一天：必修课程一“水的秘密”、必修课程二“亭子口发电”、选修课程1“水质检测”；第二天：必修课程三“防灾体验”、必修课程四“科学避震”、选修课程2“地震逃生演练”；第三天：必修课程五“研学两弹城”、必修课程六“声光电的科技”、选修课程3“问天问水问未来”；第四天：必修课程七“生命的繁衍”、必修课程八“种子库”、选修课程4“种质科普”；第五天：必修课程九“古栈道的身世”、必修课程十“电子元件的一天”、选修课程5“我是地质学家”	第一天：必修课程一“巧用水能”、必修课程二“水利枢纽”、选修课程1“水火箭制作”；第二天：必修课程三“守护生命”、必修课程四“拯救生命”、选修课程2“紧急避险体验”；第三天：必修课程五“身边的国防”、必修课程六“科学探索”、选修课程3“探索核处理技术”；第四天：必修课程七“保护大熊猫”、必修课程八“植物世界”、选修课程4“熊猫生存体验”；第五天：必修课程九“开创未来”、必修课程十“军工与国防”、选修课程5“千锤百炼”

维度或要素		小学高年级段	初中段	高中段
实施方案	进级教学环节	1.学习水的三态转化条件和地球上水循环的重要作用，并观察和记录水的循环过程；2.了解汶川地震的地震要素、人员伤亡数、建筑破坏范围等，学习避震方法；3.通过实地探访，了解三线建设背景和其中的工业科技，探究与现代科技发展之间的联系；4.了解大熊猫的生存现状、生活习性、繁育难点，理解保护大熊猫的重要意义；5.了解古栈道的作用，思考交通与生活之间的关系	1.学习使用科学仪器测试水的 pH 值、矿物质和溶解度，记录实验数据，判断水质优良；2.通过体验北川三秒不同类型灾害实训演练，了解科学安全应急方法；3.了解两弹的研发背景和原子弹、导弹的原理、破坏力，思考能量大小与破坏范围的关系；4.以任务清单内容为指引，了解大熊猫物种特点和繁育技术以及植物种质资源，小组合作绘画不同类型的植物；5.绘制交通形式变化的历史轴线，认识科技发展趋势	1.分小组完成水火箭制作，并记录下水电站水能发电的原理和条件；2.了解地质知识，如地震波、断裂带等，以此分析出地震信息传达是利用电波速度快于地震波的原理，培养科学分析思维；3.通过学习体验科技互动，了解VR、机器人、4D 等科技及应用场景 4.了解生物多样性保护的措施和技术手段；5.分小组探究不同交通的科技原理，思考未来交通发展趋势
	巩固教学环节	1.开展知识问答赛，帮助学生巩固所学知识；2.开展献花活动，加强情感渲染，帮助学生珍视生命；3.以小组为单位，归纳研学实践过程中的收获，进行家国情怀的教育，引导广大青少年树立爱国之情、报国之志；4.填写《研学手册》，回顾当天知识，加深理解；5.分小组开展“我是小导游”活动，向同学讲解古栈道知识	1.小组交流分享，帮助学生修正问题和巩固知识；2.小组演示应急避险的方法，教师进行指导，加强学生对正确应急避险的掌握程度；3.开展“两弹一星”交流会，分享学习成果，加强科研奉献精神培养；4.填写《研学手册》，使学生掌握资料整理、信息收集、自主调研等探究课题的基本流程和方法；5.分小组讲解不同交通形式的相关科学知识，帮助巩固所学知识	1.小组交流分享制作成果和理论思考，帮助学生开发思维和巩固知识；2.通过发放、填写知识清单，巩固所学知识；3.开展“穿越未来”活动，交流对未来科技的畅想；4.布置拓展延伸问题，帮助学生巩固所学知识，学会自主探究；5.通过填写《研学手册》、交流科技体验感受，巩固知识，加强对科技研究的兴趣

维度或要素			小学高年级段	初中段	高中段
实施方案	总结教学环节	教学创新	利用丰富、多元的学习方法，对研学课程的引入方式、实施场景、组织形式和内容进行创新，开阔学生视野；根据学生年龄特点和学习情况，动态调整课程实施过程，充分发挥学生主体性和主动性，培养学生创新意识，初步形成在生活中发现问题、思考问题、解决问题的意识和能力	根据初中段学生的特点，采用丰富、多元的学习方法，借助新科技，对研学课程的教学设计、教学策略、活动形式等进行创新，引导学生主动实践、提出问题及思考解决问题的办法，充分发挥学生的主观能动性，培养学生勇于实践、敢于探索的创新精神和实践能力	在研学课程实施中，注重学生解决问题的方法和评价方式的创新，通过研究性问题，引导学生主动深层次思考、合作探究，鼓励学生发现具有价值的问题和观点，推动个性化发展，增强解决问题的能力，激发创新思维
		教学总结	复盘研学活动实施过程，采用分享交流、教师点评等方法，对过程中学生的学习态度、参与度、学习方法、学习收获等进行总结，重点考量学习习惯、文明意识、情感态度等，发现学生闪光点，建立研学档案，提炼经验教训，为下一次研学活动打下良好的基础	以学生自主总结为主，围绕价值体认、责任担当、问题解决、创意物化教学目标，复盘研学活动实施过程，对学生的学习过程进行全面总结，充分发挥学生的主观能动性，对研学课程实施过程中的自主管理、团队合作、考察探究、学习方法、知识拓展等进行分析和总结，巩固教学效果	采取学生为主的方式，围绕价值体认、责任担当、问题解决、创意物化教学目标，对主动实践与创新、考察与研究、成果与运用等方面进行总结，让学生在总结中发现问题、解决问题，初步形成研究课题的思维模式，增强学生的社会责任感、实践能力和创新意识
		教学反思	根据活动反馈和评价结果，对研学活动过程进行复盘，重点反思是否将培养科学素养和科技认知融入研学活动，并根据学段特点，以提升学生核心素养为导向，及时发现问题并提出解决问题的办法，调整和优化教学设计，提升教学效果	采用研究法、比较法、对话法等方式进行教学反思，重点对话学生，让学生根据自己的学习情况提出研学课程实施过程中存在的问题，充分发挥学生对教师课程设计的反思作用，提炼经验教训，进一步优化课程，以适应学生认知特点和兴趣需要	充分发挥学生反馈意见作用，对研学活动的设计进行调查，找出存在的问题，并结合学生自身学习需求，对教学方法提出改进措施，形成书面形式的反思记录，重点考量研学过程中提出的研究性课题以及知识的融合运用，增强学生适应社会发展需要的综合能力

维度或要素				小学高年级段	初中段	高中段
实施方案	评价教学环节	教学水平评价	自我评价	坚持个性化发展原则，教师利用视频记录教学过程，课后仔细研究分析教学过程、学生参与度和教学目标达成情况并进行自我反思，填写自我评价表，建立教学水平档案，并不断改进教学实践	坚持全面发展性原则，围绕教师业务水平、师德师风、教学质量、教学过程，进行自我评价和反思，形成工作总结，不断改进教学方法、内容和策略，提升教学质量	坚持个性化和实践性原则，研学活动重点培养学生思维探究能力和实操应用能力。针对不同课程的不同特点，采用个案分析法，围绕教学内容、方法和质量，进行自我评价，运用评价结果改进教学质量
			学生评价	采用效果评估和意见收集相结合的方法，以学生的活动参与度、研学线路设计、活动目标完成情况、《研学手册》填写情况等为评价维度，综合评价教师教学质量和水平	围绕教师教学态度、教学内容、教学效果、活动满意度等评价维度，制定测评表，对教师进行评价，帮助教师及时了解学生意见，发现问题，改进教学方式，提升教学质量	运用问卷调查的方法，针对教师的教学态度、表达能力、教学组织能力以及沟通协调能力等填写调查问卷，总结研学内容和活动环节改进建议和意见，形成综合报告，全面提升活动评价效果
			同行评价	由营地教师和教学管理人员通过教学设计审阅、问卷调查、随队观摩等方式对教师的教学设计、教学策略、活动管理、教学效果等方面进行评价	由营地教师和教学管理人员通过随队观摩、听课、教学文件审阅、研讨会等方式对教师的教学设计、教学策略、实施效果、学生物化成果等进行评价	由营地教师和教学管理人员通过随队观摩、听课、教学文件审阅、问卷调查、研讨会等方式对教师的教学设计、教学策略、活动管理、教学效果等方面进行评价
			培训和考核	建立培训和考核制度，定期对营地教师进行研学实践活动的实施和研学实践课程资源的开发的培训和考核，形成教师个人档案	定期组织教师开展专业技能提升培训，通过培训机构或专业机构考核评价教学质量，同时对学生、家长、社会公众满意度进行调查测评，形成书面调查结果	建立并完善培训和考核方案，定期对教师进行专业技能培训，组织教学课堂大赛和优秀教学案例成果展示大赛，对教师的教学水平和学习成果运用等进行考核
			教学成果展示	教师通过收集研学活动中的图文、音像等资料和学生作品成果等，建立学生档案，撰写研学实践课程案例	通过学生的活动参与度、知识融合、项目作品的完整程度等维度，组织研学实践教育专家进行点评，督促教师提升教学质量	定期举行教师教学成果展示，建立教学案例和教学设计资料库，参与教学比赛或案例评选，展示并推广自己在教学方面的创新和成果

维度或要素				小学高年级段	初中段	高中段
实施方案	评价教学环节	学业评价	形成性评价	围绕学生的活动表现、任务完成效果等内容，采取观察、记录、反思、展示的方式进行评价，根据评价结果，结合学段特点，及时调整课程深度和教学方法，提升学生思维力、想象力和表达力	围绕学生对于科学技术与科学应用等方面的知识理解情况，采取测验法、调查法等方式进行评价，根据评价结果，结合学段特点，及时调整教学计划和教学方式，重点关注学生知识获取程度、探究方法和能力的培养	采用多元化评价的方式，围绕学生的探究能力、价值观培养等内容，制定评价标准，帮助学生建立清晰的知识学习和实践探索的规划，同时结合学段特点，及时调整教学计划和教学方式，增强对学生探究深度和方式方法的指导
			总结性评价	以研学课程目的为基准，运用日常观察、集中展示等方式，对参与研学实践活动学生的参与程度、情感认知等方面进行评价，根据评价结果，指出学生努力和改进方向，提出合理化建议，提升学生综合素养	以研学课程目的为基准，通过测验、考核、展示等形式，对参与研学实践活动学生的参与程度、知识获取和技能掌握程度、价值观培养等方面进行客观的评价，并及时调整教学活动形式	以研学课程目的为基准，观察学生在实验、实地考察和研究项目中的表现，通过测验、考核、展示、汇报等形式，对参与研学实践活动学生的知识获取、探究能力、实践能力等方面进行评价，根据评价结果，判断教学目的实现程度
			教师评价	教师根据学生在研学活动中的表现和成果，采取日常记录、问题简答、教学反馈等形式，对学生研学参与过程、行为纪律、教学深度等进行评价，优化教学方式，提高教学质量	教师根据学生在研学活动中的表现和成果，采取日常记录、交流讨论、调查问卷、教学反馈或口头表达的形式，对学生的知识获取、过程行为管理、团队协作等方面进行评价，为学生提供个性化建议和反馈，给学生以正向引导	教师根据活动目标，综合考查学生目标达成情况、任务实现情况，采取日常记录、调查问卷、问题解决、教学反馈或口头表达的形式，对学生知识和技能掌握程度、研究能力、团队协作、素质素养等进行客观的综合性评价
		项目评价		由教育行政主管部门、参与学校、学生家长、社会公众，采取问卷调查、现场评价等形式，对教学目标设定、教学设计、活动组织、研学线路规划、学生成长等方面进行综合评价，并给出项目实施建议，助力项目目标有效完成	以教育行政主管部门和参与学校为主体，学生、学生家长、社会公众为辅助，采取问卷调查、意见搜集等方式，对项目涉及的线路、课程、安全等环节进行协同评价，综合分析之后，对项目中的不足进行修正，进一步优化项目设计	以教育行政主管部门和参与学校为主体，学生、学生家长、社会公众为辅助，采取调查问卷、意见建议等方式，对研学项目的设计实施、方案设计、教学策略、教学环节、活动目标实现程度等方面进行评价，评价项目风险和效益

4.17 教学计划与策略列表：有为少年学思践悟　科技筑梦强国之志

<table>
<tr><td colspan="3">营地名称</td><td>泸州市教育实践基地（简称“泸州营地”）</td><td>命名机构</td><td>教育部</td><td>识别码</td><td>Y145510002</td></tr>
<tr><td colspan="3">从业资质（摘要）</td><td>综合实践教育、研学实践教育</td><td>单位属性</td><td>公益二类</td><td>法定代表人</td><td>张敬书</td></tr>
<tr><td colspan="3">研学主题</td><td>有为少年学思践悟　科技筑梦强国之志</td><td colspan="2">主要目的指向</td><td colspan="2">科学技术</td></tr>
<tr><td rowspan="7">营地（枢纽）及周边主要优质研学资源</td><td colspan="2">基地层级</td><td colspan="5">研学站点（基地）名称</td></tr>
<tr><td rowspan="2">教育部命名基地</td><td>已列入教学计划</td><td colspan="5">一、与本主题相关列入教学计划的基地8个
1.泸州北方化工研学基地（简称“化工研学基地”）；2.重庆科技馆；3.西南医科大学；4.四川化工职业技术学院（食品安全与营养健康科普基地）；5.内江川威集团工业研学实践基地（简称“川威基地”）；6.重庆理工大学新能源汽车科普创新基地（简称“汽车科普基地”）；7.重庆工商大学机器人与激光应用中心（简称“机器人激光应用中心”）；8.重庆大学物理探索科技馆（简称“物理科技馆”）
二、与本主题关联不大但列入本营地教学计划的基地15个
1.邓小平故居；2.华蓥山旅游区；3.5·12汶川特大地震纪念馆；4.北川三秒应急安全体验中心；5.成都大熊猫繁育研究基地；6.四川博物院；7.中国两弹城；8.攀枝花中国三线建设博物馆；9.四川广汉三星堆博物馆；10.泸州北方化学工业有限公司；11.“5.12”汶川特大地震映秀震中纪念馆；12.成昆精神教育基地；13.成都金沙遗址博物馆；14.成都杜甫草堂博物馆；15.成都武侯祠博物馆</td></tr>
<tr><td>待列入教学计划</td><td colspan="5">1.朱德故居管理局；2.剑门关旅游开发股份有限公司；3.四川省唐家河国家级自然保护区管理处；4.四川卧龙国家级自然保护区管理局；5.成都市植物园；6.成都市郫都区唐昌镇战旗村村民委员会；7.中国工农红军强渡大渡河纪念馆；8.川陕苏区纪念馆（川陕革命根据地红军烈士陵园管理局）；9.成都市新都区家风教育基地服务管理中心；10.成都博物馆</td></tr>
<tr><td colspan="2">其他部委命名基地</td><td colspan="5">无</td></tr>
<tr><td colspan="2">地方命名基地</td><td colspan="5">1.泸州市古蔺融媒科普基地（简称“融媒基地”）；2.内江川威集团工业研学实践基地（简称“川威基地”）；3.袁隆平杂交水稻科学院；4.四川应急安全科普基地；5.四姑娘山科普基地</td></tr>
<tr><td colspan="2" rowspan="2">本营地资源</td><td colspan="5">1.小农场；2.多功能报告厅；3.人工智能中心；4.植物联盟实验室；5.科普活动中心；6.乐享驿站创业中心；7.色彩研究所；8.航模研究体验馆</td></tr>
<tr><td colspan="5">1.四川轻化工大学泸州研究院；2.泸州市科技馆；3.泸州高新区江南科技产业园；4.泸州航空航天产业园；5.泸州老窖文化研究中心；6.泸州市图书馆</td></tr>
<tr><td></td><td colspan="2">其他资源</td><td colspan="5">无</td></tr>
</table>

维度或要素	小学高年级段	初中段	高中段
校内教育基础（与校内教育的衔接）	对照课标，小学高年级段学生对科学的基本概念、方法、原理有一定的了解，能认识常见物体的某些特征和常见材料的某些性能，对常见物质的变化有初步认识，知道物体变化时构成物体的物质可能改变也可能不改变，知道自然界存在多种形式的可能。本阶段研学课程设计必修课程与校内教育的衔接内容如下：以下课程衔接都以人教版为例，1.《科学》五年级上册“光”，五年级下册“能量转换”“简单机械”“制作省力装置”，《信息技术》四年级“信息的分类与检索”；2.《科学》四年级上册“地球上的水”，六年级下册“生物与环境”“地表形态”；3.《科学》六年级上册“物质的变化”，六年级上册“自然资源”；4.《信息技术》五年级“计算机软件与应用”，六年级“信息技术与创新”	对照课标，初中段学生能掌握并应用重组思维、发散思维、突破定势等创造性思维的基本方法，能基于科学观念和科学方法，从多种角度提出具有新颖性和合理性的观点，设计出有一定新颖性和价值的创意产品。本阶段研学课程设计必修课程与校内教育的衔接内容如下：以下课程衔接都以人教版为例，1.《信息技术》七年级上册第一单元“图文处理与编排”、第二单元“制作演示文稿”、第三单元“数据表处理”、第四单元“建立网站”、第五单元“信息获取与交流”；2.《生物》七年级下册“人类的食物”；3.《生物》七年级上册第二单元第二章“细胞怎样构成生物体”，七年级上册第二单元“生物体的结构层次”、第一章“细胞是生命活动的基本单位”、第一节“练习使用显微镜”；4.《化学》九年级上册第四单元自然界的水、课题一“爱护水资源”、课题二“水的净化”；5.初中劳动教育课程任务群七：新技术体验与应用	对照课标，高中段学生能理解并认同科学研究与技术应用要遵循一定的伦理道德，关注与科学技术密切相关的社会问题，初步形成热爱自然、珍爱生命、节约资源和保护环境的责任感，对科学学科的学习和实践具有较强的理论兴趣。本阶段研学课程设计必修课程与校内教育的衔接内容如下：以下课程衔接都以人教版为例，1.人教版高中一年级《信息技术》第一章“数据与计算”、第二章“信息加工”中“算法与程序实现”、第四章“走进智能时代”中“数据处理与应用”；2.人教版高中《化学》选择性必修第三章“水溶液中的离子反应与平衡”；3.人教版《化学》九年级上册“铁金属材料”，人教版《历史》高中九年级上册第7课“第一次工业革命”、第19课“工业文明的崛起和对中国的冲击；4.人教版高中《信息技术》选择性必修第四册“人工智能在身边”“人工智能技术基本原理”；5.人教版高中《物理》必修一第三章“相互作用”，人教版高中《物理》必修三第十三章“电磁感应与电磁波初步”

维度或要素			小学高年级段	初中段	高中段
研学课程	必修课程一	名称	趣味小创造	机器人的秘密	科创挑战
		活动目的	体验科技馆项目活动，探讨其中的科学原理，学生在掌握基础知识的基础上，着重培养学生的独立思考能力	自主完成科学实验与数据收集，以兴趣为导向，实现学生以自主选择学习为落脚点，尊重兴趣、开发潜能、实现志向	激发创新思维，鼓励应用人工智能解决实际问题
		活动形式	教师讲授、实地探访、实践体验相结合	教师讲授、实地探访、实践体验相结合	教师讲授、实地探访、实践体验相结合
	必修课程二	名称	小小科学家	编程算法与数据	无处不在的人工智能
		活动目的	进行趣味科普体验等，提高学生学习兴趣，体验科学技术的神奇	注重实践，编写简单手机App程序，尝试实用项目的学习	通过体验人工智能的应用场景，引导学生认识身边的人工智能应用
		活动形式	教师讲授、实地探访、实践体验相结合	教师讲授、实地探访、实践体验相结合	教师讲授、实地探访、实践体验相结合
	必修课程三	名称	珍稀生命之源	美味制造	污水的绿色处理
		活动目的	了解自来水的制作过程，感受水资源的来之不易，对污水的处理、工业用水的处理进行简单的记录	开展食品加工实践活动，学习人体必需营养素的膳食来源，帮助学生了解日常饮食的营养与身体健康的密切联系	了解工业生产线的运作原理后，对现有污水处理结构进行深入思考，绘制污水的绿色处理流程图
		活动形式	教师讲授、实地探访、实践体验相结合	教师讲授、实地探访、实践体验相结合	教师讲授、实地探访、实践体验相结合
	必修课程四	名称	工业制水我了解	舌尖安全	上善若水
		活动目的	了解工业制水步骤，对工业制水的进一步发展进行初步展望，了解工业制水的污染性，利用创造性思维思考如何减少污染，减少水资源的浪费	用科学实验方式进行食用农产品快速检测，了解食材从源头到加工的全过程，提升青少年食品安全的鉴别能力	立足水文化、水生态文明课程，通过课堂理论学习，使学生了解和认识水生态文明建设的实施策略，明确水生态文明建设的方法和方式
		活动形式	教师讲授、实地探访、实践体验相结合	教师讲授、实地探访、实践体验相结合	教师讲授、实地探访、实践体验相结合

维度或要素			小学高年级段	初中段	高中段
研学课程	必修课程五	名称	工业铁心脏	器官DIY	钢铁王国的成型
		活动目的	了解钢铁在现代工业生产中的重要性，初步了解钢铁的冶炼技术，明确钢铁的工业生产用途	通过人体标本及胚胎标本的参观，多维度训练培养学生的观察、推理及想象力	参观钢铁的生产、切割、定制、运输链后，绘制钢铁生产的主要制作流程图
		活动形式	教师讲授、实地探访、实践体验相结合	教师讲授、实地探访、实践体验相结合	教师讲授、实地探访、实践体验相结合
	必修课程六	名称	探秘科学梦工厂	微观细胞	绘制钢铁帝国版图
		活动目的	参观人工智能与新能源展馆，让学生从“玩中学、做中学”，提升科学素养和动手能力，鼓励他们进行思维创造	观察人体宏观及微观结构特点，了解生物实验基本操作，打开生命科学之门	探究钢铁的冶炼过程，了解钢铁的工业用途，绘制出钢铁的生产流程图及运输流程图，了解钢铁帝国的运转过程
		活动形式	教师讲授、实地探访、实践体验相结合	教师讲授、实地探访、实践体验相结合	教师讲授、实地探访、实践体验相结合
	必修课程七	名称	初识无人驾驶	污水的新生	探究光纤CO2中的物理奥秘
		活动目的	通过参观无人驾驶汽车生产线，感受全自动生产的宏大，了解当代工业生产流水线的重要形式，感受中国制造的壮观与震撼	参观污水处理厂，结合所学化学知识，了解污水处理各步骤的实际作用，探究工业生产线的运作原则，感受污水处理的不可或缺性	走进智能制造研究所，感受科研机构的学术氛围和环境，体验一线科研工作者劳动的不易，使学生了解科研工作者这份职业的内涵，鼓励学生做好未来职业规划
		活动形式	教师讲授、实地探访、实践体验相结合	教师讲授、实地探访、实践体验相结合	教师讲授、实地探访、实践体验相结合
	必修课程八	名称	新能源探秘	我是水质检测员	体验高新科技
		活动目的	体验新能源科技馆项目活动，从认识能源到认识新能源再到保护环境	了解水质检测技术，进行水质检测体验过程，在过程当中加深对水资源保护和生态环境保护的理解	在科技创享展厅，针对高新前沿技术如新能源汽车、锂离子电池、智慧能源系统、无人智控等进行体验
		活动形式	教师讲授、实地探访、实践体验相结合	教师讲授、实地探访、实践体验相结合	教师讲授、实地探访、实践体验相结合

维度或要素			小学高年级段	初中段	高中段
研学课程	必修课程九	名称	新能源汽车进我家	我是科技辅导员	公益科普我用心
		活动目的	了解现阶段新能源汽车的构成，了解新能源汽车与普通燃油汽车的区别，探究新能源汽车的优势，展望汽车未来发展前景	以科技馆特有的科技辅导员职业体验为培训目标，将培训课程与科技馆的其他资源有机结合，从形体语言、讲解培训、团队意识、安全意识等方面培养学生的综合实践能力	参加志愿者培训，了解激励、培训、考核制度。完成培训之后成为一名学生志愿者。参与公益科普活动，为公益科普事业的发展贡献自己的一份力量
		活动形式	教师讲授、实地探访、实践体验相结合	教师讲授、实地探访、实践体验相结合	教师讲授、实地探访、实践体验相结合
	必修课程十	名称	数字科普之旅	激光绣花机	自制差速器
		活动目的	体会数字技术强大的表现力和吸引力，通过突破时空限制，传播科学知识，使学生初步学会观察和探索	参观光纤激光器、双机协同川崎机器人、激光扫描、智能抓取机器人等重要设备，了解机器人技术、激光应用技术、光电检测技术，加深学生对高精尖技术的理解和认识，增长见识	探究汽车的工艺结构，自制差速器，加深对汽车结构的理解，了解大型设备的复杂性，对工业制造产生兴趣
		活动形式	教师讲授、实地探访、实践体验相结合	教师讲授、实地探访、实践体验相结合	教师讲授、实地探访、实践体验相结合
	选修课程		1. 编程语言挑战赛 2.“聚思小筑”校本课程 3. 自然科学探索 4. 环境科学探索 5. 创意制作挑战赛	1. Robot–C程序设计 2. 生命与演化 3. 科幻画作品 4. 生命科学探索	1. AI人工智能 2. 长江水污染治理调研报告——《水资源的合理开发和配置》 3. 电子控制技术 4. 物理＋研究性学习指导 5. 数字化学习与创新应用

维度或要素		小学高年级段	初中段	高中段
研学线路	代表性线路（时长五日）	第一天：泸州营地—科普活动中心—泸州营地；第二天：泸州营地—化工研学基地—泸州营地；第三天：泸州营地—川威基地—泸州营地；第四天：泸州营地—汽车科普基地—泸州营地；第五天：泸州营地—机器人与激光应用中心—泸州营地	第一天：泸州营地—人工智能中心—泸州营地；第二天：泸州营地—化工职业技术学院—泸州营地；第三天：泸州营地—西南医科大学—泸州营地；第四天：泸州营地—物理科技馆—泸州营地；第五天：泸州营地—机器人与激光应用中心—泸州营地	第一天：泸州营地—人工智能中心—泸州营地；第二天：泸州营地—化工研学基地—泸州营地；第三天：泸州营地—川威集团工业研学实践基地—泸州营地；第四天：泸州营地—机器人与激光应用中心—泸州营地；第五天：泸州营地—物理科技馆—泸州营地
	可选择线路（按天设计，菜单式选择）	1. 泸州营地—科普活动中心—重庆科技馆—泸州营地 2. 泸州营地—化工研学基地—科普活动中心—泸州营地 3. 泸州营地—汽车科普基地—人工智能中心—泸州营地 4. 泸州营地—机器人与激光应用中心—科普活动中心—泸州营地	1. 泸州营地—汽车科普基地—西南医科大学—泸州营地 2. 泸州营地—机器人与激光应用中心—科普活动中心—泸州营地 3. 泸州营地—化工职业技术学院—化工研学基地—泸州营地 4. 泸州营地—物理科技馆—科普活动中心—泸州营地 5. 泸州营地—汽车科普基地—人工智能中心—泸州营地	1. 泸州营地—机器人与激光应用中心—科普活动中心—泸州营地 2. 泸州营地—化工职业技术学院—化工研学基地—泸州营地 3. 泸州营地—物理科技馆—科普活动中心—泸州营地 4. 泸州营地—汽车科普基地—人工智能中心—泸州营地 5. 泸州营地—科普活动中心—重庆科技馆—泸州营地
	规划线路（按天设计）	1. 泸州营地—科普活动中心—重庆科技馆—泸州营地 2. 泸州营地—机器人与激光应用中心—科普活动中心—人工智能中心—泸州营地 3. 泸州营地—汽车科普基地—科普活动中心—人工智能中心—泸州营地	1. 泸州营地—科普活动中心—重庆科技馆—泸州营地 2. 泸州营地—机器人与激光应用中心—科普活动中心—人工智能中心—泸州营地 3. 泸州营地—化工职业技术学院—化工研学基地—泸州营地	1. 泸州营地—科普活动中心—重庆科技馆—泸州营地 2. 泸州营地—化工职业技术学院—化工研学基地—泸州营地 3. 泸州营地—汽车科普基地—人工智能中心—西南医科大学—泸州营地

维度或要素		小学高年级段	初中段	高中段
教学重点难点（以代表性线路教学设计为例，以下同）	教学重点	1.通过感知与错觉、力学世界等科学实验，体验科学技术的神奇；2.了解“水”和水质检测的知识；3.了解废水处理流程；4.利用自己携带的矿泉水瓶DIY净水装置；5.了解钢铁在现代工业生产中的重要性，初步了解钢铁的冶炼技术；6.学习基本能源科普知识；7.认识现阶段新能源的应用；8.理解新能源汽车的优势，展望新能源发展未来；9.参观部分无人驾驶汽车；10.通过创意制作挑战赛，展开智力与创意的角逐	1.能够收集整理分析“声控机器人”编程步骤相关因素表格，理解数据处理的过程；2.通过数字化学习工具的运用，学会对采集的数据与信息进行加工处理；3.学习食品安全法律、法规、规章和食品安全标准；4.完成食品检验检测技术的实践任务，进行抽检，依据试验结果编制实验报告；5.了解生命结构与功能，引导认识生命的微观结构和宏观构成；6.对生命的结构、组成、功能等进行深刻理解；7.学习水质采样的基础知识，了解废水处理流程；8.掌握电导率的大小与水质的关系，撰写水质检测报告；9.学习汽车历史的发展与变迁；10.创设情境，引导学生担任场馆讲解员；11.学习深光纤激光器等激光器的应用领域	1.体验生活中的人工智能产品，了解人工智能的概念；2.借助人工智能知识、概念和应用解决不同问题；3.以城乡供水、净水以及再利用为研究方向，了解水资源的利用状况；4.进行了解水知识大比拼；5.实地参观车间生产线，了解钢铁冶炼的加工流程，了解钢铁在生活中的应用价值；6.体会生产过程中的工匠精神，认识基本工具的原理并动手制作钢铁工艺品；7.观看激光在半导体、显示面板、汽车、消费电子等行业的应用实例；8.走进涵盖热能学、力学、电磁学和光学的综合性演示实验室，开展一系列实验活动，进一步了解现代物理学；走进振动与波以及光学演示实验室，开展一系列实验活动；9.了解差速器的概念和原理，进行物理实验，制作差速器小车
	教学难点	1.通过探究、设计、制作、测试、反思的全过程参与，让学生学会通过多学科协同解决问题；2.水质采样及各类水质监测仪器使用；3.学习水质检测探究实验及数据记录方法；4.了解污水处理的主要原理，DIY污水处理器；5.明确钢铁的工业生产用途，加深对钢铁生产重要性的认识和理解；6.明确新能源新技术与环保的关系；7.能从身边出发，提出应对新能源技术运用的具体措施；8.通过探究、设计、制作、测试、反思的全过程参与，学会通过多学科协同解决问题	1.通过视频、多媒体、使用手册等资源让学生积极主动地探索，培养学生理解与发现问题的能力；2.试着用信息统计图表达整理后的数据，在此过程中体会数字信息科技；3.掌握食品相关的标准要求，学会规范地编制报告；4.初步了解水系治理工作的内容；5.学习如何通过试纸和药水完成对水中氯离子的测定、CODCr的测定和水质色度的测定，制作简易的过滤器，体验污水净化的过程；6.熟悉科技研学基地的观展路线与每个景点知识内容的解说词，能够运用自己的语言进行清晰解说；7.提出应对新能源技术运用的具体措施；8.理解激光器原理，感受科技的魅力	1.提高学生使用计算机的能力，同时引导学生提升通过网络正确理解信息价值并合理使用信息的批判性思维能力；2.了解人工智能带来的伦理与安全挑战，提升自我判断意识和社会责任感；3.对水资源的合理开发利用配置、洪涝灾害治理、水利规划建设管理等问题进行思考；4.开展水生态文明教育，树立正确的水生态文明建设理念；5.从不同角度了解我国钢铁的历史变迁，讨论钢铁与人、与社会的关系；6.参观智慧管控平台整体运行情况，思考低碳循环、绿色发展、科技创新的深刻意义；7.了解激光的本质及应用，开展“科普志愿者”活动；8.观察各类机器人特点以及发展空间，尝试自制小车

维度或要素	小学高年级段	初中段	高中段
教学策略	针对小学高年级段学生对科学的基本概念、方法、原理有一定的了解，乐于动手，善于操作，具备初步的探究能力，但存在缺乏灵活性、习惯被动接受，不善于主动获取知识的现象，基于以上学情，选取贴近学生的生产生活场景，选取具有代表性的优秀企业，围绕能源问题，结合当地特色自然资源，学习前沿的环境保护与绿色能源科学知识，通过“提问—假设—实践—总结”的探究方式、定性／过程性评价方法以及充分给予学生实践活动自主权，将地域性、体验性、探究性和教育性融于一体，着重培养学生的分析、整理信息的能力和学生自主学习以及合作完成科学探究的能力，动手实践，接触、感受及体验能源技术进步的意义，提高科学素养	初中段是从视觉思维到抽象发散思维的过渡期，对待事物具有强烈的好奇心，富有求知欲。研学过程要依据当前学生发展的心理特点设计活动，为学生提供相应的指导和资源，让学生充分发挥创造力和思维能力。对于单元中较为抽象的知识点，要恰当利用情境与任务激发学生的好奇心，触动学生对于问题求解以及学习多学科知识的渴望。可以创设真实的情境，使学生在情境中理解知识点，鼓励学生主动收集、整理、分享信息，为学生提供利用数字化学习的方式，在完成知识目标的同时培养信息化、数据化学习与创新素养。本研学线路以主题活动为基础，重点关注问题解决，形成能强化学生学习认知与行为的教学设计模型，目的在于培养学生的跨学科学习及综合学习的能力，提出了信息技术跨学科教学模型，将教学过程分为问题情境、知识建模、探究活动、互动交流、评价反馈五个部分，强化学生的思维发展，从而充分发挥科技研学的育人价值	高中段学生的思维水平、探究能力比义务教育阶段显著增强，有着进行科技学习的更好素质条件，具有强烈的好奇心和旺盛的求知欲，有很好的创新思维特质，但在传统教育环境中，学生参与实践的机会少，其动手实践能力差、科技创新能力弱，也限制了其批判性思维、求异思维与科技创新思维的发展。本研学线路梳理当地科技特色源流，结合研学点位的泛在性、方向性、交互性，打破常规教育教学的时空边界，将信息技术与科技创新教育相结合，开展“理论教学+课题设计+课题实施+课题展示”四位一体的研学活动，要充分发挥学生的主观能动性，引导学生经历科学探究过程、了解科学探究方法、养成科学思维习惯，增强创新意识和实践能力

维度或要素				小学高年级段	初中段	高中段
实施方案	入营教育	安全	引导	向学生强调安全的重要性，让学生明白遵守安全规则的必要性	教育学生如何识别危险，提高学生的安全意识	教会学生避免危险的能力，提升自我保护能力
			实训	研学前课中进行研学安全教育，通过播放主题片，激发学生对安全问题的重视	开展讲授、分小组讨论、示范演练、知识竞答等形式的安全知识教育活动	展示安全事故案例，分析事故原因和后果，学习一些基本的安全技能
		应急	引导	向学生介绍遇到紧急情况时，如火灾、地震等的应对方法	根据学生实际需求，针对性学习突发事件应急方法，提升应对突发事件的能力	学习突发事件的应急方法，如遇突发事件能及时实施救援的应急知识技能
			实训	进行相关的演练，让学生熟悉紧急情况下的应对流程	定期更新应急预案，针对应急人员开展专项安全教育和应急演练	邀请专业人士为学生进行案例讲解，学生实操，掌握应急方法和技巧
		救助	引导	根据实践课的需求和目的，确定自救实训的目标和内容	学习预防和救助措施，了解遇到危险情况时如何减少伤害	提升学生遇到问题主动求助，提高应急反应的能力
			实训	教师指导，学生学习包扎、伤口处理、中暑应对等救助知识	通过模拟演练的方式，让学生亲身体验自救、他救的过程	结合生活实际情况，在讨论中让学生树立安全意识，掌握自我救助的方法
		自我管理	引导	学会处理面对饮食起居、物品管理等方面可能出现的问题	考虑每个学生的身心发展规律和年龄特点，激发学生的自我安全管理能力	讲解自我管理理论知识，指导学生掌握基本的情绪管理方法，正确释放压力
			实训	通过情景剧表演、小组讨论总结、演示操作，掌握必要的自我管理方法和技能	收集学生在研学中可能遇到的各种安全问题，并对收集到的安全问题逐个处理	聘请安全教育专家向学生讲授安全的相关知识，提高学生的自我保护能力
		团队协作	引导	提升团队合作能力，感受合作的快乐，激发集体荣誉感	鼓励学生发挥团队精神，互相帮助，以团队的力量战胜困难	引导学生明确团队实践的目标，鼓励学生培养团队精神
			实训	通过学生为队伍起名、喊口号、选队歌等团队建设活动，培养学生集体认同感	通过团队展示、户外拓展、体能拓展等活动，加深团队配合，发挥集体力量	学生通过模拟实际任务，在小组内完成相应分工，制订计划，进行资源分配

维度或要素		小学高年级段	初中段	高中段
实施方案	导入教学环节	第一天，游戏导入：《视觉游戏》游戏测试、展品观察、角色扮演、拓展讲解；第二天，图文导入：开展“一滴水的一生”视频图文演示、随堂化学小实验，使学生初步了解制水和“治水”的原理及过程；第三天，开场导入：游戏测试、展品观察、角色扮演、拓展讲解；第四天，体验导入：介绍汽车动力能源的历史，观察新能源汽车，体验模拟驾驶；第五天，任务导入：发放任务卡、提出问题	第一天，视频导入：微视频和科普类视频，微视频中的内容来自国家类的纪录片网站，通过筛选将与编程有关的片段进行截取和收集，依照活动内容进行播放；第二天，情境导入：结合食品安全主题研学内容与学生的所知所想，创设生活、学习常见的场景，并在其中提出问题或者布置任务，推进活动的开展；第三天，活动导入：开展“怀孕的妈妈”游戏活动，引导学生认识生命的微观结构和宏观构成，使学生保持对生命探索的好奇心；第四天，实验导入：组织学生在活动中进行一些简单水质辨别操作，引导学生更近距离地接触水的检测活动；第五天，图片导入：展示激光打标、激光深雕、不锈钢彩打等激光制品，激发学生兴趣	第一天，“沉浸式”体验导入：结合生活中人工智能场景，让学生描述场景，充分调动学生学习的积极性；第二天，道具导入：展示不同质量的水资源，提出问题或者布置任务，推进活动的开展；第三天，故事导入：以“钢铁是怎样炼成的”为题，引起学生的关注，产生共鸣；第四天，新闻导入：展示关于光电领域核心技术攻关的新闻，引发学生兴趣；第五天，任务驱动导入：开展“志愿科普员”活动，调动学生的研学积极性和探究兴趣的同时让学生的研学思维主线更加清晰
	授课教学环节	第一天：入营教育、必修课程一“趣味小创造”，必修课程二“小小科学家”，选修课程2“‘聚思小筑’校本课程”；第二天：必修课程三“珍稀生命之源”、必修课程四“工业制水我了解”、选修课程3“自然科学探索”；第三天：必修课程五“工业铁心脏”，选修课程4“环境科学探索”；第四天：必修课程六“探秘科学梦工厂”、必修课程八“新能源探秘”，必修课程九“新能源汽车进我家”；第五天：必修课程七“初识无人驾驶”、必修课程十“数字科普之旅”、选修课程5“创意制作挑战赛”	第一天：入营教育、必修课程一“机器人的秘密”，必修课程二“编程算法与数据”，选修课程1“Robot-C程序设计”；第二天：必修课程三“美味制造”、必修课程四“舌尖安全”；第三天：必修课程五“器官DIY”，必修课程六“微观细胞”，选修课程2“生命与演化”；第四天：必修课程七“污水的新生”，必修课程八“我是水质检测员”；第五天：必修课程九“我是科技辅导员”、必修课程十“激光绣花机”、选修课程3“科幻画作品”	第一天：入营教育、必修课程一“科创挑战”，必修课程二“无处不在的人工智能”，选修课程1“AI人工智能”；第二天：必修课程三“污水的绿色处理”、必修课程四“上善若水”，选修课程2“长江水污染治理调研报告——《水资源的合理开发和配置》”；第三天：必修课程五“钢铁王国的成型”，必修课程六“绘制钢铁帝国版图”，选修课程3“电子控制技术”；第四天：必修课程七“探究光纤CO2中的物理奥秘”，必修课程八“体验高新科技”；第五天：必修课程九“公益科普我用心”、必修课程十“自制差速器”、选修课程4“物理+研究性学习指导”

维度或要素		小学高年级段	初中段	高中段
实施方案	进级教学环节	1.学生通过实地观察和记录植物在不同环境条件下的生长状况，学习植物生态系统的基本原理；2.在水质检测实验室里浏览泸州长江流域分布图，学习实验室行为规范后在辅导员的指导下进行水质检测探究实验及数据记录；3.参观钢铁生产线，了解钢铁生产的发展历程、探寻中国钢铁产业的崛起之路；4.了解能源的分类及现状；5.了解新能源汽车的工作原理与设计思路，着重认识电池的回收与利用，思考如何让能源实现可持续发展；6.从生活出发，思考人工智能与新能源的应用对社会发展的影响	1.初探编程，以“声控编程在教室的应用”为核心问题，引导学生追问形成问题链，分析并明确问题，将任务分解细化；2.通过模拟真实工作场景，让学生在实践中学习，定期抽检实验室食品并公布结果。学生按照食品快检流程进行抽样检测，编制报告，并给出处理意见；3.与生活情境结合，通过输血情境，让学生认识输血与血型知识，清晰了解人体结构与功能；4.为了进一步了解水质得以改善的“秘密”，以“长江水质为什么变好了”为问题展开调查；5.“小小讲解员”上岗志愿服务活动，既为学生提供了社会实践机会，又能够提升科学素养；6.通过趣味问答激发学生的思辨能力，并强化学生所学的激光理论知识	1.利用控制器点亮1盏红灯，实现红灯闪烁，完成RGB交通信号灯程序；2.掌握虚拟模块应用——“彩灯随音乐变化颜色”；3.学习水生态文明建设的一些新的应用技术，例如，海水淡化技术、工业节水技术、海绵城市建设、污水处理新技术等；4.了解钢铁的发展历史，理解劳动的意义和伟大的匠人精神；5.开展“萌新做科研”活动，分小组进行第一次科学研究，以科研论文、实物作品等多种形式展现科研成果；6.自制差速器小车，在真实场景中进行项目式学习，学生能像科学家那样思考、像工程师那样设计，成为科技创新的主动参与者和实践者
	巩固教学环节	1.通过开展知识抢答，以展馆知识点为串联，通过猜一猜、判断、抢答等方式调动学生的参与热情；2.通过开展净水器DIY分享会，帮助学生对当天所学研学内容进行巩固，能从身边出发，提出应对水资源污染的具体措施；3.通过开展稻蟹共生辩论赛，帮助学生对当天所学研学内容进行巩固；4.调研并计算新能源汽车的使用在碳减排方面的优势；5.通过开展创意能源车模型制作展示，帮助学生对当天所学研学内容进行巩固	1.组织学生收集信息科技学科和科学学科知识，针对编程应用的问题，小组利用信息技术工具制作出关于人工智能改变生活的宣传册；2.学生按照食品快检岗位的工作流程进行实践训练，开展食品安全抽检竞赛；3.借助信息技术，给学生播放一些有关细胞分化、分裂过程的视频，并且和人体生命的活动联系起来，以此丰富学生的学习体验，从而对生命有更加透彻的感悟；4.开展摄影、绘画、诗歌等多种形式成果展示活动，宣传保护水资源的重要性；5.开展志愿讲解活动，科幻画比赛活动，巩固研学内容	1.用人工智能应用完成学习任务单——“人物解密”，体验人工智能应用，并将其应用于解决实际问题中；2.开展水生态主题的标志设计、海报设计、动漫制作等文创活动，巩固研学成果；3.思维导图展示出钢铁在工业、农业、军事等各领域的用途；4.基于社会问题的项目研究、作品制作或研究性学习，比如以分小组的形式呈现激光科技的研究报告、图文等过程性材料；5.用科幻画作品、科创产品等形式，呈现科学物理探究的学习成果

维度或要素			小学高年级段	初中段	高中段
实施方案	总结教学环节	教学创新	精选主题、立意高远、情境具体、学科多元，在课堂教学的基础上将地域性、体验性、探究性和教育性融于一体，选取具有代表性的优秀企业，围绕能源问题，寻求“如何从能源供给与能源消耗的角度开展跨学科项目式主题学习”的答案。融合不同学科的知识角度，倡导学生从身边做起，节约能源、关注生态，为环境贡献力量	创设真实的问题情景，激发学生的兴趣，让学生带着问题进入主题学习；利用问题链驱动学生进行深度思考；通过构建任务群来引导学生开展研学任务活动；整合学科内容促进研学教学环节的有效实施；将多元的评价贯穿教学过程	聚焦学科内相关内容之间的整合，促进学科内容与各学科知识实现有意义的联结，实现学科之间的相互交融，通过让学生运用跨学科知识来解决问题，同时以学生的真实生活情境和知识水平为依据，设计符合学生的真实问题情境及教学资源，将理论知识应用到实践中，从而在实践中不断提高问题解决的能力；既有学习的自主性，也鼓励学生与小组成员共同讨论分工，完成任务，成为有效的合作者
		教学总结	复盘研学过程中的教学记录，收集学生反馈，浏览不同学生的《研学手册》。对问题设置、任务卡设计、活动开展的环节进行不断修改提升。在研学过程中需注重拓宽学生的知识面，完善学生的知识结构，提高学生的综合素质和相关知识拓展	研学过程中及时收集各活动与教学环节反馈的学生意见、学生疑惑、存在问题，开展课题研究，摸索教育经验	回顾教学设计环节、课程目标的实现，建立相关研学档案，通过填写《研学手册》、研学成果、研学评价，调查问卷、谈话交流等形式，收集学生以及相关活动人员的反馈，了解各个环节的优点与不足，及时优化改进
		教学反思	重点思考自身对研学课程涵盖的各学科知识点，除了掌握研学点位情况外，还需反思自身将教育知识、通识性知识与综合实践教学融合的现状。养成多记录、勤思考的习惯，提高从教学实践中发现问题、提出问题的能力，主动开展反思研究	积极探索自我成长，坚持教师专业素养提升的反思取向，写研学日志、写教学随笔、写传记、观看和评析自己的录像课，同时，时刻把握学生对课程活动的反馈，针对出现的问题，反思如何提高教学质量	审视自己的教学方法、教学内容和教学效果，通过学生在研学活动中的表现、成果、参与度，反思如何提高教学质量

维度或要素				小学高年级段	初中段	高中段
实施方案	评价教学环节	教学水平评价	自我评价	以评价改进和优化教学，寻找教学目标达成度不高的原因，从教学方法、活动设计、活动实施等方面进行全面的评价和分析	根据教学评价指标体系和标准，定期对自己的教学工作进行评价，查找自身存在的问题，从职业素质、教学内容、教学方法、教学效果四个方面进行反思	教师通过参与学生研究性学习对课程有客观认识，对自己的教学进行反思和评价
			学生评价	开辟学生教学信息反馈渠道，听取学生关于研学活动的建议，针对教师和学生之间的互动是否充分，研学课程师生对话参与度，学生能否积极参与课堂教学，课堂气氛活跃度方面进行评价	学生针对教师的引导与启发是否到位，学生的主动参与度，学生能否充分展示表达自己等方面进行评价	问卷调查与访谈相结合，根据对教师课堂教学考核指标的设计，向学生发放调查问卷，对教师授课质量进行调查并进行分析
			同行评价	定期开展教研活动，教师之间开展长期互相听课评课	通过座谈的形式定期开展交流研讨会，分享自己的教学经验或提出自己的疑惑，或者以经典课例为对象，鼓励教师积极发表自己的意见，交流教学思想，总结教学经验，从经验中学习，在学习中成长	营造学校合作文化，形成教师专业发展共同体，在良好的氛围中，促使教师相互学习、取长补短，从而提升教师的教学诊断能力
			培训和考核	建立完善的培训体系，针对教师在实践教学中的问题与疑惑，开展有针对性的实践、体验、参与式活动	切实加强教学过程的监控，建立基地、送培学校、学员三级教学质量考核体系，开展教学检查，及时有效解决教学工作中存在的问题	建立教学质量管理中心，利用教师教学交流会议、教学反馈及学生反映信息，利用网络平台建设教学考核系统，督促教师进行教学改进
			教学成果展示	以成果展示课为基础，充分展示学生研学成果，同时收集优秀学生作品，归类进行展示	开展竞赛式的展示交流活动，一方面教师对教学成果展示交流，另一方面深化对课程设计的理解，从而激活集体智慧	开展辩论式的展示交流活动，根据本教研组、研学线路的学习成果，参与辩论发言，协调组员轮流展示教学成果

维度或要素				小学高年级段	初中段	高中段
实施方案	评价教学环节	学业评价	形成性评价	倡导研学过程中跨学科融合，从“践行、践责、乐言、乐思、乐创”和科学观念、探究实践、态度责任等方面全面评价学生，体现评价的综合性、增值性及过程性	探究力和实证力是达成学生科学素养提升的突破口，也是开展过程性评价的重要依据，从学生群像评估、研学任务完成度以及研学过程表现评价三个方面展开，聚焦评价学生“两力”的实存状态和进步空间，呈现学生科学素养的个性化发展情况	注重学生在研学过程中的参与和表现，反映学生的综合素养。在评价中，每一名学生都能够以真实的课堂表现与课程体验完成《我的创意》《成长的刻度》《成长的故事》等不同类别的研学过程性评价手册
			总结性评价	基于研学成果呈现，指导学生以自评的方法发现学习过程中的问题和薄弱环节，分析形成的原因，并通过总结和自我反思形成更好的学习方法	制定《泸州市教育实践基地学员科技创新能力标准》，从原理与方法、实验与操作、创意与设计、人文与社会、历史与发展、精神与素养六大方面提出24条标准，为培养学生积极的科技意识和良好的科学素养提供参照	基于研学成果呈现，学生任务达成并进行相应认证，研学结束给学生发一张学分认定证书。将学生创作、编写、制作的科研成果或科研作品发布到公众号，使学生的科技作品获得更广泛的社会性评价
			教师评价	关注个体差异，综合利用各种方法，保证评价结果的准确性和有效性	组织学生进行成果展示，包括制订方案、计划的思考过程，如何运用不同的学科来解决实际问题。各小组对作品在分享交流的过程中进行评价，教师评价学生的作品，从而促进学生自我反思	在知识内容、各种知识综合探究过程中的探究意识、创新意识、情感体验等层面上对学生表现进行评价
		项目评价		研学教师、学生对研学项目的路线课程设置的合理性、课程内容设计的难易度、课程实施的阶梯性等方面进行综合性评价，采用问卷调查形式，发现项目中存在的问题，并及时改进	学校教师和学生家长代表对研学项目方案设计、应急预案、教学实施环节、教学目标达成情况等方面进行综合性评价，采用座谈交流、信息反馈收集等形式，针对项目存在的问题开展讨论，及时调整	行政主管部门、参与学校、参与部门、社会各界对研学项目的整体实施有效性、安全性、规范性等进行评价，采用抽样问卷的形式，对评价结果进行反思，不断调整项目内容，提高研学教育质量

4.18　教学计划与策略列表：深耕云岭智能科技沃土　赋能高原特色现代农业

<table>
<tr><td colspan="3">营地名称</td><td>红河州中小学示范性综合实践基地（简称“红河营地”）</td><td>命名机构</td><td>教育部</td><td>识别码</td><td>Y145532001</td></tr>
<tr><td colspan="3">从业资质（摘要）</td><td>推进全州中小学素质教育、培养和提高青少年实践能力和创新精神、组织开展综合实践活动和研学实践活动</td><td>单位属性</td><td>公益一类</td><td>法定代表人</td><td>杨黎</td></tr>
<tr><td colspan="3">研学主题</td><td>深耕云岭智能科技沃土　赋能高原特色现代农业</td><td colspan="2">主要目的指向</td><td colspan="2">科学技术</td></tr>
<tr><td rowspan="7">营地（枢纽）及周边主要优质研学资源</td><td colspan="2">基地层级</td><td colspan="5">研学站点（基地）名称</td></tr>
<tr><td rowspan="2">教育部命名基地</td><td>已列入教学计划</td><td colspan="5">一、与本主题相关列入教学计划的基地7个
1. 中国科学院西双版纳热带植物园（简称“西双版纳植物园”）；2. 中国医学科学院药用植物研究所云南分所（简称“南药所”）；3. 云南野生动物园；4. 昆明铁路局云南铁路博物馆（简称“云南铁路博物馆”）；5. 澄江化石地自然博物馆；6. 石林彝族自治县青少年活动中心（简称“石林活动中心”）；7. 麻栗坡县青少年校外活动中心（简称“麻栗坡活动中心”）
二、与本主题关联不大但列入本营地教学计划的基地2个
1. 石屏县青少年校外活动中心（简称“石屏活动中心”）；2. 云南省红河州蒙自市青少年活动中心（简称“蒙自活动中心”）</td></tr>
<tr><td>待列入教学计划</td><td colspan="5">1. 盈江县青少年学生校外活动中心（简称“盈江活动中心”）；2. 祥云县青少年学生校外活动中心（简称“祥云活动中心”）；3. 马龙区青少年学生校外活动管理中心（简称“马龙活动中心”）；4. 思茅区青少年校外活动中心（简称“思茅活动中心”）；5. 丽江市古城区青少年学生校外活动中心（简称“丽江活动中心”）</td></tr>
<tr><td colspan="2">其他部委命名基地</td><td colspan="5">1. 中国科学院昆明植物研究所昆明植物园（简称“昆明植物园”）；2. 腾冲火山地热国家地质公园（简称“腾冲火山地质公园”）</td></tr>
<tr><td colspan="2">地方命名基地</td><td colspan="5">1. 红河学院；2. 云南省农业科学院蚕桑蜜蜂研究所（简称“云南蚕桑研究所”）；3. 个旧气象观测站（简称“个旧气象站”）；4. 弥勒东风航空运动飞行营地（简称“弥勒航空营地”）；5. 云南省农业科学院甘蔗研究所（简称“甘蔗研究所”）；6. 云天化现代农业研学基地（简称“云天化农业基地”）；7. 东风韵小镇研学实训教育基地（简称“东风韵小镇”）；8. 文山州三七文化科普教育基地；9. 大理苍山世界地质公园博物馆（简称“苍山地质博物馆”）；10. 昆明食用菌研究所标本馆；11. 哀牢山亚热带森林生态系统研究站（简称“哀牢山研究站”）；12. 云南省无人驾驶航空器科普教育基地（简称“无人驾驶航空器基地”）</td></tr>
<tr><td colspan="2">本营地资源</td><td colspan="5">1. 创客中心；2. 农业劳动实践区；3. 防震减灾训练馆；4. 应急救护训练室；5. 军事体育训练场</td></tr>
<tr><td colspan="2">其他资源</td><td colspan="5">开远高效现代农业园</td></tr>
</table>

维度或要素	小学高年级段	初中段	高中段
校内教育基础（与校内教育的衔接）	对照课标，小学高年级段在科学技术教育方面思维活跃，对科学内容的求知欲望强烈，喜欢动手实验，想法独特，对科学技术有所体验与感悟，能够理解和掌握一些基本的科学概念和原理。本研学主题必修课程与校内教育的衔接内容如下：以下课程衔接都以人教版为例，1.科学五年级上册第一单元“维持生态平衡”；2.科学六年级上册第二单元“田野里的生物”“植物的简单分类”“植物的光合作用”；3.科学六年级上册第四单元“自然资源的开发与保护”“风能和水能”；4.科学五年级下册第二单元“能量的转换”；5.科学六年级下册第一单元“生物与环境”“生物的栖息地”“动物对环境的适应”“保护生物与环境”；6.劳动教育五年级第二单元“园艺与农耕体验”“手工艺制作”	对照课标，初中段在科学技术教育方面提出初中学生应初步形成物质与能量、运动与相互作用的观念，了解资源短缺、环境污染和生态破坏等问题及其原因和处理措施，初步形成人地协调的观念，了解现代技术与工程具有系统性和复杂性，明确科学对技术与工程具有指导意义等目标要求，本研学主题必修课程与校内教育的衔接内容如下：1.人教版地理七年级上册第三章天气与气候第一节“多变的天气”；2.人教版生物学七年级上册第一单元生物和生物圈第一章第一节“生物的特征”；人教版生物学七年级上册第二单元生物体的结构层次第二章第二节“动物体的结构层次”、第三节“植物体的结构层次”；3.人教版生物学八年级上册第六单元“生物的多样性及保护措施”；4.苏教版劳动与技术七年级全一册蔬菜栽培项目四“无土栽培樱桃番茄”；5.人教版化学九年级上册课题三“走进化学实验室”；6.苏教版信息技术八年级全一册（上）第二章走进网络世界“人工智能”；7.人教版化学九年级上册第一单元走进化学世界课题三“走进化学实验”；8.统编版道德与法治七年级上册第四单元生命的思考第十课“感受生命的意义”	对照课标，高中段在科学技术教育方面提出高中生应能够自主学习，独立思考，形成良好的学习习惯和适合自身的学习方法；学会获取、判断和处理信息，具备信息化时代的学习与发展能力。能够对科学现象进行分析、推理和验证。掌握科学实验技能和问题解决能力，能够熟练运用科学方法和技术工具，具有发现、鉴赏和创造美的能力，具有健康的审美情趣。学会独立生活，热爱劳动，具备社会适应能力。正确认识自我，具有一定的职业生涯规划能力。本研学主题必修课程与校内教育的衔接内容如下：以下课程衔接都以人教版为例，1.信息技术必修一第1章第3节“数据科学与大数据”；2.信息技术必修一第4章“走进智能时代”；3.生物学选择性必修一第5章“植物生命活动的调节”；4.生物学选择性必修二第4章第2节“生物多样性及其保护”；5.生物学选择性必修三第1章第3节“发酵工程及其应用”

维度或要素			小学高年级段	初中段	高中段
研学课程	必修课程一	名称	人工智能技术	智能制造	数字化与人工智能
		活动目的	在动手实践中让学生亲身感知人工智能知识，了解自动化农业生产，培养学生的创新思维、应用实践能力	掌握智能制造的基本概念，体验农产品质量检测技术，培养学生的科学意识和解决实际问题的能力	通过学习图像识别和大数据分析技术，理解无人农场的运行机制，形成产业智能化发展意识
		活动形式	教师讲授、实地探访、实践体验相结合	教师讲授、实地探访	教师讲授、实地探访、小组合作探究
	必修课程二	名称	生态果蔬培育	昆虫与农业循环发展	现代农业智能化进程
		活动目的	学生亲身体验果蔬培育，参与农业劳动，为农业现代化发展储备智慧力量	了解昆虫在农业生产中扮演的角色，树立人与自然和谐相处的意识	掌握无土栽培、智能滴灌、自动控制等农业科技，近距离观察蔬菜的生长细节
		活动形式	教师讲授、实地探访	教师讲授、实地探访	教师讲授、实地探访、实践体验相结合
	必修课程三	名称	制作风向标	探寻气象灾害预警	物联网与气象观测自动化
		活动目的	动手制作风向标，并观测风向与云层的变化，激发学生对自然科学的兴趣	了解气象灾害预警体系，以及对农业生产的影响，掌握防御气象灾害的知识	掌握物联网技术的应用对气象观测自动化、精准化、智能化的提升
		活动形式	教师讲授、实地探访、实践体验相结合	教师讲授、实地探访、小组合作探究	教师讲授、实地探访、实践体验相结合
	必修课程四	名称	探秘蔗糖生产技术	甘蔗种植智能化发展	品种选育与现代农业研究
		活动目的	品尝蔗糖，了解蔗糖生产的古代工艺与现代技术，感受科技发展的魅力	掌握高科技设备在甘蔗种植过程中的应用，感受智能发展对现代农业的重要性	掌握现代农业研究方法，深入认识品种选育对农业发展的重要性，体验科研魅力
		活动形式	教师讲授、实地探访、实践体验相结合	教师讲授、实地探访、实践体验相结合	教师讲授、实地探访、实践体验相结合

维度或要素			小学高年级段	初中段	高中段
研学课程	必修课程五	名称	无人机的发展与农业运用	无人机模型制作	植保无人机飞行实操
		活动目的	了解无人机分类、无人机实际应用的意义、无人机及航模飞行原理等知识	制作飞机模型，掌握飞机的组成构件和飞行原理	掌握无人机的操作技巧和飞行安全注意事项，用科技带动学生的求知欲
		活动形式	教师讲授、实地探访、实践体验相结合	教师讲授、实地探访、设计制作相结合	教师讲授、实地探访、任务驱动
	必修课程六	名称	葡萄种植的高科技	老树结新果——嫁接技术	发酵的艺术——从葡萄到红酒的历程
		活动目的	了解葡萄从开花到结果的过程，体验无人机除虫、施肥流程	体验葡萄嫁接，了解植物嫁接的原理和优势	参观葡萄酒生产过程，掌握发酵工艺，体验葡萄酒酿造过程
		活动形式	教师讲授、实地探访	教师讲授、实地探访、实践体验相结合	教师讲授、实地探访、任务驱动
	必修课程七	名称	植物营养的奥秘	无土绿色栽培	AI智慧农业
		活动目的	了解植物生长所需要的营养元素，掌握科学使用化肥的方式方法	掌握无土技术栽培基本理论，了解无土栽培技术的优势与适用范围	走进先进的热带植物园，理解科学知识的终端应用，感受科研人员工作氛围
		活动形式	教师讲授、实地探访	教师讲授、实地探访、实践体验相结合	实地探访、实践体验相结合
	必修课程八	名称	“雨林工程师”——大象	植物分类知多少	走进植物园科研中心
		活动目的	了解亚洲象的起源、演变过程、行为习惯、探索象群的“小秘密”	掌握植物的分类方法和常见植物的名称、特点，激发学生对生物学的兴趣	与权威学者、科普专家同行，理解动植物保护工作的意义
		活动形式	教师讲授、实地探访、实践体验相结合	教师讲授、实地探访、小组合作探究	教师讲授、实地探访

维度或要素			小学高年级段	初中段	高中段
研学课程	必修课程九	名称	畅游百草园	药用植物的价值	药用植物的传承与发展
		活动目的	参观南药所，了解和制作药用植物标本	了解药用植物的历史文化价值、经济价值、生态价值，积极保护药用植物资源	掌握药用植物的资源保护、人工种植技术、科技研发技术，学会将生物学、化学等多学科应用于药用植物研究
		活动形式	教师讲授、实地探访、实践体验相结合	教师讲授、实地探访、实践体验相结合	教师讲授、实地探访、实践体验相结合
	必修课程十	名称	中药百草种植	制作中药肥皂	传统医学拥抱现代科技
		活动目的	了解常见中药材的引种驯化、规范化种植的基本知识和技能	制作中药肥皂，了解中药成分抑菌原理，培养科学研究的兴趣	理解传统医药与现代生物技术相结合带来的科学成就，感受中医药的传承创新发展
		活动形式	教师讲授、实地探访、实践体验相结合	教师讲授、实地探访、设计制作相结合	教师讲授、实地探访、实践体验相结合
	选修课程		1. 消防、交通、防震减灾科普 2. 木质飞机模型制作 3. 农业机器人编程	1. 消防、交通、防震减灾科普 2. 传感器的机理 3. 植保无人机	1. 消防、交通、防震减灾科普 2. 物联网场景搭建 3. 传统农业劳动实践 4. 无人机摄影测量

维度或要素		小学高年级段	初中段	高中段
研学线路	代表性线路（时长五日）	第一天：红河营地—红河学院—云南蚕桑研究所—红河营地；第二天：红河营地—个旧气象站—甘蔗研究所—红河营地；第三天：红河营地—弥勒航空营地—东风韵小镇—红河营地；第四天：红河营地—西双版纳植物园；第五天：南药所—红河营地	第一天：红河营地—红河学院—云南蚕桑研究所—红河营地；第二天：红河营地—个旧气象站—甘蔗研究所—红河营地；第三天：红河营地—弥勒航空营地—东风韵小镇—红河营地；第四天：红河营地—西双版纳植物园；第五天：南药所—红河营地	第一天：红河营地—红河学院—云南蚕桑研究所—红河营地；第二天：红河营地—个旧气象站—甘蔗研究所—红河营地；第三天：红河营地—弥勒航空营地—东风韵小镇—红河营地；第四天：红河营地—西双版纳植物园；第五天：南药所—红河营地
	可选择线路（按天设计，菜单式选择）	1. 红河营地—红河学院—东风韵小镇—红河营地；2. 红河营地—弥勒航空营地—云天化农业基地—红河营地；3. 红河营地—个旧气象站—云南铁路博物馆—红河营地；4. 红河营地—西双版纳植物园—南药所—红河营地；5. 红河营地—云南野生动物园—红河营地；6. 红河营地—文山州三七文化科普教育基地—红河营地；7. 红河营地—云南蚕桑研究所—东方韵小镇—红河营地；8. 红河营地—石屏活动中心—澄江化石地自然博物馆—红河营地	1. 红河营地—蒙自活动中心—红河学院—红河营地；2. 红河营地—弥勒航空营地—云南野生动物园—红河营地；3. 红河营地—云天化农业基地—云南铁路博物馆—红河营地；4. 红河营地—西双版纳植物园—红河营地；5. 红河营地—南药所—红河营地；6. 红河营地—文山州三七文化科普教育基地—红河营地；7. 红河营地—石林活动中心—澄江化石地自然博物馆—红河营地；8. 红河营地—石屏活动中心—蒙自活动中心—红河营地	1. 红河营地—红河学院—弥勒东风农场—红河营地；2. 红河营地—云南铁路博物馆—云南野生动物园—红河营地；3. 红河营地—石林活动中心—澄江化石地自然博物馆—红河营地；4. 红河营地—西双版纳植物园—南药所—红河营地；5. 红河营地—云南野生动物园—红河营地；6. 红河营地—文山州三七文化科普教育基地—红河营地；7. 红河营地—云南蚕桑研究所—东方韵小镇—红河营地；8. 红河营地—石屏活动中心—澄江化石地自然博物馆—红河营地
	规划线路（按天设计）	1. 红河营地—马龙活动中心—昆明植物园—红河营地；2. 红河营地—无人驾驶航空器基地—云南铁路博物馆—红河营地；3. 红河营地—祥云活动中心—丽江活动中心—红河营地；4. 红河营地—苍山地质博物馆—祥云活动中心—红河营地	1. 红河营地—苍山地质博物馆—祥云活动中心—红河营地；2. 红河营地—思茅活动中心—哀牢山研究站—红河营地；3. 红河营地—昆明食用菌研究所标本馆—昆明植物园—红河营地；4. 红河营地—马龙活动中心—昆明植物园—红河营地	1. 红河营地—思茅活动中心—哀牢山研究站—红河营地；2. 红河营地—腾冲火山地质公园—盈江活动中心—红河营地；3. 红河营地—苍山地质博物馆—祥云活动中心—红河营地；4. 红河营地—昆明食用菌研究所标本馆—昆明植物园—红河营地

维度或要素		小学高年级段	初中段	高中段
教学重点难点（以代表性线路教学设计为例，以下同）	教学重点	1. 了解人工智能技术在农业生产中的作用；探究植物生长的奥秘；2. 学习风向标的结构和原理，并制作风向标；了解蔗糖的生产技术；3. 了解无人机在农业领域的应用以及农作物病虫害的防治方法；4. 了解各种植物生长阶段需要的化学元素；5. 了解药用植物标本的制作方法；了解云南中药种植技术	1. 掌握智能制造的基本概念；了解生物的多样性与农业的循环发展的关系；2. 了解气象灾害预警体系，掌握防御气象灾害的知识；掌握高科技设备在农业种植过程中的应用范围；3. 制作飞机模型；学习葡萄树的嫁接技术；4. 掌握无土绿色栽培技术基本理论；学习植物的多样性并进行分类；5. 了解常见药用植物的外形和药用价值，制作中药肥皂，学习化学实验规则及仪器名称	1. 理解现代信息技术如何与农业生产高效结合；了解现代农业智能化发展的组成部分；2. 物联网在气象观测中的应用体现；了解现代农业研究涉及的相关领域；3. 学习无人机飞行安全注意事项；了解发酵工艺的细节和原材料选择对最终产品的影响；4. 理解科学知识如何应用于实际的农业生产；了解科研工作的实际内容；5. 了解药用植物资源保护的重要性；了解传统中医药与现代科技的力量结合带来的创新和发展
	教学难点	1. 探究人工智能技术在现代农业发展中的应用前景；观测农作物的生长环境、周期、每阶段作物状态；2. 天气变化对于农业的影响；了解蔗糖是国家的重要战略物资；3. 理解无人机的工作原理；学习如何辨别植物的病虫害；4. 学会合理使用各种植物营养元素的肥料；5. 探究植物的资源保护、人工种植技术、科技研发技术；发掘云南中药材资源，学会绿色种植技术	1. 学会使用智能制造检测技术；树立人与自然和谐发展的意识；2. 掌握防御气象灾害的知识并运用到农业生产中；感受智能化给农业发展带来的意义；3. 掌握飞机的组成构件和飞行原理；掌握植物嫁接技术的原理和优点；4. 掌握无土栽培技术的优势与适用范围；掌握常见植物的名称、特点，激发学生对生物学的兴趣；5. 认识高原特色中草药产业带来的产业集群；理解中药成分抑菌原理	1. 树立面向未来农业发展趋势的智能化发展意识；目前我国智能化农业处于什么阶段；2. 物联网技术的应用为气象观测带来的改变；明确作物品种改良的重要性；3. 植保无人机飞行实操；深刻体会葡萄酒酿造的复杂性和创造性；4. 加深对智慧农业的认识，激发对科技创新的兴趣；理解地球生物多样性对于人类社会发展的深远影响；5. 明确药用植物的传承与发展需要跨学科的合作的方法；感受中医药的传承创新发展，增强对传统知识与现代科技融合的认识

维度或要素	小学高年级段	初中段	高中段
教学策略	针对小学高年级段学生认知能力的提升，对事物有更深入的理解，对科学技术有一定的好奇心和兴趣，喜欢动手实践，观察现象。情感和社会性也在不断发展，逐渐展现出更强的独立性和自主性，能够独立思考和解决问题，注意力、记忆力和思维能力都得到一定的发展，能够多方面思考问题，并尝试从不同的角度看待问题。因此在教学中，依托营地资源和研学基地资源，采用创新的教学方式，如项目式学习、小组合作学习等，注重培养学生的自主学习能力和学习习惯，鼓励学生主动探索、发现和解决问题，培养学生的创新思维和解决问题的能力。采取教师讲授、实地探访、实践体验相结合等学法，利用多样化的教学方法来激发和维持学生的学习兴趣，促进学生的全面发展，提升综合素质。通过情感教育和价值引导来帮助学生形成正确的科学技术价值观	针对初中段学生的青春期特点，如独立思考能力和判断能力的显著增强，以及他们的可塑性强、合作意识高和创新水平的提升，基于发展心理学和教育学的相关理论，选取符合这一年龄段学生兴趣和认知水平的内容。依托研学点提供的丰富教学资源，包括自然环境、实验室和技术运用实例，采取项目式学习法、合作学习和自主学习相结合的教学方式，开展科学探究和技术实践活动。通过这些活动，学生可以在真实或模拟的问题情境中，运用科学研究方法进行观察、实验、分析和讨论，从而找到问题的解决方案。在学习过程中不仅能够使学生在实际操作中学以致用，还能够培养他们科学的思维方式和解决问题的能力。同时，这也有助于学生树立正确的科学态度和价值观，激发他们对科学技术的兴趣，鼓励他们追求远大的理想和抱负。通过这种方式，旨在为培养具备生态文明价值观和实践能力的时代新人作出贡献，使他们能够更好地适应快速变化的社会和迎接未来挑战	针对高中段学生的心理发展逐渐成熟，开始形成自己的价值观、人生观和世界观，更加关注自己的内心世界和个性的特点，尝试探索自己的兴趣爱好和发展方向。但对科学技术和原理的理解有待提高，对科学技术尚未形成有效认知。本阶段注重培养学生的思维探究能力、科技实践运用能力，引导学生养成探索科学技术的意识。基于建构主义学习理论，学生在与环境交互过程中主动建构知识体系，通过新、旧知识相互作用的过程来形成、丰富和调整自己的认知结构，鼓励学生分析、判断和批判新知识，依托研学基地丰富的资源和技术运用场景，采取情境教学、分组合作教学、任务驱动型教学、讲授法、观察法、小组探究法、自主学习法，走进研究基地，开展实地探究，与科研人员现场探讨交流，了解前沿科技创新的历程，体会科技成果带来的国家发展、社会进步，提升学生的逻辑辩证能力、思维探究能力和动手实践能力，达到开阔学生视野，引导学生进行职业生涯规划，助力核心素养构建，最终培养学生的社会责任感和时代使命感，实现实践育人的目的

维度或要素				小学高年级段	初中段	高中段
实施方案	入营教育	安全	引导	在活动手册上列出可能的风险、预防措施和应急处理方法并给学生讲解入营安全要求	通过示范讲解进行安全意识教育，包括遵守规则、注意个人物品保管等	通过营地纪律规范、宿舍安全通道、营地自助自救的学习进行入营安全教育
			实训	通过地震馆地震体验、消防馆消防知识实践体验提升学生安全意识	演示常见的安全装备使用方法，如灭火器、消防栓等	进行安全逃生演练，学习应急救护基本包扎方法
		应急	引导	通过视频学习、讲解安全教育，培养学生冷静思考和随机应变的能力	通过视频学习、讲解应急情况下的应对方法，如火灾、地震等	通过视频学习逃生演练的方式，掌握应急逃生和自助自救的方式方法
			实训	开展应急逃生演练，学习应急救护相关知识，提高学生应急处理能力	组织模拟应急演练，让学生通过实践掌握应对紧急情况的技能	通过实践体验，学会火灾、地震的逃生方式，掌握正确的止血和包扎方法
		救助	引导	通过案例情境，告知学生如遇特殊情况时，主动寻找和利用各种资源	通过讲解示范，教授伤口处理、扭伤处理等基本的急救知识	通过案例情境，培养学生遇到问题时，掌握信息获取和资源整合的能力
			实训	通过救护课程的实际操作与讲解，帮助学生掌握自救和互救的方法和技能	培训学生正确进行心肺复苏和止血等急救操作	进行常见急症的科普，进行外伤包扎、骨折固定与搬运等课程的实操教学
		自我管理	引导	做好学生自我管理团队建设，逐步引导学生实现自我管理	培养学生的时间管理和任务管理能力。鼓励学生制定目标，并提供指导	指导学生进行自我管理，包括制定目标、约束自己、控制情绪等
			实训	分组分宿舍的管理方式，明确管理要求，责任到人，建立内部考核竞争机制，组织开展“舍务会”	明确管理要求，让学生按照管理要求自建或推荐，建立宿舍自我管理机制，按要求组织开展“舍务会”	组织开展“舍务会”等实践活动，帮助学生提升自我管理的能力
		团队协作	引导	开展小组团队竞技活动，通过奖罚机制，激发学生的竞争意识，培养团队协作能力	通过团队建设活动，让学生了解团队协作的重要性，组织团队合作任务，培养学生的沟通和协作能力	通过团队竞技课程的体验，探究团队协作的方式和技巧
			实训	学生自主规划小队成员相关任务，制队旗、口号，定目标，培养学生调配资源，与人合作，沟通交流等能力	开展团队合作游戏，如搭建高塔、接力比赛等	通过开展冰海沉船、动力圈类项目，激发学生“不抛弃、不放弃”的合作精神

维度或要素		小学高年级段	初中段	高中段
实施方案	导入教学环节	第一天，问答导入：农业科技知识知多少，调动学生的研学积极性；第二天，任务导入：分发风向标材料包，通过参观完成搭建风向标任务；第三天，视频导入：播放无人机喷洒农药视频，感受科技的魅力，激发学习兴趣；第四天，视频导入：播放大象生活的宣传视频，调动学生的好奇心，激发学习热情，让学生自主探索雨林的秘密；第五天，游戏导入：采用药用植物卡牌分类游戏，引入百草园主题，激发学习兴趣	第一天，问题导入：认识智能制造的重要性，引出智能的普及，调动学生的积极性；第二天，任务导入：带队导师布置学生研学任务，让学生进行自主探索；第三天，视频导入：播放航模制作过程、飞机飞行原理等宣传视频，调动学生的研学积极性和探究兴趣的同时让学生研学思维主线更加清晰；第四天，创设问题情境：学生充满代入感、沉浸感，能够主动参与学习实验；第五天，任务导入：发布研学任务，明确学习目标	第一天，问题导入：思考人工智能的发展为其他产业带来哪些变革，培养学生探索精神；第二天，任务导入：发布探究性任务清单，调动学生积极性与主观能动性；第三天，视频导入：观看植保无人机作业视频，引导学生主动思考和讨论；第四天，问题导入：通过讨论农业发展的瓶颈问题，培养学生探索精神，引出新的学习主题；第五天，互动导入：采用互动小游戏引出研学主题，引入国家发展与科研主题
	授课教学环节	第一天：入营教育、必修课程一“人工智能技术”、必修课程二“生态果蔬栽培”；第二天：必修课程三“制作风向标”、必修课程四“探秘蔗糖生产技术”、选修课程1“消防、交通、防震减灾科普”；第三天：必修课程五“无人机的发展与农业运用”、必修课程六“葡萄种植的高科技”、选修课程2“木质飞机模型制作”；第四天：必修课程七“植物营养的奥秘”、必修课程八“‘雨林工程师’——大象”、选修课程3“农业机器人编程”；第五天：必修课程九“畅游百草园”、必修课程十“中药百草种植”	第一天：入营教育、必修课程一“智能制造”、必修课程二“昆虫与农业循环发展”；第二天：必修课程三“探寻气象灾害预警”、必修课程四“甘蔗种植智能化发展”、选修课程1“消防、交通、防震减灾科普”；第三天：必修课程五“无人机模型制作”、必修课程六“老树结新果——嫁接技术”、选修课程2“传感器的机理”；第四天：必修课程七“无土绿色栽培”、必修课程八“植物分类知多少”、选修课程3“植保无人机”；第五天：必修课程九“药用植物的价值”、必修课程十“制作中药肥皂”	第一天：入营教育、必修课程一“数字化与人工智能”、必修课程二“现代农业智能化进程”；第二天：必修课程三“物联网与气象观测自动化”、必修课程四“品种选育与现代农业研究”、选修课程2“物联网场景搭建”；第三天：必修课程五“植保无人机飞行实操”、必修课程六“发酵的艺术——从葡萄到红酒的历程”；第四天：必修课程七“AI智慧农业”、必修课程八“走进植物园科研中心”、选修课程3“传统农业劳动实践”；第五天：必修课程九“药用植物的传承与发展”、必修课程十“传统医学拥抱现代科技”

维度或要素		小学高年级段	初中段	高中段
实施方案	进级教学环节	1.学生通过实地参观，了解人工智能技术对农业的推动作用，通过实验记录植物的生长过程；2.了解风的形成原理以及风对农作物的影响，使用科学仪器观测风的大小和方向；3.了解无人机的构造，学会无人机的基本操作技能，研究无人机喷洒农药的工作原理；4.研究大象的生活习性，了解其生活规律，学会保护生物多样性；5.学会中药分类方法，研究中药种植技术	1.掌握智能制造的基本原理，将科技与智能技术结合起来，培养科学兴趣的同时，激发艺术素养，积极树立科学意识；2.掌握气象灾害预警体系，以及天气对农业生产的影响，掌握防御气象灾害的知识；3.了解航空飞行的原理应用，了解无人机在生活中的应用，感受科技与现实的融合；4.学生通过教师讲解，实地观察和记录生活中常见的药食同源植物的种类，学习植物的多样性；5.小组成员对如何可持续开发药用植物进行讨论	1.学生通过问题探究和合作学习的方式，完成对智能化农业的调研；2.教师带领学生开展实地探究，动手操作，使学生深刻理解现代农业发展的重要性；3.了解无人机飞行的基本原理，利用无人机拍摄采集生态环境信息，进行数据分析；4.学生通过参观考察，走访研究，探讨如何利用热带雨林资源开发高原特色农业；5.小组合作完成研学见闻手抄报，总结收获、交流见解
	巩固教学环节	1.通过开展农业科技知识问答赛，帮助学生对当天研学内容进行巩固；2.通过风向标作品展示，帮助学生对当天研学内容进行巩固；3.通过无人机技能比赛，帮助学生对当天研学内容进行巩固；4.通过分享总结研学过程中的感想和感悟，帮助学生对当天研学内容进行巩固；5.通过开展中药分类活动，帮助学生对当天研学内容进行巩固	1.学生分享研学过程中的收获和感悟，同时研学教师利用复述式巩固法，对研学内容进行效果巩固；2.利用合作学习法、新旧知识对比法，以小组为单位归纳研学实践中的收获；3.通过作品展示来提高学习兴趣，帮助学生对当天所学内容进行巩固；4.通过游戏开展研学知识大比拼，通过研学老师问答，分多组进行答案抢答，进行研学知识的巩固；5.小组分享交流，合作共享	1.填写《研学手册》，使学生掌握资料整理、信息收集、自主调研等探究课题的基本流程和方法；2.在小组内运用归纳法呈现知识要点，并通过发散法联想科技创新带来的改变；3.分享自己的切身感悟，引入真实案例与故事讲解，加深与校内学科和研学课程的关联融合；4.总结思维导图，将活动过程具体化、研学活动成果实物化，为学生提供研学实践中的知识脉络框架；5.通过开展研学实践组间分享，探讨心得，碰撞灵感，以此进行学习内容巩固

维度或要素			小学高年级段	初中段	高中段
实施方案	总结教学环节	教学创新	研学教师鼓励学生分组进行总结，结合研学的特点，将课堂知识与实践活动相结合，增强学生对研学内容的理解，鼓励学生积极思考、合作探究、创新个性、勇于表达意见，引导学生探索新知识，不断更新教育观念，认识新世界，帮助学生掌握科技知识和技能	教师在研学活动中主动尝试新的教学方法和策略，针对性地创新设计符合初中学段学生特点的活动方案，注重“有教无类，因材施教”，言传身教，引导学生培养自信心和自豪感，培养学生的创新精神和实践能力	教师在研学活动中利用多元的教学方法，丰富的实地场景和运用案例，调动学生的主动性，创造条件让学生在探索、交流和反思中学习，从而促进深层次的认知发展和理解，拓展学生的思考维度，提升知识聚合能力
		教学总结	收集教学资料，回顾研学教学的实施过程，根据学生的年龄、兴趣和能力完善教学计划，充分发挥学生的潜能，提升学生的独立思考能力和创新思维，不断完善教学计划和教学内容，确保教学的针对性和时效性	及时收集学生、家长和教育界相关人员的反馈，了解教学的优缺点，充分发挥学生的潜能，展开独立思考、互助学习、整理研学活动的教学资料，不断优化改进	通过及时填写《研学手册》，将活动过程具体化、研学活动成果实物化，为学生提供研学过程中的知识脉络总结框架，及时收集学生、家长和教育界相关人员的反馈，了解教学的优缺点，充分发挥学生的潜能，展开独立思考、互助学习的能力
		教学反思	根据教学反馈和评估结果，了解研学教学的实际效果和存在的问题。总结成功的教学方法和策略，分析失败的原因和教训，为今后的研学教学提供有益的参考，对教学环节进行调整和优化，从学生实际出发，把教学过程视为师生合作，共同发展的互动课程	根据教学反馈和评估结果，对教学环节进行调整和优化，从学生实际出发，制定教学要求，把教学过程视为师生合作、共同发展的互动课程，对活动情境创设是否有新意；教学重难点在教学中是否得以解决进行反思，为下一次活动提供参考	审视所采用的教学方法和策略是否能够激发学生的学习兴趣，促进学生的主动参与和深度学习；教师提供的帮助和指导，是否能够及时帮助学生养成独立解决问题的能力；课程开展与校内教育衔接是否紧密；关注学生的个体差异，思考如何实施差异化教学；根据反思结构，对活动进行优化和调整，为下一次开展研学活动提供支撑

维度或要素				小学高年级段	初中段	高中段
实施方案	评价教学环节	教学水平评价	自我评价	教师通过填写自我评价表，通过活动过程及结果的反馈、反思线路设计、课程设计的适合性，是否达到预设目标，充分发挥主观能动性	通过活动过程及结果的反馈、反思线路设计、课程设计的适合性、课堂管理、教学方法的选择、教学工具的应用、研学资源的开发及应用程度是否达到预设目标，不断提升自身教学水平	在教学活动结束后，通过活动结果的反馈，对线路设计和总结、课程设计的适合性不断进行自我反思，发现问题及时改进，从而达到预设目标，并主动与同事和领导交流沟通
			学生评价	通过校内评估信息表，对教师的教学态度、课程设计思维合理度，开展方式、课程的总结，学生参与度，学生能否积极参与课堂教学，课堂气氛活跃度等方面进行评价	通过满意度调查表，学生针对教师和学生之间的互动是否充分，研学课程中师生对话的参与度，学生能否积极参与课堂教学，课堂气氛活跃度等方面进行评价，收集再反馈于教师，帮助教师专业成长	通过学生座谈会讨论分析教学情况，对是否充分发挥学生的主观能动性，是否引导学生思考，是否鼓励学生交流表达进行评价，对评价结果进行反馈，提升教师进行评价教育水平
			同行评价	由营地教师、带队教师和教学管理人员通过听课、随队观摩的方式对教师的教学设计、教学开展方式、实施策略、实施效果、课程总结等方面进行评价	由营地教师、带队教师和教学管理人员通过听课、问卷等形式对教师的教学设计、实施策略、实施效果进行评价	由营地教师对课堂授课效果、教学教案的完整性、教师的课前准备情况、教师在课中是否引导学生思考总结等方面进行评价，提升教师团队整体素养
			培训和考核	定期对营地教师进行教学培训和考核，形成教研培训方式，形成教师发展规划，通过考核结果来评价教师的教学水平	通过外出调研、专家引领等方式，定期对营地教师进行教学培训和考核，通过考核结果来评价教师的教学水平	通过对教师进行观察、举办讲座、开展试讲等方式参与教学活动，评估教师的教学能力，通过问卷调查向学生、家长收集对教师的教学建议
			教学成果展示	通过学生的学业成绩、学生的作品，图文、音像等记录学生的研学实践收获和学生课堂中的参与度，通过作品展示板或海报等形式进行教学成果展示	通过研学过程教学展示教师的教学成果，通过学业成绩、作品、图文、音像等方式记录学生的研学实践收获和学生课堂中的参与度，活跃氛围度，通过问卷调查学生的满意度	通过图文影像资料记录学生的表现，通过开展作品主题活动晚会，作品主题展览会等方式进行教学成果展示

维度或要素				小学高年级段	初中段	高中段
实施方案	评价教学环节	学业评价	形成性评价	通过观察学生在研学中的参与度和表现，评价学生研学成果的质量，了解学生对研学内容的理解和掌握程度，支撑教师开展后续的教育工作	通过观察、记录和学生反馈研学过程中的学习情况，以及他们在活动中的表现给予评价，关注学生的学习过程，注重学生的个体差异，帮助学生认识自己的优点和不足，提高学习兴趣和动力	通过对学生全程的观察，收集和分析学生的表现数据，对他们研学中的参与度、知识技能掌握、思维能力和创新能力情感态度价值观方面做出综合性的评价，获得教学过程中的连续反馈，及时调整教学计划和教学方法
			总结性评价	在研学活动结束后，通过学生的研学报告、汇报交流、科学素养综合能力等方面的综合评价，直观了解学生在研学活动中的收获和进步，评估学生在科学技术领域的学习情况，为未来的学习和实践提供指导	在研学活动结束后，通过学生的研学报告、汇报交流、展示或测试等形式，提供个性化的评价反馈，给予学生关于其优点和待改进之处的具体反馈内容，引导学生进行自我评价，帮助学生根据反馈设定新的学习目标和计划	对学生的知识整合能力、技能提升与创新，学习与探索、问题解决与决策等方面进行评估，提供具体和建设性的反馈，鼓励自我反思和评价，与家长分享总结性评价的结果，讨论学生的学习进展和未来的发展路径
			教师评价	对学生在研学活动中的表现和成果，学生的参与度、作业质量、测试成绩等进行评估，及时给予学生有建设性的反馈	教师根据学生在研学活动中的表现和成果、学生的参与度、作业质量、测试成绩等，了解学生的思维过程和问题解决策略，进行全面、公正且有助于学习的评价	根据学生预设的活动目标，《研学手册》的填写情况，物化成果，观察并记录学生的学习态度、参与度、合作能力和自主学习能力，课程目标和学习结果的对应性，从而提高评价的有效性
		项目评价		学校带队教师、学生对研学课程、线路规划和课程设计等方面进行综合评价，评估是否达到了研学项目设定的学习目标和预期结果，教师对评价结果进行反思，及时发现问题并加以改进	校内教育工作者、带队教师、学生家长、积极参与评价过程，考察学生在研学过程中的参与度、积极性和态度，鼓励创新与探究，根据评价结果，对研学项目进行反思和改进	教育行政部门、参与学校、参与学生家长、学生、社会各界对研学课程和研学内容提出规范、有效、整体的综合性评价；开展项目报告会，对教研活动及评价结果进行反思，及时发现问题并加以改进

4.19 教学计划与策略列表：科技兴国有你我　民族振兴正当时

<table>
<tr><td colspan="3">营地名称</td><td>陕西省西安市中小学校外综合实践活动基地（简称“西安研学营地”）</td><td>命名机构</td><td>教育部</td><td>识别码</td><td>Y145610001</td></tr>
<tr><td colspan="3">从业资质（摘要）</td><td>中小学校外教育及社会综合实践教育</td><td>单位属性</td><td>公益一类</td><td>法定代表人</td><td>张伟</td></tr>
<tr><td colspan="3">研学主题</td><td>科技兴国有你我　民族振兴正当时</td><td colspan="2">主要目的指向</td><td colspan="2">科学技术</td></tr>
<tr><td rowspan="7">营地（枢纽）及周边主要优质研学资源</td><td colspan="2">基地层级</td><td colspan="5">研学站点（基地）名称</td></tr>
<tr><td rowspan="2">教育部命名基地</td><td>已列入教学计划</td><td colspan="5">一、与本主题相关列入教学计划的基地5个
1.西安半坡博物馆；2.富平县爱国主义教育基地；3.补浪河女子民兵治沙连中小学生研学实践教育基地（榆林市榆阳区大漠军旅文化园管理有限责任公司）；4.中国兵器工业试验测试研究院研学部；5.北川三秒应急安全体验中心
二、与本主题关联不大但列入本营地教学计划的基地13个
1.陕西历史博物馆；2.延安革命纪念馆；3.秦岭国家植物园；4.陕西华清宫文化旅游有限公司；5.陕西省党家村景区管理委员会；6.陕西省西咸新区泾河新城城市综合服务有限公司；7.渭华起义教育基地管理办公室；8.延川县文安驿镇梁家河行政村村民委员会；9.安吴青年训练班纪念馆；10.西安碑林博物馆；11.汉中秦巴民俗村有限责任公司；12.汉阴县三沈纪念馆；13.安康盛丰源研学实践教育基地（平利县盛丰源食品有限公司）</td></tr>
<tr><td>待列入教学计划</td><td colspan="5">无</td></tr>
<tr><td colspan="2">其他部委命名基地</td><td colspan="5">1.陕西延安中央社会部旧址；2.西安汉城湖景区；3.渭南市气象局；4.陕西牛背梁国家级自然保护区；5.全国青少年延安革命传统教育基地；6.大明宫遗址</td></tr>
<tr><td colspan="2">地方命名基地</td><td colspan="5">1.张裕瑞那城堡酒庄（简称“张裕酒庄”）；2.杨凌现代农业创新园（简称“创新园”）；3.陕西泾阳绿优农业基地（简称“绿优农业基地”）；4.西安沣东现代都市农业博览园（简称“沣东农博园”）；5.白鹿原影视科技劳动教育体验基地（简称“白鹿原基地”）；6.西安九号宇宙研学实践基地（简称“九号宇宙”）；7.西安航天推进技术研究培训中心（简称“航天推进器中心”）；8.飞翔梦航空体验中心；9.雏鹰展翅航空文化科普研学基地；10.陕西九立机器人科普基地（简称“九立人基地”）；11.威胜天成航空中小学生研学实践教育基地（简称“威胜天成基地”）；12.西安眼健康教育科普馆中小学生研学实践教育基地（简称“西安眼健康教育科普基地”）；13.西影中小学研学实践教育基地（简称“西影基地”）；14.西安科创研学基地（简称“科创基地”）；15.西安航天推进器研究中心；16.汉中尤曼吉青少年科技展览馆研学实践教育基地；17.西北工业大学三航科技研学基地（简称“三航基地”）；18.西安交通大学西迁博物馆（简称“西迁博物馆”）；19.周至县国防教育培训学校；20.陕西水利博物馆；21.陕西科学技术馆劳动教育实践基地（简称“陕西科技馆”）</td></tr>
<tr><td colspan="2">本营地资源</td><td colspan="5">1.安全教育馆；2.生命教育馆</td></tr>
<tr><td colspan="2">其他资源</td><td colspan="5">无</td></tr>
</table>

维度或要素	小学高年级段	初中段	高中段
校内教育基础（与校内教育的衔接）	对照课标，小学高年级段在科学技术方面提出“能运用观察、实验、查阅资料、实地调查、案例分析等方式获取信息，用科学语言、概念图、统计图表等记录整理信息，表述探究结果，并运用分析、比较、推理、概括等方法得出科学探究的结论，判断结论与假设是否一致。初步具有获取信息、运用科学方法描述和处理信息并得出结论的能力”。本研学主题必修课程与校内教育的衔接内容主要如下：1.人教版四年级上册“人造发光植物”；2.人教版四年级语文下册“大自然的启示”；3.人教版五年级语文“走进信息的世界”；4.人教版六年级语文“只有一个地球”；5.人教版小学高年级与科学相关的内容；6.人教版五年级道德与法治“我们的地球”；7.人教版六年级道德与法治“科技带给我们什么”	对照课标，初中段在科学技术方面提出“充分发挥科学课程育人功能，为全体学生提供公平的学习与发展机会，满足学生终身发展和适应社会发展的需要；立足学生核心素养的发展，以了解物质科学、生命科学、地球与宇宙科学、技术与工程等领域的一些常见基础知识，并初步形成基本的科学观念为基础，以科学思维能力、科学探究和实践能力、科学态度与社会责任的培养为重点，促进学习能力、创新能力的发展，形成清晰和精准的科学课程目标”。本研学主题必修课与校内教育的衔接内容如下：1.人教版八年级历史“中国近代民族工业的发展”；2.人教版八年级物理“流体强压与流速”；3.人教版九年级物理“电磁波的海洋”；4.人教版八年级生物“地球生命的起源”；5.人教版八年级历史“科学技术与思想文化”；6.人教版八年级历史“科学技术的成就”；7.人教版九年级历史“古代科技与思想文化”；8.人教版八年级语文“落日的幻觉”	对照课标，高中阶段在科学技术教育方面提出“养成实事求是、严谨细致、精益求精、追求卓越的工作态度，培育工匠精神，增强劳动观念，具备初步的职业规划和创业意识，形成与技术相联系的安全意识、规范意识、伦理意识、环保意识、质量意识、经济意识、创新意识”。本研学主题必修课与校内教育的衔接内容如下：1.人教版高中地理选修6“自然资源的利用与保护”；2.人教版高中思想政治必修1“经济全球化与对外开放”；3.人教版高中历史必修2“世界经济的全球化趋势”；4.人教版高中历史必修3第四单元“近代以来的世界科学发展历程”；5.人教版高中物理必修2“宇宙航行”；6.人教版高中物理必修2“太阳和行星之间的引力”；7.人教版高中物理选修1-1“生活中的静电现象”；8.人教版高中物理选修1-2“新能源的开发”；9.人教版高中物理选修2-3“显微镜与望远镜”；10.人教版高中历史必修3“中华人民共和国成立以来的重大科技成就”；11.人教版高中语文必修1“飞向太空的航程”；12.人教版高中语文必修5“宇宙的未来”

维度或要素			小学高年级段	初中段	高中段
研学课程	必修课程一	名称	科技改变生活	了解民族工业发展史	探寻民族工业发展历程
		活动目的	通过葡萄酒文化介绍，让学生认识科技力量在生活中的应用	通过了解中国葡萄酒工业发展历程，让学生感受民族工业发展的艰辛历程	通过观察和聆听，培养学生对民族工业发展的自豪感和历史责任感
		活动形式	实地参观、专业技术人员讲解	实地参观、观看葡萄酒文化视频资料	实地参观、专业技术人员讲解、互动式学习
	必修课程二	名称	领略农业科技	身边的科学	为了生活更美好
		活动目的	通过讲授植物知识，让学生领略农业科技魅力	通过无土栽培技术讲授，培养学生科学观念	通过农业体验，体会现代农业健康高效的生产方式
		活动形式	专家讲解、观看现代农业科普影视	专家讲解、实地参观、实践体验	专家讲解、实地参观、研学课题研究
	必修课程三	名称	水利知识学习	水，生命之源	紧缺的水资源
		活动目的	通过学习水利知识，培养学生节水好习惯	通过普及我国水情等基本知识，传播治水节水理念	通过探索水资源的现状，帮助学生树立人与自然和谐共生的生态发展理念
		活动形式	数字模型、裸眼3D视频直观学习	专家讲解、实地参观、实践体验	专家讲解、实地参观、研学课题研究
	必修课程四	名称	我的宇航员之梦	梦想从这里起飞	寻梦三航基地
		活动目的	通过中国航空、航天、航海发展史讲解，帮助学生树立科学意识	通过制作航模飞行器，对学生进行爱国主义教育，增强爱国情怀	通过观察和实践，强化学生国防意识，振奋民族精神
		活动形式	实地参观、专业人员讲解	实地参观、聆听讲解、互动式体验	实地参观、聆听讲解、互动式体验、实践体验相结合

维度或要素			小学高年级段	初中段	高中段
研学课程	必修课程五	名称	千里眼顺风耳	航天知识知多少	遥测嫦娥奔月
		活动目的	通过飞机内部通话设备讲解，提高学生航空意识	通过探索我国航天事业取得的巨大成就，向学生普及航天知识	通过学习航天文化，培养创新能力和实践能力，实现科学素养和人文素养的提升
		活动形式	实地参观、研学导师讲解	实地参观、听专业人员讲解、听专题讲座	实地参观、听专题讲解、实践体验
	必修课程六	名称	AI飞行体验	逐梦人生之路	访交大，识工大
		活动目的	体验AI飞行器，培养学生积极向上的心态	通过西迁历史探索，让学生感受中国前沿重点高校魅力	通过参观、聆听讲解和专题讲座，培养学生为国家富强努力奋斗的信念
		活动形式	听讲解、观察、实践操作	实地参观、听讲解、听讲座	实地参观、听讲解、听讲座、互动交流
	必修课程七	名称	感受外太空神秘	走进兵工院	我的强军之梦
		活动目的	通过讲解中国航空航天事业的发展，培养探索和好奇的求知欲	通过动手组装武器，让学生了解兵器装备与使用	通过体验军营生活，帮助学生树立强军报国的志向
		活动形式	听讲解、参观、互动式体验	实地参观、专业讲授、互动式体验	参观体验、研学课题
	必修课程八	名称	我和奶牛做朋友	农业是生存之本	我们将走向何方
		活动目的	参观新农业科技展示，让学生了解奶牛的饲养	通过参与农业科技动手体验，培养学生对现代农牧业和未来农牧业的兴趣	通过亲自动手操作，让学生掌握遗传与进化及基因相关生物学知识
		活动形式	专业人员讲授、实地参观	专业人员讲授、实地参观	专业人员讲授、实地参观、实践与体验相结合

维度或要素			小学高年级段	初中段	高中段
研学课程	必修课程九	名称	我和机器人做朋友	人类的好帮手	人工智能的发展
		活动目的	参观机器人组装室，了解机器人对工业生产和农业生产的巨大影响	通过了解机器人在现代农业，工业，服务业中的作用，帮助学生树立科学意识	通过操控人工智能产品，培养良好的科技创新意识
		活动形式	实地参观、专业讲授、互动体验	实际参观、专业讲授、体验与实践相结合	实际参观、专业讲授、体验与实践相结合
	必修课程十	名称	我也拍电影	探索影视艺术	感受科技魅力
		活动目的	通过亲身参与影视拍摄剪辑，培养学生正确的审美观	亲身参与电影拍摄制作过程，让学生深度了解电影拍摄以及制作流程工序	通过亲身体验科技产品，培养学生的实践能力、动手能力、创新能力
		活动形式	实地参观、专业讲授	实地参观、专业讲授、互动式体验	实地参观、专业讲授、互动式体验与创作实践相结合
	选修课程		1.纪律教育、安全教育等营地教育（一） 2.生命科学教育及实操（一） 3.现代消防科普（一） 4.地震知识科普及紧急逃生（一） 5.素质拓展训练（一）	1.纪律教育、安全教育等营地教育（二） 2.生命科学教育及实操（二） 3.现代消防科普（二） 4.地震知识科普及紧急逃生（二） 5.素质拓展训练（二）	1.纪律教育、安全教育等营地教育（三） 2.生命科学教育及实操（三） 3.现代消防科普（三） 4.地震知识科普及紧急逃生（三） 5.素质拓展训练（三）

维度或要素		小学高年级段	初中段	高中段
研学线路	代表性线路（时长五日）	第一天：西安研学营地—白鹿原基地—张裕酒庄—西安研学营地；第二天：西安研学营地—三航基地—陕西水利博物馆—西安研学营地；第三天：西安研学营地—威胜天成基地—西安研学营地；第四天：西安研学营地—科创基地—绿优农业基地—西安研学营地；第五天：西安研学营地—西影基地—西安研学营地	第一天：西安研学营地—白鹿原基地—张裕酒庄—西安研学营地；第二天：西安研学营地—三航基地—陕西水利博物馆—西安研学营地；第三天：西安研学营地—威胜天成基地—西安研学营地；第四天：西安研学营地—中国兵器工业试验测试研究院—西安研学营地；第五天：西安研学营地—西影基地—科创基地—西安研学营地	第一天：西安研学营地—白鹿原基地—张裕酒庄—西安研学营地；第二天：西安研学营地—三航基地—陕西水利博物馆—西安研学营地；第三天：西安研学营地—西迁博物馆—西安研学营地；第四天：西安研学营地—中国兵器工业试验测试研究院—沣东农博园—西安研学营地；第五天：西安研学营地—西影基地—西安研学营地
	可选择线路（按天设计，菜单式选择）	1. 西安研学营地—大明宫遗址—西安研学营地；2. 西安研学营地—九号宇宙—西安研学营地；3. 西安研学营地—九立人基地—西安研学营地；4. 西安研学营地—西安眼健康教育科普基地—西安研学营地；5. 西安研学营地—渭南市气象局—西安研学营地	1. 西安研学营地—秦岭国家植物园—西安研学营地；2. 西安研学营地—绿优农业基地—西安研学营地；3. 西安研学营地—航天推进器中心—西安研学营地；4. 西安研学营地—渭南市气象局—西安研学营地；5. 西安研学营地—陕西省西咸新区泾河新城城市综合服务有限公司—西安研学营地	1. 西安研学营地—西安半坡博物馆—西安研学营地；2. 西安研学营地—汉阴县三沈纪念馆—西安研学营地；3. 西安研学营地—安康盛丰源研学实践教育基地—西安研学营地；4. 西安研学营地—北川三秒应急安全体验中心—西安研学营地；5. 西安研学营地—航天推进器中心—西安研学营地
	规划线路（按天设计）	1. 西安研学营地—飞翔梦航空体验中心—西安研学营地；2. 西安研学营地—雏鹰展翅航空文化科普研学基地—西安研学营地	1. 西安研学营地—飞翔梦航空体验中心—航天推进器中心—西安研学营地；2. 西安研学营地—周至县国防教育培训学校—西安研学营地；3. 西安研学营地—雏鹰展翅航空文化科普研学基地—西安研学营地	1. 西安研学营地—陕西科技馆—西安研学营地；2. 西安研学营地—汉中尤曼吉青少年科技展览馆研学实践教育基地—西安研学营地；3. 西安研学营地—周至县国防教育培训学校—西安研学营地

维度或要素		小学高年级段	初中段	高中段
教学重点难点（以代表性线路教学设计为例，以下同）	教学重点	1.落实美育教育，艺术情操的培养 2.树立环境保护、新生态发展理念 3.感受农业、葡萄酒业、畜牧业都和科学技术息息相关 4.感受人工智能的魅力 5.了解中国航空、航天、航海发展史，观看航模飞行，进行爱国主义教育，增强爱国情怀	1.了解现代化科技手段和人工智能在农业、牧业、葡萄酒制作、航天事业、航空技术中的广泛应用 2.树立新生态发展理念，应用科学知识解释身边的现象 3.了解科技特效在影视中的应用，初步学习特效化妆 4.制作航模，参与模拟飞行体验，强化国防意识，振奋民族精神 5.通过军事器械驾驶体验、实弹射击体验、枪支分解比赛，增进国防意识，培养爱国主义精神	1.感受技术创新的重大意义和优势，领略农牧科技、葡萄酒酿造、航天技术、人工智能魅力 2.树立创新理念，感受人与自然和谐相处，体会现代农业带来的健康、高效的生活方式；培养民族工业发展自豪感和历史责任感 3.了解电影拍摄以及制作，培养学生的实践能力、动手能力、创新能力和艺术情操 4.制作航模，参与模拟飞行体验，强化国防意识，振奋民族精神 5.通过军事器械驾驶体验、实弹射击体验、枪支分解比赛，增进国防意识、忧患意识和保家卫国的决心
	教学难点	1.树立新生态发展理念 2.树立可持续发展的环保与科学发展意识 3.落实美育教育，艺术情操的培养 4.能够发现美、欣赏美、创造美 5.进行爱国主义教育，增强爱国情怀	1.培养学生节约意识和创新意识 2.树立可持续发展的环保与科学发展意识 3.了解科技特效在影视中的应用 4.了解飞机飞行原理，制作航模，参与模拟飞行体验，强化国防意识，振奋民族精神 5.将爱国主义从课本知识的学习向日常生活延伸，树立科技兴国观念	1.感受技术创新的重大意义和优势 2.树立创新理念，感受人与自然和谐相处 3.树立可持续发展的环保意识与科学发展意识 4.了解电影拍摄以及制作，培养学生的实践能力、动手能力、创新能力和艺术情操 5.充分了解我国兵器工业发展历史，探讨在应对全球科技及军事竞争中如何保持持续领先的地位，思考如何应对未来战争

维度或要素	小学高年级段	初中段	高中段
教学策略	针对小学高年级段学生特点，通过参观、参与科工主题研学，了解国家在生态科技、农业科技、工业科技、人工智能、国防建设、能源利用、环境保护等重点领域的历史发展和文化渗透，感受伟大的科学研发精神，引导学生建立严谨、审慎和力求准确的科学态度，树立正确的人生观、价值观；养成能利用科学技术知识更好地解释和理解日常生活中遇到的现象的习惯。提升自理能力、自主思考能力，养成热爱并主动参与科学讨论的习惯；能让学生通过科学的接触和学习，开始发现和提出具有科学研究意义的问题，并能从科学常识的角度去假设、解释、回答；通过活动参与、互动体验、实践操作等，初步掌握手工设计与制作技能，能利用所学科学知识和环保观念等相关知识解答生活中的部分问题；教学理念以学生为中心、强调合作与互动、重视反馈与评价，注重个性化发展，培养学生思想的开放性、注重生态和谐发展的教育观念	针对初中段学生特点，通过参与科工主题研学，感受伟大的科学研发精神，树立科学发展观，同时引导学生建立严谨、审慎和力求准确的科学态度，树立正确的人生观、价值观。感受科技的力量，激励学生树立远大理想和目标，培养学生实现人生价值和报效国家的爱国情怀；掌握一定的科学知识，利用掌握的科学技术给生活上、学习上需要帮助的人提供科学支持和帮助，养成科学服务意识；了解现代高精尖科技创新技术的应用与发展，深入思考科技发展背后的深层次意义，掌握科学研究方法和科学原理，培养从思考到形成研究成果的意识；通过活动参与、互动体验、实践操作等，能利用科学知识和环保观念等相关知识解决生活中的部分问题。能运用科学技术解决生活中的现实问题；教学理念以学生为中心、强调合作与互动、重视反馈与评价、重视生态和谐发展理念、科学人文性教育理念、个性化理念、开放性理念	针对高中段学生特点，让学生感受伟大的科学研发精神，树立科学发展观，同时引导学生建立严谨、审慎和力求准确的科学态度，树立正确的人生观、价值观。感受科技的力量，形成对国家的认同和文化的自信。帮助学生运用科学的眼光认识和改造客观世界；能从科学技术发展的背后分析出人类社会存在的问题，并利用所学知识解决实际问题，养成主动服务他人、服务社会的意识，提升社会服务能力；能在探索中提出具有科学依据和现实需要的问题，能运用知识和经验开展科学研究，掌握利用科学技术进行创意设计的方法，增强技术应用和物化能力，增强综合解决问题的能力；培养学生主动实践的习惯，能运用知识解决生活中的复杂问题，强化创意设计、实践操作、技能应用和创意物化能力；教学理念以学生为中心、注重发现与探究、强调合作与互动、重视反馈与评价、强调终身学习、重视生态和谐发展理念、科学人文性教育理念、个性化理念、开放性理念；教法为情境式教学、讲授式教学、实践性教学、个性化教学、多元化教学、交互式教学、跨学科教学；学法为探究性学习、合作式学习、实践体验式学习、问题导向式学习、研究性自学

维度或要素				小学高年级段	初中段	高中段
实施方案	入营教育	安全	引导	营地安全教育，交通安全教育	营地安全教育，防踩踏安全教育	营地安全教育，公共安全教育
			实训	观看相关教育视频，熟识安全警示标志	针对防范重要地点进行安全演练和安全教育落实	发放安全教育读本，进行防火防盗防地震等安全演练
		应急	引导	应急避险预案学习	应急疏散预案学习等相关预案学习	学习如何在生命安全受到威胁时进行有效的自我保护
			实训	发放《应急教育手册》，安全辅导员在入营教育和活动期间组织学习	发放《应急教育手册》，在安全辅导员的引导下进行安全演练	认识常用应急储备物品和药品，熟练使用灭火器等安全防护设备
		救助	引导	求救电话，紧急联系人等的灵活运用	学习紧急情况下如何进行有效救助	同伴互助下的紧急避险和互救
			实训	紧急救护常识教育学习，进行紧急、熟练、准确的报警训练	学会简单的包扎和担架的制作，简单、紧急救护常识实操训练	学会简单的包扎和担架的操作，进行紧急情况下的应急处理训练
		自我管理	引导	通过团建课程建设团队，培养主动适应环境和他人的能力	帮助学生缓解恐惧感，培养坚强的心理承受能力	让学生明白在面临生命危险的紧要关头，如何做出正确的选择
			实训	进行“摩天大楼”“队伍建设”“勇往直前”等项目团建	进行“低空五连环”“罗汉塔”“低空跨越”等项目团建	进行“高空五连环”“高空跨越”“塔罗牌”等项目团建
		团队协作	引导	通过案例培训，团建活动等方式，学会表达自己的观点	通过案例培训，团建活动等方式，有效处理团队冲突和分歧	通过案例培训，团建活动等方式，学会团队合作
			实训	进行“信任背摔”“模拟障碍物”“穿越火墙”等项目团建	进行“低空五连环”“携手并进”“接力传递”等项目团建	进行“团队击鼓”“蒙眼传递”“齐头并进”等项目团建

维度或要素		小学高年级段	初中段	高中段
实施方案	导入教学环节	第一天，情境导入：通过设置科技类情境，激发学生学习兴趣，帮助学生初步树立科技理念；第二天，研学任务单导入：研学教师通过对任务单的讲解，让学生了解本次研学活动的主要对象及应注意的知识内容；第三天，问题导入：设置诸如“同学们，你们知道天空中有什么？你们知道电影怎么拍成的？”等问题，激发学生学习兴趣；第四天，视频导入：在研学开始前播放航空类影视，激发学生对我国科技发展的自豪感；第五天，活动导入：研学活动前，让学生收集科学技术相关的知识，并开展“科学发展我知道”之类的主题班会	第一天，讲解导入：研学途中研学教师讲解和科技发展之类相关的知识，让学生对学习科学产生浓厚兴趣；第二天，研学任务单导入：研学教师通过对任务单的讲解，让学生了解本次研学活动的主要对象及应注意的知识内容；第三天，问题导入：设置诸如“葡萄酒和白酒文化的区别？科技电影中有哪些是我们人类已经实现了的呢？”等问题，拓展学生思考范畴；第四天，活动导入：研学活动前，让学生收集科学技术相关的知识，并开展“科学发展我知道”之类的主题班会；第五天，探究导入：让学生收集身边的科学技术促进生活进步的实例，了解现代科技带来的日新月异的变化	第一天，探究导入：让学生收集身边的科学技术促进生活进步的实例，了解现代科技带来的日新月异的变化；第二天，任务单导入：研学教师通过对任务单的讲解，让学生了解本次研学活动的主要对象及应注意的知识内容；第三天，问题导入：设置“中国民族工业在西方的打压下如何发展？现代科技给我们带来了哪些便利，又存在哪些隐患？”等问题引发学生思考；第四天，活动导入：研学活动前，让学生收集科学技术相关的实例，并开展“科学发展作为第一生产力的现实意义”及创新科技的必要性等课题的讨论；第五天，项目导入：结合研学活动，让学生自主学习中国科技发展史，特别是在全球环境下，如何实现独立发展
	授课教学环节	第一天：入营教育，选修课程1“纪律教育、安全教育等营地教育（一）”、必修课程一“科技改变生活”、必修课程二“领略农业科技”；第二天：必修课程三“水利知识学习”、必修课程四“我的宇航员之梦”；第三天：必修课程五“千里眼顺风耳”、必修课程六“AI飞行体验”、选修课程5“素质拓展训练（一）”；第四天：必修课程七“感受外太空神秘”、必修课程八“我和奶牛做朋友”第五天：必修课程九“我和机器人做朋友”、必修课程十“我也拍电影”	第一天：入营教育，选修课程1“纪律教育、安全教育等营地教育（二）”、必修课程一“了解民族工业发展史”、必修课程二“身边的科学”；第二天：必修课程三“水，生命之源”、必修课程四“梦想从这里起飞”、选修课程3“现代消防科普（二）”；第三天：必修课程五“航天知识知多少”、必修课程六“逐梦人生之路”；第四天：必修课程七“走进兵工院”、必修课程八“农业是生存之本”、选修课程5“素质拓展训练（二）”；第五天：必修课程九“人类的好帮手”、必修课程十“探索影视艺术”	第一天：入营教育，选修课程1“纪律教育、安全教育等营地教育（三）”、必修课程一“探寻民族工业发展历程”、必修课程二“为了生活更美好”；第二天：必修课程三“紧缺的水资源”、必修课程四“寻梦三航基地”、选修课程5“素质拓展训练（三）”；第三天：必修课程五“遥测嫦娥奔月”、必修课程六“访交大，识工大”；第四天：必修课程七“我的强军之梦”、必修课程八“我们将走向何方”、选修课程3“现代消防科普（三）”；第五天：必修课程九“人工智能的发展”、必修课程十“感受科技魅力”

维度或要素		小学高年级段	初中段	高中段
实施方案	进级教学环节	1. 实践：素质拓展，生命科学实操，消防演练 2. 探索：新技术在农业中还有哪些应用 3. 体认：感受技术创新对农业发展、葡萄酒酿造、自然科学、水利发展的重大意义	1. 实践：素质拓展，生命科学实操，航模制作 2. 探索：我国三航技术的发展现状 3. 讨论：人工智能在生活中的应用 4. 表达：水资源保护宣传演讲竞赛 5. 体认：航空航天技术发展对国家的重要性	1. 实践：素质拓展，生命科学实操，影视剪辑及制作 2. 探索：科学技术是第一生产力，科技兴国战略 3. 讨论：航空航天技术对于国家发展的重要性 4. 表达：科技兴国与我的中国梦 5. 体认：感受人与自然和谐相处之道，树立科教兴国伟大理想信念
	巩固教学环节	1. 回顾：水资源与环境保护的方法，农业科技的运用和葡萄酒酿造的科学技术运用 2. 思考：感受技术创新对农业发展、葡萄酒酿造、自然科学、水利发展的重大意义，航空航天技术发展对国家的重要性，生活中还有哪些领域需要人工智能的渗透及意义 3. 应用：水资源保护演讲及宣传	1. 回顾：我国自然科学领域科学技术的现状及渗透，我国三航技术目前的发展现状，人工智能在生活中的应用 2. 思考：感受技术创新对农业发展，葡萄酒酿造、水利发展的重大意义；航空航天技术发展对国家的重要性；生活中还有哪些领域需要人工智能的渗透及意义；感受人与自然和谐相处之道，树立科教兴国伟大理想信念 3. 应用：航模制作及应用实践	1. 回顾：感受技术创新对农业发展、水利发展的重大意义；体会航空航天技术进步对国家和平稳定发展的重要性 2. 思考：人工智能的发展对改善我们生活方式的积极意义；感受人与自然和谐相处之道，树立科教兴国伟大理想信念，强化国防意识，振奋民族精神 3. 应用：引入人工智能解决部分生活学习中的实际问题

维度或要素			小学高年级段	初中段	高中段
实施方案	总结教学环节	教学创新	1. 基于学情，结合学科特点，重视情境式导入方式，注重游戏化教学方法，多样化教学过程 2. 重视提升学生认知能力和思考习惯的养成	1. 基于学情，结合学科特点，重视任务导入方式和活动导入方式，提高学生的专注性 2. 重视学生独立思考能力的培养和协作精神的养成	1. 结合学科特点，研学教师主动尝试创新教学理念、教学方法、教学过程、教学手段和教学策略 2. 重视学生创新精神和实践能力的提升
		教学总结	1. 回顾研学内容，分析学生对认知和思考习惯的养成 2. 结合学生、随队教师、家长在导入、实施等环节中的反应和反馈，完成必要的教学评价 3. 建立研学档案	1. 总结研学内容和技能，分析学生是否通过研学实践加深对科教兴国的理解 2. 收集学生、家长、研学讲解员以及其他相关人员的反馈，完成全面客观的评价 3. 建立教学档案	1. 引导学生通过小组研讨、分享交流等，总结归纳研学实践的内容 2. 在研学教师的指导下，撰写研究报告，完善《研学手册》，结合报告和手册完成教学评价 3. 研学学生、研学教师、工作人员等及时总结、了解教学环节的优点和不足，整理研学活动的教学资料 4. 建立教学档案
		教学反思	1. 根据常规教学要求，反馈和评估结果，对教学环节进行调整和优化，梳理教学环节的设计、实施和效果，提炼经验教训 2. 重点反思是否体现了对学生思考养成教育和认知能力的培养	1. 反思导入活动是否达到了预期效果 2. 反思研学课程与学生学习能力和接受能力是否吻合，是否需要调整 3. 反思针对初中学生如何才能够更好地激发学习兴趣，提高参与度	1. 反思如何才能更好更快地将学生引入课程环节 2. 反思学生如何才能将自己研学过程中的收获转化为努力学习的兴趣 3. 反思高中学生感兴趣的部分，提出行之有效的建议 4. 反思研学活动中是否达到预期目标

维度或要素				小学高年级段	初中段	高中段
实施方案	评价教学环节	教学水平评价	自我评价	通过学生活动过程及结果的反馈，反思线路设计及课程设计的适切性，是否完成了线路及课程预设的目标	通过向学生提问等方式，了解学生对活动的参与度，反思如何才能将学生的关注点和研学基地的课程相结合	通过观察、记录、反馈学生研学过程中的学习情况以及他们在活动中的表现，给予评价
			学生评价	通过让学生填写“研学调查表”，从而对研学活动的主题、内容、目标进行评价，重点聚焦在研学内容和主题上，而不是“有趣”或“好玩”上	通过填写“研学任务单”，对研学活动中的课程进行评价，并对活动过程的组织管理程序进行评价	通过“满意度调查表”，对研学过程管理、研学教师业务能力、研学安全员履职能力及研学基地课程合理性进行评价
			同行评价	研学基地教师、营地教师、学校学科教师、其他营地教师等对线路及课程进行多维度评价，用于及时反馈初设目标	研学基地教师、营地教师、学校学科教师、其他营地教师等对线路及课程进行多维度评价，建立合理评价体系	研学基地教师、营地教师、学校学科教师、其他营地教师等对线路及课程进行多维度评价，提高活动参与人员的积极性和业务能力
			培训和考核	建立研学实践活动参与人员培训制度；通过政治素养、教学水平、教学态度、教学成果等对教师进行多维度综合考核与评价，鼓励教师等人员进行个人综合能力的提升	完善研学实践活动参与人员培训体系；通过政治素养、教学水平、教学态度、教学成果等对教师进行多维度综合考核与评价，建立合理评价体系，提高活动效果	形成研学实践参与人员定期培训模式；通过政治素养、教学水平、教学态度、教学成果等对教师进行多维度综合考核与评价，并根据考核结果对教师进行分类管理，实行个性化的培训方案，全方位保障教学效果
			教学成果展示	通过故事大会、制作手抄报等形式，展示自己的研学成果	通过召开主题班会、黑板报、召开集体研讨会、制作美篇等形式展示研学成果	通过制作宣传视频、召开主题辩论会、制作宣传画报等形式展示研学成果

维度或要素				小学高年级段	初中段	高中段
实施方案	评价教学环节	学业评价	形成性评价	通过观察、记录和反馈学生研学过程中的学习情况，对他们在活动中的表现给予评价	通过对研学过程中学生参与活动的积极性、主动性进行评价，结合“研学任务单”的完成情况，对活动过程进行整体评价	活动过程中认真观察每位学生的表现，将学生的参与度与研学基地课程内容相结合，反思课程安排及研学辅导中的不足，并提出改进意见
			总结性评价	通过对研学过程中的观察和思考，总结针对小学高年级学生特点，如何在活动过程中贯彻教育理念	在研学活动结束后，通过学生的研究报告、展示或测试等形式，全面了解学生在研学活动中的学习成果和进步	通过回答问题、集体研讨等形式，客观反映学生研学活动中的参与度，结合教师对学生的评价和安全管理中的问题，整体评价活动效果
			教师评价	通过对学生活动参与度的观察，结合互动环节、分享环节及成果展示等环节的综合表现，对学生进行综合评价	由教师根据学生在研学活动中的表现和成果，根据学生的参与度、作业质量、测试成绩等，参考学生的自我评价，对学生进行综合评价	根据学生在活动开始前的准备、参与活动中的自我管理等，结合学生的自我评价，对学生研学过程进行评价。通过学生集体研讨环节的发言、成果展示环节作品呈现的效果，对学生学习效果进行评价
		项目评价		鼓励校内教育工作者、学生家长、社会各界积极参与评价过程，通过教研活动及针对评价结果的反思，及时发现问题并加以改进	通过开展项目自评，发现活动组织中存在的问题，并组织专业人员进行分析研究，提升项目执行效果，取得更大的社会效益	通过广泛征求省教育厅、其他研学营地及研学基地的意见，对项目中目标指向、联动情况及活动效果等进行综合评价，更好地发挥社会效益

4.20　教学计划与策略列表：探寻科学奥秘　见证智慧成就

<table>
<tr><td colspan="3">营地名称</td><td>兰州市中小学生综合实践教育学校（简称“兰州营地”）</td><td>命名机构</td><td>教育部</td><td>识别码</td><td>Y145620001</td></tr>
<tr><td colspan="3">从业资质（摘要）</td><td>中小学生综合实践活动组织和管理</td><td>单位属性</td><td>公益二类</td><td>法定代表人</td><td>刘文斌</td></tr>
<tr><td colspan="3">研学主题</td><td>探寻科学奥秘　见证智慧成就</td><td colspan="2">主要目的指向</td><td colspan="2">科学技术</td></tr>
<tr><td rowspan="7">营地（枢纽）及周边主要优质研学资源</td><td colspan="2">基地层级</td><td colspan="5">研学站点（基地）名称</td></tr>
<tr><td rowspan="2">教育部命名基地</td><td>已列入教学计划</td><td colspan="5">、与本主题相关列入教学计划的基地8个
1.甘肃省科技馆；2.甘肃地质博物馆；3.兰州市地震博物馆；4.中国科学院近代物理研究所（简称“近物所”）；5.兰州空间技术物理研究所（简称“空间技术研究所”）；6.刘家峡水电站；7.原子城；8.海东市乐都区青少年活动中心（简称“海东基地”）
二、与本主题关联不大但列入本营地教学计划的基地6个
1.甘肃省农业科学院；2.会宁红军长征胜利纪念馆（简称“会宁长征纪念馆”）；3.张掖湿地博物馆；4.民勤县防沙治沙纪念馆；5.天水市博物馆；6.会宁县青少年学生校外活动中心（简称“会宁基地”）</td></tr>
<tr><td>待列入教学计划</td><td colspan="5">1.西峰区青少年校外活动中心（简称“西峰基地”）；2.临夏市青少年校外活动中心（简称“临夏基地”）；3.永昌县青少年活动中心（简称“永昌基地”）；4.甘肃省博物馆；5.和政县大中小学劳动教育综合实践基地服务中心（简称“和政基地”）；6.南梁革命纪念馆</td></tr>
<tr><td colspan="2">其他部委命名基地</td><td colspan="5">1.兰州大学科学观测台站管理中心（简称“兰大科学观测站”）；2.兰州市城市规划展览馆；3.西北民族大学物理演示与工程训练基地（简称“西北民大工程基地”）；4.永靖县科技馆；5.中国科学院寒区旱区环境与工程研究所（简称“寒旱所”）</td></tr>
<tr><td colspan="2">地方命名基地</td><td colspan="5">1.兰大科技园；2.西北师范大学物理与电子工程学院（简称“西北师大物电学院”）；3.兰州大学生命科学学院（简称“兰大生科院”）；4.兰石集团展览馆；5.甘肃弗雷科技展览有限公司（简称“弗雷科技公司”）；6.兰州市科技成果转移转化中心（简称“科技成果转化中心”）；7.酒钢西部重工VR智能科技体验馆（简称“酒钢VR智能体验馆”）；8.嘉峪关市酒钢三中航空航天科技教育馆（简称“酒钢三中航天科技馆”）；9.酒泉1969文化艺术创意园工业锅炉展览馆（简称“酒泉工业锅炉展览馆”）10.西北师范大学博物馆；11.甘肃自然能源研究所</td></tr>
<tr><td colspan="2">本营地资源</td><td colspan="5">1.人工智能馆；2.创客工坊；3.3D打印馆；4.机械创意搭建馆；5.工程创意搭建馆；6.现代农业馆；7.匠艺工坊（金工木工电工）</td></tr>
<tr><td colspan="2">其他资源</td><td colspan="5">1.甘肃电器科学研究院；2.甘肃三木自行车博物馆；3.永靖县科技馆；4.网易联合创新中心（简称“网易创新中心”）；5.兰州交大铁路运输科技馆（简称“兰交大铁路科技馆”）；6.甘肃普锐特科技有限公司（简称“普锐特科技公司”）；7.兰州海洋公园；8.玉门石油机械学校；9.黄河水电博览园</td></tr>
</table>

维度或要素	小学高年级段	初中段	高中段
校内教育基础（与校内教育的衔接）	《义务教育课程方案》明确指出，要强化学科实践。注重“做中学”，经历发现问题、解决问题、建构知识、运用知识的过程，体会学科思想方法。早期的科学素养对学生的人生观、价值观的形成有着至关重要的作用，该研学主题课程在设计上与校内教育课程衔接的有关内容如下：1.科教版科学五年级上册第四单元第1课“我们的身体”；2.科教版科学五年级上册第一单元“有关光的思考”、第二单元“风的作用”“水的作用”；3.人教版道德与法治六年级下册第二单元第5课“应对自然灾害”、科教版五年级上册第二单元“地震的成因及作用”；4.人教版道德与法治五年级下册第二单元第6课“我参与我奉献”；5.科教版科学五年级上册第二单元第1课“地球的表面”、第2课“地球的结构”；6.科教版科学五年级上册第二单元第3课“地震的成因及作用”、人教版道德与法治六年级下册第二单元第5课“应对自然灾害”；7.科教版科学五年级上册第四单元第7课“制订健康生活计划”；8.人教版道德与法治六年级下册第四单元第8课“科技发展造福人类”；9.科教版科学六年级上册第一单元第7课“微生物与健康”；10.科教版科学六年级下册第三单元第7课“探索宇宙”	《义务教育课程方案》明确指出，要强化学科实践。注重在真实情境中增强学生认识世界，解决真实问题的能力。在认识常见运动形式、能量、自然现象、生命系统构成层次、化学反应等的基础上，初步掌握运用科学的观念、严谨的逻辑明确问题、设计方案、实施计划、改进完善、发布成果。培养学生重组思维、发散思维、突破定势等创造性思维，并理解不同学科的价值，初步具有国际视野和人类命运共同体意识。该研学主题课程在设计上与校内教育课程衔接的有关内容如下：1.苏教版生物七年级上册第一单元第2课“探索生命”；2.北师大版物理八年级上册前言“走进物理世界”；3.人教版道德与法治八年级第四单元第八课“维护公平正义”；4.北师大版数学八年级上册第三章第2课“平面直角坐标系”；5.湘教版地理七年级上册第三章第三节“影响气候的主要因素”；6.人教版道德与法治八年级上册第三单元“勇担社会责任”；7.湘教版八年级地理第二章第一节“中国的地形”；8.苏教版生物七年级下册第十三章第二节“保护生物圈”；9.北师大版物理八年级下册第九章第4课“功率”；10.北师大版物理九年级第十三章第六课“安全用电”、人教版道德与法治第四单元第8课“中国人中国梦”	《普通高中课程方案》明确指出，要掌握适应时代发展需要的基础知识和基本技能，丰富人文积淀，发展理性思维，敢于批判质疑，学会获取、判断和处理信息，具备信息化时代的学习和发展能力。在力、电、磁，物质结构与性质，反应原理，数学建模，资源、环境与国家安全等的基础上，能够准确客观界定问题、抽象特征、建构模型、组织架构，形成合理且实用的解决方案。该研学主题课程在设计上与校内教育课程衔接的有关内容如下：1.人教版物理高一必修二第七章第4课“宇宙航行”；2.人教版思想政治高二必修四第一单元第1课“时代精神的精华”；3.湘教版地理高一必修二第五章“人地关系与可持续发展”；4.人教版化学必修一第二册第六章第1节“化学反应与能量变化”；5.人教版生物高一必修一第一章第2节“生物科技进展人工合成生命的探索”；6.人教版物理高二选修一第一章第6课“反冲现象 火箭”；7.人教版思想政治第二单元第6课“实现人生的价值”；8.湘教版高一数学必修二第六章“数学建模”；9.人教版生物高二选修二第四章“人与环境”；10.人教版物理高一必修三第十二章第4课“能源与可持续发展”

维度或要素			小学高年级段	初中段	高中段
研学课程	必修课程一	名称	我是从哪里来的	生命诞生与进化	我有一个航天梦
		活动目的	通过感受母亲怀孕过程中的身体变化，感受母亲的艰辛，培养学生的感恩情怀，了解血型遗传基本规律	参观体验，了解血型遗传基本规律；理解身体的小秘密，增强学生对生命、身体的热爱与尊重，正确认识青春期身体的变化	通过体验太空舱来感受宇航员在太空生活的场景，参观展馆，了解航天事业发展史
		活动形式	教师讲授、实地参观、实践体验相结合	教师讲授、实地参观、实践体验相结合	实地参观、实践体验相结合
	必修课程二	名称	物理趣味竞赛	物理探索之旅	科学研究体验
		活动目的	通过具有挑战性的物理实验、竞赛和专家互动，激发学生对物理学的热情，培养团队合作和表达能力	通过动手实验，提高学生对物理学的实践能力和观察力，加深对学科知识的认知	通过深入讨论、专题讲座和科研实践，让学生更深刻地了解物理学和电子工程领域的学术研究和实践过程
		活动形式	合作探究，竞赛式	教师讲授、实地参观、实践体验相结合	教师讲授、实地参观、实践体验相结合
	必修课程三	名称	寻访兰石工匠，致敬劳动者	走进兰石重工，探究军工制造	探索地质演化历程，感受沧桑变迁
		活动目的	对话兰石劳动模范，致敬劳动者，弘扬传承兰石人的工匠精神	探究兰石军工，走进国防，感受兰石人的铸剑报国和默默奉献的可贵精神，激发学生的责任担当意识	用科普的方式讲述甘肃山水林田湖草沙的美丽故事，展示全省自然资源系统建设与自然和谐共生的新发展成就
		活动形式	参观游览、聆听访谈	参观游览、亲身体验、合作探究	教师讲授、实地参观、实践体验相结合
	必修课程四	名称	3D打印技术课程	3D建模我来做	“‘核’你共筑科学梦”
		活动目的	了解3D打印技术的原理及相关知识，培养学生热爱学习，主动思考、勇于创新的良好习惯	体验3D打印建模过程，掌握建模与实践应用操作技术	通过观看纪录片，感受老一辈科学家的精神传承、重离子加速器等大科学装置的神奇
		活动形式	教师讲授、亲身实践、探索发现	教师讲授、实地参观、实践体验相结合	教师讲授、实地参观、实践体验相结合

维度或要素			小学高年级段	初中段	高中段
研学课程	必修课程五	名称	探寻自然的“神奇密码”	生态系统的变化	探索生命科技
		活动目的	了解甘肃省自然地理、地质特征、矿产、人文景观、土地资源等内容，加深对家乡资源的认识和了解，提升环境保护意识	理解生态系统的变化原因和对环境的影响，培养学生的观察能力和分析能力	感受科技对人类生命健康和社会发展的意义，提升学生对科技的探索欲望
		活动形式	实地参观、自主探究	教师讲授、实地参观相结合	教师讲授、实地参观、实践体验相结合
	必修课程六	名称	地震来临该怎么办	探究防震减灾知识，体认抗震救灾精神	国之重器逐梦航天
		活动目的	学习紧急救援技能，系统掌握防震减灾救灾和自救互救知识与技能	实地参观地震馆各个分馆，了解发生在不同时期的国内外地震灾害，积极探索合理、正确的救灾方式，体悟伟大抗震救灾精神	近距离观摩空间机电、月球样品密封封装装置、深空探测器等航天模型，有效激发青少年爱国情感
		活动形式	教师讲授、实地参观、实践体验相结合	教师讲授、实地参观、实践体验相结合	教师讲授、实地参观、实践体验相结合
	必修课程七	名称	人工智能改变生活	解密大地的密码	科技探索与团队挑战
		活动目的	理解人工智能在社会中的重要性，增强学生对人工智能的学习兴趣	了解甘肃省境内丰富的自然资源以及种类繁多的生物资源，认识各类矿产资源及其采挖方式，树立正确的生态观和价值观	通过复杂的科学实验、专题讲座和团队挑战，提高学生对核能的理解与对科技创新的探索能力
		活动形式	教师讲授、实地参观、实践体验相结合	教师讲授、实地参观、实践体验相结合	教师讲授、实地参观、实践体验相结合
	必修课程八	名称	科学就在身边	寒旱区水资源保护	深度探讨与模拟演练
		活动目的	通过参观场馆，在科普展厅进行科学小实验，让学生在亲身参与、动手实验过程中，激发学生的好奇心、求知欲和创新意识，体验科学发现的乐趣	了解环境保护和水资源利用对寒旱区的意义，领会节约水资源的重要意义	通过深入讨论、科研项目和模拟演练，引导学生深入思考核能发展及相关问题，并培养解决问题和危机处理的能力
		活动形式	教师讲授、实地参观、实践体验相结合	教师讲授、自主探究	教师讲授、实地参观、实践体验相结合

维度或要素			小学高年级段	初中段	高中段
研学课程	必修课程九	名称	认识生命科学	水电科技探索之旅	水电站工程实践与讨论
		活动目的	了解生命的发育与诞生的过程，认识细胞的结构、功能和与之有关的一切生命活动的规律	深度了解水电工程，促进学生对水电科技的理解和研究能力，激发学术兴趣，培养团队合作与独立研究能力	参与体验水电站设备操作和实验，聆听讲座，拓展对水电工程发展的认知，分享对水电工程的见解和思考
		活动形式	教师讲授、实地参观	教师讲授、聆听讲解、实地参观	教师讲授、实地参观、分享交流
	必修课程十	名称	探索人类太空历程	水电工程发展史	水电工程前沿探讨与交流
		活动目的	了解人类太空探索历程，增加爱国情怀、强国意识，传承航天精神，助力中国梦	了解水电工程的发展历史和重大意义，促进学生对水电科技的理解和研究能力，激发学生对科技的热爱	拓展学生对水电工程前沿技术的认知，通过专题讲座和学术交流，促进学生批判性思维与实践能力的培养
		活动形式	教师讲授、实地参观	教师讲授、实地参观、实践体验相结合	教师讲授、实地参观、实践体验相结合
	选修课程		1. 团队熔炼 2. 工程搭建（一） 3. 创意挖掘机 4. “纸”为你来 5. 巧制水火箭	1. 拓展训练 2. 智能创意灯 3. 工程搭建（二） 4. 无电娃娃机 5. 埃舍尔多面体 6. 编程 90 分 7. 3D 打印	1. 团队的荣耀 2. 创意搭建 3. 未来城市 4. 机械搭建 5. 校园讲解机器人 6. AIscratch 编程 7. 人工智能

维度或要素		小学高年级段	初中段	高中段
研学线路	代表性线路（时长五日）	第一天：兰州营地—甘肃省科技馆—西北师大物电学院—兰州营地；第二天：兰州营地—兰石集团展览馆—普锐特科技公司—兰州营地；第三天：兰州营地—甘肃地质博物馆—兰州市地震博物馆—兰州营地；第四天：兰州营地—兰大科技园—近物所—兰州营地；第五天：兰州营地—兰大生科院—空间技术研究所—兰州营地	第一天：兰州营地—甘肃省科技馆—西北师大物电学院—兰州营地；第二天：兰州营地—兰石集团展览馆—普锐特科技公司—兰州营地；第三天：兰州营地—兰大生科院—兰州市地震博物馆—兰州营地；第四天：兰州营地—甘肃地质博物馆—寒旱所—兰州营地；第五天：兰州营地—刘家峡水电站—黄河水电博览馆—兰州营地	第一天：兰州营地—甘肃省科技馆—西北师大物电学院—兰州营地；第二天：兰州营地—甘肃地质博物馆—近物所—兰州营地；第三天：兰州营地—兰大生科院—空间技术研究所—兰州营地；第四天：兰州营地—海东基地—原子城—海东基地；第五天：海东基地—刘家峡水电站—黄河水电博览馆—兰州营地
	可选择线路（按天设计，菜单式选择）	1.兰州营地—甘肃农业科学院—科技成果转化中心—兰州营地；2.兰州营地—弗雷科技公司—网易创新中心—兰州营地；3.兰州营地—兰州市城市规划展览馆—兰州交大铁路科技馆—兰州营地；4.兰州营地—西北民大工程基地—甘肃三木自行车博物馆—兰州营地；5.兰州营地—兰大科学观测站—甘肃电器科学研究院—兰州营地	1.兰州营地—甘肃农业科学院—科技成果转化中心—兰州营地；2.兰州营地—弗雷科技公司—网易创新中心—兰州营地；3.兰州营地—兰州城市规划展览馆—兰州交大铁路科技馆—兰州营地；4.兰州营地—西北民大工程基地—甘肃三木自行车博物馆—兰州营地；5.兰州营地—兰大科学观测站—甘肃电器科学研究院—兰州营地；6.兰州营地—兰大科学观测站—甘肃电器科学研究院—兰州营地；7.兰州营地—酒泉工业锅炉展览馆—兰州营地；8.兰州营地—玉门石油机械学校—兰州营地	1.兰州营地—甘肃农业科学院—科技成果转化中心—兰州营地；2.兰州营地—弗雷科技公司—网易创新中心—兰州营地；3.兰州营地—兰州市城市规划展览馆—兰州交大铁路科技馆—兰州营地；4.兰州营地—西北民大工程基地—甘肃三木自行车博物馆—兰州营地；5.兰州营地—兰大科学观测站—甘肃电器科学研究院—兰州营地；6.兰州营地—兰大科学观测站—甘肃电器科学研究院—兰州营地；7.兰州营地—酒泉工业锅炉展览馆—兰州营地；8.兰州营地—玉门石油机械学校—兰州营地
	规划线路（按天设计）	1.兰州营地—甘肃自然能源研究所—兰州营地；2.兰州营地—西北师范大学博物馆—兰州营地；3.兰州营地—兰州海洋公园—兰州营地	1.兰州营地—甘肃自然能源研究所—兰州营地；2.兰州营地—西北师范大学博物馆—兰州营地；3.兰州营地—酒钢三中航天科技馆—兰州营地	1.兰州营地—甘肃自然能源研究所—兰州营地；2.兰州营地—酒钢VR智能体验馆—兰州营地；3.兰州营地—酒钢三中航天科技馆—兰州营地

维度或要素		小学高年级段	初中段	高中段
教学重点难点（以代表性线路教学设计为例，以下同）	教学重点	1. 学习血型遗传基本规律；2. 探究物理实验过程中的趣味性；3. 学习并传承工匠精神；4. 了解3D打印技术的原理及相关知识；5. 了解甘肃地理、提升环境保护意识；6. 学习地震来临紧急救援知识；7. 了解人工智能在生活中的作用；8. 动手实验、体验科学实验的乐趣；9. 认识细胞的结构和生命活动规律；10. 绘制出近10年我国航天事业发展的重要事件时间轴	1. 掌握血型遗传基本规律，了解自己身体的小秘密；2. 提高学生物理方面的实践能力和观察力；3. 走进国防教育场所、激发学生的责任担当意识；4. 学习3D打印实操技术；5. 学习生态系统的变化原因和对环境的影响；6. 了解地震灾害，探索正确的救灾方式；7. 了解甘肃省境内丰富的自然资源、独特的物产以及种类繁多的生物资源；8. 领会节约水资源从身边做起的道理；9. 了解水电工程，培养团队合作与独立研究能力；10. 学习水电站内部设备运作的基本原理	1. 掌握星空图并找出与自己星座相符合的星座图；2. 学习物理学和电子工程领域的学术研究和实践过程；3. 探究地质演变的过程；4. 学习科学实验、体验科学发现的乐趣；5. 探究科技对人类生命健康和社会发展的意义；6. 通过观察航天模型，激发学生热爱祖国，崇尚科学的热情；7. 通过深层次的科技实验，提高对核能的理解；8. 学习核能发展的历程及相关问题，培养学生解决问题和危机处理的能力；9. 体验水电站的设备操作和实验过程；10. 拓展学生对水电工程前沿技术的认知
	教学难点	1. 理解血型遗传的基本规律，通过趣味化的物理实验探索科学的乐趣 2. 培养并传承工匠精神，深入了解3D打印技术的原理与应用 3. 加深对甘肃地理的了解，提高环境保护意识，学习地震紧急救援知识 4. 探索人工智能在日常生活中的应用，通过亲身参与实验，体验科学实验的乐趣 5. 学习细胞的结构和生命活动规律，绘制近10年中国航天事业发展的重要事件时间轴	1. 理解遗传基因的概念、基因型和表型之间的关系，以及如何解读遗传交叉 2. 理解3D打印的工作原理、操作打印机的技术细节，以及如何处理打印过程中出现的问题 3. 理解地震的发生原因、预测地震的困难性，以及在紧急救援过程中的应对策略 4. 对甘肃省地理环境的整体认识，以及各类资源的特点和利用方式 5. 理解水电站各部件之间的关系、电力生成的过程，以及掌握相关设备的操作和维护技术	1. 熟悉星座图上各个星座的形状和位置，以及如何根据观测条件找到特定的星座 2. 理解地质演变的复杂性，包括地壳构造、板块运动、地质作用等内容，并将其与地貌特征联系起来 3. 深入理解科技与生活、社会发展的密切关系，以及对未来科技发展趋势的思考 4. 学习核能的物理原理、安全性以及与环境、社会等方面相关的问题 5. 掌握水电站设备的复杂性和运作原理，以及学习安全操作规程和应急处理措施

维度或要素	小学高年级段	初中段	高中段
教学策略	小学高年级段学生具备较强的求知欲望和能力，他们对新鲜事物充满好奇心，开始思考、追求和探索知识。引导学生主动建构知识，而不是被动接受，采用创新的教学方式如项目式学习、小组合作学习等，培养学生的创新思维和实践能力。同时，教学方法包括讲授法、图示法、参观法、讨论法等，学习方法包括观察法、归纳法等，利用信息技术手段如人工智能、虚拟现实等丰富学习体验，提高学生的学习兴趣和技术素养。培养学生的科学能力有助于提高他们的综合素质，推动科技进步，培养出更多具有人文素养和科学精神的公民，为提高社会文明水平作出贡献。此外，教师不断完善课程，保证教学活动的质量，以促进学生全面发展	初中段学生的独立思考能力和判断能力都显著增强，同时具备形象思维能力与抽象思维能力并存的思维模式。教学应该运用项目式学习方法，设置真实问题或任务，让学生深入了解问题，进行分析、研究、讨论，并最终找到解决方案。同时，鼓励学生自主学习、协作学习和发散性批判思维，运用观察、实验等方法获得数据，并用科学语言、概念图、统计图表等对数据进行整理分析。在教学方法上，可以采用讲授法、图示法、参观法、讨论法等，通过研学实践中的科学观察、实验探究等活动形成系统的研究方法和理论体系；通过这样的教学设计，学生不仅可以学习科学研究方法，养成科学思维习惯，形成科学态度和正确价值观，还能根据实际研究结果进行不断调整，使其对思维方式、价值观等产生深远影响。这样的教学模式不仅有助于学生学习科学知识，更能培养其创新意识和合作精神，为其未来的发展打下坚实基础	高中段学生的认知发展水平和学习能力水平较高，具备较强的创新意识和自主学习、合作探究的能力。应紧密联系生活经验，从实践活动中进行教育，让学生从传统被动学习中解脱出来，充分发挥学习者的主体精神；教学方法包括讲授法、谈话法、演示法、讨论法，以及观察法、自主学习法、探究学习法等。借助丰富的科技资源，学生可以走进高新科技企业，深入科研前线，与科研人员面对面交流，从而真正体会科技与生活、科技与国家发展的紧密联系。通过科技研学和创新性研学活动，学生可以从学校的小课堂走进社会的大课堂，提升实践能力、思维探索能力，体会科学研究方法，增强区域认知，培养社会参与意识和社会责任感

维度或要素				小学高年级段	初中段	高中段
实施方案	入营教育	安全	引导	发放《安全手册》，借助多媒体设备讲解基本的安全知识，如避免单独行动、注意交通安全、食品卫生等	提供《安全手册》，并讲解基本的安全知识，包括避免单独行动、交通安全、遵守场馆规定等重要内容	发放《安全手册》，并讲解基本的安全知识，如注意交通安全、遵守场馆规定、食品卫生等
			实训	针对《安全手册》内容进行演示讲解，并在上课转场及课前渗透，掌握安全知识	绘制逃生路线图，并进行逃生演练，掌握各项急救技能及自我保护技能	组织模拟场景的急救演练，包括交通安全、火灾逃生、自然灾害应对等，掌握基本的自救逃生技能
		应急	引导	详细介绍应急预案和应对措施，并示范如何使用应急设备，培养冷静思考能力	详细介绍应急预案和应对措施以及示范如何使用应急设备，培养随机应变能力	通过模拟演练，引导学生在遇到危险时能保持冷静和安全
			实训	分享一些真实案例，如失散、紧急求助等，让学生了解应对紧急情况时的有效方法	分享一些真实案例，如失散、紧急求助等，让学生了解应对紧急情况时的有效方法，并进行讨论和总结	掌握心肺复苏的操作流程和技巧，了解AED等急救设备的基本原理和正确运用方法
		救助	引导	向学生介绍应对危险情况时的求助渠道和方式，如呼救电话、寻求帮助的正确方式等	了解应急情况下的呼救电话，如火警、医疗急救和警察电话。知道寻求帮助的正确方式	学会在紧急情况下冷静地表达问题，并提供清晰的位置信息和其他相关信息，以便接受帮助人员能够快速有效地响应
			实训	模拟实施案例分析，帮助学生熟悉和掌握求助的方法和技巧	利用角色扮演团队合作等活动，帮助学生熟悉和掌握求助的方法和技巧	通过角色扮演、案例分析以及团队合作等活动，模拟实施求助教育
		自我管理	引导	通过案例视频讲解与引导，让学生初步建立自我管理的认知	通过情绪管理的培训和指导，提升合理的时间管理、个人卫生和良好的作息安排等方面的能力	通过情绪管理的培训和指导，引发学生对时间、情绪、目标、健康管理的意愿
			实训	通过集体活动、团队心理游戏等心理建设项目，初步学会自我管理方法	团队合作活动，帮助学生熟悉和掌握自我管理的方法和技巧	通过绘图说话、团队心理等心理建设活动，提升时间、情绪等自我管理能力
		团队协作	引导	安排小组合作任务，培养学生合作、沟通和协作能力	通过体验拓展项目，引导学生发表对团队协作重要性的认识	安排团队任务或挑战，促进学生合作、沟通和协作能力
			实训	通过破冰小游戏，提高合作互助意识	开展室外素质拓展课程，体会团队协作的重要性	开展团队建设活动，培养学生团队精神

维度或要素		小学高年级段	初中段	高中段
实施方案	导入教学环节	第一天，前置课程调查导入：让学生分别了解父母的血型和自己的血型，教师设置悬念激发学生学习兴趣；第二天，视频导入：播放《大国工匠》视频，激发学生劳动热情；第三天，问答导入：开展知识竞赛，调动学生的研学积极性，了解相关研学知识；第四天，情境导入：通过创设世界即将被机器人占领的情境，引导学生了解目前人工智能在社会中的重要应用，激发学生探索科学知识的兴趣；第五天，视频导入：观看航天相关内容科普、引导学生主动思考和讨论；第六天，任务导入：设置海洋保护任务，让学生感受有目的、有收获、有品质的自然探索活动方式	第一天，参观体验：了解生命的诞生与进化；问题导入：动手实验，引发兴趣，感受物理奥妙；第二天，情境导入：探究兰石军工，走进国防场馆；第三天，讲解导入，向学生普及生态系统的变化；情境导入：参观地震馆，了解各类地震灾害；第四天，视频导入：学习环境保护和水资源利用对寒旱区的意义；第五天，交互式讲解导入：激发学生对水电科技的兴趣；情景导入：科普水电站运作原理，激发学生兴趣	第一天，视频导入：观看我国“两弹精神”相关视频，让学生了解两弹发展历程和“两弹精神”内涵，树立远大目标理想，学习航天人自主创新、自强不息、艰苦奋斗、勇攀高峰的民族精神，调动学生的研学积极性和探究兴趣；第二天，任务导入：预留研学问题，学生通过查阅相关资料获取信息，调动学生探究兴趣；第三天，互动导入：通过互动小游戏引出研学内容，增加学生的学习兴趣；第四天，问题导入：通过问答形式与学生校内知识点联动，引起学生的研究兴趣；第五天，视频导入：播放水电站工程的宣传片及研学活动视频调动学生积极性
	授课教学环节	第一天：入营教育、选修课程1“团队熔炼”、必修课程一“我是从哪里来的”、必修课程二“物理趣味竞赛”；第二天：必修课程三“寻访兰石名匠，致敬劳动者”、必修课程四“3D打印技术课程”；第三天：必修课程五“探寻自然的‘神奇密码’”、必修课程六“地震来临该怎么办”；第四天：必修课程七“人工智能改变生活”、必修课程八“科学就在身边”、选修课程5“巧制水火箭”；第五天：必修课程九“认识生命科学”、必修课程十“探索人类太空历程”	第一天：入营教育、选修课程1“拓展训练”、必修课程一“生命诞生与进化”、必修课程二“物理探索之旅”；第二天：必修课程三“走进兰石重工，探究军工制造”、必修课程四“3D建模我来做”、选修课程6“3D打印”；第三天：必修课程五“生态系统的变化”、必修课程六“探究防震减灾知识，体认抗震救灾精神”；第四天：必修课程七“解密大地的密码”、必修课程八“寒旱区水资源保护”；第五天：必修课程九“水电科技探索之旅”、选修课程2“工程搭建（二）”、必修课程十“水电工程发展史”	第一天：入营教育、选修课程1“团队的荣耀”、必修课程一“我有一个航天梦”、必修课程二“科学研究体验”；第二天：必修课程三“探索地质演化历程，感受沧桑变迁”、选修课程3“未来城市”、必修课程四“‘核’你共筑科学梦”；第三天：必修课程五“探索生命科技”、必修课程六“国之重器逐梦航天”；第四天：必修课程七“科技探索与团队挑战”；第五天：必修课程八“深度探讨与模拟演练”、必修课程九“水电站工程实践与讨论”

维度或要素		小学高年级段	初中段	高中段
实施方案	进级教学环节	1.学生通过实地参观，了解人体内各种细胞的不同状态，探索人体的奥妙；2.观察简单的声光电等实验，对神奇的物理世界有初步了解，学习使用简单仪器进行科学小实验；3.在研学教师指导下进行关于3D打印的探讨。思考其制作原理，并思考这项技术可用于现代社会哪些领域，原因是什么；4.了解甘肃省自然地理、地质特征、土地资源等，调查甘肃省矿产分布情况。5.了解人类探索太空历程	1.参加血型配对游戏，掌握血型遗传基本规律；通过科学实验探究，加深对物理科技的认识；2.小组讨论兰石集团在国防科工方面的贡献，树立学生的爱国情怀；小组讨论，创新设计；3.组织知识抢答竞赛，加深对生态科学的了解；4.拍摄收集素材，为后续活动做好准备；5.进行水资源演讲比赛，同时开展讨论会，讨论水力发电原理，了解水电站周边环境变化；6.体验水力发电模型，感受水力转换电能的过程	1.学生小组合作通过深入讨论专题讲座和科研实践，更深刻地了解“两弹精神”内涵，进行“两弹精神”代代传演讲比赛；2.学生通过模拟实验、观察实物、参观航空航天科研机构等方式，亲自感知航天领域的技术；3.教师用科普的方式讲述甘肃山水林田湖草沙的美丽故事，传递“科普好声音”，营造“科普新生态”，提升学生对自然资源的认知；4.学生小组合作通过深入讨论、科研项目和模拟演练，引导学生深入思考核能发展及相关问题，培养解决问题和危机处理的能力；5.学生小组合作参与体验水电站设备操作和实验，培养动手能力和实践经验，拓展对水电工程发展的认知
	巩固教学环节	1.通过知识问答竞赛，让所学内容在学生的脑海中活跃起来，对当天知识进行巩固；2.进行知识问答，组织学生进行3D知识知多少的问答，分享自己了解到的相关知识，同时研学教师利用复述式巩固法，对研学知识进行巩固；3.通过“地震来了怎么办”情景剧表演帮助学生巩固地震自救相关知识；4.学生分享研学过程中的收获和感悟，对研学内容进行效果巩固；5.通过开展“走进太空探索”演讲比赛，帮助学生对当天所学研学知识进行巩固	1.体验游戏，加深对生命的诞生与进化的认识，培养学生的感恩情怀；2.教师用讲授法激发学生的责任担当意识、爱国情怀；动手3D建模，亲自感受实践3D技术；3.总结竞赛游戏，培养学生的观察能力和分析能力；制作分享地震科普视频，体悟伟大抗震救灾精神；4.分享地质科普视频，树立正确的生态观和价值观；总结视频内容，进一步认识节约水资源从自身做起的道理；5.小组研究，培养合作意识；制作水力发电小装置，增强科技探索兴趣	1.通过开展“我有一个航天梦”演讲比赛，帮助学生对当天所学研学内容进行巩固；2.通过开展新能源科创比赛，帮助学生对当天所学研学内容进行巩固；3.通过填写《研学手册》，使学生掌握资料整理、信息收集、自主调研等探究课题的基本流程和方法，帮助学生对当天所学研学内容进行巩固；4.通过组织模拟联合国会议或模拟核危机应对演练，培养学生解决问题的能力，帮助学生对当天所学研学知识进行巩固；5.通过体验水电站设备操作和实验，培养动手能力和实践经验，帮助学生对当天所学研学知识进行巩固

维度或要素			小学高年级段	初中段	高中段
实施方案	总结教学环节	教学创新	研学教师应该引导学生分组进行总结，不断创新总结方法，帮助他们回顾整个活动过程，梳理所学知识点，并总结活动的感悟。在这个过程中，研学教师应该鼓励学生积极思考、合作探究、发挥创造力，以及勇于表达自己的意见。同时，研学教师也应该在研学活动中尝试新的教学方法和策略，为学生奠定科技报国的伟大理想基础	在研学活动中，教师应积极探求创新意义，勇于尝试新颖的教学方法与策略，致力于培育学生的创新思维和实践能力，运用新科技手段，让学生在"玩中学"，在"学中悟"，通过竞赛游戏、演讲等多种活动加深学生对知识的汲取，培养学生对知识的探索欲望与分享欲，突出学生主体，鼓励学生积极参与，深化研学教育质量	通过多样化的教学方法和实践活动，创新课程设计，引入场景化教学，丰富活动形式和内容。采用问题导向的学习方式，激发学生的问题意识，并培养其发现、分析和解决问题的能力。运用思维导图、头脑风暴等方法，引导学生进行思维训练，培养其批判性思维、创造性思维和逻辑思维能力
		教学总结	及时收集学生、家长和其他相关人员的反馈，了解教学环节的优点和不足，整理研学活动的教学资料，建立教学档案，让教学更加有针对性和实效性。通过这些反馈资料，不断改进教学方法和手段，提高教学质量和效果	通过回顾研学活动的实施过程，整理相关资料并建立研学档案，以便提炼经验和教训。及时收集学生、学校教师以及其他相关人员的反馈意见，以全面了解教学环节的优点和不足之处，并整理研学活动的教学资料	通过使用调查问卷等方式，及时收集学生、家长以及相关活动人员的反馈意见，以此掌握教学环节的优点和不足之处。评估教学课程和环节与学生年龄以及学习能力的适配度，将收集到的信息整理归纳成研学活动的教学资料，并建立完善的教学档案
		教学反思	根据学生的学习反馈和教师的评估结果，对教学环节进行一些调整和优化。认真梳理每个教学环节的设计、实施和效果，从中提炼出经验教训，为下一次的研学活动提供更好的参考	根据学生的学习反馈和教师的评估结果，我们对教学环节进行了调整和优化，以提高学生的学习效果和参与度。对每个教学环节的设计、实施和效果进行认真梳理，以及从中提炼出的经验教训，为下一次的研学活动提供更好的参考	评估活动开展是否贴近新三中心教育理论，即以学生、经验、活动为中心，检查课程设置是否与校内教育衔接紧密。对高中阶段的活动和课程的设置是否符合学生深层发展需求进行反思，包括难度、维度和深度等方面，根据反思结果对活动进行调整和优化，为下一次研学活动提供更好的参考

维度或要素				小学高年级段	初中段	高中段
实施方案	评价教学环节	教学水平评价	自我评价	通过填写自我评价单，教师可以深入思考自己的优势与不足，明确改进方向，不断提升教学水平和专业素养	通过反思、整理教学准备资料、课程方案以及与其他教师或领域专家的交流，从自我角度评价自己的教学水平，从而促进教学能力的提升	通过反思自己的教学实践，整理教学准备资料和设计课程的过程，以及与其他教师或领域专家的交流，来评价自己的教学水平并找到提升的空间
			学生评价	收集学生对教学活动的反馈和评价，了解学生对教学内容、方式、互动等方面的感受，进而评估教学的有效性和学生学习的参与度	通过满意度调查表，学生可以对教师和学生之间的互动是否充分进行评价，这些反馈将被营地收集并反馈给教师，以帮助他们在专业成长过程中做出改进	收集学生对教学活动的反馈和评价，了解学生对教学内容、方式、互动等方面的感受，进而评估教学的有效性和学生学习的参与度
			同行评价	对研学教师的课程导入、环节衔接、时长把控等方面进行评价；对研学过程中对学生的监管措施进行评价	从课程设计、课程开展流程、开展方式、教学机制和活动课程总结等方面进行评价	依据教师在真实情境中完成研学任务时所表现出来的理念、态度、能力、知识等方面进行评价
			培训和考核	对研学教师线路、课程开发开展培训并进行考核；进行研学安全培训	对研学线路、研学站点和研学课程内容进行考核；进行研学安全培训；对研学开展情况进行考核；把家长满意度和社会认可度作为考核标准	对研学教师的专业技术能力进行培训和考核；进行研学安全和应急救护技能培训和考核；定期对研学课程的组织开展情况进行培训和考核
			教学成果展示	利用图文、影像资料记录学生在学习过程中的表现，通过学生的实际操作、探究和发现，记录他们在研学实践中所取得的成果	制作教学成果展示包括教案、教学设计、学生作品集等，旨在展示教学实践的成果，并通过展示获取反馈和建议。通过学生的作品，展示他们的学习成果和研究发现	制作教学成果展示，如教案、教学设计、学生作品集等，并从中获取反馈和建议。借助学生的过程性资料，展示他们在实践中所获得的经验和成果

维度或要素				小学高年级段	初中段	高中段
实施方案	评价教学环节	学业评价	形成性评价	在研学过程中通过实时监管学生的活动过程，针对性地调整研学方式方法；根据学生的任务达成情况，及时调整课程任务环节；学生在研学中根据各项任务完成情况及时完成各类评价	针对学生在不同研学点的互动、表现和问题提出等情况进行记录和评价，研学过程中要更加关注学生问题意识和问题解决能力的培养；更加关注学生组内协作的意愿	通过对学生的作品、交流表达、参与程度等方面进行观察、记录和总结反馈，对学生的阶段性成长、阶段知识获取程度和阶段目标完成情况进行评价
			总结性评价	对学生研学态度、习惯和纪律性、安全意识、自理自立等方面进行整体性评价；全面了解学生创新精神和实践能力的发展与进步	对学生在研学过程中问题意识的建立和解决问题的创新能力进行评价；为推动初中段学生研学探究水准的提升，针对学生的研学成果进行评价	通过学生的《研学手册》、研究报告、汇报交流等进行评价，全面了解学生从发现问题、提出问题、分析问题到解决问题的全过程中所显示的探究精神和能力
			教师评价	对学生在研学中的表现和参与情况的记录，包括思维、互动、提问等方面以及学生在活动中展现的学习态度、参与程度和对知识的掌握情况进行评价	通过集中展示分享学生作品成果的方式对学生的知识、能力和情感进行评价；对学生思维认知、自我管理、情绪管理、理想信念等进行评价	对学生研学探究水平、问题解决能力和价值观念的提升进行综合评价；通过对学生作品的考核，对学生创新理念和综合实践能力等方面进行评价
		项目评价		学校将对研学项目的课程设置、线路选择以及课程难度的设计进行综合评价，包括考察带队教师和学生对这些方面的认知和反馈。评价的重点将放在确保课程的合理性、线路选择的适切性以及课程难度的阶梯性设计上，以不断改进研学项目，提高其质量和教育效果	学校教师和家长代表将对研学项目的设计实施、方案设计、教学策略、教学环节以及学生科学素养的培养情况进行综合评价。他们会根据评价结果及时反思，发现问题并加以改进，以确保研学项目的质量和效果不断提升	通过教育行政部门、学校内教育工作者、学生家长以及社会各界的参与，采用问卷调查、座谈会、实地调研等多种形式，对课程标准实施情况、教学环节之间的衔接度、教学策略的有效性以及学生综合知识运用能力等方面进行全面评价，以不断提高教育教学质量

4.21　教学计划与策略列表：探究高原奥秘　弘扬科学精神

<table>
<tr><td colspan="3">营地名称</td><td>互助县中小学生社会实践教育中心（简称“青海互助营地”）</td><td>命名机构</td><td>教育部</td><td>识别码</td><td>Y145630001</td></tr>
<tr><td colspan="3">从业资质（摘要）</td><td>加强未成年人校外活动管理工作，开展综合实践、研学实践教育活动，推动校外教育事业发展</td><td>单位属性</td><td>公益一类</td><td>法定代表人</td><td>毛生金</td></tr>
<tr><td colspan="3">研学主题</td><td>探究高原奥秘　弘扬科学精神</td><td colspan="2">主要目的指向</td><td colspan="2">科学技术</td></tr>
<tr><td rowspan="7">营地（枢纽）及周边主要优质研学资源</td><td colspan="2">基地层级</td><td colspan="5">研学站点（基地）名称</td></tr>
<tr><td rowspan="2">教育部命名基地</td><td>已列入教学计划</td><td colspan="5">一、与本主题相关列入教学计划的基地2个：
1. 青海省自然资源博物馆（简称“省自然资源博物馆”）；2. 中国科学院青海盐湖研究所（简称“盐湖研究所”）
二、与本主题关联不大但列入本营地教学计划的基地9个：
1. 西宁市少年宫；2. 民和回族土族自治县青少年校外活动中心（简称“民和活动中心”）；3. 互助土族自治县青少年校外活动中心（简称“互助活动中心”）；4. 海东市乐都区青少年校外活动中心（简称“乐都活动中心”）；5. 大通回族土族自治县青少年学生校外活动中心（简称“大通活动中心”）；6. 贵德县青少年学生校外活动中心（简称“贵德活动中心”）；7. 循化撒拉族自治县查汗都斯乡红光村西路军红军小学（简称“红军小学”）；8. 格尔木市青少年活动中心（简称“格尔木活动中心”）；9. 海西州德令哈市青少年活动中心（简称“德令哈活动中心”）</td></tr>
<tr><td>待列入教学计划</td><td colspan="5">无</td></tr>
<tr><td colspan="2">其他部委命名基地</td><td colspan="5">1. 互助北山国家森林公园（简称“北山森林公园”）；2. 西宁野生动物园（简称“动物园”）；3. 西宁熊猫馆（简称“熊猫馆”）；4. 青海湖二郎剑景区（简称“青海湖”）</td></tr>
<tr><td colspan="2">地方命名基地</td><td colspan="5">1. “两弹一星”理想信念教育学院；2. 青海原子城纪念馆（简称“原子城纪念馆”）；3. 青海湖普式原羚自然教育研学基地（简称“普氏原羚基地”）；4. 互助县高原特色现代农业示范园区管委会（简称“农业示范园区”）；5. 青海省科学技术馆（简称“省科技馆”）；6. 青海柴达木农垦莫河骆驼场有限公司（简称“莫河驼场”）；7. 青海茶卡天空一号文化旅游有限公司（简称“茶卡一号”）；8. 青海日出昆仑实业集团有限公司（简称“日出昆仑”）；9. 龙羊峡生态旅游度假景区（简称“龙羊峡营地”）；10. 德令哈天文科普馆；11. 青海云帆未来教育成长中心研学实践教育基地（简称“云帆研学基地”）</td></tr>
<tr><td colspan="2">本营地资源</td><td colspan="5">1. 创客空间馆；2. 地理信息馆；3. 科普教育馆；4. 影视教育馆；5. 公共卫生馆</td></tr>
<tr><td colspan="2">其他资源</td><td colspan="5">西宁市中小学生社会实践教育中心（简称“西宁营地”）</td></tr>
</table>

维度或要素	小学高年级段	初中段	高中段
校内教育基础（与校内教育的衔接）	对标课标，小学高年级段学生科学技术教育目标包括：初步认识常见物质的变化；初步了解热能及其传递方式；初步认识生物体的结构层次、形态与功能；知道自然现象、自然灾害对人类的影响；知道调整人类不合理的生产和生活方式，能减少对地球环境的影响；知道技术与工程对科学发展有促进作用。本研学主题下的课程以衔接人教版科学技术相关课程为主，具体如下：1.人教版科学四年级下册第二单元第5课“用种子繁殖”；2.人教版小学科学四年级上册第一单元“多样的动物”；3.人教版科学五年级下册“多样的地表形态”；4.人教版五年级上册美术“地球面临的危机——物种的灭绝”	对标课标，初中段学生科学技术教育目标包括：初步形成“物质的性质决定用途”“物质是不断变化的”等观念；初步形成物质与能量、运动与相互作用等观念；初步形成生物体的机构与功能、物质与能量、稳定与变化、进化与适应等观念；初步形成人地协调的观念；知道现代技术与工程具有系统性和复杂性，知道科学对技术与工程具有指导意义。本研学主题下的课程以衔接人教版科学技术相关课程为主，具体如下：1.人教版七年级下册语文“邓稼先”；2.人教版九年级上册音乐“青藏高原”；3.人教版初中八年级语文上册“中国的地形和地势”；4.人教版八年级地理上册“中国的自然资源”	对标课标，高中段学生科学技术教育目标旨在全面提升全体高中学生的信息素养，通过提供技术多样、资源丰富的数字化环境，帮助学生掌握数据、算法、信息系统、信息社会等学科的概念。初步形成未来发展、终身学习、美好生活和担当民族复兴大任所必需的学科核心素养，成为有理念、会设计、能动手、善创造的社会主义建设者和接班人。在数字化学习与创新过程中形成对人与世界的多元理解力，积极参与社会共同体建设，成为数字化时代的合格中国公民。本研学主题下的课程衔接以人教版科学技术相关课程为主，具体如下：1.人教版高中生物下册必修“隔离在物种形成中的作用”；2.人教版生物高中必修二第六章“物种的形成、协同进化和生物多样性”；3.人教版高三语文必修下“自然选择的证明”；4.人教版高中地理选择性必修一“自然环境的地域差异性”

维度或要素			小学高年级段	初中段	高中段
研学课程	必修课程一	名称	神奇的行为世界	高原上有趣的食物链	献身地质事业　弘扬青藏高原精神
		活动目的	通过了解动物的日常行为知识，掌握动物行为背后的奥秘	了解高原特有的珍稀物种，掌握食物链、食物网知识，树立人与自然和谐共生理念	感受科考光荣事迹，初步掌握地质勘察发展历程，理解青藏矿产对祖国的重要性
		活动形式	讲解员讲解，多媒体与实践相结合	讲解员讲解、环境模型、多媒体与实践相结合	讲解员讲解、情境体验、分享交流
	必修课程二	名称	盐湖：青藏高原的颜值担当	探秘青藏高原盐湖	青海盐湖资源与开发利用
		活动目的	通过探索自然之美和科学之美，为学生开启科学大门，激起探索科学世界的兴趣	了解盐湖演化和成矿知识，激发研究盐湖科学的兴趣	通过学习青海的特色优势盐湖资源，掌握盐物质知识，树立科技兴国人生目标
		活动形式	科学实验、动手实践，分享收获	多媒体课件讲解、实物标本、动手实践	多媒体场景、实物标本、实践分享交流
	必修课程三	名称	让梦想走进原子城	钱学森与“两弹一星”	“核”你一起，走近核能
		活动目的	通过近距离感受大国重器带来的强烈震撼，激发学生探索核工业科学的兴趣	通过学习“两弹一星”诞生的曲折历程，了解核工业科学原理与价值，培养爱国精神	通过多媒体设备，漫谈核科学技术，了解核能和平利用的重要价值，培养科学精神
		活动形式	参观、讲解、观影、讲座、讨论、分享、缅怀仪式	参观、讲解、观影、歌唱、讲座、讨论、分享、缅怀仪式	参观、讲解、观影、歌唱、讲座、讨论、分享、缅怀仪式
	必修课程四	名称	探秘普氏原羚	青海湖畔神奇的动植物王国	青藏高原物种生态环境调查
		活动目的	通过探究青海湖旗舰物种“普氏原羚”的生活习性及生态环境知识，培养科学探索意识	通过学习青海湖地质演变和特有珍惜动植物物种的习性与生态环境，培养科学探索意识	通过利用多种探测工具，评测青海湖周边地区生态环境，掌握高原物种生态特点
		活动形式	参观探访、自然教育、任务驱动、生态体验	参观探访、自然教育、任务驱动、生态体验、小组合作学习、总结分享	小组合作、导入问题、探究分析、总结展示、思考互动、总结分享

维度或要素			小学高年级段	初中段	高中段
研学课程	必修课程五	名称	食材与食品安全	探秘工厂化农业生产	现代化农业技术
		活动目的	掌握食材营养价值，识别垃圾食品危害，建立健康饮食的观念	通过现代农业工厂内的基本设施了解现代农业种植模式，理解科学与生产力的关系	通过分析现代农业技术，学习科学技术对生态环境的影响，培养科学精神
		活动形式	专业讲解、参观探访、任务驱动、实践体验	专业讲解、参观探访、任务驱动、实践体验、小组合作学习、总结归纳	专业讲解、参观探访、任务驱动、实践体验、小组合作学习、总结归纳
	必修课程六	名称	盐水发电实验课程	粗盐提纯实验课程	盐湖地质地貌及生态环境调查课程
		活动目的	通过对盐水发电实验过程的探究，树立科技强国人生目标	掌握盐水混合溶液不可溶性物质固体混合物提纯实验，培养科学精神	通过调查盐湖地形地貌、成因及生态系统，掌握多种监测方法，培养科学精神
		活动形式	多媒体课件引导、任务驱动、实验实践、总结归纳	多媒体课件引导、任务驱动、实验实践、总结归纳	专家讲解、任务驱动、实践体验、小组合作学习、归纳总结
	必修课程七	名称	人体架构和生命感知课程	物体动能及形态课程	电影拍摄方法及表达思想课程
		活动目的	通过现场模型和模拟软件的体验，激发探究人体的奥秘，了解生老病死的自然规律	通过探究各种科普设施，掌握物理、机械、光学、化学知识，培养学生科学素养	通过对影视作品的欣赏和探讨，学习电影拍摄技法和光影科技，培养科学探索精神
		活动形式	任务驱动、实践体验	任务驱动、实践体验	多学科情境式教学、合作式探究学习
	必修课程八	名称	物理性能及变化课程	地理信息闯关竞赛课程	创意思维与人工智能课程
		活动目的	通过探究各种科普设施，激发学生的好奇心和求知欲，培养学生科学素养	通过小组合作探究智闯四关的活动，增强学生的全球观念，掌握地理知识	通过体验模块组建、拼装机器人，锻炼实践能力，掌握机械相关的物理知识
		活动形式	任务驱动、实践体验	任务驱动、实践体验、小组合作学习、总结归纳	任务驱动、实践体验、小组合作学习、总结归纳

维度或要素			小学高年级段	初中段	高中段
研学课程	必修课程九	名称	古法采盐实践课程	观天——夜月星空实践课程	万里黄河第一坝——龙羊峡
		活动目的	通过利用劳动工具体验古代采盐工的艰辛，培育学生观察思考能力	通过天文望远镜，观察北半球主要星座，引导学生探寻星空奥秘	通过实地参观龙羊峡水力发电设施，掌握水力发电原理
		活动形式	任务驱动、实践体验、小组合作学习、总结归纳	任务驱动、实践体验、小组合作学习、总结归纳	专家讲解、实地探访、任务驱动、实践体验、小组合作、总结归纳
	必修课程十	名称	认知传统农耕农具	种植、管理、收获	莫河驼工“两路精神”
		活动目的	通过学习农具使用方法、农具结构，探究生产力效能，培养科学意识	通过实践种植管理过程，学习作物习性及种植知识	通过青藏公路实地探访，了解高原公路、铁路修筑知识，感悟“两路精神”
		活动形式	任务驱动、实践体验、小组合作学习、总结归纳	多学科情境式教学、实验法、合作式探究学习	探究实验法、实地探访、任务驱动、实践体验、小组合作、总结归纳
	选修课程		1. 新能源发展模式 2. 万伏电击法拉第笼 3. 奇妙的盐类物质	1. 青藏高原地质地貌及生态环境演变 2. 新能源汽车的结构与发展 3. 第四次工业革命的基础技术	1. 青海湖旗舰物种湟鱼生态环境调查 2. 核能和平利用与发展 3. 逆流而上的生命奇迹 4. 青海湖生命之歌

维度或要素		小学高年级段	初中段	高中段
研学线路	代表性线路（时长五日）	第一天：青海互助营地—省自然资源博物馆—盐湖研究所—青海互助营地；第二天：青海互助营地—“两弹一星”理想信念教育学院—原子城纪念馆—青海互助营地；第三天：青海互助营地—普式原羚基地—营地科普教育馆—青海互助营地；第四天：青海互助营地—农业示范园区—青海互助营地；第五天：青海互助营地—省科技馆—青海互助营地	第一天：青海互助营地—省自然资源博物馆—盐湖研究所—青海互助营地；第二天：青海互助营地—“两弹一星”理想信念教育学院—原子城纪念馆—青海互助营地；第三天：青海互助营地—普式原羚基地—营地科普教育馆—青海互助营地；第四天：青海互助营地—农业示范园区—省科技馆—青海互助营地；第五天：青海互助营地—茶卡一号—青海互助营地	第一天：青海互助营地—省自然资源博物馆—盐湖研究所—青海互助营地；第二天：青海互助营地—“两弹一星”理想信念教育学院—原子城纪念馆—青海互助营地；第三天：青海互助营地—普式原羚基地—青海湖—青海互助营地；第四天：青海互助营地—农业示范园区—省科技馆—青海互助营地；第五天：青海互助营地—茶卡一号—青海互助营地
	可选择线路（按天设计，菜单式选择）	1.青海互助营地—省自然资源博物馆—省科技馆—青海互助营地；2.青海互助营地—盐湖研究所—大通活动中心—青海互助营地；3.青海互助营地—省自然资源博物馆—乐都活动中心—青海互助营地；4.青海互助营地—“两弹一星”理想信念教育学院—西宁营地—青海互助营地；5.青海互助营地—原子城纪念馆—青海互助营地；6.青海互助营地—农业示范园区—互助活动中心—青海互助营地；7.青海互助营地—农业示范园区—云帆研学基地—青海互助营地；8.青海互助营地—茶卡一号—青海互助营地；9青海互助营地—红军小学—青海互助营地	1.青海互助营地—省自然资源博物馆—贵德活动中心—青海互助营地；2.青海互助营地—“两弹一星”理想信念教育学院—西宁营地—青海互助营地；3.青海互助营地—盐湖研究所—大通活动中心—青海互助营地；4.青海互助营地—农业示范园区—互助活动中心—青海互助营地；5.青海互助营地—茶卡一号—青海互助营地；6.青海互助营地—龙羊峡营地—贵德活动中心—青海互助营地；7.青海互助营地—青海湖—青海互助营地；8.青海互助营地—盐湖研究所—乐都活动中心—青海互助营地；9青海互助营地—红军小学—青海互助营地	1.青海互助营地—“两弹一星”理想信念教育学院—西宁营地—青海互助营地；2.青海互助营地—省自然资源博物馆—贵德活动中心—青海互助营地；3.青海互助营地—茶卡一号—青海互助营地；4青海互助营地—盐湖研究所—大通活动中心—青海互助营地；5.青海互助营地—盐湖研究所—云帆研学基地—青海互助营地；6.青海互助营地—农业示范园区—互助活动中心—青海互助营地；7.青海互助营地—龙羊峡营地—贵德活动中心—青海互助营地；8.青海互助营地—青海湖—青海互助营地；9青海互助营地—红军小学—青海互助营地
	规划线路（按天设计）	1.青海互助营地—动物园—熊猫馆—青海互助营地 2.青海互助营地—北山森林公园—青海互助营地 3.青海互助营地—盐湖研究所—日出昆仑—青海互助营地	1.青海互助营地—北山森林公园—青海互助营地 2.青海互助营地—德令哈天文科普馆—青海互助营地 3.青海互助营地—盐湖研究所—云帆研学基地—青海互助营地	1.青海互助营地—北山森林公园—青海互助营地 2.青海互助营地—德令哈天文科普馆—青海互助营地 3.青海互助营地—盐湖研究所—云帆研学基地—青海互助营地 4.青海互助营地—莫河驼场—青海互助营地

维度或要素		小学高年级段	初中段	高中段
教学重点难点（以代表性线路教学设计为例，以下同）	教学重点	1. 在认知核工业、新能源、盐物质、生态文明、现代农业等研学内容时，知道自然规律是可以被人类认识的；2. 能利用所学知识描述现象的变化过程，并初步解释现象发生的原因；3. 初步具有从事物的结构、功能、变化及相互关系等角度提出探究问题和制订比较完整的探究计划的能力；4. 初步具有获取并用科学的方法描述信息、处理信息并得出结论的能力；5. 具有初步的构思、设计、实施和检验的能力，初步制订学习计划、监控学习过程和总结反思的能力	1. 知道自然规律是可以通过多种方法被发现的；2. 能利用研学活动所学知识解决科学问题；3. 能识别探究问题，理解探究过程和方法，完成研学课程中的探究任务，对探究活动及过程进行表达交流与评价反思；4. 能使用常见的工具和科学仪器，完成简单的、与研学课程知识相关的研学任务；5. 能制定学习目标和制订计划，安排学习进程，反思学习过程和结果	1. 科学技术研学课程蕴含丰富的育人价值，应避免单一、机械的技能学习，着力培养学生树立正确的价值观；2. 最大限度地提供多维度的课程选择；3. 通过丰富多彩的研学课程，提高课程的设计性、探究性、创造性内容；4 激发学生的开放性、批判性思考和创造性潜能；5. 引导学生的创新意识、创新思维得到进一步发展
	教学难点	1. 依托多媒体课件、行业专家、科技展陈、历史遗迹、自然生态、科技工业和现代农业等教学条件，引导学生简单分析、解释所涉及的各个要素及结构，通过分析、比较、综合等方法，抓住简单事物的本质特征，分享交流有关的科学现象和过程；2. 能针对具体的研究问题和交流情境，基于一定的证据提出自己的假设或观点；3. 利用分析、比较、归纳、演绎等方法，建立证据与观点之间的联系，分析科学实验中的变量控制；4. 掌握创造性思维的基本方法，能基于所学的科学原理提出有一定新颖性和合理性的观点；5. 开展初步的创意设计	1. 能分析、解释研学课程所涉及的各个要素，解释并分享相关的科学现象和过程；2. 阐明相关概念和原理，思考和表达事物整体与局部的关系；3. 能根据研究问题的需要和讨论交流的情境，提出科学假设和观点，阐述自己观点的合理性，开展基于证据的反驳；4. 能确定、分析和评价科学实验中的变量控制；5. 提出简单的创造性科学问题并具有解决问题的能力	1. 技术发展日新月异，大数据、人工智能、虚拟现实、新材料、新能源技术等开始走进日常生活，科学技术研学课程内容应与时俱进；2. 课程内容紧密联系学生生活和一定的生产实际，在坚持基础性的同时，既选择具有时代气息、适应社会发展、体现未来科技走向、具有可迁移特征的内容，也选择贴近学生实际、富有挑战意义、满足学生个性发展需要的内容；3. 活动设计要有利于课程实施和学生提高科创意识的内容；4. 现代技术注重科技与人文的统一和融合；5. 深化技术认识，开拓文化视野，充分利用科学技术研学课程，提高学生的知识整合、应用、物化和实践解决技术问题的能力

维度或要素	小学高年级段	初中段	高中段
教学策略	针对小学高年级段学生由依赖趋向独立的半幼稚半成熟交错的矛盾期，对社会现象开始关注，开始有独立见解。求知欲望、能力、好奇心都有所增强，对新鲜事物开始思考、追求、探索等学情。基于义务教育科学课程标准（2022年版），选取核工业、新能源、盐物质、生态文明、现代农业等研学内容，依托多媒体课件、行业专家、科技展陈、历史遗迹、自然生态、科技工业和现代农业等研学教学资源。采取在好奇心驱使下，以事实为依据的教法，学生基于证据反思和调整探究的学法，开展引导学生乐于尝试运用多种材料、多种思路、多种方法完成探究和实践的活动，使学生初步具有创新的兴趣，乐于与他人就科学想法上的分歧进行沟通交流和辩论。达到了解科学、技术、社会、环境之间的相互影响，以及科学研究和技术应用中需要考虑伦理与道德的价值取向，愿意采取行动保护环境、节约资源的目的	针对初中段学生对科学学习和实践具有兴趣，乐于与他人合作交流，乐于思考科学现象的发生原因、规律及理论问题，乐于发现感受科学与技术对改善人类生活和促进社会发展的关系等学情。基于义务教育科学课程标准（2022年版），选取核工业、新能源、盐物质、生态文明、现代农业等研学内容，依托多媒体课件、行业专家、科技展陈、历史遗迹、自然生态、科技工业和现代农业等研学教学资源。引导学生关注与科学技术有关的热点问题，采取小组合作交流以及共同解决科学问题的教法。在尊重证据的前提下，坚持正确的观点，当多人观察、实验结果出现不一致时，不急于下结论，而是分析原因，再次观察、实验，以事实为依据作出判断的学法。通过开展辩证地看待科学技术成果的使用对人类造成的影响，培养创新意识，发现创新乐趣等活动，从而养成初步形成敢于质疑、不断创新的品格。知道并遵守科技活动中的伦理和道德要求，具有保护环境的意识和推动可持续发展的责任感。具有生态意识、环保意识和可持续发展观念，懂得并认同科学研究与技术应用要遵循一定的伦理道德，关注与科学技术密切相关的社会问题	针对高中段学生渴望获得未来发展、终身学习所必需的学科核心素养，希望创造美好生活，愿意担当民族复兴大任，成为有理念、会设计、能动手、善创造的社会主义建设者和接班人等学情。基于普通高中通用技术课程标准和普通高中信息技术课程标准（2017年版2020年修订）。选取核工业、新能源、盐物质、生态文明、现代农业等研学内容，依托多媒体课件、行业专家、科技展陈、历史遗迹、自然生态、科技工业和现代农业等研学教学资源。引导学生从日常生活需要出发，关注工科潜能发展、职业发展以及技术创造，采用实践解决问题的教法，兼顾传统工艺与现代技术。开展科学原理、技术设计与技术探究统一融合的研学活动。达到促进学生科学学科核心素养的形成，促使学生的创新意识、创新思维得到进一步发展的目的

维度或要素				小学高年级段	初中段	高中段
实施方案	入营教育	安全	引导	开展安全主题教育，学习安全标识，熟练掌握《安全手册》	通过开营仪式，强调安全的重要性，各营地教官进行安全教育	通过开营仪式，团队组建、晚训等活动，进行安全教育，确保活动安全顺利开展
			实训	针对研学课程特点讲解各类安全事故应急处置办法，开展针对性演练	结合《安全手册》开展教育，系统讲解安全事故应急处置办法，开展针对性演练	结合研学活动开展安全教育，进行救援技能培训
		应急	引导	结合模拟救护教学教具，讲授常见的应急事件处理方法和技巧交流	结合模拟救护教学教具，引导学生开展常见的应急事件处理方法和技巧交流	引导学生学习《研学实践活动安全须知》结合模拟救护教学教具，学习应急知识
			实训	观看短片、教官讲解和自主分享相结合，培养冷静思考和应急处置能力	开展安全应急演练活动（防爆恐演练、消防疏散演练等），确保活动有效	结合应急教育活动，组织学生开展疏散、逃生应急演练
		救助	引导	创设情境，引导开展救助课程，制作救助联系人手册，学生熟悉求助方法	创设情境，求助引导，学生依据救助手册，熟悉求助教育方法技巧	结合生命救护馆课程，进行简单的救护技能实训
			实训	角色扮演、模拟施救，以案促教。培养团队合作和资源整合能力	角色扮演模拟施救，学习紧急包扎方法。培养团队合作和资源整合能力	开展“心肺复苏”救护演练
		自我管理	引导	结合心理健康馆，创设情境，团队活动从情绪管理和社交管理开始引导交流	结合心理健康馆课程创设情境，引导学生交流情绪和社交困惑，学习沟通技巧	由研学教官、教师以宿舍为单位，开展卫生、内务、纪律教育
			实训	开展团队共建、拓展训练等活动，掌握情绪管理和社交管理方法技巧	采用分组竞赛形式，开展活动，引导学生掌握情绪管理和社交管理方法技巧	开展团队共建等活动；针对性开展认知自我、协助他人的教学活动
		团队协作	引导	分小组，从醒目有激励性的队名命名开始，引导各小组规划活动，分步开展	自愿组建小组，学会分工分责，合力解决问题	结合视频课程，开展常见的应急、急救、自救等事件处理方法和技巧交流
			实训	分组规划小组活动，明确分工、协同推进，总结交流	分组规划小组活动，明确分工、协同推进，培养解决问题的能力技巧	观看短片、教官讲解和自主分享相结合，培养冷静思考和应急处置能力

维度或要素		小学高年级段	初中段	高中段
实施方案	导入教学环节	第一天，情境导入：通过自然资源博物馆及盐湖研究所场馆展陈，激发学生了解青藏高原独特生态及相关科学技术；第二天，多媒体课件导入：通过视频图文引导学生了解“两弹一星”精神，向往探寻中华民族挺起脊梁的地方——原子城；第三天，问题导入：青海湖旗舰种普氏原羚为什么长着可爱的桃心臀？第四天，任务导入：对比传统农具与现代农业的劳动方式和生产力效能；第五天，视频导入：通过航天、新能源、电力、信息数字等现代化社会生产力模式视频，引导学生接触科技馆实物与模型，树立科技兴国人生理想	第一天，情境导入：通过自然资源博物馆及盐湖研究所场馆展陈，激发学生探索青藏高原独特生态及相关科学技术的兴趣；第二天，多媒体课件导入：通过视频图文引导学生学习“两弹一星”精神，理解原子城为什么是中华民族挺起脊梁的地方；第三天，问题导入：普氏原羚为什么是青海湖的旗舰种？青海湖湟鱼是什么物种？为什么每年定期洄游？第四天，任务导入：学习现代农业劳动模式，探究现代农业科学技术。场景导入：通过航天、新能源、电力、信息数字等现代化科技实物与模型，引导学生树立科技兴国人生理想；第五天，多媒体课件导入：盐物质的奇妙力量	第一天，情境导入：通过自然资源博物馆及盐湖研究所场馆展陈，培养学生利用科技力量发掘青藏高原生态价值；第二天，多媒体课件导入：通过视频图文引导学生了解“两弹一星”精神，立志和平利用核能，推动人类进步；第三天，问题导入：青海湖生态环境造就了哪些特有物种？这些旗舰种为什么不能在其他地方生存？第四天，任务导入：发现现代农业科学技术的困境，提出自己的解决方法；场景导入：通过航天、新能源、电力、信息数字等现代化科技实物与模型，引导学生树立科技兴国的人生理想；第五天，情景导入：盐湖独特的生态环境养育了哪些盐湖生物物种
	授课教学环节	第一天：入营教育、必修课程一“神奇的行为世界”；第二天：必修课程三“让梦想走进原子城”、选修课程2“万伏电击法拉第笼”、选修课程3“奇妙的盐类物质”；第三天：必修课程四“探秘普氏原羚”；第四天：必修课程十“认知传统农耕农具”；第五天：选修课程1“新能源发展模式”	第一天：入营教育、必修课程一“高原上有趣的食物链”、选修课程1“青藏高原地质地貌及生态环境演变”；第二天：必修课程三“钱学森与‘两弹一星’”；第三天：必修课程四“青海湖畔神奇的动植物王国”；第四天：必修课程五“探秘工厂化农业生产”、必修课程十“种植、管理、收获”、选修课程2“新能源汽车的机构与发展”、选修课程3“第四次工业革命的基础技术”；第五天：必修课程六“粗盐提纯实验课程”、必修课程九“观天——夜月星空实践课程”	第一天：入营教育、必修课程一“献身地质事业　弘扬青藏高原精神”；第二天：必修课程三“‘核’你一起，走近核能”、选修课程2“核能和平利用与发展”；第三天：必修课程四“青藏高原物种生态环境调查”；第四天：必修课程五“现代化农业技术”、选修课程2“核能和平利用与发展”、选修课程1“青海湖旗舰物种湟鱼生态环境调查”、选修课程3“逆流而上的生命奇迹”、选修课程4“青海湖生命之歌”；第五天：必修课程六“盐湖地质地貌及生态环境调查课程”、必修课程十“莫河驼工‘两路精神’”

维度或要素		小学高年级段	初中段	高中段
实施方案	进级教学环节	1.组织学生掌握简单技巧，了解动物行为背后的奥秘，培养学生合作意识，使学生感受地球生命的韵律美，从而激励学生探索大自然，保护大自然的热情；2.感受大国重器的震撼、革命先辈的奋斗历程，树立中华民族屹立世界民族之林的自豪感与自信心，激发学生探索核工业科学的兴趣；3.通过农具模型和高原农业科技创新项目，让学生感受现代化农业与传统农业的区别；4.开展“探究青海湖旗舰物种‘普氏原羚’”活动，增强学生借助科技手段观察自然的能力；5.通过利用劳动工具，体验古代采盐工的艰辛，培育学生观察思考能力，掌握湖盐开采知识，感受盐的基本性状和作用	1.组织学生以体验为主，开展知识竞答，通过高原特有的珍稀物种，掌握食物链、食物网知识，树立人与自然和谐共生理念；2.从地质地理矿物因素角度，了解盐湖演化和成矿知识，引导学生认知高原盐湖生态体系，思考盐湖矿物对人类的影响，传递“人与自然和谐共生”的理念；3.小组讨论“两弹一星”的曲折历程，了解核工业科学原理与价值，培养爱国精神，坚定绿色发展理念；4.通过现代农业工厂内的基本设施了解现代农业种植模式，理解科学与生产力的关系，使学生成为具有实践能力和科创意识的有志青年；5.通过掌握盐水混合溶液不可溶性物质固体混合物提纯实验，引导学生讨论：盐物质的性状转换原理，了解不同物质对人类的作用，引导学生培养科学精神	1.组织学习以体验为主，开展知识竞答，学生通过完成科考笔记，了解科考荣耀事迹，初步掌握地质勘察发展历程，理解青藏矿产对祖国的重要性；2.利用多媒体设备，漫谈核科学技术，学生结合积累或学到的知识，分小组探究核能和平利用的重要价值，激发学生的生态责任意识和科技兴国意识；3.通过评测青海湖周边地区生态环境，掌握高原物种生态特点，使学生思考“青海最大的价值在生态、最大的责任在生态、最大的潜力也在生态”的道理；4.学生分小组探究分析现代农业技术对生态环境的影响，激发学生对科学农业的兴趣，树立科学意识和循环生态意识；5.通过掌握多种监测方法，调查盐湖地形地貌、成因及生态系统，学习盐湖资源科技优势，掌握盐物质知识，树立科技兴国人生目标
	巩固教学环节	在研学教师的引导下，学生梳理知识，探究有价值的问题，初步形成科学知识体系，完成《研学手册》，分享感悟或收获，增强科技创新意识，培养自信，树立正确价值观	在研学教师的指导下，通过问答、启发、小组合作、完成研学任务，借助多媒体课件，研学任务卡或《研学手册》巩固知识，加强小组分享交流，增强科学意识和生态环保意识，培养创新意识和创造能力	在研学教师的指导下，通过问答、启发、小组合作、完成研学任务，借助多媒体课件、实物场景、专家授课、行业发展等研学内容，完成研学任务卡和《研学手册》，加强小组分享交流，巩固知识，总结研学实践成果，理性认知人与自然、科技创新和谐共生的内涵，增强科学意识和生态环保意识，培养创新意识和创造能力

维度或要素			小学高年级段	初中段	高中段
实施方案	总结教学环节	教学创新	在达成已授知识架构的基础之上，安排学生分组进行总结，在总结方法上不断创新，探索新的教法学法和策略，培养学生的创新精神	在已授知识架构的基础之上，构建积极主动探究的学习习惯，学习方式和开放的学习环境，在教师的指导下，创设科学研究的情境和途径，让学生通过亲身实践获取直接经历，养成科学精神和科学态度，掌握根本的科学方法，提高综合运用所学知识解决实际问题的能力，培养学生的创新精神和实践能力	教师围绕科学探究、社会责任等设计课程，将地方资源特色与科学知识联系。学生能在教师引导下，制订和执行学习计划，运用基本的学习方法，对学习过程和结果进行总结与反思，养成良好的学习习惯，培养学生创新精神
		教学总结	成果展示和知识梳理相结合，总结教学环节、知识达成效果等方面的得失之处，不断优化活动内容，完善课程结构，整理活动资料，建立研学活动档案	成果展示和知识梳理相结合，总结教学环节、知识达成效果等方面的得失之处，整理活动资料，建立研学活动档案	采用不同方式呈现研学活动的过程与结果，对探究活动进行过程性反思和总结性评价，完善研学报告。交流研学过程和结果，并进行教学评价、反思，改进教学方法
		教学反思	根据研学反馈和满意度调查结果，梳理教学设计，学生主体作用发挥程度，活动创设有趣程度，多元化教育教学组织程度，提炼经验，进行优化调整	根据研学反馈和满意度调查结果，梳理教学设计，重点在于引导学生形成解决问题的方法和策略，做到融会贯通，以及开展实验探究并获得结论，提炼经验，进行优化调整	根据研学反馈和满意度调查结果，梳理教学设计，重点发展学生自我监控能力，组织学生运用所学的知识和方法解决真实情境中的问题，做到融会贯通，提炼经验，进行优化调整

维度或要素				小学高年级段	初中段	高中段
实施方案	评价教学环节	教学水平评价	自我评价	通过撰写教后记等方式对自己的研学知识准确度、课程环节设计衔接度、教学效果进行评价和反思	通过撰写教后记等方式对自己的研学知识准确度、课程环节设计衔接度、学生参与度、研学目标完成度、教学效果进行评价和反思	通过撰写教后记等方式对自己的研学知识准确度、课程环节设计衔接度、学生参与度、研学目标完成度、学生自设问题及探究答案能力，教学效果进行评价和反思
			学生评价	结合满意度调查问卷、过程互动等方式对课程的设置、教学的组织、教学行为的达成等进行评价	结合满意度调查问卷、过程互动等方式对课程的设置、教学的组织、教学行为的达成、教师知识点讲授准确性等进行评价	结合满意度调查问卷、过程互动等方式对课程的设置、教学的组织、教学行为的达成、教师知识点讲授的准确性、学生积极性调动和激励方法等进行评价
			同行评价	由营地教师、普校校方教师和基础教学管理人员，听取研学活动报告，对研学实践教学进行评价	由营地教师、普校校方教师和基础教学管理人员，听取研学活动报告，参与研学活动执行，综合考量，对研学实践教学进行评价	由素质教育专家、营地教师、普校校方教师和基础教学管理人员，听取研学活动报告，参与研学活动执行，综合考量，对研学实践教学进行评价
			培训和考核	采用实地参观、聆听报告、视频在线等方式定期开展培训和考核，反促教学行为的达成与优化	定期实地参观、优化线路、聆听报告、参与研学点课程设计、视频在线探讨等方式定期开展培训和考核，反促教学行为的达成与优化	定期实地参观、优化线路、聆听报告、参与研学点课程设计、视频在线探讨等方式定期开展培训和考核，请素质教育专家伴随考评，反促教学行为的达成与优化
			教学成果展示	通过学生的《研学手册》、研学心得、作品展示，教师的教学反思情况，评价教学水平	通过合唱歌曲、手绘作品、总结文章、学生的《研学手册》等教学成果展示，教师的教学反思情况，评价教学水平	通过学生探究记录视频、合唱歌曲、手绘作品、总结文章、学生的《研学手册》、研学心得等教学成果展示，教师的教学反思情况，评价教学水平

维度或要素				小学高年级段	初中段	高中段
实施方案	评价教学环节	学业评价	形成性评价	通过对学生的行为、表现、反应等以及对学生之间的互动进行观察和记录，及时给予评价	教师对学生学习全过程持续观察，通过对学生的行为、表现、反应以及对学生之间的互动等方面，及时给予评价和记录	教师对学生学习全过程持续观察，记录评估学生发现问题和解决问题的能力，通过对学生的行为、表现、反应等以及对学生之间的互动、协作、分工等方面，及时给予评价和记录
			总结性评价	研学活动结束后，结合《研学手册》反馈，考评学生是否完成教学任务，带队老师对每位学生进行总结性评价，发放营员结业证书	研学活动结束后，通过召开总结研讨会等方式，结合《研学手册》反馈，考评学生是否完成教学任务，不同岗位教师会同总结，对每位学生进行慎重评价，发放营员结业证书	研学活动结束后，通过召开总结研讨会等方式，结合《研学手册》反馈，考评学生是否完成教学任务，全面了解学生面对不同主题课程时的实践能力和知识掌握程度，不同岗位教师会同总结，对每位学生进行慎重评价，发放营员结业证书
			教师评价	组织活动的各部门研学教师教官，结合学生研学成果报告，根据学生知识、技能、情感、态度、价值观的达成情况，形成评价性报告	组织活动的领导和各部门研学教师教官，会同学校、研学点等相关单位执行老师，结合学生研学成果报告，根据学生知识、技能，情感、态度、价值观的达成情况，形成评价性报告	组织活动的各级领导和各部门研学教师教官，会同学校、研学点等相关单位负责人和执行老师，结合学生研学成果报告，根据学生知识、技能，情感、态度、价值观的达成情况，形成评价性报告
		项目评价		通过研学参与者、研学需求者、研学营地（基地）及社会各界就过程和结果进行评价，针对评价进行分析、反思、总结和提升	通过研学参与者、研学需求者、研学营地（基地）及社会各界和实践教育专家就过程和结果进行评价，针对评价进行分析、反思、总结和提升	通过研学参与者、研学需求者、研学营地（基地）、市县各级基础教育管理部门及社会各界和实践教育专家就过程和结果进行评价，针对评价进行分析、反思、总结和提升

4.22 教学计划与策略列表：科技改变生活　创新引领未来

<table>
<tr><td colspan="3">营地名称</td><td>库尔勒市青少年示范性综合实践基地</td><td>命名机构</td><td>教育部</td><td>识别码</td><td>Y145652003</td></tr>
<tr><td colspan="3">从业资质（摘要）</td><td>组织开展综合实践活动、研学实践活动及夏、冬令营活动</td><td>单位属性</td><td>公益一类</td><td>法定代表人</td><td>郭景梅</td></tr>
<tr><td colspan="3">研学主题</td><td>科技改变生活　创新引领未来</td><td colspan="2">主要目的指向</td><td colspan="2">科学技术</td></tr>
<tr><td rowspan="7">营地（枢纽）及周边主要优质研学资源</td><td colspan="2">基地层级</td><td colspan="5">研学站点（基地）名称</td></tr>
<tr><td rowspan="2">教育部命名基地</td><td>已列入教学计划</td><td colspan="5">一、与本主题相关列入教学计划的基地14个
1. 新疆维吾尔自治区科学技术馆（简称“新疆科技馆”）；2. 新疆维吾尔自治区博物馆（简称“新疆博物馆”）；3. 库尔勒市青少年示范性综合实践基地（简称“库尔勒营地”）；4. 新疆文化出版社；5. 新疆维吾尔自治区经济和信息化委员会（简称“新疆经信委”）；6. 中国科学院新疆生态与地理研究所（简称“新疆研究所”）；7. 乌鲁木齐市青少年综合实践教育中心（简称“乌鲁木齐营地”）；8. 新疆儿童发展中心；9. 阿勒泰地区福海县青少年活动中心（简称“福海营地”）；10. 新疆生产建设兵团第十师一八五团；11. 吐鲁番博物馆；12. 阿克苏地区博物馆；13. 博州温泉县“五馆一中心”（简称“温泉‘五馆一中心’”）；14. 温泉县气象局
二、与本主题关联不大但列入本营地教学计划的基地5个
1. 乌鲁木齐市博物馆——毛泽民故居；2. 八路军驻新疆办事处纪念馆；3. 北庭故城遗址；4. 新疆古生态园；5. 哈密市伊州区红军西路军进疆纪念园</td></tr>
<tr><td>待列入教学计划</td><td colspan="5">无</td></tr>
<tr><td colspan="2">其他部委命名基地</td><td colspan="5">克拉玛依市青少年科技活动中心（简称“克拉玛依科技中心”）</td></tr>
<tr><td colspan="2">地方命名基地</td><td colspan="5">1. 库尔勒市科学技术馆（简称“库尔勒科技馆”）；2. 和硕县马兰红山军博馆（简称“马兰军博园”）；3. 马兰烈士陵园；4. 塔里木油田历史展览馆（简称“油田历史馆”）；5. 塔里木油田公司石油文化公园（简称“石油文化公园”）；6. 库尔勒梨城机场（简称“梨城机场”）；7. 第二师铁门关市青少年科技活动中心（简称“二师科技活动中心”）；8. 尉犁县科技馆；9. 尉犁县航天馆；10. 巴州博物馆；11. 库尔勒市规划展示馆；12. 无线电安全保障监测实训基地（简称“无线电基地”）；13. 喀什青少年实践基地（简称“喀什营地”）；14. 库尔勒市阿瓦提乡阿克艾日克村乡村科普馆（简称“库尔勒阿村科普馆”）；15. 丝绸之路・长城文化博物馆（简称“长城文化博物馆”）；16. 喀什市科技馆</td></tr>
<tr><td colspan="2">本营地资源</td><td colspan="5">1. 库尔勒市青少年示范性综合实践基地科技与未来馆（简称“库尔勒营地科技与未来馆”）；2. 库尔勒市青少年示范性综合实践基地生命安全体验馆（简称“库尔勒营地生命安全体验馆”）</td></tr>
<tr><td colspan="2">其他资源</td><td colspan="5">1. 库尔勒市阿瓦提高科技农业示范农场（简称“阿瓦提农场”）；2. 赛博特国际汽车城（简称“赛博特汽车城”）；3. 乌鲁木齐市云计算中心（简称“云计算中心”）；4. 乌尔禾祝融航天科普基地（简称“航天基地”）</td></tr>
</table>

维度或要素	小学高年级段	初中段	高中段
校内教育基础（与校内教育的衔接）	对照课标，小学高年级段提出培养科技基本知识和技能以及计算机、互联网等信息技术知识，能在日常学习与生活中运用常见、简单的信息技术解决实际问题。本研学主题必修课程与校内教育的衔接内容如下：1.人教版四年级上册信息技术第一单元第2课“有条不紊管文件”；2.人教版四年级上册信息技术第一单元第3课“轻轻松松管图像”；3.人教版四年级下册信息技术第1课“我是搜索小能手”；4.人教版五年级上册信息技术第一单元第1课“常见设备再认识”；5.人教鄂教版五年级下册科学第二单元能量的转化第7课“能量转化和能量传递”；6.人教鄂教版五年级下册科学第二单元能量第3课“万能的电”；7.人教鄂教版五年级下册科学第四单元“简单机械”；8.人教鄂教版六年级上册科学第四单元自然资源第13课“煤、石油和天然气”；9.人教鄂教版六年级上册科学第四单元自然资源第15课“自然资源的开发与保护”；10.人教鄂教版六年级下册科学第三单元探索宇宙第11课“人类探索宇宙的历程”；11.人教鄂教版六年级下册科学第四单元“飞向”太空第12课“认识飞行器”	对照课标，初中段提出可以利用互联网基础设施和计算思维方法解决学习和生活中各种问题的能力，能识别身边的物联网和人工智能应用，理解人工智能与现实社会的联系。本研学主题必修课程与校内教育的衔接内容如下：1.鲁教版初中信息技术第六册第一单元“无人驾驶新体验”；2.鲁教版初中信息技术第六册第二单元“生活App我开发”；3.华东师大版九年级上册科学第六章电能第1课“电能的获得和转化”；4.华东师大版九年级上册科学第七章内能第1课“物理的内能”；5.华东师大版九年级下册科学第一章宇宙的起源与演化第4课“星际航空和空间技术”；6.华东师大版九年级下册科学第六章能源与社会第1课“能源和能源的分类”；7.华东师大版九年级下册科学第六章能源与社会第2课“太阳能的利用”；8.华东师大版九年级下册科学第六章能源与社会第3课“核能的开发与放射性防护”；9.华东师大版九年级下册科学第六章能源与社会第4课“新能源与可持续发展”	对照课标，高中段强调问题解决，倡导运用信息技术进行创新实践，利用现代科技解决生活中的问题。提升信息素养，探讨科技对社会的发展、人类的影响，注重交流与合作，共同构建健康的信息文化，培养信息时代的合法公民。本研学主题必修课程与校内教育的衔接内容如下：1.人教中图版高中信息技术选择性必修4人工智能初步第三章“人工智能领域应用”；2.人教中图版高中信息技术选择性必修4人工智能初步第四章“人工智能发展”；3.人教中图版高中信息技术选择性必修2网络基础第四章“物联网与创新网络服务”；4.人教中图版高中信息技术必修2信息系统与社会第二章“信息系统概述”；5.人教中图版高中信息技术必修2信息系统与社会第四章“信息安全与社会责任”；6.人教版高中通用技术选择性必修6智能家居应用设计第二章智联家居与物联通信第三节“物联网中的传感器”；7.人教版高中通用技术选择性必修3工程设计基础第二章工程设计的一般过程第一节“工程设计过程和要素”

维度或要素			小学高年级段	初中段	高中段
研学课程	必修课程一	名称	无人机障碍飞行	声控感应灯	感应语音提示器
		活动目的	了解无人机的分类、应用、结构、飞行环境要求，掌握无人机飞行注意事项和遥控、编程两种操作方法	了解传感器的种类和对应知识，掌握声控灯设计原理和通过编程制作声控灯的方法	了解感应语音提示器的应用领域，掌握用人体红外传感器、喇叭和音频播放指令制作感应语音提示器的原理和方法
		活动形式	教师讲授、实践体验结合	教师讲授、实践体验结合	教师讲授、实践体验结合
	必修课程二	名称	机甲大师	智能手表	人脸检测
		活动目的	了解机甲大师相关的理论知识以及模块，掌握利用模块进行编程控制机甲大师的方法	了解掌控板上传感器的种类和对应知识，掌握传感器制作智能手表的原理和方法	传感器和人工智能模块的应用，掌握语音识别、人脸检测等应用知识
		活动形式	教师讲授、实践体验结合	教师讲授、实践体验结合	教师讲授、实践体验结合
	必修课程三	名称	摩天轮搭建	石油开采机搭建	倒车报警小车
		活动目的	了解摩天轮用途和工作原理，掌握涡轮结构原理、搭建摩天轮的方法和步骤	了解石油开采机的用途和工作原理，掌握涡轮结构原理、搭建步骤和编程方法	了解倒车报警原理，掌握小车搭建方法和红外传感器的应用
		活动形式	教师讲授、实践体验结合	教师讲授、实践体验结合	教师讲授、实践体验结合
	必修课程四	名称	激光雕刻	汽车知识百科	梦回实境
		活动目的	了解激光雕刻机的工作原理，掌握车的架构，完成创意思维的训练	了解汽车的发展、组成和无人驾驶技术	了解并掌握VR技术原理，通过模拟驾驶体验VR技术应用，探寻VR技术未来发展方向
		活动形式	教师讲授、实践体验结合	教师讲授、实地探访、实践体验结合	教师讲授、实地探访、实践体验结合

维度或要素			小学高年级段	初中段	高中段
研学课程	必修课程五	名称	新能源科学与技术的奥秘	智能家居	探索火箭
		活动目的	了解新能源的分类和应用技术，体验新能源产品	了解智能家居和普通家居的不同，掌握智能家居的原理及组成，体验智能家居，感受智能家居带来的方便	了解火箭的组成、发射原理和发射过程，探究火箭对航天事业发展的作用和贡献
		活动形式	教师讲授、实地探访、实践体验结合	教师讲授、实地探访、实践体验结合	教师讲授、实地探访、实践体验结合
	必修课程六	名称	识国防科技　感科技之强	赓续马兰精神　力行责任担当	探科技之利　畅未来发展
		活动目的	认识核武器，了解核工业的利弊及应用，学习国防知识，体悟马兰军人魂，感受科技的强大	认识核武器，回顾原子弹、氢弹、导弹等核武器和中子弹等核试验，感悟科学家精神，增强对中华民族的认同感和自豪感	学习军事科技和武器装备相关知识，探究核工业的有利应用和发展前景
		活动形式	教师讲授、实地探访、实践体验结合	教师讲授、实地探访、实践体验结合	教师讲授、实地探访、实践体验结合
	必修课程七	名称	能动中国　活力新疆	石油的综合应用	石油的前世今生与未来
		活动目的	了解塔里木油田的分布、开采环境、石油的组成，认识石油开采工具，拼装石油开采机	了解塔里木油田的分布、开采环境、石油的组成，分析各部分的应用，通过分离石油实验制作肥皂等石油产品	了解石油的历史、形成及应用，掌握人工智能和物联网技术在石油勘探、开采等环节的应用，探索石油未来发展前景
		活动形式	教师讲授、实地探访、实践体验结合	教师讲授、实地探访、实践体验结合	教师讲授、实地探访、实践体验结合
	必修课程八	名称	探索机舱	机场初体验	机场设计师
		活动目的	认识机舱组成，理解飞机的构造和工作原理，学会搭建飞机模型	了解机场的组成和功能，掌握机场设置的科技产品的应用，理解科技带来的便捷	了解机场起源、建筑结构、发展历史，探索机场设计奥秘，结合环保技术小组合作设计机场模型
		活动形式	教师讲授、实地探访、实践体验结合	教师讲授、实地探访、实践体验结合	教师讲授、实地探访、实践体验结合

维度或要素			小学高年级段	初中段	高中段
研学课程	必修课程九	名称	载人航天的奇妙历史	火星探索	无线电之谜
		活动目的	了解人类载人航天发展历史、认识载人航天器结构，解析及实践模拟制作神舟飞船模型	了解人类对火星的探测历程，认识火星的基本特征，畅想未来火星移民的规划，模拟制作火星车	了解无线电基础知识，掌握无线电测向原理和方法，掌握无线电通联方法和实践操作
		活动形式	教师讲授、实地探访、实践体验结合	教师讲授、实地探访、实践体验结合	教师讲授、实地探访、实践体验结合
	必修课程十	名称	智慧农具的应用	智能灌溉技术	农业技术智能化设备的应用
		活动目的	了解智慧农业科技产品的种类、应用及原理	全面了解农业智能灌溉技术原理，掌握其操作方法	了解并掌握农业技术和智能化设备原理，体悟农业生产效率和农产品质量提高的便捷
		活动形式	教师讲授、实地探访、实践体验结合	教师讲授、实地探访、实践体验结合	教师讲授、实地探访、实践体验结合
	选修课程		1. 图形化编程 2. 塔里木油田地貌我知道 3. 新能源、智慧农业科普	1. 3D 打印 2. 社会进步与航空发展史 3. 智能房屋设计	1. 智慧城市设计 2. 塔里木油田全景 DIY 3. 智慧农场的秘密

维度或要素		小学高年级段	初中段	高中段
研学线路	代表性线路（时长五日）	第一天：库尔勒营地—库尔勒营地科技与未来馆—库尔勒营地；第二天：库尔勒营地—库尔勒营地科技与未来馆—库尔勒营地；第三天：库尔勒营地—马兰烈士陵园—马兰军博园—库尔勒营地；第四天：库尔勒营地—库尔勒营地科技与未来馆—石油文化公园—油田历史馆—库尔勒营地；第五天：库尔勒营地—梨城机场—库尔勒阿村科普馆—阿瓦提农场—库尔勒营地科技与未来馆—库尔勒营地	第一天：库尔勒营地—库尔勒营地科技与未来馆—库尔勒营地；第二天：库尔勒营地—新疆博物馆—新疆科技馆—新疆研究所—赛博特汽车城—乌鲁木齐营地；第三天：乌鲁木齐营地—马兰烈士陵园—马兰军博园—库尔勒营地；第四天：库尔勒营地—库尔勒营地科技与未来馆—石油文化公园—油田历史馆—库尔勒营地；第五天：库尔勒营地—梨城机场—库尔勒阿村科普馆—阿瓦提农场—库尔勒营地科技与未来馆—库尔勒营地	第一天：库尔勒营地—库尔勒营地科技与未来馆—库尔勒营地；第二天：库尔勒营地—新疆博物馆—新疆科技馆—新疆经信委—无线电基地—乌鲁木齐营地；第三天：乌鲁木齐营地—马兰烈士陵园—马兰军博园—库尔勒营地；第四天：库尔勒营地—石油文化公园—油田历史馆—库尔勒营地科技与未来馆—梨城机场—库尔勒营地；第五天：库尔勒营地—梨城机场—库尔勒阿村科普馆—阿瓦提农场—库尔勒营地科技与未来馆—库尔勒营地
	可选择线路（按天设计，菜单式选择）	1.库尔勒营地—库尔勒市科技馆—库尔勒营地；2.库尔勒营地—尉犁县科技馆—尉犁县航天馆—库尔勒营地；3.库尔勒营地—巴州博物馆—库尔勒市规划展示馆—库尔勒营地；4.库尔勒营地—库尔勒营地生命安全体验馆—库尔勒营地；5.库尔勒营地—新疆文化出版社—乌鲁木齐营地—库尔勒营地；6.库尔勒营地—新疆研究所—乌鲁木齐营地—库尔勒营地；7.库尔勒营地—新疆儿童发展中心—新疆文化出版社—乌鲁木齐营地—库尔勒营地；8.库尔勒营地—温泉“五馆一中心”—温泉县气象局—福海营地—库尔勒营地	1.库尔勒营地—尉犁县科技馆—尉犁县航天馆—库尔勒营地；2.库尔勒营地—新疆博物馆—新疆科技馆—乌鲁木齐营地—库尔勒营地；3.库尔勒营地—新疆研究所—乌鲁木齐营地—库尔勒营地；4.库尔勒营地—库尔勒营地生命安全体验馆—库尔勒营地；5.库尔勒营地—新疆文化出版社—乌鲁木齐营地—库尔勒营地；6.库尔勒营地—新疆经信委—乌鲁木齐营地—库尔勒营地；7.库尔勒营地—阿克苏地区博物馆—喀什市科技馆—喀什营地—库尔勒营地；8.库尔勒营地—温泉“五馆一中心”—温泉县气象局—福海营地—库尔勒营地	1.库尔勒营地—库尔勒市科技馆—库尔勒营地；2.库尔勒营地—尉犁县科技馆—尉犁县航天馆—库尔勒营地；3.库尔勒营地—新疆博物馆—新疆科技馆—乌鲁木齐营地—库尔勒营地；4.库尔勒营地—新疆研究所—新疆经信委—乌鲁木齐营地—库尔勒营地；5.库尔勒营地—新疆文化出版社—乌鲁木齐营地—库尔勒营地；6.库尔勒营地—吐鲁番博物馆—库尔勒营地；7.库尔勒营地—新疆生产建设兵团第十师一八五团—福海营地—库尔勒营地；8.库尔勒营地—阿克苏地区博物馆—喀什市科技馆—喀什营地—库尔勒营地；9.库尔勒营地—温泉“五馆一中心”—温泉县气象局—福海营地—库尔勒营地
	规划线路（按天设计）	1.库尔勒营地—二师科技活动中心—库尔勒营地；2.库尔勒营地—云计算中心—库尔勒营地；3.库尔勒营地—航天基地—克拉玛依科技中心—库尔勒营地	1.库尔勒营地—二师科技活动中心—库尔勒营地；2.库尔勒营地—云计算中心—库尔勒营地；3.库尔勒营地—航天基地—克拉玛依科技中心—库尔勒营地	1.库尔勒营地—二师科技活动中心—库尔勒营地；2.库尔勒营地—云计算中心—库尔勒营地；3.库尔勒营地—航天基地—克拉玛依科技中心—库尔勒营地

维度或要素		小学高年级段	初中段	高中段
教学重点难点（以代表性线路教学设计为例，以下同）	教学重点	1. 了解遥控和编程两种控制无人机飞行的方法；掌握机甲大师的模块知识和操作方法；2. 了解摩天轮用途和工作原理，掌握涡轮结构原理；了解激光雕刻机的工作原理和方法；3. 了解新能源的分类和应用技术；认识核武器，了解核工业的利弊及应用；4. 了解石油开采环境、开采工具及原理；认识机舱组成，理解飞机的构造；5. 了解人类载人航天发展历史，认识载人航天器结构；了解智慧农业科技产品的种类、应用	1. 认识传感器的种类和相应知识，了解掌握声控灯设计原理；认识掌控板上传感器的种类和对应知识，掌握制作智能手表方法；2. 了解石油开采机的用途和工作原理，掌握涡轮结构原理、搭建步骤和编程方法；了解汽车的组成和无人驾驶技术；3. 区分智能家居和普通家居，体验智能家居，感受智能家居带来的方便；认识核武器，回顾原子弹、氢弹、导弹核武器和中子弹等核试验；4. 了解石油的组成；认识机场的组成和功能；5. 了解人类对火星的探测历程，认识火星的基本特征；了解农业智能灌溉技术原理	1. 了解感应语音提示器的应用领域和原理：认识传感器和人工智能模块的应用；2. 掌握小车搭建方法和红外传感器的应用；通过模拟驾驶，体验 VR 技术应用，掌握 VR 技术原理；了解无线电基础知识，无线电通联实践操作。3. 了解火箭的组成、发射原理和发射过程；学习军事科技和武器装备相关知识；4. 了解石油的历史、形成及应用，掌握人工智能和物联网技术在石油勘探、开采等环节的应用；了解机场起源、建筑结构、发展历史，探索机场设计奥秘；5. 了解并掌握农业技术和智能化设备原理
	教学难点	1. 掌握编程控制无人机飞行的方法；掌握编程控制机甲大师运动的方法；2. 掌握搭建摩天轮的方法和步骤；掌握激光雕刻机、雕刻车的方法；3. 掌握新能源的分类和应用技术，会独立使用新能源产品；掌握核武器组成结构和核工业的利弊；4. 掌握石油开采工具原理，拼装石油开采机；理解飞机的构造和工作原理并搭建飞机模型；5. 解析航天器结构及实践模拟制作神舟飞船模型；区分智慧农业科技产品的分类、功能和原理	1. 掌握传感器的种类和对应知识，掌握声控灯设计原理和通过编程制作声控灯的方法；掌握传感器制作智能手表的原理，学会制作智能手表；2. 学会用积木搭建石油开采机，并用编程控制模拟石油开采机运动；掌握无人驾驶技术和未来发展前景规划；3. 掌握智能家居的原理及组成；体验核试验的工作环境，体悟科学家精神，增强对中华民族的认同感和自豪感；4. 掌握不同石油组成的应用；掌握机场设置的科技产品的应用，理解科技带来的便捷；5. 畅想未来火星移民的规划，模拟制作火星车；掌握农业智能灌溉技术原理和操作方法	1. 掌握用人体红外传感器、喇叭和音频播放指令制作感应语音提示器的原理和方法；掌握语音识别、人脸检测等应用知识；2. 掌握倒车报警原理；3. 探寻 VR 技术未来发展方向；探究火箭对航天事业发展的作用和贡献；探究核工业的有利应用和发展前景；4. 探索石油未来发展前景；结合环保技术小组合作设计机场模型；5. 掌握无线电测向原理和方法；体悟农业生产效率和农产品质量提高的便捷

维度或要素	小学高年级段	初中段	高中段
教学策略	针对小学高年级段的学生科技概念模糊，对信息科技的了解程度不同，具有主动使用数字设备的兴趣与意识，缺乏数字设备使用的基本规范知识情况，基于认知主义、行为主义理论为指导，选取多领域科学技术内容，依托研学课程、《研学手册》、研学实践基地基础设施及多媒体等数字化信息化、技术手段，采取讲授法、演示法、任务驱动法等教学方法，指导学生应用合作学习、探究式学习等学习方法，开展实地探访、参观、体验等科技研学活动，激发学生科技兴趣，启发学生初步建立科学素养体系，培养学生艰苦奋斗、热爱科学、崇尚科学，立志报效祖国的远大目标	针对初中段的学生能选择恰当的数字设备支持学习，改变学习方式，具备利用信息科技进行自主学习和合作学习的能力。但缺乏物联网和人工智能应用的详细了解等情况，基于认知主义、行为主义、建构主义理论为指导，选取多领域科学技术内容，依托研学课程、《研学手册》、研学实践基地基础设施及多媒体等数字化、信息化技术手段，采取讲授法、演示法、任务驱动法等教学方法，指导学生应用自主学习、合作学习、情境学习、探究式学习、体验式和跨学科项目式学习等学习方法，开展实地探访、参观、体验、探究等科技研学活动，引导学生主动思考，探究相关科学技术发展背后更深层次意义和价值，培养学生基于目标导向的科学态度，激发学生终身学习为科学事业作贡献的决心	针对高中段的学生有较强的自信心和求知欲，对问题有独到的见解，肯钻研，理解能力强，有创造性，但一些学生对信息技术充满热情，乐于探索和尝试，而另一些学生可能因为种种原因对科技缺乏兴趣，缺乏创新对国家可持续发展的重要性的认知情况。基于认知主义、行为主义、建构主义理论、多元智能理论为指导，选取多领域科学技术内容，依托研学课程、《研学手册》、研学实践基地基础设施及多媒体等数字化、信息化技术手段，采取讲授法、演示法、任务驱动法等教学方法，指导学生应用自主学习、合作学习、情境学习、探究式学习、体验式和跨学科项目式学习等学习方法，开展实地探访、参观、体验、探究等科技研学活动，激发学生探究欲望，引导主动提出问题、加强实践分析和综合判断，强化学生综合素质。激励学生树立远大理想抱负，实现人生价值

维度或要素				小学高年级段	初中段	高中段
实施方案	入营教育	安全	引导	开展入营安全主题教育，借助多媒体教学，指导使用《安全指导手册》	开展入营安全主题教育，通过案例警示教育，学习使用《安全手册》	通过主题教育形式，引导学生对研学中的安全知识自主梳理、并得出应对方法
			实训	针对住宿、研学点、交通等环节开展安全疏散演练	开展安全逃生技能展示活动	结合研学实际，学生以小组为单位制定安全预案，并以比赛形式开展模拟推演
		应急	引导	借助多媒体教育，让学生知晓火灾等灾害的危害，指导使用《应急教育手册》	通过案例警示教育，强调应急救护的重要性，发放《应急教育手册》	以小组为单位，制定安全预案，并开展模拟演练
			实训	组织学生完成生命安全体验馆配套应急教育课程	开展学生应急逃生知识与技能培训	开展学生应急逃生演练
		救助	引导	借助多媒体教育，让学生掌握救助原则及方法，指导使用《救助技能手册》	通过案例警示教育，强调火灾、地质灾害等危害性，发放《救助技能手册》	以主题教育形式，引导学生梳理典型灾害救助的方案，认识救助的意义
			实训	组织学生完成生命安全体验馆配套救助课程	组织学生开展救助技能实操训练	与红十字会共同开展“救在身边”应急救护模拟演练
		自我管理	引导	通过开展学生自我管理教育培训，让学生掌握自我管理方法	通过制度及要求规范学生自我管理行为	通过心理健康课程，对学生深层次的情绪管理给予引导
			实训	通过制定时间安排表、任务完成进度条强化学生自我管理意识	课程开展以小组为管理单位，对学生自我管理进行过程性监督	在集体生活中，以既强调集体合作又兼顾个性发展的原则对学生进行综合评估
		团队协作	引导	通过培训及管理要求，强调团队协作的重要性	展示优质团队协作案例，启发学生对如何进行合作与分工的思考	通过课程中所涉及的团队建设、团队精神进行过程性引导
			实训	开展破冰行动，分小组协作，每个小组负责一个具体的任务或项目	设置室外素质拓展课程，通过完成团队任务，体会团结协作的重要性	在课程实施与总结中设置对学生团结协作的展示与评价模块

维度或要素		小学高年级段	初中段	高中段
实施方案	导入教学环节	第一天，游戏导入：体验遥控操作无人机飞行、机甲大师的游戏，激发学生兴趣，达到初识效果；第二天，问题导入：询问学生在生活中是否见过摩天轮？见过的学生描述一下具体结构。激发学生求知欲；第三天，视频导入：观看马兰军博园的介绍视频，初步了解核试验基地的历史，激发学生感知兴趣；第四天，视频导入：观看我国石油开采等视频，让学生感受开采工具的科技魅力，激发主动求知欲望；第五天，任务导入：发布研学任务单，引导学生关注航天科技和农业科技，并描述航天和农业智能设备	第一天，科学实验导入：准备声控灯、智能手表、倒车检测等实验道具，通过实验引出学习内容；第二天，问题导入：说说你知道的汽车结构等汽车相关知识引出汽车包含很多的科技知识，其中包含温度、感应传感器等从而引出课程内容；第三天，视频导入：观看核武器视频，区分核武器的优、缺点，初步认识核武器；第四天，视频导入：观看石油组成等视频，让学生了解石油的组成部分并引导学生说出各部分的应用，让学生边看边思考边学习；第五天，问题导入：提问学生有没有见过智能灌溉工具，见过的同学说一说智能灌溉工具的特点，通过问题导入让学生对研学内容更加清晰	第一天，科学实验导入：准备感应语音提示器、人脸识别实验道具，通过实验引出学习内容；第二天，问题导入：询问你见过的VR是怎样的？什么是VR？启发学生思考，激发学生求知欲；第三天，任务导入：发布研学任务单，列出核能的应用，引导学生发挥创造力，积极参与探究任务；第四天，视频导入：观看近现代的机场结构，启发学生对机场设计的认识；第五天，任务导入：发布农业技术和智能化设备助力农业发展的探究性任务，引导学生发挥创造力积极参与探究任务
	授课教学环节	第一天：入营教育、必修课程一“无人机障碍飞行”、必修课程二“机甲大师”；第二天：必修课程三“摩天轮搭建”、必修课程四“激光雕刻”、选修课程1“图形化编程”；第三天：必修课程六“识国防科技感科技之强”；第四天：必修课程五“新能源科学与技术的奥秘”；必修课程七“能动中国　活力新疆”、选修课程2“塔里木油田地貌我知道”；第五天：必修课程八“探索机舱”、必修课程九“载人航天的奇妙历史”、必修课程十“智慧农具的应用”、选修课程3“新能源、智慧农业科普”	第一天：入营教育、必修课程一“声控感应灯”、必修课程二“智能手表”；第二天：必修课程四“汽车知识百科”、必修课程五“智能家居”、选修课程1“3D打印”；第三天：必修课程六“赓续马兰精神　力行责任担当”；第四天：必修课程三“石油开采机搭建”、必修课程七“石油的综合应用”；第五天：必修课程八“机场初体验”、必修课程九“火星探索”、必修课程十“智能灌溉技术”、选修课程2“社会进步与航空发展史”、选修课程3“智能房屋设计”	第一天：入营教育、必修课程一“感应语音提示器”、必修课程二“人脸检测”、必修课程三“倒车报警小车”、选修课程1“智慧城市设计”；第二天：必修课程四“梦回实境”、必修课程五“探索火箭”、必修课程九“无线电之谜”；第三天：必修课程六“探科技之利　畅未来发展”；第四天：必修课程七“石油的前世今生与未来”、必修课程八“机场设计师”、选修课程2“塔里木油田全景DIY”；第五天：必修课程十“农业技术智能化设备的应用”、选修课程3“智慧农场的秘密”

维度或要素		小学高年级段	初中段	高中段
实施方案	进级教学环节	1. 实验探究：通过伯努利定律科学实验，学习无人机的飞行原理；2. 任务挑战：创新激光雕刻作品；3. 知识竞赛：核武器的种类；4. 任务挑战：基于对塔里木油田的整体了解，还原塔里木油田分布并用激光雕刻后拼搭出来；5. 知识竞赛：乡村科普馆智慧农业用具的名称和功能	1. 任务挑战：利用所学传感器知识创意制作；2. 知识竞赛：汽车百科知识问答；3. 知识竞赛：核能应用领域和利弊；4. 小组讨论：如何更好地利用石油资源？发挥其最大功能；5. 小组讨论：基于对智慧灌溉设备的了解，小组探讨还可以添加什么智能设备来辅助农业发展	1. 任务挑战：利用所学传感器知识创意制作，解决生活中的实际问题；2. 任务挑战：根据火箭结构和功能，设计新的火箭并取名。3. 小组讨论：如何更好地利用核能？发挥其最大功能；4. 任务挑战：将设计的机场模型转化为智能产品，利用多个传感器设计并制作智慧机场；5. 探究学习：如何更好地利用科普资源和智能化设备帮助更多农民节约人力，提升农业效率，为农业的发展作更大贡献
	巩固教学环节	1. 教师带着学生回顾课程知识点，并随机提问重点知识点，检验学生的同时让学生重点记忆；2. 通过我的作品我来讲展示活动，帮助学生理解课程内容；3. 让学生谈谈对核武器的认识，分享自己的研学感受；4. 通过教师提问学生答的形式完成研学知识点巩固；5. 小组内进行交流作研学总结，派学生代表作总结，帮助学生加深理解	1. 通过我的作品我来讲展示活动，帮助学生理解课程内容；2. 学生谈谈对智能产品的认识及未来发展的前景；3. 学生谈谈对研制核武器的科学家精神，分享自己的研学感受；4. 小组内进行交流作研学总结，派学生代表作总结，帮助学生加深理解；5. 通过教师提问学生答的形式完成研学知识点巩固	1. 通过我的作品我来讲展示活动，帮助学生理解课程内容；2. 学生谈谈自己对未来科技应用的认识；3. 小组合作完成今日研学内容思维导图；4. 通过教师提问学生答的形式完成研学知识点巩固；5. 小组内进行交流作研学总结，派学生代表作总结，帮助学生加深理解

维度或要素			小学高年级段	初中段	高中段
实施方案	总结教学环节	教学创新	通过接触实际科技产品，亲身体会科技产品的趣味性，激发学生的求知欲。通过提问回答方式，发散学生思维，启发创意创新能力	通过开展科学实验、制作科技作品、实地研学等，使学生能够将所学知识应用于实际，提高其创新能力	通过自主探究和合作学习的方式，培养学生的科学探索研究素养
		教学总结	根据教学方案和研学点实际情况及时收集、整理并筛选学生和其他相关人员的反馈，了解教学资源、教学环节的优点和不足，通过线上问卷调查的形式收集家长反馈，整理研学活动的教学资料，建立教学档案	根据时间、研学点进行阶段性教学总结，及时优化教学环节，在整体总结的基础上强调学生科学态度与责任能力的形成，整理研学活动的教学资料，建立教学档案	对学生研究型学习成果进行阶段性的指导与汇总展示，在此过程中及时收集学生出现的问题及成果案例，课程结束后利用半天时间以小组为单位围绕课程核心进行研究型成果展，为后续继续开展研究型学习做铺垫，做好研学活动的教学资料收集、整理，建立教学档案
		教学反思	根据教学总结得出的反馈，重点围绕课程内容的设置，尤其是针对如何更好地让学生主动参与、提出问题、解决问题，对教学环节进行调整和优化，梳理教学环节的设计、实施和效果，提炼经验教训	根据教学总结得出的反馈，对存在的问题进行整改，对学生感兴趣，求知欲强的模块完善并优化，梳理教学环节的设计、实施和效果，提炼经验教训	根据教学总结得出的反馈，重点围绕课程给学生提供的研究型学习的资源是否到位对教学环节进行调整和优化，梳理教学环节的设计、实施和效果，提炼经验教训

维度或要素				小学高年级段	初中段	高中段
实施方案	评价教学环节	教学水平评价	自我评价	通过学生对研学知识的掌握程度、参与研学的积极性、学生表现、学生作品对教学进行反思和评价	通过小组合作探究积极性、体验感受、学生表现、学生作品对教学进行反思和评价	通过学生探究问题表现、研学目标达到的情况、学生表现、学生作品、整体活动开展情况对教学进行反思和评价
			学生评价	学生针对教师和学生之间的互动是否充分，研学课程师生对话参与度，学生能否积极参与课堂教学，课堂气氛活跃度方面进行评价	学生针对教师的引导与启发是否到位，学生主动参与度，学生能否充分展示、表达自己方面进行评价	学生针对教师所提供的研学资源与课题是否充分匹配，教师参与课题研究的深度与广度以及学科知识的整合能力方面进行评价
			同行评价	将课程方案与综合实践活动安排同步下发至组织的学校，由学校相关专业教师针对课程方案进行合理化建议，并跟随研学课程的实施，对课程教学进行整体评价，助力研学教师专业化成长	以听评课、同课异构等集体教研方式对课程设计进行评价，以随班教师对教学环节实施进行过程性监督与评价	邀请高中学校相关专业教师全程跟进课程实施过程，对研学教师进行细致的评价与指导
			培训和考核	在过程监督、综合评价、问卷调查的基础上进行考核，根据考核结果，围绕实际工作中出现的能力短板，定期进行教学培训，提高教育教学水平	在过程监督、综合评价、问卷调查基础上进行考核，根据考核结果，重点就教育教学理念、学科知识整合能力、教法学法等方面进行培训，提高教育教学水平	在过程监督、综合评价、问卷调查的基础上进行考核，根据考核结果，重点就综合知识运用能力、教学方法、课题研究等方面进行培训，提高教育教学水平
			教学成果展示	通过参与学术研讨会、教学案例分享会等形式进行报告，教师分享自己在教学实践中的经验和心得，并从其他教师和专家的反馈中得到启发和改进	利用多媒体、课件、实物展示等形式，展示自己的教学内容、教学方法和教学效果。既能生动地展现教师的教学理念和实践，又能让公众更好地理解和评估教学成果	通过与学生合作成立课题研究组，并以撰写论文的形式来展现自己的教育教学成果，持续跟踪学生的研究性进展，及时整理并分享研究成果和观点

维度或要素				小学高年级段	初中段	高中段
实施方案	评价教学环节	学业评价	形成性评价	通过作品展示、分享交流等形式，对学生学习过程，以及他们在活动中的表现给予评价	通过设置培养学生学习兴趣、重视团队合作、激活已有经验的学习任务，观察、记录学生研学过程中的完成情况并给予评价	通过设计探究性作业和实践性作业，设计跨学科综合性作业，观察、记录学生研学过程中的完成情况并给予评价
			总结性评价	对学生参与实践体验全过程的情况、收集信息能力、提出问题能力、合作体验能力进行评价，从而动态地评价学生的研学能力	对学生参与研究性学习全过程的情况、收集整理信息能力、交流合作能力、动手实践能力及创新能力进行评价，从而动态地评价学生的研学能力	对学生参与研究性学习全过程的情况、资料积累情况、结题情况、研究结果及成果展示方式进行评价，从而动态地评价学生的综合能力
			教师评价	教师根据学生在研学活动中的表现和成果，结合学生的参与度、作业质量和感受等，对学生进行评价	由教师根据学生在研学活动中的表现和成果，以课程成果汇报交流的形式对学生进行评价	由教师根据学生在研学活动中的表现和成果，以研究性学习成果交流展示会的形式，对学生进行评价
		项目评价		通过教育行政部门、校内教育工作者、学生家长、社会各界以问卷调查、座谈、调研等多种形式参与评价，围绕对小学高年级段课标实现度、教学环节衔接度、教学策略有效性等方面进行评价，通过教研活动及针对评价结果的反思，及时发现问题并加以改进	通过教育行政部门、校内教育工作者、学生家长、社会各界以问卷调查、座谈、调研等多种形式参与评价，围绕对初中段课标实现度、教学环节衔接度、教学策略有效性等方面进行评价，通过教研活动及针对评价结果的反思，及时发现问题并加以改进	通过教育行政部门、校内教育工作者、学生家长、社会各界以问卷调查、座谈、调研等多种形式参与评价，围绕对高中段段课标实现度、教学环节衔接度、教学策略有效性、综合知识运用等方面进行评价，召开专题研讨活动，及时发现问题并加以改进

后　记

习近平总书记指出，“好奇心是人的天性，对科学兴趣的引导和培养要从娃娃抓起”。① 在国家政策的积极推动下，科学技术类研学实践活动正逐步崭露头角，成为提升学生科学素养的关键环节，科学技术类研学实践活动的重要性越发凸显。

我们将《教学计划与策略：科学技术教育》视为一个新的里程碑，本书不仅汇集了各营地的智慧与经验，更描绘了研学实践教育的未来蓝图。我们期望本书不仅成为研学实践教育的指南针，更成为引领青少年校外研学实践中科学技术教育变革的灯塔。本书从选题、撰写、编辑、校对、排版、设计到最终出版，每一个环节都投入了大量的时间和精力，参与本书编写的是在研学实践活动领域具有丰富经验的国家级营地领导和教师，他们的积极参与和贡献，为本书的编写提供了大力的支持。

本书由中国教育会计学会组织编写，属于中国教育会计学会确定的重点研究课题研究成果之一。本书由课题负责人、教育部经费监管事务中心田书源，中国教育学会学生发展指导分会副理事长杨昕主审，由盘锦营地张悦、朱立军，西安营地张伟，潍坊职业学院刘耀栋编著。参加本书编写的主要人员有：皇城相府研学实践教育基地原敏团；盘锦营地吴超、王法一、刘美彤、郑一卓、王雨萱、史美、张小婕、刘淼；晋中营地郭晓蓉、胡帅；潍坊营地井光兵、苏晓琳；广元营地徐显平、付丽霞；库尔勒营地赵艳洁、崔道凯；陕西国防工业职业技术学院张晨亮、史成君。参加本书撰写和资料整理的还有：北京营地张笛、姬立中；石家庄营地刘京华、石丽娜；大同营地白景、张鹏；太原营地姚昕、郜婷；包头营地辛志刚、苗娟；东方绿舟营地何蓉、朱超；铜陵营地施萍、赵传熙；滁州营地周树龙、王兴瑞；晋江营地施议雄、黄重登；乳山营地兰旭锋、臧天晴；长沙营地黎荣烨、刘馨瑶；桂林营地唐乃元、刘树亮；泸州营地张涵婕、罗小雅；红河营地鲁楠；西安营地王建勋；兰州营地常小伟、魏文静；青海互助营地侯家禄、侯安丽。

在本书编写过程中，国家督学、中国教育会计学会副秘书长茹家团教授和一些校外研学实践教育专家以及中国财政经济出版社给予了悉心指导，一些全国中小学生研学实

① 把科学种子播种到孩子心中 . 人民网，2020 年 9 月 24 日 .

践教育营地、基地的领导、老师为本研究提供素材、搜集数据、整理资料，在此一并表示感谢并致以崇高的敬意。

本书编写是一次尝试，也是一次创新，因此，书中难免有疏漏之处，敬请读者朋友批评指正。我们热切期望对科学技术类校外研学实践活动有独特见解的营、基地能够主动与我们取得联系，一起为研学实践教育的发展贡献力量。

编者

2024年5月